C0-AKU-997

Variorum Revised Editions and Reprints:

JOSEPH R. STRAYER
The Royal Domain in the Baillage of Rouen

In the Collected Studies Series:

STEPHAN KUTTNER
The History of Ideas and Doctrines of Canon Law in the Middle Ages

WALTER ULLMANN
The Church and the Law in the Earlier Middle Ages

WALTER ULLMANN
The Papacy and Political Ideas in the Middle Ages

WALTER ULLMANN
Scholarship and Politics in the Middle Ages

BRIAN TIERNEY
Church Law and Constitutional Thought in the Middle Ages

JEAN GAUDEMET
La formation du droit canonique médiéval

JEAN GAUDEMET
La société ecclésiastique dans l'Occident médiéval

GILES CONSTABLE
Religious Life and Thought (11th-12th Centuries)

GILES CONSTABLE
Cluniac Studies

PAUL MEYVAERT
Benedict, Gregory, Bede and Others

DOROTHY WHITELOCK
From Bede to Alfred

DOROTHY WHITELOCK
History, Law and Literature in 10th-11th Century England

RAYMONDE FOREVILLE
Gouvernement et vie de l'Eglise au Moyen-Age

Thomas Becket
dans la tradition historique
et hagiographique

Professeur Raymonde Foreville

Raymonde Foreville

Thomas Becket
dans la tradition historique
et hagiographique

VARIORUM REPRINTS
London 1981

British Library CIP data   Foreville, Raymonde
                                Thomas Becket dans la tradition historique
                                et hagiographique. — (Collected studies series;
                                CS130).
                                1. Thomas a Becket, *Saint*
                                I. Title   II. Series
                                942.03′1′0924   DA209.T4

                                ISBN 0-86078-076-7

Copyright © 1981 by   Variorum Reprints

92
T36for

8202268

Published in Great Britain by   Variorum Reprints
                                  20 Pembridge Mews London W11 3EQ

Printed in Great Britain by   Galliard (Printers) Ltd
                                  Great Yarmouth Norfolk

                                  VARIORUM REPRINT CS130

TABLE DES MATIÈRES

Avant-propos   i–iv

TRADITION HISTORIQUE

I   L'Eglise anglo-normande au temps
du Bienheureux Achard de Saint-Victor,
évêque d'Avranches (1161-1171)   153–176

Revue de l'Avranchin et du Pays de Granville
XXXIX. Avranches, 1961

II   La condition juridique des monastères
anglais à la fin du XIIe siècle   267–280

Revue Historique de Droit français et
étranger XXII. Sirey, Paris, 1945

III   L'élection de Boniface de Savoie au
siège primatial de Canterbury (1241-1243).
Contribution à l'étude de la réserve papale   435–450

Bulletin philologique et historique (jusqu'à
1610), Année 1960. Paris, 1961

IV   Thomas Becket, 1120-1170   1–4

"Hommes d'Etat célèbres" III, pp. 192-195.
Editions d'Art Lucien Mazenod, Paris, 1970

V   Lettres "extravagantes" de Thomas
Becket archevêque de Canterbury   225–238

Mélanges Louis Halpen.
Presses Universitaires, Paris, 1951

VI   Mort et survie de saint Thomas Becket   21–38

Cahiers de civilisation médiévale XIV.
Poitiers, 1971

TRADITION HAGIOGRAPHIQUE

VII   Les "Miracula S. Thomae Cantuariensis"   443–468

Actues du 97ᵉ Congrès National des Sociétés
Savantes, Nantes, 1972. Section de philologie
et d'histoire jusqu'à 1610. Paris, 1979

VIII   Une lettre inédite de Jean de Salisbury,
           évêque de Chartres   179–185

Revue d'Histoire de l'Eglise de France XXII.
Paris, 1936

IX   La diffusion du culte de Thomas Becket
           dans la France de l'Ouest avant la fin
           du XIIe siècle   347–369

Cahiers de civilisation médiévale XIX.
Poitiers, 1976

X   Les origines normandes de la famille
           Becket et le culte de saint
           Thomas en Normandie   433–478

Mélanges Pierre Andrieu-Guitrancourt.
L'Année canonique XVII. Paris, 1973

XI   Le culte de saint Thomas Becket en
           France. Bilan provisoire des recherches   163–202

Thomas Becket, Actes du Colloque
International de Sédières, 1973.
Beauchesne, Paris, 1975

XII   Charles d'Orléans et le "vin de saint Thomas"   22–32

Cahiers d'Histoire et de Folklore 1.
Dol en Bretagne, 1955

XIII   Tradition et comput dans la chronologie
        de Thomas Becket   7—20

        *Bulletin philologique et historique (jusqu'à
        1715), Années 1955-1956. Paris, 1957*

XIV   L'idée de Jubilé chez les théologiens
        et les canonistes (XIIe-XIIIe s.) avant
        l'institution du Jubilé romain (1300)   401—423

        *Revue d'Histoire Ecclésiastique LVI.
        Louvain, 1961*

XV   Le Jubilé de saint Thomas Becket et la
        question des Indulgences en
        Angleterre au XVe siècle   13—17

        *Académie des Inscriptions et Belles-Lettres,
        Comptes-rendus des séances, Année 1956.
        Paris, 1956*

XVI   A propos d'un *oraculum vive vocis* de
        Martin V en 1420   29—39

        *Archivum Latinitatis Medii Aevi (Bulletin
        du Cange) XXV. Union Académique
        Internationale, Bruxelles, 1955*

Index   1—9

Ce volume est composé de 348 pages

AVANT-PROPOS

Le drame du 29 décembre 1170 en la cathédrale de Canterbury a si profondément scellé, pour la postérité, la figure de Thomas Becket qu'elle n'a cessé, malgré l'écoulement des siècles, de passionner les esprits. Elle a suscité polémiques et controverses; elle a retenu et retient toujours l'attention des historiens; elle a engendré et engendre encore de nos jours des mythes littéraires; elle a inspiré maintes oeuvres d'art et donné lieu à un culte très tôt répandu jusqu'aux limites de la chrétienté médiévale. Il semblerait donc que tout ait été dit sur le personnage, chancelier magnifique d'un puissant roi d'Occident, primat d'Angleterre bafoué, condamné à l'exil et à la charité publique, assassiné en sa propre cathédrale pour avoir soutenu, face à son roi, les libertés de l'Eglise en Angleterre.

Mais le martyr s'avère un extraordinaire thaumaturge aux lendemains de sa mort. Reconnu saint, canonisé par le pape Alexandre III et, d'emblée, vénéré dans l'Eglise universelle, il attire sur sa tombe dans la crypte, puis autour de la chasse dans la cathédrale, une foule innombrable de pèlerins, des plus hauts personnages aux plus humbles gens. Brutalement désacralisé par Henri VIII en 1538, condamné en un procès posthume comme félon, papiste et factieux, sa mémoire n'en est pas moins vénérée au-delà des vicissitudes de l'Histoire.

Thomas Becket a retenu très tôt mon attention dans un mémoire, premier essai dont l'élargissement aux rapports entre "L'Eglise et la Royauté sous Henri II Plantagenêt" fit l'objet d'une thèse de doctorat d'Etat.[1] Depuis lors, ayant abordé d'autres sujets, je n'ai jamais perdu de vue mon attrait premier pour le martyr de Canterbury. Les hasards de la recherche m'ont fait découvrir, égaré parmi les documents d'archives du Public Record Office, un texte narratif intitulé "Chronique de Canterbury". Il s'agit en fait d'une relation d'ordre historique, doublée d'une argumentation théologique sur le cinquième Jubilé de saint Thomas (1420), dont l'édition a été assortie d'une étude sur le Jubilé de Thomas Becket du XIIIe au XVe siècle.[2] Un autre temps fort dans cet itinéraire de recherche fut, sans nul doute, le Colloque international de Sédières en 1973, à l'occasion du huitième centenaire de sa canonisation.[3]

Il m'est agréable aujourd'hui — et j'en remercie Variorum Reprints — de pouvoir nouer la gerbe de mes travaux sur Thomas Becket en réunissant ici une série d'articles qui lui sont consacrés, directement ou indirectement. On ne saurait, en effet, abstraire la figure de l'archevêque de Canterbury du milieu ecclésial anglais, en son temps, ni méconnaître l'impact que le martyre lui a valu à travers les siècles: pèlerinage célèbre et miracles avec leur contexte hagiographique, dédicaces d'édifices religieux attestant la piété envers le saint thaumaturge, jubilé enfin avec la réflexion théologique qui en a dégagé le sens et l'a propagé jusqu'à la Réformation. Ce sont là domaines demeurés quasiment inexplorés, en dépit de l'immense bibliographie relative à Thomas Becket.

La crise probatoire qui marqua son pontificat a été vécue au sein de l'Eglise anglo-normande, présentée à propos d'Achard de Saint-Victor (I). L'enjeu du conflit — matérialisé dans les fameuses Constitutions de Clarendon — résidait, pour une large part, dans la collusion de deux juridictions mieux affirmées en droit et plus actives dans l'exercice du pouvoir. La résistance de Thomas Becket, pris entre l'obédience envers le pape et la fidélité due au roi, devait contribuer au maintien des liens avec Rome. La centralisation romaine éclate à travers la protection apostolique étendue aux abbayes d'Outre-Manche (II) et dans la mainmise progressive de la papauté sur l'élection au siège primatial de Canterbury (III), pour laquelle entraient en compte les intérêts du roi et ceux du puissant chapitre monastique de Christchurch. Présentant succinctement l'ex-chancelier de Henri II devenu primat d'Angleterre, homme d'Etat et homme d'Eglise (IV), ainsi que de très rares Actes conservés d'un pontificat qui s'écoula dans l'exil (V), il convenait aussi, nous semble-t-il, de rechercher la manière dont la mémoire de saint Thomas a traversé les siècles et dont son message a été reçu par les générations successives (VI).

Dès lors, nous abordons le domaine proprement hagiographique, celui des miracles dûment constatés par les témoins, Jean de Salisbury, devenu évêque de Chartres (VIII), ou les moines préposés à l'accueil des pèlerins, Benoît de Peterborough et Guillaume de Canterbury, qui les ont consignés entre 1171 et 1175, étude de caractère sociologique et clinique (VII). L'hagiographie n'est pas négligée pour autant: miracles, reliques et reliquaires jalonnent la diffusion du culte de saint Thomas dans l'Ouest de la France avant la fin du XIIe siècle (IX). Le grand nombre des anciens lieux de culte attestés en Normandie nous a conduit à rechercher les racines normandes de la famille Becket (X), et les dédicaces relevées à travers le royaume de France,[4] à préciser une méthode de recherche et à reconstituer certains filons de l'implantation territoriale du culte de l'archevêque-martyr (XI). Au nombre des pèlerins de Canterbury, le roi Louis VII lui fit hommage, entre autres dons, de cent muids de vin, à prendre chaque année dans le vignoble royal de Triel, et le poète Charles d'Orléans tenta d'en faire restituer au chapitre de Christchurch la prestation interrompue par suite des hostilités de la guerre de Cent Ans (XII).

S'appuyant sur une tradition plus de deux fois séculaire, à travers la liturgie festivale de la Translation, le Traité sur le cinquième Jubilé, témoigne de la naissance de saint Thomas en 1120, non en 1117 ou 1118, comme l'ont admis divers auteurs (XIII). Surtout, le Traité dévoile des perspectives théologiques quant à l'origine et à la nature du jubilé spirituel, concept élaboré par Etienne Langton, jadis Maître en l'Ecole de Paris, quatrième successeur de saint Thomas sur le siège de Canterbury, bien avant l'institution du jubilé romain par Boniface VIII (XIV). Enfin, ce même Traité constitue un témoignage orthodoxe au plan théologique au lendemain de la crise wyclifite (XV), mais aussi une prise de position juridique quant à la promulgation locale de l'indulgence jubilaire (XVI).

Tel nous apparaît l'impact de Thomas Becket: les circonstances historiques où s'insère son pontificat, la personnalité de l'archevêque et l'enjeu de la lutte qu'il soutint, mais aussi l'héritage spirituel qu'il a laissé à ses contemporains et aux générations futures, particulièrement à l'Eglise de Canterbury, les archevêques, ses successeurs, et le chapitre de Christchurch.

RAYMONDE FOREVILLE

Paris,

Juin 1980

---

[1] Paris, Bloud et Gay, 1943.

[2] Paris, SEVPEN, 1958

[3] *Actes* du Colloque, Paris, Beauchesne, 1975.

[4] L'étude sur "La place de la Chartreuse du Liget parmi les fondations pieuses de Henri II Plantagenêt", *Mémoires de la Société archéologique de Touraine*, t. IX, 1975, p. 13-22, n'a pu trouver place dans le présent recueil.

TRADITION   HISTORIQUE

I

L'Eglise Anglo-Normande au temps du Bienheureux Achard de Saint-Victor

Evêque d'Avranches

(1161 - 1171)

Le 7 février 1161, le pape Alexandre III délivrait le décret élevant sur les autels le roi Edouard le Confesseur, premier saint, en Angleterre, à recevoir une canonisation officielle. Douze ans plus tard, presque jour pour jour, le 21 février 1173, le même pape, convaincu « qu'il avait lutté jusqu'à la mort pour la justice de Dieu et l'indépendance de l'Eglise et qu'il s'était ouvert le ciel par l'effusion de son sang », inscrivait solennellement au catalogue des saints dans le collège glorieux des martyrs, l'archevêque de Canterbury, Thomas Becket. Entre l'exaltation de la royauté en la personne d'Edouard et celle du pontife qui lutta contre son roi jusqu'à la mort pour la liberté de l'Eglise, s'inscrit le pontificat d'Achard de Saint-Victor : il est entièrement contemporain de la crise qui, de 1164 à 1170, agita l'Eglise et le royaume d'Angleterre, crise qui ne fut pas sans répercussion sur le duché de Normandie, et qui devait trouver sa solution, au cours de l'année 1172, par un compromis, le concordat d'Avranches. En fait, on ne saurait dissocier l'une de l'autre l'Eglise d'Angleterre et l'Eglise normande malgré les années de guerre civile qui, dans la première moitié du siècle, maintinrent parfois royaume et duché sous des dominations diffé-

---

(*) Conférence prononcée à la séance d'ouverture des Journées commémorant le VIIIe Centenaire de l'arrivée du bienheureux Achard de Saint-Victor, en l'abbaye Sainte-Trinité de La Lucerne, le 4 juillet 1961.
La matière de cette conférence étant particulièrement vaste, nous reportons en appendice une liste sélective des sources et travaux scientifiques sur lesquels elle s'appuie.

rentes : le personnel demeure le même, et souvent interchangeable ; les idées circulent et les mouvements réformateurs se compénètrent. La période est courte, mais décisive et si fortement chargée d'histoire qu'il est difficile de la saisir dans une perspective plongeante.

En ce milieu du troisième quart du XII° siècle, il s'agit, pour l'Angleterre — plus que pour la Normandie largement ouverte aux influences du continent, notamment celles venues de l'Ile-de-France et de la royauté capétienne — de savoir dans quelle mesure l'Eglise continuera de recevoir et de suivre l'influx grégorien, réformateur et centralisateur, dans quelle mesure au contraire elle se repliera sur elle-même en un système de *Landeskirche* sous le contrôle quasi-exclusif du roi, dans un retour à une situation antérieure, celle qu'elle avait connue environ un siècle plus tôt, au lendemain de la Conquête normande. Ce n'est pas un problème aisé à circonscrire parce qu'il est complexe en lui-même, parce qu'il est mouvant avec les hommes, leurs opinions, leurs paroles et leurs actes volontiers prudents, parfois entachés de double jeu. D'autre part, il se pose dans un double contexte de réforme : celle de l'Etat féodal en voie de restauration après l'anarchie du règne d'Etienne depuis l'avènement de Henri II Plantagenet, en 1154 ; celle de l'Eglise issue du mouvement grégorien, renforcé au milieu du XII° siècle par l'essor du droit canonique (Gratien, les Décrétales), par le développement de la théocratie pontificale, par les appels réitérés à la vie apostolique — c'est-à-dire à la pauvreté évangélique et à la vie commune sous de nouvelles formes (idéal monastique de retour à la Règle primitive, idéal sacerdotal de profession canoniale). C'est dans cette perspective de dynamisme évolutif, où coexistent et se heurtent des tendances non seulement diverses mais opposées, que nous essaierons de saisir dans le cadre anglo-normand, d'une part le milieu où se déploie la réforme, avec son arrière-fond monastique stable, son aile marchante (moines blancs et chanoines réguliers), son arrière-garde séculière enfin ; d'autre part les hommes qui ont mission de l'orchestrer, les idées qu'ils représentent, et la crise probatoire qu'ils eurent à affronter, pour conclure sur les effets de cette crise.

*
* *

I. — LE MILIEU ECCLÉSIASTIQUE ANGLO-NORMAND VERS LES ANNÉES 1160

1. — Permanence et stabilité du monachisme traditionnel

En Angleterre, le monachisme, dans sa forme celtique de *familia* monastique sous juridiction abbatiale, est le fondement le plus ancien de la *parrochia* diocésaine, ou proprement paroissiale au sens moderne du mot. La seconde évangélisation de l'Ile, après l'implantation anglo-saxonne, fut, elle aussi, l'œuvre de moines missionnaires et, tout en créant de véritables églises épiscopales selon le mode romain des diocèses territoriaux, elle contribua à répandre la Règle bénédictine. Réformé au X° siècle, à l'image de Fleury-sur-Loire et de Saint-Pierre au Mont-Blandin, puis au XI° par les Normands, le monachisme bénédictin demeure un trait essentiel de l'Angleterre médiévale. Il est inutile d'insister sur son importance numérique, sur les richesses considérables — immobilières en bien-fonds, cheptel, serfs, villages, églises — et mobilières, ces dernières sous forme d'objets précieux d'orfèvrerie principalement — que détenaient les maisons bénédictines, grandes abbayes indépendantes, innombrables prieurés relevant soit de celles-ci, soit des grands établissements religieux du continent, comme Saint-Florent de Saumur, Marmoutier, Fécamp, Saint-Taurin d'Evreux, Saint-Etienne de Caen, le Mont Saint-Michel, le Bec-Hellouin, voire de Cluny, encore que l'obédience clunisienne demeurât relativement limitée Outre-Manche. On ne conçoit pas la vie religieuse dans l'Angleterre du XII° siècle sans évoquer aussitôt le rayonnement de Saint-Albans, d'Abingdon, de Bury-Saint-Edmunds, de Gloucester, de Glastonbury, de Malmesbury, de Westminster, etc... Pas plus qu'on n'imagine la vie religieuse dans la Normandie ducale sans Jumièges, Saint-Wandrille, le Bec, Fécamp, Saint-Evroul, l'Abbaye-aux-Hommes, l'Abbaye-aux-Dames, Montivilliers, et tant d'autres maisons célèbres dont Orderic Vital a retracé soit la fondation, soit la restauration par les seigneurs normands à l'exemple de leurs ducs. C'est un arrière-plan qu'on ne saurait perdre de vue.

Cependant, une attention spéciale doit être portée à un trait spécifiquement anglais : l'existence — et l'importance encore qu'ils n'aient point titre abbatial — des prieurés annexés aux églises cathédrales. La réforme des chapitres cathédraux entreprise par Lanfranc et continuée dans la suite, s'était faite sous la Règle de saint Benoît, plus ou moins assortie de coutumes locales — l'ancienne *Concordia Regularum* — ou importées, comme celles de Cluny ou du Bec. Les prieurés cathédraux jouaient un rôle particulièrement important dans la vie ecclésiastique anglaise, et nombre de moines noirs — du moins les dignitaires et les plus anciens profès — se trouvaient mêlés à la vie séculière : synodes et administration diocésaine, élections épiscopales, intrigues et rivalités des pouvoirs, appels au métropolitain ou en cour de Rome, évocation devant la cour du roi. Bref, le monachisme classique, puissant, riche, prospère, support d'une vie spirituelle réelle et d'une vaste culture — artistique, intellectuelle, théologique — dont les exemples abondent, demeure une force dans l'Eglise anglo-normande, bien qu'il ait été remis en question par les réformateurs des nouvelles générations et qu'il ait ainsi pris conscience, depuis le premier tiers du siècle, d'une sorte de malaise interne.

2. — *L'aile marchante de la réforme ecclésiastique :* *moines blancs et chanoines réguliers*

Une fois encore, l'impulsion était venue du continent, et le duché, ouvert aux divers courants — érémitiques, monastiques, canoniaux — n'y fut point étranger. C'est aux confins de la Normandie, du Maine et de la Bretagne, qu'avait pris naissance, au cœur des solitudes boisées, un vaste mouvement, érémitique à ses origines, où les Guillaume Firmat, les Robert d'Arbrissel, les Raoul de la Futaie, les Bernard de Tiron, les Vital de Mortain, s'étaient retirés en ordre dispersé, bientôt suivis d'innombrables disciples. On sait comment, dès le début du XII° siècle, ce mouvement fut canalisé vers des fondations de caractère cénobitique, dont l'une des plus justement célèbres, celle de Savigny, marqua d'une vive empreinte la Normandie — véritable « éclosion de terroir » (1) — et aussi l'Angleterre, avant d'aller mêler ses branches à celles du grand arbre cistercien. En 1147, lorsque le chapitre général de Cîteaux et le pape Eugène III eurent accepté d'agréger la congrégation de Savigny à l'ordre cistercien, l'abbé de Savigny prit rang immédiatement après les abbés des quatre « filles » —Clairvaux, La Ferté, Pontigny, Morimond. Les Cisterciens n'étaient cependant pas inconnus auparavant en Normandie : ils avaient essaimé à Mortemer dès 1137, à La Noé (diocèse de Bayeux) en 1144, au Val-

---

(1) G. GOYAU : **La Normandie bénédictine**, Paris (1940), p. 6.

Richer (diocèse d'Evreux) en 1146, et en 1157 ils reçurent Notre-Dame-du-Vœu, au diocèse de Rouen. Quant à l'Angleterre — qui possédait douze maisons de l'ordre de Savigny — elle avait vu, en l'espace d'un demi-siècle, plus de quarante fondations cisterciennes : disséminées à travers tout le royaume, elles avaient colonisé notamment les landes du Yorkshire et des Monts Cheviots où les moines s'adonnaient, par le système des granges et le faire-valoir direct, à l'élevage de vastes troupeaux de moutons.

Il faut mentionner, à la même époque, les fondations originales — et proprement anglaises — de Gilbert de Sempringham qui, devant l'afflux de vocations religieuses féminines, établit dans le nord et l'est de l'Ile des maisons de moniales sous la Règle de saint Benoît, régies au spirituel par de petites communautés de chanoines augustiniens. Bref, c'est un immense mouvement de vie religieuse rénovée aux sources qui parcourt l'Angleterre comme le continent, atteignant les couches profondes de la population : seigneurs convertis, femmes de toutes conditions, paysans libres ou serfs qui viennent mettre à la disposition des ordres nouveaux d'énormes réserves de main-d'œuvre rurale en formant les troupes de frères lais agrégées aux maisons cisterciennes ou gilbertines. Cîteaux et Sempringham donnaient alors des saints à l'Angleterre : Ælred de Rievaulx vécut jusqu'en 1167, et Gilbert de Sempringham devait mourir plus que centenaire en 1189.

Toutefois, le mouvement réformateur n'avait pas tardé, du moins sur le continent, à prendre une autre direction, à savoir la rénovation de la vie canoniale. Celle-ci, même sous sa forme régulière, ne constituait pas une nouveauté dans l'Eglise : sans parler des communautés de clercs de l'âge patristique, la Règle de Chrodegand avait eu jadis un certain rayonnement, et elle avait informé une communauté normande, celle de Saint-Lô. Du moins, l'immense diffusion, dès la fin du XIᵉ et au cours du XIIᵉ siècle, des communautés canoniales à travers villes et campagnes, leur souplesse d'adaptation à des formes de vie très diverses — claustrale, hospitalière, paroissiale — constituent une sorte de révolution en soi. La Normandie qui connut, dès le milieu du XIᵉ siècle, une organisation canoniale, autour des sièges épiscopaux, comptait, avant la fin de ce même siècle, une douzaine de collégiales dont quatre régulières : Lierru et Beaumont-le-Roger au diocèse d'Evreux, Bellême au diocèse de Sées, Auffray au diocèse de Rouen, Saint-Nicolas à Bayeux. Vers 1160, elle comportait vingt communautés canoniales de plus, dont les trois-quarts vivaient sous la Règle augustinienne. En revanche, la vie canoniale était inconnue Outre-Manche à l'époque de la Conquête normande. Lanfranc, à la fin de son pontificat, avait introduit une réforme modérée, d'abord à l'hôpital Saint-Grégoire de Canterbury (c. 1085), puis à Huntingdon (c. 1088). Mais c'est seulement à partir du règne de Henri Ier que la réforme canoniale avait commencé à faire sentir ses effets : la fondation du prieuré d'Aldgate aux portes de Londres en 1106, et celle de Merton quelque dix ans plus tard, furent à l'origine de la plupart des collèges de chanoines réguliers anglais qui, jusqu'au milieu du siècle, demeurèrent en dehors des grandes fédérations continentales. La fondation du prieuré de Bridlington (Yorks.), auquel appartint sans doute le bienheureux Achard avant son entrée à Saint-Victor, remonte aux années 1113-1114. On ne compte pas moins de quarante-trois maisons instaurées au temps de Henri Ier sous l'influence des prélats réformateurs, Anselme de Canterbury, Thurstan d'York. Vers 1165, le nombre avait doublé. Encore ce chiffre — près de quatre-vingt-dix maisons — ne comporte-t-il ni les prieurés gilbertins au nombre de treize, ni les abbayes prémontrées au nombre de neuf. L'implantation en Angleterre des fils de saint Norbert avait commencé en 1143 seulement avec Newhouse (Lincs.), c'est-à-dire à peu près dans le même temps où ils s'installaient en Normandie, dans les diocèses de Bayeux (Ardenne, 1138-44), d'Avranches (La Lucerne, 1143), de Sées (Falaise et Silly, vers 1150), et de Coutances (Blanche-Lande, 1154-55).

A ses origines, le mouvement canonial vers la vie régulière — ou tout au moins commune — ne diffère pas essentiellement de l'idéal des réformateurs monastiques : moines, clercs et laïques aspirent à une vie de contemplation et de pauvreté ; et l'*Institutio apostolica*, sous laquelle le chanoine fait profession, a pu être définie récemment comme l'idéal de la vie commune des réformateurs monastiques de l'époque (2). En Angleterre comme en France, les fils de saint Norbert recherchaient les vallées solitaires et s'orientaient vers le type monastique illustré par ceux de saint Bernard. C'est à Cîteaux que le législateur de Prémontré, Hugues de Fosses, premier abbé général de l'ordre (1126-1161), empruntait les règles de fondation des abbayes, le chapitre général, les frères lais et le système des granges. Très tôt cependant on fit appel aux collégiales prémontrées, comme à d'autres, pour le ministère paroissial, tandis que les Cisterciens eux-mêmes reçurent, comme naguère les moines noirs, nombre d'églises paroissiales,

---

(2) H.-M. COLVIN : The white Canons in England, p. 6

de dîmes, rachetées aux laïques ou concédées pieusement par eux. Peu à peu, moines et chanoines étaient devenus partie prenante dans les revenus de nature spécifiquement ecclésiastique, et souvent partie opérante dans la charge pastorale, soit directement, soit par présentation du desservant ou délégation des fonctions. A telle enseigne que le moine, qui reçoit le sacerdoce comme un nouvel état de perfection, et le chanoine, qui recherche la voie de perfection religieuse pour honorer son propre sacerdoce, tendaient l'un et l'autre vers la *vita apostolica*, idéal de vie commune et de pauvreté évangélique, et s'adonnaient, parfois également, au ministère paroissial. Cet état de choses suscitait plus d'une controverse entre moines et chanoines, les seconds déniant aux premiers le droit de vivre de l'autel (dîmes, casuel, prébendes) ; les premiers excipant de leur état de clercs les habilitant à recevoir églises, dîmes et offrandes des fidèles, à condition toutefois qu'un minimum vital fût garanti aux desservants des églises paroissiales, c'est-à-dire, la plupart du temps, aux grades inférieurs du clergé séculier. Et, en Angleterre, la controverse se fit d'autant plus âpre que les chanoines séculiers étaient plus éloignés de la vie canoniale rénovée.

3. — *L'arrière-garde de la réforme ecclésiastique :*
le clergé séculier, capitulaire et paroissial

Longtemps réfractaire aux appels réitérés partis de Rome, il demeure, en dépit d'une évolution réelle, un anachronisme institutionnel au milieu d'un monde religieux en pleine rénovation. Cela tient à des causes multiples auxquelles une certaine réaction du pouvoir ducal ou royal aux efforts de centralisation ecclésiastique n'est pas absolument étrangère, encore que Guillaume le Conquérant et l'épiscopat normand d'un côté, le même prince et Lanfranc devenu primat d'Angleterre de l'autre côté, aient pris en main la réorganisation des institutions ecclésiastiques et la réfome des mœurs cléricales. De 1035 à 1066 les évêques normands avaient — sans doute sous l'impulsion et à l'exemple de l'église de Rouen — créé ou restauré une organisation capitulaire structurée sur divers offices : doyen, préchantre, sacriste ou trésorier, scholastique ou chancelier ; ils avaient également divisé leurs diocèses en archidiaconés et établi la fonction d'archidiacre. On a pu dire de ces hommes qui firent de grandes choses en matière administrative, architecturale, culturelle même, qu'ils « appartenaient à la plus remarquable aristocratie qu'ait produit le XIe siècle en Europe » (...) et qu'ils « possédaient à un haut degré la vigueur qui caractérisait leur classe » ; mais ils relevaient d'une tradition ecclésiastique qui devait être « attaquée et condamnée par les réformateurs d'une génération postérieure » (3).

Dès 1070-1072, l'Eglise d'Angleterre avait reçu une structure de centralisation interne autour de la métropole de Canterbury érigée en siège primatial. Des synodes périodiques, de caractère national — tels celui de Saint-Paul de Londres en 1075 et celui de Winchester en 1076, plus tard celui de Westminster en 1102 — reprenant les prescriptions pontificales, avaient édicté des canons réformateurs qui sanctionnaient le cumul des bénéfices, la simonie, le mariage des clercs majorés, tout en tenant compte des situations de fait. Mais les premiers réformateurs normands paraissent avoir misé essentiellement sur la rénovation des églises épiscopales : plusieurs avaient été transférées d'anciennes cités tombées au rang de bourgades rurales en des villes plus importantes ; certaines avaient reçu un embryon d'organisation capitulaire modelée sur celle récemment introduite en Normandie ; d'autres enfin, comme Canterbury, Rochester, Durham, s'appuyaient sur un corps monastique constituant le chapitre cathédral régulier sous le gouvernement d'un prieur, conformément à la tradition des réformateurs anglo-saxons du X⁰ siècle. Pratiquement interrompue ou négligée aux époques troublées, la restauration capitulaire n'était pas achevée au milieu du XII⁰ siècle : celle des chapitres séculiers de Wells et de Lichfield jumelés aux chapitres réguliers de Bath et de Coventry, battait son plein entre 1140 et 1160. Celle des chapitres séculiers de Chichester, Exeter et Hereford ne remontait guère plus haut.

En dépit de certaines tentatives, aucun de ces chapitres séculiers n'adopta la vie commune, et les cathédrales anglaises se partageaient par moitié entre moines noirs et chanoines séculiers — neuf de part et d'autre si l'on tient compte des communautés doubles attachées respectivement aux sièges jumelés de Bath et Wells d'une part, de Coventry et Lichfield d'autre part. Un seul chapitre cathédral, celui de Carlisle — en raison de son établissement tardif en 1133 — était constitué par une communauté augustinienne, encore le siège resta-t-il vacant depuis la mort de son premier titulaire AEdulf (1157) jusqu'en 1187. Quant à la Normandie, elle avait très tôt connu un chapitre cathédral régulier, mais en exil, celui de Coutan-

---

(3) D. DOUGLAS : **Les évêques de Normandie (1035-1066)**, dans **Annales de Normandie**, t. VIII (1958), p. 92-93.

ces transféré à Saint-Lô de Rouen. Au XII° siècle, elle conservait des chapitres séculiers, sauf à Sées où la réforme n'allait pas sans vicissitudes.

En Angleterre, les mesures d'auto-réformation ainsi établies, si excellentes qu'elles fussent par ailleurs, ne pouvaient assurer le triomphe d'une réforme telle que la concevaient les Grégoriens extrêmes. L'Eglise séculière anglo-normande, justement parce que réformée quasi en vase clos et sous le contrôle d'un système politique déterminé relevant plutôt des principes gélasiens de dualisme et de coopération des deux pouvoirs, demeura longtemps en dehors du courant réformateur romain, et cela malgré les efforts d'hommes remarquables. La colonisation des offices ecclésiastiques anglais par les Normands, si elle fut un facteur décisif d'organisation et de stabilité, ne favorisa que médiocrement la réforme morale ; et l'échange constant de personnel entre les rives, anglaise et normande, de la Manche, à la deuxième et à la troisième génération — celle en pleine activité vers 1160 — ne pouvait apporter de remède à des maux qui sévissaient, ici et là, à l'état endémique, creusant un fossé entre les hommes et les mentalités.

Les clercs normands installés dans l'Ile après la Conquête y avaient trouvé un clergé autochtone aussi fortement enraciné dans la vie du siècle qu'ils l'étaient eux-mêmes. Une fraction importante des chapitres était composée de clercs mariés qui possédaient en propre et qui transmettaient à ceux de leurs fils destinés à une carrière ecclésiastique leurs prébendes et leurs charges. Une étude du chapitre de Saint-Paul de Londres, d'après un très ancien catalogue ou matricule, a révélé à la fois la continuité des pratiques depuis l'époque anglo-saxonne et la forte constitution familiale de la communauté canoniale. Très tôt d'ailleurs ce chapitre particulièrement bien doté avait été colonisé par les Normands, notamment par des hommes du Bessin, tels que les Flambards. Le trop célèbre Ranulf, ministre de Guillaume le Roux, bien qu'il n'ait jamais été en mesure d'en exercer les fonctions, fut doyen de Londres et conserva cette dignité après son élévation au siège de Durham (en 1099) ; d'autres apparaissent, également originaires du diocèse de Bayeux : Anger, prébendier de Kentish Town et ses deux fils, chapelains de Henri Ier, Ouen promu évêque d'Evreux (1113-1139) et Thurstan promu archevêque d'York (1114-1140). A Londres, l'évêque Richard de Beaumais (1127) avait pratiqué un népotisme effréné qui lui permit de caser une tribu de fils, neveux et cousins, lesquels devaient détenir les plus riches prébendes jusqu'à la seconde décade du XIII° siècle. Des

scandales éclatèrent parfois — lors des tentatives de répres-
sion, en application des décrets conciliaires (Latran I, c. 21) —
ainsi qu'il advint en 1124 au grand dam du légat Jean de
Crème, ou en 1137 lorsque les « dames du chapitre » furent
enfermées à la Tour de Londres et mises à rançon.

On pourrait multiplier les exemples. Là-même où des
collégiales régulières étaient établies et dotées, c'était œuvre
de longue haleine : ainsi, la réforme des chanoines de Saint-
Georges d'Oxford, entreprise par Robert II d'Ouilly dès
1129, demanda vingt ans d'efforts avant le transfert définitif
en 1149 au prieuré d'Osney des revenus de l'ancienne collégiale ; encore, la dernière prébende appropriée, celle du
prévôt Gautier (1151) fut-elle retenue par l'un de ses fils
jusqu'à sa mort (après 1166).

Est-ce à dire que la réforme du clergé séculier n'ait pas
porté de fruit ? Nous ne le pensons pas. Il y a, en Angleterre comme en Normandie, des questions définitivement
tranchées dès le début du XIIᵉ siècle comme celle de l'investiture laïque ; il y en a d'autres qui sont loin de l'être au milieu
du même siècle. Après la crise de 1164-1170, Alexandre III
devra intervenir pour condamner derechef les abus, et ses
décrétales seront reprises dans les canons d'un concile de la
province de Canterbury en 1175, qui dénoncent vigoureusement le concubinage des clercs, l'institution des fils de prêtres
dans les églises paternelles sans personne interposée, les
pratiques simoniaques dans la distribution des sacrements,
dans la dédicace des églises, voire dans la présentation des
clercs aux églises *pacto interveniente*.

Qui donc, écrivait Henri de Huntingdon, ayant reçu la
charge pastorale en récompense de services rendus, ne l'a pas
en définitive achetée ? Qui peut se vanter de recevoir gratis
ce que l'amour paternel lui a valu ? J'appelle l'un et l'autre
présents et celui qui recherche les dons célestes par présent,
frère de Simon (4). Et, vers le déclin du siècle, dénonçant les
abus que la pratique royale contribuait à entretenir au temps
de Henri II, le moine Néel Longchamp stigmatisait les clercs
courtisans en ces termes : « Il en est qui convoitent les
prébendes vacantes... ne cessant de chanter : *Hosanna* au
fils de David ! Souvenez-vous de votre serviteur auquel votre
parole a donné l'espoir... D'autres, afin d'éviter l'accusation
de simonie, achètent au prix de soixante ou de cent marcs
deux ou trois jugères avec l'église vacante, ils reçoivent gratis
l'église et gardent une réputation intacte aux yeux des hom-

---

(4) **Satira communis, Henrici archidiaconi Historiae**, L. XI, Anglo-
latin satirical poets of the twelfth century, t. II, p. 209, « Rolls Series ».

I

mes et une conscience pure devant Dieu... Certains reçoivent
avec une fille des biens d'église en mariage, prenant deux
épouses, l'une charnelle, l'autre spirituelle (5)... Quinze ou
vingt églises ne suffisent pas à qui n'a point une prébende en
chaque cathédrale du royaume : ...puis, à bref délai, un
doyenné ou une charge d'importance comparable... ; on
acquiert ensuite par la force, par la parole ou les services
rendus, quelque archidiaconé et, les intercesseurs s'étant
multipliés, on cherche un évêché... S'il le faut, on accepte à
ses propres frais des missions en pays éloignés... pour les
affaires du royaume... afin de pouvoir répondre au roi qui
interroge : Pierre, m'aimes-tu ? — Vous savez Seigneur que
je vous aime, n'aurais-je pas donné ma vie pour vous ? » (6).

On conçoit dès lors à quel point importait pour le triomphe
de la réforme ecclésiastique, d'une part, le choix des pasteurs
chargés de veiller sur les agneaux et sur les brebis ; d'autre
part, le maintien de l'influx réformateur issu du courant
grégorien, c'est-à-dire en définitive le maintien des liens avec
les autres chrétientés : les églises du royaume de France,
source de culture théologique par le rayonnement des
écoles parisiennes et de courants réformateurs (Cîteaux, Prémontré, Saint-Victor, etc...), où le clergé assumait pleinement
la réforme, où l'épiscopat savait affirmer son autonomie à
l'égard du pouvoir ; l'Eglise romaine avec sa juridiction et
sa législation de caractère universel et obligatoire.

II. — L'ÉPISCOPAT ANGLO-NORMAND DEVANT LA CRISE DE 1164-1170

C'est dans un tel contexte qu'il faut replacer l'Eglise anglo-
normande face à la crise de 1164-1170. Elle en fut, selon les
lieux et selon les niveaux, plus ou moins gravement affectée :
l'Angleterre, directement visée, le fut plus que la Normandie ;
la hiérarchie — si l'on excepte le chapitre régulier de Canterbury et les clercs familiers de Thomas Becket — plus que la
masse du clergé.

Crise de tension dans les rapports de la royauté et de
l'Eglise d'Angleterre, c'est l'épiscopat qui devait assumer les
hautes responsabilités. Il importe donc de mieux connaître
« les évêques de la controverse » (7) avant d'aborder l'enjeu
du conflit.

(5) **Traotatus contra curiales et offlolales clerlcos, Ibid,** t. II.
pages 168-169.
(6) **Ibid,** p. 177-178.
(7) Selon l'expression de D. KNOWLES, **The Episcopal Colleagues of
Archbishop Thomas Becket,** Cambridge, 1951, p. 1 et 24 (en titres de
chapitres).

1. — *Les évêques de Normandie*

Bien que le personnel fût interchangeable entre royaume et duché, il existait certaines différences non négligeables entre l'épiscopat normand et l'épiscopat anglais.

Dès l'érection de la Normandie en duché, l'*episcopatus* — demeuré ailleurs entre les mains du roi de France — était passé dans celles du duc et servait traditionnellement à doter ses proches ou à récompenser ses fidèles serviteurs. Si l'on n'observe plus vers 1164, au même degré qu'à l'âge antérieur, les lignées ou les parentèles épiscopales de la maison ducale, du moins les familles seigneuriales sont-elles encore représentées par Rotrou, fils de Roger de Beaumont, comte de Warwick, et de Marguerite du Perche, d'abord archidiacre de Rouen, puis évêque d'Evreux en 1139, transféré au siège métropolitain en 1165 ; par Gilles du Perche, archidiacre de Rouen, proche parent de l'archevêque défunt Hugues d'Amiens (1164) comme du nouvel archevêque Rotrou ; par Richard de Bohon, doyen de Bayeux, promu évêque de Coutances en 1150 ; par Henri de Beaumont enfin, doyen de Salisbury, promu évêque de Bayeux en 1164, après la mort de Philippe de Harcourt (1163). Tous ces hommes avaient fait carrière dans l'Eglise, mais c'étaient des nominations ducales entérinées par les chapitres ou, tel le cas du transfert de Rotrou de Warwick, autorisées par le pape.

L'interférence du pouvoir laïque était plus ou moins directe, plus ou moins violente : elle reflétait les vicissitudes politiques du duché, passé des mains d'Etienne de Blois en celles de Geoffroi Plantagenet, puis de Henri II. La pratique normande d'intrusion du prince dans les élections, de longue date passée dans l'usage, était pratiquement incontestée en Normandie : condamnée explicitement par le pape Adrien IV en 1156, elle avait déjà subi quelques atteintes lorsque la maison d'Anjou avait voulu mettre la main sur les évêchés normands ; Geoffroi avait échoué lorsque, en 1141, il avait tenté de faire obstacle à Arnoul de Lisieux, archidiacre de Sées, l'un des soutiens du parti de Blois, librement élu à la mort de son oncle ; il avait échoué aussi, lorsque, en 1144, à la mort de Jean, évêque de Sées, frère d'Arnoul, il avait voulu écarter Gérard, élu assez irrégulièrement il est vrai, mais finalement maintenu par la fraction adverse en raison même de cette intrusion. Dès son avènement comme duc de Normandie, Henri II veilla à reprendre la main et le fit victorieusement : en 1157, à la mort de Gérard, il s'opposa au sacre d'Achard abbé de Saint-Victor, élu par le chapitre de Sées, parce que cette élection avait été confirmée par le pape avant de l'être par lui-même et il imposa l'un de ses chapelains, Froger. En 1161 cependant, il désigna le même Achard à l'évêché d'Avranches avant toute élection.

Les circonstances des élections au siège de Sées appellent quelques réflexions. D'abord, la survivance d'une parentèle épiscopale issue d'une famille de clercs de l'Echiquier, qui mobilisa à son profit pendant trois quarts de siècle les charges diocésaines ou capitulaires de Sées et de Lisieux, et qui fournit 4 évêques en 3 générations : deux à Lisieux, Jean (1107-1141) puis son neveu Arnoul ; un à Sées, Jean (1124-1144) frère d'Arnoul ; plus tard, leur neveu Hugues de Nonant, élu au siège de Coventry-Lichfield. En second lieu, le rôle de ces évêques dans l'introduction et le soutien de la réforme des chapitres cathédraux de Sées et de Lisieux. Enfin, quelques aspects de cette réforme : introduite à Sées par l'évêque Jean, frère d'Arnoul, qui avait fait venir plusieurs chanoines de Saint-Victor, elle réservait les prébendes et les archidiaconés aux seuls réguliers ; elle impliquait un certain degré de vie commune pour l'évêque, celui-ci étant tenu de faire profession canoniale, ce que nous apprenons dans le cas de Gérard dont le sacre fut subordonné à cette condition. On mesure ainsi toute la portée du choix d'Achard abbé de Saint-Victor, à la mort de Gérard, mais aussi celle de l'intrusion de Froger en son lieu et place : ce dernier devait s'efforcer, en effet, de réserver les charges diocésaines à ses propres neveux, clercs séculiers, d'ailleurs soutenus par les neveux d'Arnoul, en place à Lisieux. Arnoul lui-même, en qualité d'archidiacre de Sées sous l'épiscopat de son frère, avait naguère fait profession canoniale. Il ne réussit pas à assurer la réforme du chapitre de Lisieux où son oncle avait déjà échoué. Quant au bienheureux Achard, il ne paraît pas qu'il ait tenté de l'introduire sur le siège d'Avranches. On peut affirmer cependant qu'il existait dans les diocèses de Sées et de Lisieux entre 1120 et 1160, un cercle d'hommes en relations étroites avec Saint-Victor et, de manière générale, acquis à la vie canoniale, encore que cela n'impliquât jamais pour eux de renoncer à la promotion familiale et au népotisme.

2. — Les évêques d'Angleterre

S'il y avait alors en Normandie deux évêques de profession canoniale, rien de semblable n'apparaît en Angleterre. En matière de nominations épiscopales, la Conquête normande avait transféré Outre-Manche les pratiques ducales, et celles-ci avaient été entérinées par le Concordat de Londres en 1107 : l'élection devant avoir lieu dans une chapelle royale par les délégués du chapitre mandés pour recevoir notification de la volonté du roi, lequel renonçait à l'investiture laïque, sinon à l'hommage de l'élu. De fait, la faiblesse du pouvoir royal sous Etienne de Blois qui dut céder formellement sur ce point en 1136, la force croissante et la prise de conscience de l'épiscopat, le progrès des idées grégoriennes, l'essor du droit canonique parallèlement au développement de la centralisation pontificale, avaient favorisé des élections canoniques, parfois même libres. Le roi devait compter maintenant avec les électeurs, susceptibles d'interjeter appel à Rome, et avec les pouvoirs ecclésiastiques supérieurs : métropolitain, légat, pape. D'où un complexe nouveau de relations entre les personnes intéressées à l'élection, assorti parfois d'oppositions entre les communautés monastiques qui prétendent imposer un membre de leur religion, les séculiers ayant voix au chapitre qui portent leur choix sur les ecclésiastiques de carrière (doyens, archidiacres), le roi enfin qui entend récompenser ses propres officiers et, en tout cas, présenter son candidat.

Les évêques d'Angleterre, qui allaient être confrontés à la crise de 1164-1170, ont pu être classés en quatre catégories : les officiers royaux ; les clercs de carrière ecclésiastique normale ; les clercs devant leur promotion à une réputation extra-nationale acquise par leur haute compétence ; enfin, les moines. Au total, seize prélats inégalement répartis entre les deux provinces ecclésiastiques, celle de Canterbury (13 suffragants en Angleterre, à l'exclusion des évêques du Pays de Galles) et celle d'York (2 suffragants dans le royaume, dont un siège vacant, Carlisle). De fait, survivaient en 1164 deux évêques nommés par Henri Ier, son neveu, un clunisien, Henri de Blois, évêque de Winchester (1129), et sur le siège d'Ely, un officier royal, Néel (1133). Le gros de l'épiscopat était formé par les promotions du temps d'Etienne de Blois, c'est-à-dire d'une époque où la maison d'Anjou — Mathilde et son demi-frère Robert de Gloucester — avait pu contrôler certaines élections, mais où la prépondérance avait été acquise aux pouvoirs ecclésiastiques : soit Henri de Winchester, frère du roi et un temps légat, qui casa des neveux ou des protégés (Hugues du Puiset à Durham ; le clunisien Robert à Bath, peut-être Jocelin de Bohon, frère de l'évêque de Coutances, à Salisbury), — soit l'archevêque Thibaut du Bec, dont l'influence sut introduire près des électeurs canoniques son frère Gautier à Rochester (1148), siège quasi-suburbicaire et auxiliaire de Canterbury ; le clunisien Gilbert Foliot, abbé de Gloucester, à Hereford (1148) ; Roger de Pont-l'Evêque, son propre archidiacre à la métropole d'York (1154) ; finalement un normand, le canoniste Barthélémy à Exeter (1161) — soit même le pape qui semble être intervenu directement en faveur d'un clerc de la Curie, Hilaire, élu à Chichester en 1147. Toutes ces promotions avaient donné lieu à des élections canoniques. Trois autres évêques avaient été élus librement par les chapitres : Guillaume Turbot, moine du prieuré cathédral de Norwich, au même siège, en 1146 ; Robert de Chesney (Quesnay, Calvados), à Lincoln, en 1146 ; Richard Peche, archidiacre du lieu et fils d'un ancien évêque du siège, à Coventry-Lichfield, en 1161.

En Angleterre, contrairement à celles de Normandie, les premières élections du règne de Henri II avaient été régulières et même libres. Mais, en 1161, à la mort de l'archevêque Thibaut, le roi imposa aux électeurs canoniques son propre chancelier, Thomas de Londres, archidiacre de Canterbury, qui fut élu canoniquement, à l'unanimité comme il était alors de règle, mais non librement (27 mai 1162). Nul ne prévoyait alors qu'il deviendrait, un jour prochain, contre le roi lui-même, le champion des libertés ecclésiastiques. Le nouvel archevêque acquiesça au choix de Henri II pour le siège vacant de Londres, où le pape transféra, à sa demande, Gilbert Foliot, évêque de Hereford ; il obtint en 1164 l'élection de Roger, fils du comte de Gloucester et cousin du roi, à Worcester ; tandis qu'en 1163 le pape avait promu, peut-être sur sa proposition, un maître en théologie des écoles parisiennes, Robert de Melun.

Bref, au moment où l'assemblée de Clarendon (janvier 1164) va ouvrir une crise — latente depuis quelques mois déjà — l'épiscopat anglais comprend quatre moines, dont trois cluni-siens ; sept hommes de carrière ; trois hommes de science ecclésiastique ; deux officiers royaux. On l'a définie, à quelques exceptions près, comme un corps sain, exempt des tares les plus graves (8). Trois évêques cependant constituent alors un vivant anachronisme : ceux de Salisbury, Ely et Winchester. Jocelin de Salisbury : son fils, Reginald, est qualifié de bâtard, né d'une courtisane. Néel d'Ely rappelle les temps révolus de son oncle (ou père ?) Roger, évêque de Salisbury, et de son cousin Alexandre, évêque de Lincoln. Comme eux, il a déployé toutes ses aptitudes dans l'administration séculière : trésorier de l'Echiquier, il a développé les rouages de cette haute cour établie par Roger, qui sera bientôt décrite par son propre fils, Richard Fitz-Néel, futur évêque de Londres, dans le célèbre *Dialogue de l'Echiquier*. Comme Roger de Salisbury et Alexandre de

---

(8) ID., **op. oit.,** p. 155.

Lincoln, il a pris une part dominante dans les luttes du règne d'Etienne. Il a dépouillé les moines de son propre chapitre, aliéné ou laissé aliéner les terres de la mense capitulaire, le trésor et les ornements précieux de son église. Henri de Blois, évêque de Winchester, enfin, lui aussi compromis dans les luttes civiles, grand féodal remuant et puissant — *miles plusquam monachus* (9), véritable *king-maker* avant la lettre. — Revenu d'un exil volontaire en l'abbaye de Cluny, riche d'aumônes, désormais détaché des contingences politiques, il achevait alors dans l'auréole d'une vieillesse sereine, une carrière longue et mouvementée, d'ailleurs vouée aux intérêts de l'Eglise. Il reste cependant qu'il avait pratiqué le népotisme sur une large échelle, à l'instar des évêques de Normandie. On pourrait appliquer à juste titre à l'épiscopat anglonormand cette boutade prêtée au pape Alexandre III : « *Filios episcopis Dominus abstulit, nepotes autem diabolus dedit* » (10).

Plus de trente ans après la promotion de Henri de Blois, celle de Thomas de Londres pouvait signifier un retour aux âges révolus : et, en elle-même, par son caractère d'intrusion ; et en la personne du nouvel archevêque, un pluraliste comme tant d'autres ; surtout, un officier royal. Or, ce n'était un secret pour personne que le roi, par l'élévation de son chancelier au siège primatial, cherchait, suivant l'exemple de l'empereur Frédéric Ier, à confondre les deux glaives en unissant dans les mêmes mains les plus hautes charges civiles et ecclésiastiques. Au surplus, seul Thomas de Canterbury pouvait apparaître comme un intrus, un loup dans la bergerie, celui qui n'était pas entré « par la porte », élu sinon *contra,* du moins *praeter voluntatem electorum.* Et, s'il est vrai que le mode d'élection, plus ou moins régulier, n'est pas un présage inéluctable du comportement de l'élu, il est non moins vrai que nul ne pouvait prévoir ce que serait l'attitude du primat. Au demeurant, s'il s'était démis de l'office de chancelier dès la fin de l'année 1162, l'affaire de Clarendon semble l'avoir trouvé hésitant : il refusa de sceller de son sceau la charte des fameuses constitutions ; mais, il n'en avait pas moins cédé auparavant en promettant de vive voix d'observer, *bona fide,* les coutumes en cause sans la réserve d'usage : *salvo ordine nostro,* déconcertant ainsi plusieurs de ses suffragants.

---

(9) « ...novum quoddam monstrum ex integro et corrupto compositum, scilicet monachus et miles » (HENRI DE HUNTINGDON : De contemptu mundi, p. 315).

(10) GIRAUD LE CAMBRIEN : Gemma ecclesiastica, II. 27. t. II. p. 304, « Rolls Series ».

3. — L'enjeu du conflit

Nous n'avons pas à retracer ici les circonstances et les péripéties de la crise qui devait valoir à Thomas de Canterbury l'auréole du martyre : elle a été portée à l'audience du grand public dans le rythme tantôt majestueux, tantôt haletant, toujours éminemment religieux, du drame de T. S. Eliot, *Murder in the Cathedral* (11), pour taire une triste bouffonnerie qui ne fait point honneur au talent de son auteur (12). Au surplus, nous l'avons longuement exposée ailleurs (13). Il suffit de rappeler son objet : il s'agissait d'un premier « train » de réformes touchant directement l'Eglise anglaise dans les libertés qu'elle avait acquises au cours des luttes du temps d'Etienne de Blois. Dans la perspective d'un règne qui avait déjà restauré l'autorité royale sur les féodaux, qui se réclamait des coutumes de son aïeul Henri Ier, qui allait entreprendre de grandes réformes administratives et judiciaires, il s'agissait d'intégrer les chefs de l'Eglise dans un système, féodal certes, mais fortement structuré autour du seigneur roi. D'où les mesures visant à rétablir un strict contrôle sur les élections épiscopales et abbatiales ; à restreindre au criminel, et en matière de tenure, la juridiction ecclésiastique au profit des tribunaux royaux, de leur procédure, de leur droit formaliste en passe de devenir le *common law* ; d'arrêter, au spirituel, le jeu des appels en cour de Rome — la cour archiépiscopale devant procéder en dernier ressort ; — de subordonner les voyages *ad limina* au consentement exprès du roi.

Ces dispositions n'étaient nouvelles que par leur présentation systématique dans une ordonnance à confirmer et souscrire solennellement. Toutefois, elles marquaient un recul de quelque trente ans sur la pratique de l'Eglise d'Angleterre,

---

(11) Composé pour le Festival des « Amis de la cathédrale de Canterbury », joué à cette occasion à Canterbury en 1935, puis à nouveau en 1947 ; porté sur la scène, dans une traduction française, pour la première fois en France par Jean Vilar, au Théâtre du Vieux-Colombier, puis à l'abbaye du Bec-Hellouin.

(12) Jean Anouilh a reconnu lui-même qu'il écrivit « Becket ou l'honneur de Dieu » hors de toute information sérieuse : « J'ai fait le roi dont j'avais besoin et le Becket ambigu dont j'avais besoin ». écrit-il dans la présentation de sa pièce. (Livret du Théâtre Montparnasse-Gaston Baty, LXIX, saison 1960-1961).

(13) **L'Eglise et la royauté en Angleterre sous Henri II Plantagenet (1154-1189)**, et plus brièvement dans l'**Histoire de l'Eglise** publiée sous la direction de FLICHE et MARTIN, t. IX-2, p. 84-126. Nous y renvoyons pour tout ce qui touche à la crise, à ses antécédents, à ses conséquences.

dont les privilèges avaient été formellement reconnus par Etienne de Blois dans la charte de 1136, et maintenus par les efforts d'hommes tels que Henri de Winchester et Thibaut du Bec. Mais surtout, elles allaient directement à l'encontre des prescriptions du droit canonique tel qu'il se dégageait au recueil de Gratien et des actes pontificaux.

Il y a plus. Lorsque, en octobre 1164, Thomas de Canterbury est mis en accusation à Northampton devant la haute cour royale, deux problèmes surgissent, l'un et l'autre d'ordre juridique : celui des rapports du Royaume et du Sacerdoce, d'une part, celui des relations entre les membres de la hiérarchie, vassaux du roi, avec le prince, d'autre part. Les relations féodales sont personnelles et contractuelles, mais dans un état féodal pleinement développé comme l'était alors le royaume anglo-normand, le système ne peut souffrir de faille : le prince et l'état s'identifient ; les tenants-en-chef sont solidaires et égaux, ce qui implique leur participation et leur soumission à toute décision ou à tout jugement du haut conseil, cour féodale suprême du royaume. L'attitude de l'archevêque renverse cette convention féodale admise depuis la Conquête normande par des générations d'hommes d'Eglise : le devoir du vassal de prendre part — ou d'acquiescer — au jugement et d'obéir à la sentence. L'archevêque (qui s'exila et fit appel à Rome, seuls moyens de maintenir et sa propre sécurité individuelle, et la liberté d'un recours hors du royaume pour l'Eglise anglaise comme pour lui-même) devait élever le débat au plan de la doctrine canonique ; protestant de la supériorité du sacerdoce — auquel est dévolu le pouvoir de lier et délier tous les fidèles, fût-ce la personne du roi — il n'en admet pas moins la subordination féodale de l'évêque au roi, étant entendu que le *consilium* et l'*obsequium* revêtent, en ce cas, un sens éminemment spirituel, conforme à la mission du successeur des apôtres, et que le titulaire d'un siège ecclésiastique n'est que l'intendant des biens temporels dont il doit compte à Dieu, ce qui devrait les préserver de la commise ou confiscation féodale.

On ne saurait oublier, enfin, que l'enjeu essentiel du conflit — par delà les coutumes féodales anglo-normandes, par delà même les controverses juridiques — devait s'élever très tôt, et demeurer jusqu'à la fin, sur le plan de la juridiction universelle du pontife romain. En 1159, l'élection de Roland Bandinelli avait suscité un schisme et la reconnaissance par l'empereur d'un antipape ; dès 1160, les rois de France et d'Angleterre — après consultation de l'épiscopat — s'étaient ralliés à Alexandre III. Mais, en 1165, au cours du conflit, Henri II donna des gages à l'empereur schismatique et, à plusieurs reprises dans la suite, il devait brandir la menace d'adhérer au schisme. Au cours du conflit, il interdit sous les peines les plus sévères la réception des bulles pontificales en Angleterre, et prit des mesures pour fermer le royaume à toute relation avec le pape et l'archevêque exilé : l'ordonnance de 1169, corollaire et couronnement des Constitutions de Clarendon, est une arme redoutable, susceptible de créer une *Landeskirche* — une Eglise nationale — sous contrôle royal, administrée par une hiérarchie nommée par le roi, soumise à sa propre juridiction au civil et au criminel, aux cours de chrétienté au spirituel. Bref, un schisme anglais, quelque trois cent cinquante ans avant la rupture de Henri VIII, mais à contre-courant dans la chrétienté occidentale du XII° siècle, à la fois centralisatrice et internationale.

4. — *La crise probatoire*

Il ne peut être question de décrire les réactions des évêques anglais et normands dans un conflit aussi ample. Certains, de par leurs antécédents, n'en réalisèrent sans doute pas toute la portée, du moins au début ; d'autres cherchèrent le compromis et trouvèrent la compromission. Peu d'entre eux — si ce n'est sur le tard — se séparèrent explicitement du roi pour adhérer à l'archevêque. Mais il y eut aussi les irréductibles.

L'épiscopat normand — moins directement concerné — s'est tenu à l'écart des controverses, sinon des négociations. Je n'ai rencontré jusqu'ici aucun témoignage direct sur l'attitude du bienheureux Achard au cours de la crise. En revanche, Froger de Sées et Arnoul de Lisieux prodiguèrent leurs bons offices, d'une manière suspecte, à l'archevêque, ou sujette à caution parce que trop clairement entachée de double jeu. Ayant exercé les fonctions de juge ducal et celles de juge ecclésiastique, Arnoul semble attaché à la conception gélasienne des rapports entre les deux pouvoirs. C'est un politique, que ses prises de position antérieures en faveur de la maison de Blois, obligent à composer avec le Plantagenet : il plaide auprès du pape pour obtenir la confirmation des constitutions de Clarendon, il propose un appel à Rome en vue d'éluder les censures fulminées à Vézelay par l'archevêque de Canterbury, légat pontifical (Pentecôte 1166) ; il s'offre en médiateur aux deux parties. Cependant, c'est Rotrou, archevêque de Rouen, que le pape agrée, en définitive, pour médiateur, conjointement avec Bernard, évêque de Nevers, après l'échec de ses légats *a latere*. Mais, par ses délais, et une semi-complicité avec le roi, Rotrou semble bien avoir maintenu les partisans de l'archevêque dans un fallacieux espoir de paix, à l'heure même où le Plantagenet allait jouer la partie suprême, le couronnement de son fils aîné par l'archevêque d'York, au mépris des droits du primat d'Angleterre. Quant aux évêques de Sées, de Bayeux et d'Evreux, ils devaient accompagner le jeune prince en Angleterre et assister à son sacre.

Il y avait dans l'épiscopat anglais les germes d'un esprit de corps qui s'était manifesté à diverses reprises, soit au cours des événements du règne d'Etienne, sous la conduite de Henri de Winchester ou de Thibaut du Bec, soit dans l'assemblée de Londres qui fut appelée, en 1160, à prendre position en faveur d'Alexandre III. Jamais cependant l'unité n'avait entièrement prévalu, et les assemblées de 1164, à Clarendon, puis à Northampton, avaient rendu manifestes les divergences. La crise exploitée par le roi désagrège le corps des suffragants de la province de Canterbury : beaucoup inclinent à céder, certains condamnent l'intransigeance du primat, ou incriminent sa faiblesse à Clarendon. L'opposition trouve bientôt son chroryphée en la personne de Gilbert Foliot, évêque de Londres, qui, six années durant, s'efforce de déférer au service féodal du prince, tout en protestant de son obédience au pape, et s'engage imperturbablement en appels et contre-appels visant à écarter les conséquences des conflits de loyalisme dans lesquels il se voyait impliqué. Au demeurant, c'est une tête lucide et un cœur froid ; un ambitieux déçu, sous des apparences d'humilité, et la rigueur d'austérités trop divulguées ; un pharisien qui n'admet pas la conversion du publicain. Il entraîna dans son sillage quelques indécis, mais seul devait lui demeurer fidèle l'évêque de Salisbury, Jocelin de Bohon, comme lui, frappé d'excommunication en 1169 ; comme lui, prélat assistant de l'archevêque d'York au sacre de Henri le Jeune, le 14 juin 1170.

On doit constater que les moins serviles, au sein de l'épiscopat, sont ceux qui approchent le roi de plus près, appartenant au sang royal, Henri de Blois, évêque de Winchester, et Roger de Gloucester, évêque de Worcester ; ce dernier finit même par suivre son métropolitain en exil. Mais ce sont les événements de 1169 — l'appel interjeté par Foliot, l'ordonnance antipapale que le roi veut leur imposer avec serment de s'y conformer — qui rejettent les suffragants dans le parti de leur métropolitain. Le premier, l'évêque de Winchester proclame solennellement qu'il est disposé à obéir en tout, sa vie durant, aux mandements apostoliques et à l'église de Canterbury à laquelle il a fait profession d'obédience et de fidélité. Barthélémy d'Exeter l'imite et se retire dans une maison religieuse en attendant des jours meilleurs. Guillaume de Norwich n'hésite pas à excommunier le comte de Norfolk en présence des officiers royaux, après quoi, descendant de chaire, il dépose sa crosse sur l'autel, et se retire au cloître, assumant derechef la vie du moine. L'évêque de Coventry se retire dans la région de son diocèse habitée par les Gallois. Ainsi, malgré les vides causés par la mort de quelques-uns, se reforme l'unité spirituelle autour du primat exilé, en attendant l'épreuve suprême : l'usurpation de l'archevêque d'York, la paix fallacieuse de Fréteval, le retour à Canterbury, pour y cueillir la palme du martyre.

*
* *

Il est temps de conclure. Il convient, ici même, d'évoquer la double cérémonie d'Avranches, lorsque, au retour de l'expédition d'Irlande et à la suite de négociations difficiles avec les légats pontificaux, Henri II, qui avait été frappé d'interdit *ab ingressu ecclesiae,* reçut l'absolution publique devant la porte de la cathédrale Saint-André, avant d'être introduit dans l'église (21 mai 1172). Le concordat, entériné par bulle pontificale du 2 septembre, et solennellement ratifié à Avranches le 27 septembre 1172, était loin, certes, de régler toutes les questions pendantes : s'il abrogeait les « mauvaises coutumes », il n'en laissait pas moins la porte ouverte à certains des usages remis en vigueur à Clarendon, notamment en matière d'élections épiscopales où, dès 1173, et dans la suite, devaient s'affirmer maintes promotions d'officiers royaux. Cependant, par sa nature même, il ouvrait la voie à de nouveaux accords, à intervenir ultérieurement par négociations bilatérales entre le Saint-Siège et le roi.

Il est un point cependant sur lequel le concordat d'Avranches devait revêtir un caractère définitif, du moins jusqu'au schisme de Henri VIII. Cette clause n'a généralement pas été comprise par les historiens, qui ont voulu y voir la reconnaissance de la suzeraineté pontificale sur la couronne d'Angleterre quarante ans avant la convention de Douvres, conclue entre Jean sans Terre et le pape Innocent III (1213). En 1172, le roi et son fils aîné s'engagent seulement à demeurer dans l'obédience du pape Alexandre et de ses successeurs catholiques aussi longtemps que ceux-ci les reconnaîtront pour rois catholiques (14). C'est la porte fermée aux menaces de schisme — impérial ou national ; — c'est l'assurance que les rois d'Angleterre reconnaissent la juridiction de l'Eglise romaine et s'engagent à la maintenir. C'est le triomphe posthume de Thomas Becket. C'est aussi, à l'heure où disparaît le bienheureux Achard, la victoire de l'aile marchante de la réforme dans l'Eglise anglo-normande.

Source :
The Ecclesiastical History of Orderic Vitalis, éd. M.CHIBNALL, 5 vols. 1969-1978, Oxford Medieval Texts. Le vol.I comportant l'Introduction générale et les deux premiers livres sortira prochainement.-The Letters of John of Salisbury ,vol.I,éd. citée; vol.II,éd. W.J. MILLOR at C.N.L. BROOKE, 1979, Oxford Medieval Texts.- The Letters and Charters of Gilbert Foliot, éd. Adrian MOREY et C.N.L. BROOKE, Cambridge, 1967.

Travaux :
F. BARLOW,The English Church 1066-1154. A History of the Anglo-Norman Church, Londres 1979.- E.J. KEALEY, Roger of Salisbury Viceroy of England, Berkeley,1972.- A. MOREY et C.N.L. BROOKE, Gilbert Foliot and his Letters, Cambridge ,1965, Cambridge Studies in Medieval Life.- Church and Government in the Middle Ages ,éd. C.N.L. BROOKE,B. LUSCOMBE, G. MARTIN,D. OWEN, Cambridge,1976.- B. SMALLEY,The Becket Conflict and the Schools, Oxford,1973.- J.C. DICKINSON, The Later Middle Ages. From the Norman Conquest to the Eve of the Reformation, Londres 1979 (An Ecclesiastical History of England).

---

(14) Voir la critique des textes narratifs et l'analyse des documents officiels dans **L'Eglise et la Royauté...**, p. 341 et suivantes.

APPENDICE

LISTE SÉLECTIVE DES SOURCES ET TRAVAUX RELATIFS A L'EGLISE ANGLO-NORMANDE

Principales sources :

Chroniques anglo-normandes : Henri DE HUNTINGDON, *Historia Anglorum* ; GUILLAUME DE MALMESBURY, *Gesta Pontificum Anglorum, Gesta Regum Anglorum, Historia Novella* ; *Gesta Stephani* ; — ROGER DE HOVEDEN, *Chronique* ; *Gesta Regis,* attribués à Benoît de Peterborough ; — GERVAIS DE CANTERBURY : *Gesta regum, Actus pontificum Cantuariensis ecclesiae.* (Toutes œuvres publiées à la fin du XIXᵉ siècle dans les « Rolls Series »). — Il convient d'y ajouter : ORDERIC VITAL, *Historia ecclesiastica,* et ROBERT DU MONT, *Continuation* de Sigebert de Gembloux, respectivement éditées par A. Le Prévost et L. Delisle sous les auspices de la « Société de l'Histoire de Normandie ». — JEAN DE SALISBURY, *Historia Pontificalis,* édition R. L. Poole, Oxford, 1927, ou édition M. Chibnall, « Medieval Texts ».

Recueils de documents et répertoires : *Materials for the History of Thomas Becket,* édit. J.-C. Robertson et J.-B. Sheppard, « Rolls Series » ; GILBERT FOLIOT, *Epistolae, Patrol. lat.,* CXC ; ARNOUL DE LISIEUX, *Epistolae, Patrol. lat.,* CCI, ou édit. F. Barlow, Londres, 1939, « Camden third Series » ; JEAN DE SALISBURY, *Epistolae, Patrol. lat, CXCIX,* ou édit. J.-A. Giles, Londres, 1848, ou nouvelle édit. en cours par W.-J. Millor et B.-E. Butler, « Medieval Texts » ; W. STUBBS, *Select Charters* ; *Gallia Christiana,* t. XI ; W. DUGDALE, *Monasticon Anglicanum,* édit. révisée, Londres, 1846 ; DU MONSTIER, *Neustria pia,* Rouen et Paris, 1663 ; L.-H. COTTINEAU, *Répertoire topo-bibliographique des abbayes et prieurés;* D. KNOWLES et R.-N. HADOCK, *Medieval Religious Houses* ; N. BACKMUND, *Monasticon praemonstratense,* t. III (1956) ; M. DEGROULT, *Normandie, terre de vie canoniale,* in *Le Courrier de Mondaye,* nᵒ 62 (1960) : tableau chronologique.

Quelques travaux récents :

C.N.L. BROOKE : *The composition of the Chapter of St Paul's,* 1086-1163, in *The Cambridge Historical Journal,* t. X (1951), p. 111-127.

— *Gregorian Reform in Action : Clerical Marriage in England 1050-1200*, Ibid., XII, 1956, p. 1-21.

— *Married men among the English higher clergy 1066-1200*, Ibid., XII (1956), p. 187-188.

Z.-N. BROOKE : *The English Church and the Papacy, 1066-1215*, Cambridge, 1931.

M.-D. CHENU : *Moines, clercs et laïques au carrefour de la vie évangélique*, in *Revue d'Histoire ecclésiastique*, t. XLIX (1954), p. 59-89.

H.-M. COLVIN : *The white Canons in England*, Oxford, 1951.

Ch. DEREINE : *L'élaboration du statut canonique des chanoines réguliers, spécialement sous Urbain II*, in *Revue d'Histoire ecclésiastique*, t. XLVI (1951), p. 534-564.

— Art. *Chanoines*, dans le *Dictionnaire d'Histoire et de Géographie ecclésiastiques*, t. XII (1953), p. 364-405.

J. DICKINSON : *The Origin of the Austin Canons and their Introduction into England*, Londres, 1950, S.P.C.K.

— *English Regular Canons and the Continent*, in *Transactions of the Royal Historical Society*, 5ᵉ série, t. I (1951).

D. DOUGLAS : *Les Evêques de Normandie (1035 à 1066)*, in *Annales de Normandie*, t. VIII (1958), p. 87-102.

K. EDWARDS : *The English secular Cathedrals in the Middle Ages*, Manchester, 1949.

R. FOREVILLE : *L'Eglise et la Royauté en Angleterre sous Henri II Plantagenet (1154-1189)*, Paris, 1943.

— *Lettres « extravagantes » de Thomas Becket, archevêque de Canterbury*, in *Mélanges Louis Halphen*, Paris, 1953, p. 229-231.

— et J. LECLERCQ : *Un débat sur le sacerdoce des moines au XIIᵉ siècle*, Studia Anselmiana 41, *Analecta Monastica*, 4ᵉ série, Rome, 1957, p. 52-118.

— et J. ROUSSET DE PINA : *Histoire de l'Eglise*, publiée sous la direction d'A. Fliche et V. Martin, t. IX-2, Paris, 1953.

J.-F. LEMARIGNIER : *Etude sur les privilèges d'exemption et de juridiction ecclésiastique des abbayes normandes depuis les origines jusqu'en 1140*, Paris 1937, « Archives de la France monastique », XLIV.

L. GOUGAUD : *Les chrétientés celtiques*, Paris, 1911, « Bibliothèque de l'enseignement de l'Histoire ecclésiastique ».

J. WINANDY : *Les moines et le sacerdoce*, in *La Vie spirituelle*, n° 336 (janvier 1943), p. 23-36.

II

La condition juridique des monastères anglais à la fin du XIIᵉ siècle.

Le dernier quart du xiiᵉ siècle fut pour l'Angleterre monastique une époque décisive. Non que la floraison monastique y fût alors comparable à celle que connut le royaume insulaire aux siècles précédents. Il y eut bien, il est vrai, des fondations nouvelles, telles que l'introduction des Chartreux par le roi Henri II à Witham, dans le diocèse de Bath (1), ou la multiplication des prieurés gilbertins (2). Mais surtout, à une époque où le droit pontifical, déjà fixé dans le *Décret* de Gratien, se développait dans les bulles décrétales des papes canonistes Alexandre III et Lucius III, et pénétrait largement en Angleterre grâce au concordat d'Avranches qui, en 1172, venait de mettre fin à une longue période de tension entre la royauté et l'Eglise romaine (3), les anciennes fondations obtinrent de nouveaux privilèges précisant leur statut juridique. Des relations non seulement correctes, mais bientôt cordiales et fréquentes, unirent alors la curie et la cour d'Angleterre, et de multiples courants s'établirent, par le jeu des appels, des délégations pontificales, des grâces sollicitées et des privilèges octroyés, entre les églises monastiques et le siège apostolique. Maintes difficultés s'élevèrent entre les diocésains et les églises régulières, qui prétendaient échapper à la juridiction de l'ordinaire et ressortir soit à celle du prince en qualité de fondations royales garanties par des chartes du Conquérant ou de ses successeurs, soit à celle, plus recherchée encore à cette époque, de la papauté, en passant outre les échelons intermédiaires de la hiérarchie ecclésiastique, évêque et métropolitain, voire légat d'Angleterre. La politique d'Alexandre III et de ses successeurs immédiats, l'opposition de l'épiscopat, le libre jeu des appels à Rome autorisés par le roi conformément au concordat, les voyages à la curie des abbés ou de leurs procureurs, parfois même l'action

---

(1) Giraud Le Cambrien, *De Principis instructione*, D. II, c. VII, Rolls Series, t. VIII, p. 170.

(2) Cf. R. Foreville, *Un procès de canonisation à l'aube du xiiiᵉ siècle (1201-1202), Le livre de saint Gilbert de Sempringham*, Paris, 1943, Introduction critique, pp. x-xi.

(3) Cf. Foreville, *L'Eglise et la Royauté en Angleterre sous Henri II Plantagenêt (1154-1189)*, Paris, 1943, pp. 389 et suiv.

du prince désireux d'obtenir les plus hauts privilèges apostoliques pour assurer l'indépendance de ses propres fondations, aboutirent à la fin du xiiᵉ siècle à gratifier certains établissements religieux de l'île d'un véritable statut juridique définissant avec toute la précision requise la condition de ces monastères vis-à-vis des pouvoirs ecclésiastiques locaux.

Certes, le mouvement qui portait les établissements religieux à revendiquer l'exemption pontificale était depuis longtemps inauguré. Dès le milieu du xiᵉ siècle, de grandes abbayes, telles que Saint-Albans, Saint-Augustin de Canterbury, Bury Saint-Edmunds, Evesham, Glastonbury, Malmesbury, réclamaient le bénéfice d'une quasi-exemption avant même que celle-ci eût été définie par la chancellerie pontificale (1). Sous le pontificat d'Innocent II, l'abbaye de Saint-Pierre de Westminster sans doute, à coup sûr celle de Saint-Augustin de Canterbury étaient déclarées exemptes (2), et le début du règne d'Henri II vit s'achever un procès célèbre entre l'abbaye royale de Battle et l'évêque de Chichester au diocèse duquel elle était sise, procès à l'issue duquel l'évêque se vit débouté de toute juridiction sur l'insigne fondation du Conquérant (3). Mais de tels cas étaient encore isolés. A partir de 1172, au contraire, ils se multiplièrent, et, sans qu'ils fussent coulés en des moules rigides, les privilèges pontificaux permettent cependant de discerner plusieurs degrés, depuis la simple protection de l'Apôtre sur les droits et possessions d'une maison religieuse, protection fort recherchée durant la longue période d'anarchie qui désola l'Angleterre sous Etienne de Blois, jusqu'à l'exemption totale des abbayes de plein droit pontifical, en passant par les échelons intermédiaires de l'immunité fiscale, de l'autonomie administrative et des exemptions limitées par rapport à la juridiction diocésaine.

Nous ne referons pas l'histoire du développement de l'exemption en Angleterre : Dom David Knowles en a retracé les grandes étapes de la fin du xiᵉ au début du xiiiᵉ siècle pour les principales abbayes du royaume (4). Il n'entre pas davantage dans notre propos d'examiner le statut de tous les établissements religieux de l'Angleterre : la tâche serait immense et resterait inachevée faute de documents sur beaucoup d'entre eux, tant ils étaient nombreux et présentaient de variété, depuis les grandes abbayes bénédictines réformées par saint Dunstan au xᵉ siècle et Lanfranc au xiᵉ, jusqu'aux plus humbles prieurés des Ordres anciens ou nouveaux, Clunisiens, Cisterciens, chanoines augustiniens, Prémontrés, Templiers, Hospitaliers, Gilbertins, Chartreux, etc... Nous étudierons seulement quelques cas précis à titre d'exemples de la fixation progressive du statut juridique des monastères anglais dans le dernier quart du xiiᵉ siècle.

(1) Dom David Knowles, *Essays in monastic history, The growth of exemption*, dans *Downside Review*, t. L, 1932, p. 423.

(2) Knowles, *ibid.*, pp. 417, 408.

(3) *Chronicon monasterii de Bello*, Anglia christiana society, Londres, 1848, pp. 70-104; traduction anglaise par M. A. Lower, Londres, 1851, pp. 77-115. Cf. R. Foreville, *L'Eglise et la Royauté*, pp. 91-92.

(4) *Art. cit.*, pp. 201-231, 396-436. Depuis la rédaction du présent article, Dom Knowles a repris la question dans son beau volume : *The Monastic Order in England 943-1216*, Cambridge, 1940.

o°o

Alexandre III étendit la protection de saint Pierre sur un nombre considérable de monastères anglais (1) ; ses successeurs immédiats, Lucius III, Urbain III,
Clément III et Célestin III, accrurent encore le nombre des établissements
protégés (2). Ils développèrent surtout la politique d'exemptions de plus en plus
libérales qu'il avait octroyées à quelques-unes des grandes abbayes du royaume
d'Angleterre.

Parmi les monastères britanniques, les uns étaient alors de *plein droit épiscopal*, telle l'abbaye bénédictine de Walden, au diocèse de Londres, à laquelle
Célestin III confirmait, le 28 mai 1191, les dispositions prises par l'évêque
Richard pour sa conservation et sa réforme (3). D'autres, tout en demeurant
sous la juridiction de l'ordinaire, reçurent du siège apostolique confirmation de
l'*exemption des coutumes épiscopales* : ils furent désormais libérés de tous services
temporels, des tailles, procurations et autres taxes qualifiées d'exactions de
l'église diocésaine (4). Tel fut le cas du prieuré augustinien de Brinckburne,
au diocèse de Durham, par privilège d'Urbain III (18 mars 1186 ou 1187) (5).
A cette immunité financière, certaines maisons religieuses joignaient une
exemption limitée vis-à-vis de l'ordinaire. A dater du pontificat de Célestin III,
les Prémontrés de l'abbaye de Welbeck, au diocèse d'York, libérés de toutes
coutumes épiscopales ou exactions de l'église diocésaine, nommément des
droits synodaux, étaient exempts également de toute sentence épiscopale
d'excommunication ou d'interdit, sauf sur mandat spécial du pontife romain ;
ils n'étaient tenus de répondre sur vu de lettres apostoliques à qui que ce fût
hors du diocèse d'York où était sis leur monastère ; ils jouissaient enfin de
la protection de l'Apôtre (6). Ceux du prieuré de Cockersand, hôpital au même
diocèse, soumis au diocésain pour toutes les fonctions ecclésiastiques relevant
du pouvoir d'ordre (ordinations, bénédictions et consécrations), étaient admis
à la même protection de l'Apôtre, exemptés de toutes redevances extraordi-
naires des archevêques, évêques, archidiacres et doyens; ils obtenaient confirmation du droit de libre élection de leur prieur, de celui de n'être cités qu'en

(1) On trouvera un grand nombre de bulles de protection émanées d'Alexandre III
entre 1162 et 1181 dans W. Holtzmann, *Papsturkunden in England (Abhandlungen
der Gesellschaft der Wissenschaften zu Göttingen*, Neue Folge, Philologisch-Historische
Klasse), Berlin, 1931, notamment les nos 89, 91, 92, 97, 98, 101, 110, 111, 112, 113, 114,
117, 119, 122, 126, 128, 129, 136, 139, 150, 155, 186, 197, 206.
(2) *Ibid.*, nos 209, 216, 217, 218, 219, 220, 226, 231, 236, 237, 240, 250, 251, 252, 264,
266, 275, 278, 294, 311, 319, 322, 343, 346.
(3) *Monasterium ad eum [Londoniensem episcopum] pleno jure spectantem (ibid.*,
no 277, p. 571, Célestin III à Reginald, abbé, et aux moines de Saint-Jacques de Walden).
(4) Ces coutumes épiscopales comprenaient les droits de synode, de visite, de justice,
parfois des amendes et une part des dîmes. Cf. J.-F. Lemarignier, *Etude sur les privilèges d'exemption et de juridiction ecclésiatiques des abbayes normandes depuis les
origines jusqu'en 1140*, Paris, 1937, Archives de la France monastique, vol. XLIV,
p. 46.
(5) *Papsturkunden*, no 241, pp. 530-531, Urbain III à Ralph, prieur de Brinkburne.
(6) *Ibid*, no 344, pp. 642-643, Célestin III à l'abbé et au couvent de Welbeck, s. d.
(1191-1198).

justice ecclésiastique ; ils recevaient enfin le pouvoir d'excommunier ceux qui les attaqueraient, le pape se réservant l'absolution de tels excommuniés sur lettre de l'ordinaire (1). Ce dernier exemple offre une curieuse alliance de l'autonomie monacale sous la juridiction de l'ordinaire, jointe à l'exemption des taxes diocésaines et à l'immunité vis-à-vis des pouvoirs publics.

L'Ordre de Sempringham, largement répandu dans l'immense diocèse de Lincoln et dans celui d'York, amplement pourvu de terres et de privilèges par les rois et les grands du royaume d'Angleterre (2), exempté de certaines dîmes (3) et de toutes censures épiscopales ou archiépiscopales (suspense, excommunication des personnes, interdit des églises), sauf sur mandement spécial du pape ou de son légat a latere (4), jouissait depuis longtemps déjà du droit d'excommunier ceux qui s'attaquaient aux personnes de son obédience ou aux biens de son ressort, ce qui eût excédé les pouvoirs du maître de l'Ordre, étant réservé au seul pontife romain (5) ; toutefois, les établissements de l'Ordre n'en restaient pas moins soumis à la juridiction de l'ordinaire, l'évêque de Lincoln ou l'archevêque d'York, voire à celle du métropolitain-légat de Canterbury. Aussi les libertés et immunités concédées par le siège apostolique aux chanoines et aux moniales de Sempringham, avec réserve de la justice canonique de l'ordinaire, se heurtèrent parfois à la résistance du diocésain qui excipait de cette clause pour revendiquer des droits étendus. Les plaintes des chanoines furent entendues à Rome, où Clément III d'abord, Célestin III ensuite, jugèrent opportun de préciser le contenu de cet article de sauvegarde. S'adressant aux archevêques et évêques d'Angleterre, ils affirmaient devoir imposer le respect de leurs propres privilèges et enjoignaient en conséquence aux ordinaires de se contenter de leur droit en laissant chanoines et moniales jouir en paix des libertés et immunités pontificales et les conserver dans leur intégrité. Que nul d'entre vous, ajoutaient-ils, n'ait l'audace d'étendre la justice canonique au détriment des articles expressément formulés dans les privilèges libéralement accordés par l'Eglise romaine, au point de les vider par là de leur efficacité (6). Ainsi limitée par les privilèges pontificaux, la juridiction de

(1) *Ibid*, n° 266, pp. 559-562, Clément III à Henri, prieur du monastère-hôpital de Cockersand.

(2) Cf. les Chartes de donation des rois et des grands, dans *Cartulaire d'Old Malton*, Cott. Claud., D. XI, British Museum ; Dugdale, *Monasticon Anglicanum*, éd. révisée par J. Caley, H. Ellis, rev. Bulkeley Bandinel. Londres, 1846, t. VI-2, pp. 947-982 ; F.-M. Stenton, *Transcript of Charters relating to the Gilbertine houses of Sixle, Ormsby, Cattley, Bullington and Alvingham*, Horncastle, 1922 (*Lincoln record society*). Cf. aussi R. Graham, *Saint Gilbert of Sempringham and the Gilbertines, A history of the only English monastic Order*, Londres, 1901.

(3) *Papsturkunden*, n°ˢ 256, 308, pp. 546-547, 606, Clément III aux maîtres, aux chanoines et aux moniales de Sempringham, Latran, 1188 ; Célestin III aux mêmes, Latran, 1ᵉʳ juillet 1192.

(4) *Ibid.*, n° 258, p. 548, Clément III au prieur et au chapitre de l'Ordre de Sempringham, Latran, 1188.

(5) Concession renouvelée par Alexandre III à la suite du procès des frères lais, cf. R. Foreville, *Un procès de canonisation*, Appendice II, n° 14, p. 107, Alexandre III à Gilbert, maître de l'Ordre de Sempringham, Bénévent, 20 septembre 1167-1169.

(6) *Papsturkunden*, n° 257, pp. 547-548, Clément III à l'archevêque de Canterbury et

l'ordinaire ne doit pas, sous prétexte de cette réserve, amoindrir les concessions spécifiées : il lui reste une marge d'action plus ou moins large selon
l'étendue des libertés concédées, variant d'un monastère à l'autre.

De nouvelles précisions furent adressées par Clément III à Geoffroi Plantagenêt, après son élection au siège d'York, ainsi qu'à ses suffragants, à la suite
de plaintes d'ordre plus général, émanées celles-là des moines cisterciens de
l'abbaye de Calder et des Prémontrés de Sainte-Agathe d'Easby. Certains
clercs contestaient les immunités accordées aux religieux sous prétexte que les
concessions des rois ou des grands, les privilèges des papes et les aumônes des
fidèles confirmées par l'autorité apostolique n'avaient d'effet que dans les
cas nommément cités. Ils soutenaient qu'en matière de testaments, la sauvegarde de la justice de l'église mère annulait de plein droit les legs faits aux
moines par ceux qui auraient choisi d'être ensevelis au milieu d'eux ; qu'en
matière d'immunités ou d'exemptions partielles, la réserve de la justice canonique de l'évêque diocésain placée à la fin des privilèges pontificaux en annulait les articles, à moins que l'évêque ne les ait lui-même spécialement concédés aux demandeurs. Afin d'éviter d'injustes réclamations, le pape s'efforce
d'élucider la teneur des privilèges apostoliques : par l'expression de *concession*,
au sens large, il faut comprendre, dit-il, toute largesse ou donation des rois
comportant, non seulement ce que détaillent les chartes, mais toutes les conséquences qui peuvent découler d'une juste donation. Par la réserve de *la justice canonique de l'église mère*, on doit entendre la portion canonique conforme
à la définition depuis longtemps établie par les canons en matière de testaments
(à savoir, la partie du casuel revenant à la paroisse en cas de sépulture hors
du cimetière paroissial). Enfin, la clause de sauvegarde de *la justice de l'évêque
diocésain* ne doit pas être entendue autrement que par rapport aux concessions exprimées dans les privilèges, concessions auxquelles elle reste donc
subordonnée. Faites en sorte, ajoute le pape, que les frères soient désormais
à l'abri de toutes vexations quant aux privilèges que nous leur avons
accordés (1).

Ainsi, les concessions royales ou épiscopales et les privilèges pontificaux eux-
mêmes se trouvaient-ils confirmés et précisés par l'autorité apostolique dans le
sens le plus favorable aux libertés monastiques. Or, à côté des établissements
qui, à des degrés divers, demeuraient encore soumis à l'ordinaire, on en vit
d'autres s'élever progressivement au stade du plein droit pontifical : tel fut le
cas de Saint-Augustin de Canterbury et de Sainte-Croix de Waltham.

L'abbaye bénédictine de Saint-Augustin, qui s'élevait aux portes mêmes de la
cité archiépiscopale, jadis tributaire de l'archevêque et du chapitre régulier de
l'église cathédrale, libérée de toutes prestations par Calixte II (2), prétendait

à tous les évêques d'Angleterre, Latran, 1188 (pendant la vacance du siège d'York, dans le
ressort duquel étaient sises plusieurs maisons gilbertines). Cette bulle a été reprise par
Célestin III, *ibid*, n° 305, pp. 603-604 ; elle est adressée cette fois-ci *aux archevêques*
et évêques d'Angleterre (Saint-Pierre de Rome, 18 juin 1192).

(1) *Ibid.*, n° 265, pp. 558-559, Clément III à Geoffroi, élu d'York, et à ses suffragants,
Latran, 21 avril 1190.

(2) *Ibid*, n°⁵ 10 et 11, pp. 231-234, et Jaffé-Wattenbach, 6878 et 6879, à Hugues, abbé

tenir des privilèges d'exemption d'Augustin, apôtre des Anglais, du roi Ethelbert, fondateur du monastère primitivement dédié aux apôtres Pierre et Paul,
ainsi que des papes Boniface IV, Adéodat, Agathon et Jean XII (1). En fait, si
elle avait été qualifiée de *monasterium juris beati Petri* par Innocent II dès
1142 (2), ses privilèges avaient été suspectés de faux par l'archevêque Theobald (3). Plus tard, Richard de Douvres, second successeur de Theobald, obtint
d'Alexandre III la nomination d'une commission pontificale pour expertise des
documents sur lesquels les moines de Saint-Augustin prétendaient fonder
leurs libertés (4). L'enquête eut lieu et révéla effectivement des actes récents
ou falsifiés (5); mais le pape, qui l'avait ordonnée, n'eut sans doute pas le temps
de prononcer un jugement avant sa mort, qui survint en 1181.

Le pontificat d'Alexandre III n'en marque pas moins le stade décisif dans
l'affranchissement de la grande abbaye. Dès 1170-1171, lors d'une enquête sur
les mœurs de l'intrus Clarembald, promu après la mort de l'abbé Sylvestre, il
employait une formule plus précise et plus complète que celle d'Innocent II
pour exprimer le statut de l'abbaye : *monasterium quod-ad dispositionem et
ordinationem nostram et ecclesiae Romanae, nullo mediante, spectare dinosci-
tur* (6). C'était marquer avec insistance l'exemption de l'ordinaire, en l'espèce
l'archevêque-primat de Canterbury. Pourtant, à cette date, celui-ci était encore
en droit d'exiger de l'élu auquel il conférait la bénédiction abbatiale une profession d'obédience analogue à celle qu'il recevait de ses suffragants. L'abbé
Sylvestre l'avait prêtée entre les mains de Theobald le 16 juillet 1157, comme
l'abbé Hugues, son prédécesseur, entre les mains de Guillaume de Corbeil,
prédécesseur de Theobald (7). Si l'exemption de l'ordinaire n'entraînait pas
pso facto la suppression de la profession d'obédience de l'élu, du moins la
rendait-elle en bien des cas illusoire et incitait-elle les abbés à rejeter cette
vaine promesse de dépendance et à exiger d'être bénis, non plus dans la cathé-

de Saint-Augustin, et à Ralph, archevêque de Canterbury (3 mars 1120). Cf. aussi Dugdale,
Monasticon, t. I, p. 128 *b*, et Thomas de Elmham, *Historia monasterii Sancti Augustini Cantuariensis*, Rolls Series, p. 387.

(1) *Historia monasterii Sancti Augustini*, pp. 109-110, 119-121, 129-131, 244-246,
246-247.

(2) *Papsturkunden*, n° 23, p. 248, et Jaffé-Wattenbach, 8260, Innocent II à Hugues, abbé
de Saint-Augustin, Latran, 14 décembre 1142. Dès 1139, le même pape affirmait la *liberté*
du monastère placé sous la juridiction de saint Pierre, cf. *Historia monasterii Sancti
Augustini*, p. 369.

(3) Jean de Salisbury, *Historia Pontificalis*, c. 42, éd. R.-L. Poole, p. 89.

(4) *Papsturkunden*, n° 201, pp. 470-473, Alexandre III à Roger, abbé de Saint-Augus-
tin, et *Historia monasterii Sancti Augustini*, pp. 442-446, le même à l'évêque de
Durham, aux abbés de Saint-Albans et de Saint-Edmunds (Tusculum, 23 janvier 1181).
Une suspicion analogue pesait sur les privilèges de l'abbaye de Malmesbury, lesquels
avaient pu être argués de faux par l'évêque de Salisbury et l'archevêque de Canterbury
(*P. L.*, t. CC, col. 1457, 1459, Richard de Douvres à Alexandre III).

(5) Gervais de Canterbury, *Chronique*, t. I, pp. 296-297 (Rolls Series).

(6) *Acta Pontificum Romanorum inedita*, t. III, Stuttgart, 1866, p. 229.

(7) Gervais de Canterbury, *Chronique*, t. I, pp. 76-77, 163-165; *Actus Pontificum*,
t. II, p. 385 (Rolls Series). Cf. aussi W. Holtzmann, *Papsturkunden in England*,
série 1936, n° 118, p. 310.

drale de Christchurch, mais dans leur propre église abbatiale. L'intrus Clarembald avait éludé toute mise en demeure de recevoir la bénédiction abbatiale et de prêter la profession d'obédience, vécu en marge des lois de la morale chrétienne, maintenu enfin une attitude de rébellion envers l'archevêque comme envers le pape (1). Son successeur, Roger, bien que moine de Christchurch, élu sur présentation de l'archevêque, refusa de lui faire profession, obtint d'Alexandre III un règlement définitif en vertu duquel les abbés de Saint-Augustin seraient désormais bénis dans leur monastère sans avoir à émettre de profession d'obédience (3 avr. 1178) (2), et, devant les atermoiements de Richard de Douvres, se fit enfin donner la bénédiction abbatiale par le pape peu avant l'ouverture du troisième concile de Latran (probablement dans la première quinzaine de févr. 1179) (3). La question de la profession de l'abbé de Saint-Augustin fut remise en cause après la mort d'Alexandre III; mais Lucius III déclara qu'elle avait été définitivement terminée par la sentence de son prédécesseur (bulle du 4 juin 1182) (4). En fait, la *liberté* du monastère devait s'en trouver renforcée, et le compromis amiable qu'Henri II avait réussi à négocier entre l'abbé Roger et l'archevêque Richard (Poitiers, 8 mars 1182), au prix de concessions mutuelles (5), ne devait pas survivre à ce dernier (+ 1184).

Par contre, le long abbatiat de Roger (+ 1212) lui permit d'asseoir sur des bases solides l'exemption de son abbaye, en faveur de laquelle il obtint de nouveaux privilèges pontificaux et royaux. En effet, Lucuis III ne se contenta pas de confirmer les décisions d'Alexandre III. Il suspendit provisoirement l'exercice de la juridiction archiépiscopale sur les possessions, les clercs et les églises dépendant du monastère (21 mai 1182), et intima à l'archevêque la défense de prononcer toute sentence d'excommunication ou d'interdit sur ces mêmes églises ou personnes en vertu de son pouvoir de légat (4 juin 1182) (6). Urbain III et Célestin III devaient confirmer la *liberté* du monastère ainsi que la sentence d'Alexandre III concernant la bénédiction de l'abbé (7) et mettre la

---

(1) R. Foreville, *L'Eglise et la Royauté*, pp. 297-298. Pour plus amples détails sur l'affaire de Saint-Augustin, *ibid*, pp. 524-532.

(2) *P. L.*, t. CC, col. 1168-1169; Jaffé-Wattenbach, 13.039 et 13.040. Alexandre III à Roger, élu de Saint-Augustin; le même à Richard, archevêque de Canterbury.

(3) *P. L.*, t. CC, col. 1229 et 1229-1230; Jaffé-Wattenbach, 13.293 et 13.294, Alexandre III à Roger, abbé de Saint-Augustin; le même à Henri II, roi d'Angleterre. Une question de profession d'obédience avait également opposé, quelques années auparavant, l'abbé de Malmesbury, qui s'était fait bénir par l'évêque de Llandaff, et l'évêque diocésain, Jocelin de Salisbury (*P. L.*, t. CC, col. 1456-1457).

(4) *Historia monasterii Sancti Augustini*, pp. 455-456; Jaffé-Wattenbach, 14.659, 14.660, Lucius III à Richard, archevêque de Canterbury; le même à Roger, abbé de Saint-Augustin.

(5) *Historia monasterii Sancti Augustini*, pp. 449-452.

(6) *Ibid.*, pp. 456, 456-457, 457-458; Jaffé-Wattenbach, 14.650, 14.651 et 14.662, Lucius III à Richard, archevêque de Canterbury, Herbert, archidiacre, et à leurs officiaux; le même aux clercs et laïques de la juridiction de Saint-Augustin; le même à Roger, abbé de Saint-Augustin, et aux frères.

(7) *Historia monasterii Sancti Augustini*, pp. 469-470; Jaffé-Wattenbach, 15.609, Urbain III à Roger, abbé de Saint-Augustin, et aux frères (Vérone, 15 mai 1186); *Papsturkunden*, série 1931, n° 280, pp. 575-577, Célestin III aux mêmes (Saint-Pierre de Rome, 21 nov. 1191).

dernière main à l'émancipation de l'abbaye en la soustrayant, définitivement cette fois, ainsi que toutes ses dépendances, à la juridiction de l'archevêque de Canterbury, fût-ce en sa qualité de légat d'Angleterre.

Le contenu de la *liberté* ainsi octroyée par la papauté se trouvait donc précisé dans une série de bulles de 1182 et 1186, confirmées en 1191 : monastère dépendant de l'Eglise romaine sans intermédiaire (1), monastère spécialement placé à la disposition de saint Pierre et à la nôtre, soustrait, ainsi que les églises, clercs et laïques de sa dépendance, à la juridiction et aux exactions de l'archevêque de Canterbury, de ses officiaux, de son archidiacre, ou de qui que ce soit sous prétexte de légation, s'il n'a reçu mandat spécial du pontife romain ou n'est envoyé de la curie à titre de légat *a latere* (2). En signe d'émancipation, l'abbé revêtait les ornements pontificaux aux grandes cérémonies et aux processions solennelles : crossé, mitré, ganté, il prenait rang immédiatement après les évêques (3). Désormais, la condition juridique de l'abbaye et celle de l'abbé se trouvaient définitivement réglées dans le sens le plus favorable au monastère. Celui-ci avait acquis, en effet, l'un des plus hauts degrés possibles dans cette *libertas* que le siège apostolique avait commencé à octroyer largement sous Alexandre III, sans cesser toutefois de maintenir sous la juridiction de l'ordinaire un plus grand nombre d'établissements religieux, dont il se contentait de garantir la multitude des possessions et la diversité des droits, couvrant les uns et les autres de la protection de l'Apôtre.

Exempt de l'ordinaire et de la juridiction du légat d'Angleterre, doté depuis le roi Cnut, en 1027 probablement, d'une juridiction ecclésiastique propre (4), l'abbé de Saint-Augustin devait recevoir par ailleurs, de Richard Cœur de Lion, renouvelant une charte de Guillaume le Conquérant déjà confirmée par Henri Ier, une immunité totale, comportant le plein exercice du droit de justice féodale sur les hommes de l'abbaye ainsi que le droit de lever des taxes coutumières, de telle sorte que ni comte, ni vicomte, ni justicier, ni ministre du roi n'eût à intervenir sur les territoires soumis à sa juridiction (12 oct. 1189) (5). Celle-ci s'exerçait entière, sur le double terrain ecclésiastique et civil. A la fin du XIIe siècle, l'abbaye constituait donc, à la porte même de la cité archiépiscopale, une petite principauté autonome, indépendante de l'archevêque de Canterbury, primat et légat d'Angleterre, indépendante aussi du sheriff de Kent et des autres officiers royaux : l'abbé détenait toutes les prérogatives, non seulement administratives, mais judiciaires et fiscales; il n'était tenu d'en répondre qu'au roi et au pape.

---

(1) *Historia monasterii Sancti Augustini*, p. 472, Urbain III à l'abbé et au couvent de Saint-Augustin (Viterbe, 1er avr. 1186?); *Papsturkunden*, série 1931, n° 286, p. 581, Célestin III aux mêmes, Latran, 7 décembre 1191.

(2) *Historia monasterii Sancti Augustini*, p. 470; *Papsturkunden*, série 1931, n°° 295 et 331, pp. 591-592 et 631; Lucius III, Urbain III et Célestin III à l'abbé et au couvent de Saint-Augustin.

(3) Gervais de Canterbury, *Chronique*, t. I, p. 78; *Actus Pontificum*, t. II, p. 399.

(4) Malgré une période de réaction du pouvoir épiscopal sous Lanfranc. Cf. sur ce point, J.-F. Lemarignier, *op. cit.*, pp. 112, 176-177.

(5) *Historia monasterii Sancti Augustini*, pp. 473-474. Pour les chartes de Guillaume le Conquérant et d'Henri Ier, *ibid.*, pp. 347-348 et 361.

Tandis que l'abbaye de Saint-Augustin, déclarée exempte de l'ordinaire dès le pontificat d'Innocent II, mais encore pratiquement liée à l'archevêque de Canterbury par la profession d'obédience de ses abbés, avait mis quarante ans à s'émanciper totalement de toute juridiction du métropolitain-légat (1142-1182), le monastère de Sainte-Croix de Waltham, au diocèse de Londres, très efficacement protégé par Henri II Plantagenêt, franchit beaucoup plus rapidement les diverses étapes d'une ascension qui devait le mener au stade d'abbaye exempte de plein droit pontifical, à l'instar de Saint-Augustin de Canterbury et de Saint-Pierre de Westminster. Il y avait là une église de chanoines réguliers jouissant déjà du titre de chapelle royale et des privilèges y attachés : ainsi, les institutions canoniques n'y étaient jamais faites par le diocésain ; elles étaient à la désignation du roi, et la communauté pouvait s'adresser à l'évêque de son choix pour les ordinations (1). Cette exemption royale vis-à-vis du pouvoir d'ordre de l'ordinaire fut bientôt confirmée par l'Eglise romaine et doublée d'une exemption pontificale.

Sous le pontificat d'Alexandre III, les séculiers |furent remplacés par des réguliers : pour accomplir un vœu fait à Dieu et à saint Thomas, l'archevêque martyr de Canterbury, probablement en 1172, d'ériger une abbaye de chanoines réguliers pour la rémission de ses péchés, Henri II avait sollicité du pape l'autorisation de transformer à cet effet l'église de Waltham (2) ; mais, sur sommation des évêques de Londres et d'Ely et de l'archevêque de Canterbury, délégués auprès de leur doyen, Gui, les chanoines séculiers de Waltham avaient choisi de conserver leur statut plutôt que leur église. Ayant refusé de se « régulariser », ils avaient dû résigner leurs prébendes entre les mains des évêques ; le roi leur avait assuré en compensation des bénéfices équivalents (3). Le 11 juin 1177 enfin, veille de la Pentecôte, Henri II se rendit à Waltham. Là, avec l'assentiment du pape et celui de l'archevêque de Canterbury, les évêques de Rochester, de Londres et de Durham installèrent des chanoines réguliers, au nombre de seize, choisis par le roi lui-même dans diverses maisons religieuses du royaume. Sur le conseil des prélats, le roi en institua un prieur, un autre célerier, un troisième sous-prieur, un quatrième sacristain, et d'autres aux divers offices de la maison, selon les besoins et selon la Règle de saint Augustin (4). A la demande d'Henri II, Alexandre III confirma la nouvelle plantation et prit ses possessions et libertés sous la protection de saint Pierre (5). Telle fut la première étape.

(1) « ...ecclesia vestra, que est sicut semper fuit capella regum Anglie, eam libertatem habuit ab antiquo, quod clerici ibi domino servientes a quo malebant episcopo promovebantur ad ordines, nec decanus aut canonici seculares ipsius ecclesie fuerunt aliquando ibi per diocesanum episcopum instituti » (Papsturkunden, série 1931, n° 208, p. 481, Lucius III à Ralph, prieur de Sainte-Croix de Waltham, et à ses frères, Velletri, 21 mars 1182). En cette chapelle, le roi Harold avait été enseveli.

(2) Ibid., n° 174, pp. 445-446 ; Gesta Regis Henrici II et Ricardi I, Rolls Series, t. I, pp. 134-135.

(3) Gesta Regis, t. I, p. 135 (20 janv. 1177).

(4) Ibid., t. I, pp. 173-174 (11 juin 1177).

(5) Papsturkunden, série 1931, n° 174, pp. 445-446, Alexandre III aux mêmes, Tusculum, 17 septembre 1178-1189, probablement 1179, à la suite du séjour à la curie, lors du

276

La seconde s'ouvrit dès 1182 avec le pontificat de Lucius III, qui confirma au prieur et aux frères de Waltham l'antique liberté dont l'église Sainte-Croix jouissait anciennement sur privilèges des rois d'Angleterre, à savoir que ni le choix des officiers, ni l'ordination des clercs ne ressortissaient à l'ordinaire, le premier appartenant au roi, la seconde à l'évêque que les chanoines auraient choisi à cet effet. Mais Lucius III allait plus loin : il déclarait le prieuré *jus et proprietatem ecclesiae Romanae* et lui conférait l'exemption pontificale sollicitée par les intéressés. Désormais, l'église de Waltham était établie à perpétuité sous la seule juridiction du pontife romain, sauf l'honneur du roi et de ses héritiers en considération de son titre de chapelle royale. Les frères ne pouvaient être suspendus, interdits ou excommuniés par qui que ce fût, sinon sur ordre du pontife romain ou de son légat *a latere*. Ils pouvaient faire appel au ministère de l'évêque de leur choix, lequel agirait alors en qualité de délégué pontifical. Mais, à la différence des privilèges accordés vers la même époque à l'abbé de Saint-Augustin, la juridiction de l'ordinaire s'exerçait encore sur les églises paroissiales dépendant du prieuré dont les clercs auraient à répondre, du temporel au prieur, du spirituel au diocésain (1).

De 1182 à 1192, ces concessions furent maintes fois renouvelées par Lucius III lui-même et par ses successeurs immédiats, Urbain III, Clément III et Célestin III (2). Entre temps, probablement en 1184, le prieuré avait été érigé en abbaye et le roi d'Angleterre avait nommé premier abbé de Waltham un ancien chanoine d'Osney, Walter de Gaunt (3). Conçus en termes presque identiques, les privilèges pontificaux s'étaient cependant enrichis d'une expression remarquable : l'abbaye était qualifiée de *specialis filia nostra Romanam ecclesiam nullo mediante [respiciens]* (4), et les frères de *speciales filii specialibus [meruentes] privilegiis honorari* (5). Une concession nouvelle plaçait l'abbaye hors des normes : elle pouvait recourir à l'appel à Rome, même si les clauses des bulles instituant les commissions pontificales en prononçaient l'in-

concile de Latran, de Jean, évêque de Norwich, dont le pape parle dans sa bulle comme du messager royal chargé de cette négociation.

(1) *Ibid.*, n° 208, pp. 481-483, Lucius III à Ralph, prieur de Sainte-Croix de Waltham, et à ses frères (Velletri, 21 mai 1182).

(2) *Ibid.*, n°ˢ 222, 245, 255, 296, pp. 501-503, 533, 545-546, 592-596.

(3) *Gesta Regis*, t. I, pp. 316-317; l'auteur rapporte le fait au mois de juillet 1184. La première bulle adressée à Walter, *abbé* de Waltham, est datée de Vérone, 1ᵉʳ octobre 1184 (*Papsturkunden*, série 1931, n° 222, p. 501).

(4) *Papsturkunden*, série 1931, n° 290, p. 584, Célestin III à Walter, abbé de Waltham, Latran, 12 décembre 1191. L'expression *specialis filia* ne figure pas dans la première bulle de Lucius III en faveur de Waltham (*ibid.*, n° 208, pp. 481-483.; elle apparaît dans la confirmation de ce privilège à Walter, abbé de Sainte-Croix de Waltham, par le même pape, Vérone, 1ᵉʳ octobre 1184 (*ibid.*, n° 222, p. 501); elle est reprise dans les confirmations ultérieures par Urbain III, Clément III et Célestin III (*ibid.*, n°ˢ 245, 255, 296, pp. 533, 545, 592). Nous l'avons relevée dès 1133 et 1139 dans deux privilèges d'Innocent II en faveur de Saint-Pierre de Westminster (*ibid.*, n°ˢ 17, 20, pp. 241, 244), mais d'authenticité pour le moins douteuse.

(5) *Ibid.*, n° 297, p. 597, Célestin III à Walter, abbé de Waltham (Saint-Pierre de Rome, janv. 1192).

terdiction (1). Enfin, l'abbé de Waltham fut bientôt gratifié des insignes pontificaux, à l'instar de ceux de Westminster et de Saint-Augustin de Canterbury sous Alexandre III, de Saint-Egwin d'Evesham, au diocèse de Worcester, sous Clément III (2). Le privilège de Célestin |III en faveur de Waltham (Latran, 20 févr. 1192) reproduisait exactement celui de Saint-Egwin : Walter de Gaunt reçut le droit de porter la mitre, l'anneau, les gants, la dalmatique et les sandales. Il devait revêtir ces ornements dans toutes les solennités du monastère et des églises de son obédience, dans les processions abbatiales, les conciles du pape ou du légat pontifical et les synodes épiscopaux (3). Telle fut l'ascension prodigieuse parcourue en moins de quinze ans par l'abbaye royale de Waltham.

Celle de Westminster, exempte de longue date déjà (4), vit son exemption expressément confirmée par Clément III et Célestin III. Le détail nous offre le statut juridique d'un monastère de *plein droit pontifical* à la fin du XIIᵉ siècle. L'excommunication des moines et l'interdit des lieux ne peuvent être prononcés que par le pape ou son légat spécialement envoyé à cet effet, sinon la sentence est nulle de plein droit. Aucun archevêque ou évêque ne peut célébrer d'office public, faire prêcher, tenir synode à l'intérieur du monastère ou dans l'église paroissiale Sainte-Marguerite sise dans le cimetière des moines. Aucun évêque, clerc ou ministre épiscopal ne peut exercer le moindre pouvoir sur le monastère ou sur l'église susdite, l'abbé, les moines, les prêtres, clercs ou laïques de leur obédience ; il ne peut les convoquer à son synode ou à son chapitre ; nul d'entre eux, à aucun moment, n'aura à répondre, sur quelque cause touchant au monastère, par devant l'évêque de Londres ou l'un de ses officiaux ou chanoines, fût-ce sur lettre de l'archevêque-primat, d'un légat ou du pontife romain lui-même, de crainte qu'irrité de l'exemption à eux concédée, il n'en puisse prendre occasion de nuire aux frères et de porter injustement préjudice au monastère. L'abbé et les moines ne devront répondre à qui que ce soit sur vu de lettres apostoliques, à moins qu'une affaire ayant été déléguée à certains juges, ils n'aient été avertis auparavant par le pontife romain d'avoir à corriger quelque abus (5). Une telle exemption rappelle d'assez près celle de Sainte-Croix de Waltham et celle de Saint-Augustin de Canterbury bien que cette dernière soit plus explicite du point de vue fiscal. Elle les dépasse cependant en précisions, prévoyant tous les cas possibles d'intervention épiscopale pour en bannir absolument l'ingérence. Célestin III concédait en outre

(1) *Ibid.*, nᵒ 293, pp. 586-587, le même à l'abbé et au chapitre de Waltham (Latran, 20 déc. 1191).

(2) Jaffé Wattenbach, 16.426, du 10 juillet 1189, en faveur de l'abbé Adam; *ibid.*, 14.664, et *Papsturkunden*, série 1931, nᵒ 269, pp. 563-564, du 25 janvier 1191, en faveur de l'abbé Roger.

(3) *Ibid.*, nᵒ 303, p. 602, Célestin III à l'abbé et aux frères de Waltham, Latran, 20 février 1192.

(4) Sur les origines obscures et le développement de cette exemption, confirmée par Alexandre III dans une bulle du 3 décembre 1171 (*Papsturkunden*, série 1931, nᵒ 113, p. 380), cf. Dom David Knowles, *art. cit.*, pp. 415-420.

(5) *Papsturkunden*, série 1931, nᵒ 262, p. 552. Clément III à Walter, abbé de Saint-Pierre de Westminster (Latran, 20 juill. 1189).

à l'abbé de Westminster le droit d'excommunier les malfaiteurs qui oseraient s'attaquer aux biens et possessions de l'abbaye, sans obstacle d'appel, ainsi que le pouvoir de faire observer la sentence jusqu'à satisfaction. Ce même privilège donnait aux moines le droit d'appeler au siège apostolique d'une sentence d'excommunication, de suspense ou d'interdit, simplement redoutée de la part de quelque prélat (1), alors que le troisième concile de Latran s'était efforcé d'interdire les appels préventifs (c. VI). Cette dernière clause laisse à penser que l'archevêque légat de Canterbury et ses suffragants, notamment l'évêque de Londres, n'avaient pas toujours eu égard à l'exemption de la célèbre abbaye.

o°o

Bref, en Angleterre à la fin du XIIᵉ siècle, la plupart des grandes abbayes avaient atteint le stade de la pleine indépendance à l'égard des pouvoirs ecclésiastiques locaux ; elles jouissaient sur privilège apostolique d'un statut particulier qui leur garantissait l'autonomie et des pouvoirs juridictionnels souvent étendus au for externe, accroissait l'influence de leurs dignitaires, contribuait enfin en plus d'un cas à mettre leur puissance au service de la royauté, protectrice-née des établissements religieux, dispensatrice de l'immunité, entièrement maîtresse des nominations abbatiales sous Henri II Plantagenêt et Richard Cœur de Lion. Le statut des monastères de plein droit pontifical, fixé dans ses grandes lignes, comportait l'immunité des coutumes épiscopales, l'exemption de la juridiction de l'ordinaire ; l'exemption de la juridiction du métropolitain (l'archevêque de Canterbury ou celui d'York) et de celle du légat d'Angleterre, charge qui échut généralement à l'archevêque de Canterbury, primat de toute l'Angleterre, tout au moins dans le ressort de sa province ; l'exemption de la juridiction de tout commissaire pontifical en Angleterre, à l'exception des légats *a latere* ou des juges délégués ayant reçu mandat spécial du pontife romain sur l'établissement en cause. Dans certains cas même, l'exemption englobait les églises et les personnes, clercs ou laïques, dans la dépendance de l'abbaye, de sorte que l'excommunication, non seulement de l'abbé et des moines, mais aussi des personnes ressortissant au monastère, et l'interdit sur leurs biens, ne pouvaient être prononcés que sur ordre spécial du pontife romain ou de son légat *a latere*. L'abbaye possédait ainsi le plus haut degré de *liberté* vis-à-vis des pouvoirs locaux ; elle était dite *droit et propriété de l'Apôtre, fille spéciale de l'Eglise romaine sans aucun intermédiaire*, et l'abbé, détaché de toute obédience hormis celle de la papauté, nanti d'une juridiction ecclésiastique s'exerçant au au for externe, mais non du pouvoir d'ordre, revêtait, aux solennités de l'Eglise anglaise, la mitre, l'anneau, les gants, la dalmatique et les sandales, ornements qui furent longtemps l'apanage des seuls évêques, et dont Pierre de Blois, tenant du parti épiscopal, pouvait écrire qu'ils étaient, pour qui les détenait

---

(1) *Ibid.*, nº 300, pp. 599-600, Célestin III à l'abbé et aux frères de Westminster (Saint-Pierre de Rome, 13 janv. 1192).

sans disposer du pouvoir qu'ils représentaient chez un évêque, « une charge plus qu'un honneur, …un organe privé de sa fonction propre » (1).

Qu'on n'aille pas croire, d'ailleurs, que de telles concessions fussent purement gracieuses. Les privilèges pontificaux, si largement octroyés aux établissements religieux, étaient des faveurs onéreuses à qui les sollicitait, et la *liberté* de certains monastères eut parfois sa contrepartie dans le *cens* auquel ils furent astreints. En 1178, le bruit courut en Angleterre que l'abbé de Saint-Augustin de Canterbury, qui rentrait dans l'île muni de privilèges pontificaux, avait rendu son église tributaire de l'Apôtre (2). Alexandre III dut même le démentir dans une bulle adressée à Henri II, qui en tenait rigueur à l'abbé (3). Mais, dès 1176, l'abbaye de Chertsey, au diocèse de Winchester, reçue *in jus et tutelam atque proprietatem beati Petri*, exempte des sentences de l'ordinaire et du métropolitain, s'était engagée à verser chaque année un véritable *cens* au siège apostolique, *ad indicium hujus a sede apostolica perceptae libertatis* (4). Une telle pratique, encore exceptionnelle sous Alexandre III et Henri II, était appelée à se développer sous leurs successeurs (5). Il est à présumer d'ailleurs que l'immunité royale accordée ou confirmée à certaines abbayes, notamment à Saint-Augustin de Canterbury, sous Richard Cœur de Lion, s'acquérait également à titre onéreux, car ce roi, qui avait grand besoin d'argent en vue de son prochain départ en croisade, n'avait même pas hésité à extorquer aux évêques et abbés élus peu après son avènement de grosses sommes représentant le rachat du temporel de leurs bénéfices (6).

Le mouvement qui portait alors les monastères anglais à rechercher des privilèges d'affranchissement et à affirmer leurs droits propres vis-à-vis de l'épiscopat revêtait une ampleur telle qu'il est difficile de l'apprécier. Certes, tous ne pouvaient prétendre à l'exemption totale, efficacement revendiquée par les riches et puissantes abbayes de fondation royale. C'est en très grand nombre pourtant qu'ils sollicitèrent de la chancellerie pontificale des bulles de protection et de garantie et qu'ils les obtinrent, acquérant ainsi un rang plus ou moins élevé dans l'échelle des concessions pontificales dont nous avons précisé quelques degrés. Il n'est pas jusqu'aux chapitres cathédraux, bien qu'ils eussent l'évêque

---

(1) *P. L*, t. CCVII, col. 283.

(2) Gervais de Canterbury, *Chronique*, t. I, p. 275.

(3) *P. L.*, t. CC, col. 1229 ; Jaffé-Wattenbach, 13.293 (Latran, 16 févr. 1179).

(4) *Papsturkunden*, série 1931, n° 137, pp. 406-408, Alexandre III à l'abbé de Chertsey (Anagni, 18 févr. 1176).

(5) Il résulte de l'étude de W.-E. Lunt, *Financial relations of the Papacy with England to 1327* (vol. I, Cambridge, Mass., 1939, Mediaeval Academy of America), pp. 87-103, qu'en 1192 un petit nombre seulement de monastères anglais étaient astreints au cens : Malmesbury, Saint-Albans, Chertsey, Faversham et Bredon seuls figuraient sur le recueil de Cencius. Encore Henri II s'opposa-t-il vigoureusement au paiement du cens lorsqu'il s'agit d'abbayes royales (il finit cependant par donner son assentiment pour Saint-Albans), et Bredon (identifié par l'auteur avec Laund au diocèse de Lincoln) ne s'acquitta effectivement qu'à partir de 1405. Par contre, après 1192, le cens devait s'étendre à un grand nombre d'établissements de moyenne importance, jouissant non de l'exemption, mais de la simple protection de l'Apôtre, comme c'était probablement le cas pour Faversham et Laund.

(6) *Gesta Regis*, t. II, pp. 91, 100.

280

même pour abbé, qui ne s'efforcèrent alors de s'affranchir, au moins partiellement, de son autorité sinon de sa juridiction. Souvent même ils éludèrent celle-ci par des appels à la curie, des voyages *ad limina* entrepris à l'insu de l'évêque, et le refus d'obtempérer aux sentences prononcées par lui. Dès le pontificat de Theobald de Canterbury, le prieuré de Christchurch s'était insurgé contre l'ordinaire, mais le dernier mot était resté à l'archevêque. On vit, par contre, sous Baldwin, successeur de Richard de Douvres sur le siège de Canterbury (1184-1190), le chapitre cathédral dénier à l'archevêque le droit de choisir le prieur, en appeler contre lui à Rome, nouer des intrigues à la cour d'Angleterre comme à la curie, entretenir plusieurs années durant la rébellion à l'état endémique au sein du cloître, et s'appuyer sur maints privilèges pontificaux, obtenus principalement sous l'épiscopat de Richard de Douvres, privilèges conférant à la communauté monastique une certaine autonomie financière, administrative et même judiciaire (1). En droit cependant, les chapitres cathédraux restaient soumis à la juridiction de l'ordinaire ainsi qu'à celles du métropolitain et du légat d'Angleterre, et il ne peut être question à leur égard de *liberté* comparable à celle dont jouirent alors les abbayes de Saint-Pierre de Westminster ou de Saint-Augustin de Canterbury.

(1) Sur les privilèges du prieuré de Christchurch et ses rapports avec les archevêques de Canterbury, cf. R. Foreville, *L'Eglise et la Royauté*, pp. 523, 533-542.

NOTE ADDITIONNELLE

Cfr D.KNOWLES, The Monastic Order in England 943 -1216,Cambridge,1949,Chap. XXXIII: The Origins and Development of Exemption in England.- Jeffrey Howard DENTON, English Royal Free Chapels 1100 -1300.A Constitutional Study, Manchester,1970.

III

L'ÉLECTION
DE BONIFACE DE SAVOIE
AU SIÈGE PRIMATIAL DE CANTERBURY
(1241-1243)
Contribution à l'étude de la réserve papale

La Chronique de l'église de Canterbury, continuation des *Gesta Regum* du moine Gervais, a préservé et transmis le dossier relatif à l'élection de Boniface de Savoie au siège primatial : treize documents [1] que les *Grandes Chroniques* de Mathieu Paris [2], moine de Saint-Albans, illuminent parfois d'un éclairage psychologique révélateur.

Onzième enfant et dernier des fils du comte de Savoie Thomas Ier, chartreux en ses jeunes années, administrateur des diocèses de Belley et de Valence, restaurateur énergique des finances obérées, homme de guerre en son âge mûr, revenu mourir en sa Savoie natale, ce prélat étranger à l'Angleterre — encore qu'apparenté à la famille royale — et dont les cendres reposent en la nécropole familiale de Hautecombe, contraste puissamment avec l'impressionnante série des docteurs en théologie, Anglais de naissance, qui illustrèrent l'église primatiale au cours du XIIIe siècle : les séculiers, Étienne Langton, Edmond Rich, maîtres en théologie à Paris; le dominicain Robert Kilwardby, jadis maître ès arts à Paris, et le franciscain Jean Pecham qui avait étudié à Paris et à Oxford et professé à Rome, l'un et l'autre à la fois

---

[1] *Gesta regum, Continuatio,* t. II, p. 182-200 (*Rolls Series*).
[2] *Chronica majora,* t. IV, p. 103-105 (*Rolls Series*).

436

philosophes et théologiens; Robert Winchelsey enfin, recteur de l'Université de Paris, puis chancelier de l'Université d'Oxford.

En fait, la promotion de Boniface de Savoie s'insère au milieu des difficultés majeures que traverse le Chapitre de Canterbury : celui-ci était alors sous le coup des sentences fulminées par l'archevêque défunt, Edmond, mort en exil en odeur de sainteté; il essuyait les ressentiments et les attaques de l'archidiacre Simon Langton; il était en conflit pour la juridiction *sede vacante* avec les évêques suffragants. Si l'on examine la promotion de Boniface à la lumière de cette situation et dans la succession des élections de Canterbury après l'intervention décisive d'Innocent III et la nomination d'Étienne Langton en 1206, on doit reconnaître qu'elle marque à la fois la volonté du Chapitre de sortir de la situation où l'enfermaient, en dépit de son appel à Rome, les censures du défunt archevêque, et sa résolution d'échapper aux complications inextricables des élections célébrées de 1228 à 1233. Les circonstances et la vacance du Siège apostolique devaient toutefois réserver aux électeurs des difficultés imprévues. Par ailleurs cependant, la promotion de Boniface de Savoie marque une étape décisive dans la procédure de lente appropriation des élections épiscopales par le Saint-Siège, procédure qui devait aboutir aux réserves générales promulguées par les papes à partir du pontificat de Boniface VIII. Il y a donc, croyons-nous, un double intérêt à replacer le dossier de 1241-1243 dans le contexte des documents et des récits relatifs aux nominations archiépiscopales de Canterbury au cours du XIIIe siècle.

*
* *

Dès 1206, Innocent III avait pris nettement position dans l'élection disputée au siège primatial de Canterbury : écartant le candidat des moines et celui du roi (auquel une fraction des électeurs s'était ralliée), il avait présenté le cardinal Étienne Langton aux suffrages des délégués du Chapitre régulier; puis, tranchant une question de droit qui avait suscité maintes difficultés au cours du XIIe siècle, il avait prononcé l'exclusion du collège des évêques suffragants de toute participation à l'élection de leur métropolitain [1]. Cependant, à la mort d'Étienne Langton survenue le 7 juillet 1228, la Grande Charte d'une part — qui entérinait la liberté canonique des élections à l'égard du pouvoir royal [2] — et, de l'autre, les décrets du quatrième Concile

---

[1] M. D. KNOWLES, *The Canterbury election of 1205-1206* (*English Historical Review*, LIII, 1938, p. 211-220).

[2] Art. 1er.

du Latran [1], conféraient à la pratique électorale en Angleterre un caractère plus strictement formel. A tel point que le chroniqueur de Canterbury, ayant à relater les premières élections célébrées au sein du Chapitre à la suite de la disparition de Langton, a jugé nécessaire de décrire de manière précise et détaillée les formes désormais licites d'élection dans leurs rites successifs [2] : sollicitation du congé royal et limite autorisée des délais éventuellement accordés sur la demande du roi (en fonction du c. 23); élection proprement dite, précédée par une délibération sur la procédure à suivre selon les formes admises par le décret conciliaire (inspiration, scrutin, compromis); validation de l'élection par les actes indispensables que sont l'*assentio electi*, le chant du *Te Deum*, la *deportatio ad altare*, la *publicatio in ecclesia*, la *confectio decreti electionis* et la *praesentatio electi regi*; distinction entre nomination *ad electionem* et nomination *ad postulandum* (cette dernière seule recevable lorsqu'il s'agit du transfert d'un évêque); enfin, conditions à remplir pour l'égilibilité.

Bien que les moines de Christchurch, seuls électeurs canoniques de l'archevêque, se soient conformés en tous points aux prescriptions conciliaires et qu'ils se soient pliés à la coutume royale dans la mesure permise par les canons (sollicitation du congé d'élire et présentation de l'élu au roi), les élections qu'ils célébrèrent de 1228 à 1241 devaient toutes sans exception aboutir à une nomination papale. Deux séries d'élections sont à considérer — celle de 1228-1229 et celle de 1232-1233 — si l'on veut mettre en lumière la promotion de Boniface de Savoie : celle-ci nous apparaîtra dès lors dans sa pleine signification.

Il est remarquable que les électeurs de Canterbury aient adopté en 1228, puis en 1241, la *via compromissi* — c'est-à-dire la remise, par le consentement unanime du corps électoral, du pouvoir d'élire ou de postuler à un nombre restreint de commissaires (cinq ou sept) choisis dans leur sein — comme étant la voie la plus aisée et la moins dangereuse. Le scrutin, notamment, leur apparut (sans doute d'après l'expérience des anciens du Chapitre) comme une procédure lente et compliquée, recélant toutes sortes de pièges [3], susceptible de mener à une élection contestée (comme ce fut le cas à diverses reprises, en 1184, en 1191, en 1205-1206) [4] et, par voie de conséquence, à la perte de leur liberté de choix au profit de la papauté. C'est ainsi que fut élu « par un compromis », le 3 août 1228 — moins d'un mois

---

[1] C. 23, 24, 26.
[2] *Gesta regum, Continuatio*, t. II, p. 124-127.
[3] *Ibid.*, p. 125.
[4] R. FOREVILLE, *L'Église et la royauté en Angleterre sous Henri II Plantagenêt*, Paris, 1943, p. 479-480, 486-487.

III

438

après la disparition d'Étienne Langton — maître Gautier d'Eynsham, moine de Christchurch. Élection parfaitement régulière [1], mais qui déplut au roi. Mathieu Paris énumère les motifs de l'opposition royale. Nous voyons ainsi réapparaître les positions tranchées de l'âge précédent : la volonté des moines de promouvoir l'un d'entre eux; la conjonction du roi et des suffragants qui préfèrent une personne séculière, utile à la couronne et déjà versée dans l'administration diocésaine ou rompue aux affaires séculières. D'autres objections, moins honorables pour l'élu parce qu'elles attaquent sa réputation et ses mœurs, ne sont peut-être que des ragots de circonstance. Il convient de retenir ici le renouvellement — purement théorique d'ailleurs — des prétentions du collège des suffragants à participer à l'élection métropolitaine, « l'élection d'un archevêque ne devant être faite qu'en leur présence »[2], à ce qu'ils affirmaient; et l'envoi en Cour de Rome, afin d'y contrecarrer l'appel interjeté par l'élu, de trois éminents prélats, à la fois procurateurs du roi et délégués du collège épiscopal de la province, Alexandre de Stavensby, évêque de Coventry-Lichfield, Henri de Sanford, évêque de Rochester, et Jean de Houghton, archidiacre de Bedford. Ils obtinrent de Grégoire IX — après examen canonique de l'élu par une commission cardinalice — que Gautier d'Eynsham fût déclaré parfaitement insuffisant pour occuper une si haute dignité dans l'église d'Angleterre et que son élection fût cassée (5 janvier 1229) [3]. Dès lors, le pape disposait de la nomination par provision apostolique [4]. Mais Henri III et l'épiscopat suffragant avaient un candidat en réserve — Richard le Grand, chancelier de l'église de Lincoln — lequel, jadis condisciple de plusieurs cardinaux, n'était pas un inconnu à la Curie [5]. Ainsi, le Chapitre de Canterbury dut-il accepter de la main du pape le candidat du roi et des suffragants : *Sicque memorato Ricardo, non electo ad archiepiscopatum sed dato...* conclut le moine de Saint-Albans [6].

Sacré en la cathédrale de Canterbury le dimanche de la Sainte Trinité (3 juin 1229), l'archevêque Richard mourut sur la voie du retour d'un voyage *ad limina*, à trois journées de marche au nord de Rome,

---

[1] *Gesta regum, Continuatio*, t. II, p. 115-124.

[2] *Chronica majora*, t. III, p. 157.

[3] *Ibid.*, p. 169-170; *Historia Anglorum*, t. II, p. 309-310; *Gesta regum, Continuatio*, t. II, p. 127.

[4] « ... *electionem de ipso* [*Waltero*] *factam omnino cassamus, provisionem nobis dictae ecclesiae reservantes* » (*Chronica majora*, t. III, p. 170).

[5] Grégoire IX aux suffrageants de l'église de Canterbury, *Chronica majora*, t. III, p. 172; POTTHAST, 8316.

[6] *Chronica majora*, t. III, p. 170.

précise le chroniqueur [1], ce qui laisse entendre qu'à l'époque déjà
une telle circonstance était de nature à fonder une réserve papale,
la distance de la Curie eût-elle été de deux journées de marche seulement. L'élection revint donc au Chapitre. Cette fois-ci, afin, semble-
t-il, de pouvoir user efficacement de la liberté de choix, les moines
(nous ignorons au terme de quelle procédure) portèrent leurs suffrages sur le chancelier royal, Raoul de Néville. Ils le présentèrent
au roi (24 septembre 1231) qui s'empressa de l'investir du temporel.
Toutefois, un obstacle survint, en dépit de l'intégrité bien connue
de l'élu : l'opposition de Simon Langton, archidiacre de Canterbury,
qui, chargé de l'enquête canonique, fit ressortir que la personne en
cause gérait une charge curiale et qu'une fois élevée au siège primatial,
elle s'efforcerait d'arracher le roi et le royaume à la suzeraineté pontificale, en s'appuyant sur les protestations et les appels solennels que le
défunt archevêque Étiènne (le propre frère de l'archidiacre) avait
élevés lorsque le roi Jean engagea la couronne d'Angleterre entre les
mains du légat [2] à la conférence de Douvres (1213). Une fois encore,
Grégoire IX cassa l'élection, mais il n'en consentit pas moins à la
remettre au même Chapitre [3].

Au printemps suivant, les moines de Christchurch firent choix
de Jean de Sittingbourne, leur prieur (16 mars 1232). A peine élu
et admis par le roi, celui-ci s'embarqua à Douvres (le dimanche des
Rameaux, 4 avril) afin de solliciter la confirmation pontificale. On ne
trouva en lui nulle cause de légitime récusation, mais il parut au pape
qu'il était trop âgé et trop simple pour gérer utilement une telle charge.
Grégoire IX l'ayant persuadé d'y renoncer (12 juin), il obtint congé
de rentrer dans son monastère [4]. Alors le pape « concéda licence
d'élire aux moines » [5]. Autrement dit, qu'il s'agisse de cession de
l'élu en Cour de Rome ou d'une élection cassée, soit en justice comme
celle de Gautier d'Eynsham, soit par simple décision pontificale
comme celle de Raoul de Néville, la réserve papale est déjà de règle
dans le premier tiers du XIIIe siècle, et reconnue de jure, là même
où il y a dispense effective.

La faveur des moines se porta à nouveau — comme par le jeu
d'un balancier — sur un séculier, Jean Le Blond, étudiant en théologie
à Oxford et chanoine de Chichester, qui fut élu — nous ignorons par
quelle procédure — le 26 août 1232. Agréé par le roi au moment

---

[1] *Gesta regum,* t. II, p. 128; *Chronica majora,* t. III, p. 206.
[2] *Chronica majora,* t. III, p. 206-208.
[3] *Ibid.,* p. 208.
[4] *Ibid.,* p. 212, 219; *Gesta regum, Continuatio,* t. II, p. 129.
[5] *Chronica majora,* t. III, p. 219.

même de la disgrâce du puissant ministre Hubert du Bourg, il prit, lui aussi, le chemin de Rome afin de solliciter la confirmation pontificale [1]. Mais, on apprit entre temps que, protégé de l'évêque de Winchester, Pierre des Roches, qui commençait alors sa carrière politique, il avait accepté d'importantes sommes d'argent de sa main aussitôt avant et immédiatement après son élection. Convaincu de simonie, il fut confondu également parce qu'il détenait, sans avoir sollicité de dispense, deux bénéfices comportant l'un et l'autre charge d'âmes, à l'encontre des canons conciliaires. Sa nomination fut donc cassée en Cour de Rome [2].

On ne saurait méconnaître, en l'occurrence, la longanimité dont sut faire preuve Grégoire IX qui, trois fois de suite au cours de la même vacance, et durant près de deux années consécutives, avait concédé au Chapitre de Canterbury, par dispense de la réserve déjà admise en certains cas précis, le droit d'élire, recommandant chaque fois instamment aux électeurs d'en user avec discernement afin que soit promu un pasteur parfaitement digne, utile à l'église d'Angleterre, fidèle et dévoué envers l'Église romaine [3]. Aussi, n'est-on point surpris de voir le même pontife user en 1233 du procédé que son prédécesseur Innocent III avait inauguré en 1206 : Grégoire IX concéda aux quelques moines qui avaient accompagné Jean Le Blond et qui se trouvaient ainsi présents à la Curie, le pouvoir d'élire pour pasteur maître Edmond Rich, chanoine et trésorier de l'église de Salisbury, et il lui conféra le *pallium* [4]. C'était de fait une nomination papale. Les moines mis en cause ne s'y trompèrent pas qui, n'ayant pas reçu délégation du Chapitre à l'effet d'élire par compromis, élevèrent une protestation de pure forme [5]. Toutefois, le 20 septembre 1233, le Chapitre de Canterbury entérinait la nomination pontificale. Edmond fut sacré par Roger évêque de Londres le dimanche de *Laetere*, 2 avril 1234 [6].

Ainsi, en 1228, puis en 1231-1233, Grégoire IX avait obtenu une cession et cassé trois élections, pourtant célébrées selon les règles définies en 1215 (seul, le dernier élu Jean Le Blond était effectivement tombé sous le coup des prohibitions canoniques). Le pape avait pratiquement nommé les deux premiers successeurs d'Étienne Langton, lui-même déjà désigné à la Curie. En 1243, dans des circonstances

---

[1] *Ibid.*, p. 223.
[2] *Ibid.*, p. 243-244; *Gesta regum, Continuatio*, t. II, p. 129.
[3] *Chronica majora*, t. III, p. 208, 219.
[4] *Ibid.*, p. 244.
[5] *Ibid.*, loc. cit.
[6] *Gesta regum, Continuatio*, t. II, p. 130; *Chronica majora*, t. III, p. 272.

différentes, peut-être plus difficiles pour le Chapitre que celles de 1231-1233, bien que ni la forme de l'élection ni la personne du candidat ne soient directement mis en cause, un nouveau pas sera franchi dans l'affermissement de la réserve papale : l'élu du Chapitre — Boniface de Savoie — lui sera concédé en vertu de la *plenitudo potestatis.*

*
* *

Il est indéniable que les circonstances de la désignation d'Edmond Rich, à la suite des élections cassées par Rome durant la vacance du siège de Canterbury de 1231 à 1233, aient créé un terrain propice à la recherche par les moines électeurs d'une *persona gratissima* aussi bien auprès du pape qu'auprès du roi, leurs seuls appuis contre les prétentions renouvelées du collège épiscopal. Mais, lorsque, le 10 novembre 1240, Edmond mourut en exil, la position du Chapitre était grevée d'une lourde hypothèque : la mort de l'archevêque laissait pendant la querelle au cours de laquelle trois moines de Christchurch avaient été convaincus d'avoir trempé dans l'œuvre de falsification de lettres d'Alexandre III et d'un privilège dit la « Grande charte de saint Thomas » [1]. Un légat pontifical, Otton, cardinal diacre du titre de Saint-Nicolas-*in-Carcere-Tulliano*, appelé à connaître de l'affaire et à réformer le Chapitre, avait déposé le prieur et dispersé les coupables en des maisons religieuses plus austères afin qu'ils y fissent pénitence leur vie durant. Les autres avaient élu un nouveau prieur sans l'assentiment de l'archevêque. L'ayant appris, ce dernier avait cassé l'élection, fulminé anathème et suspense sur le Chapitre, frappé enfin d'interdit l'église cathédrale [2]. Telles étaient les complications particulières à la situation locale. D'autres, alors imprévues, mais issues de la lutte du Sacerdoce et de l'Empire, devaient survenir et provoquer malaise et crise générale à Rome même, non sans répercussions sur l'élection au siège de Canterbury.

---

[1] Nous ne saurions affirmer de manière catégorique qu'il s'agisse des chartes de liberté de l'église de Canterbury, du moins dans la teneur où elles nous sont parvenues : cf. *Materials for the history of Thomas Becket,* t. VII, p. 60, 64 (R. S.).

[2] La querelle entre Edmond Rich et le Chapitre est longuement retracée dans la *Chronique de Canterbury (Gesta regum, Continuatio,* p. 130-179). Sur la falsification dont se rendirent coupables quelques moines, cf. *Ibid.,* p. 132-133; MATTHIEU PARIS, *Chronica majora,* t. III, p. 492-493; et les documents pontificaux (Archives du Vatican, *Reg. Vat.* 19, fol. 21, 22; *Reg. Vat.* 20, fol. 40 v°).

442

Le dossier de cette élection[1] nous paraît particulièrement instructif à plus d'un titre. Il comporte sept pièces émanées du Chapitre,
toutes datées du 1er février 1241, jour de l'élection de Boniface de
Savoie; un mandement de Grégoire IX (6 mars 1241); trois lettres
relatives à l'exécution de ce mandement (mai-juin 1241); une nouvelle supplique du Chapitre au même pontife (10 juin 1241); enfin,
une bulle d'Innocent IV mettant le point final à l'élection (16 septembre 1243).

La procédure suivie par le Chapitre fut celle du compromis :
sept commissaires furent désignés, entre les mains desquels l'élection fut unanimement remise : Guillaume préchantre, Étienne de
Cranebrook sous-prieur, Alain pénitentier, Richard de Southwell,
Guillaume Thierry, Thomas de Bridlington et André de Binham[2].
Le procès-verbal[3], rédigé et souscrit au nom du prieur et du Chapitre,
décrit les phases successives de la procédure d'élection canonique :
l'obtention du congé royal, la lecture du décret du Concile général
(Latran, 1215, c. 24), la nomination de commissaires investis des
pleins pouvoirs, l'invocation au Saint Esprit, l'élection, proprement
dite, la proclamation de l'élu par le préchantre à l'issue des délibérations des commissaires, la notification rédigée par ces derniers
— élection pour postulation auprès du pape (*a domino papa postulandum eligimus*) — le consentement final du prieur et du Chapitre (1er février 1241). Le même jour, le Chapitre adressa trois
suppliques au pape et une aux cardinaux. La première[4] et la quatrième[5] recommandent l'élu et sollicitent la confirmation de l'élection; la seconde[6] accrédite les procurateurs du Chapitre — trois
d'entre les frères : Étienne de Cranebrook, Thomas de Bridlington,
Jean de Thanet — ainsi que leurs substituts éventuels, ces derniers
déjà chargés de suivre divers litiges en Cour de Rome et présents à la
Curie. En effet, pérégriner jusqu'au cœur de l'Italie était toujours
périlleux, mais combien davantage au début de l'an 1241, tandis que
pape et empereur fourbissaient dans la péninsule même les armes du
conflit imminent entre le Sacerdoce et l'Empire : Frédéric II, déjà
frappé d'anathème, réorganisait administrativement et militairementt
les districts qui relevaient de lui; de son côté, Grégoire IX convoquait
à Rome pour Pâques le Concile général et ranimait la Ligue lombarde.

[1] Cf. *supra,* p. 445, n. 1.

[2] Procès-verbal d'élection des commissaires et notification de la procédure
d'élection, *Gesta regum, Continuatio,* t. II, p. 187, 186.

[3] *Ibid.,* p. 190.

[4] Au pape Grégoire IX, *ibid.,* p. 186-187.

[5] Aux cardinaux, *ibid.,* p. 188-189.

[6] Au pape Grégoire IX, *ibid.,* p. 187-188.

Toutefois, instruit par les élections précédentes et rendu plus prudent encore par suite des difficultés nouvelles de communication avec Rome, le même Chapitre munit ses délégués d'une dernière supplique au pape [1]. Aux termes de cet instrument, il demandait instamment au pontife, au cas où il ne lui plairait pas de confirmer l'élection, de nommer par désignation papale le même Boniface de Savoie, et il s'engageait collectivement par avance à ratifier cette nomination, quelle que soit la voie suivie [2]. Bref, carte blanche était ainsi donnée aux procurateurs quant à la procédure en Cour de Rome, mais non quant à la personne à promouvoir. Document révélateur d'un certain flottement dans l'esprit des électeurs sur leur droit et, en conséquence, d'une évolution juridique vers la réserve papale, mais non moins révélateur de la sûreté avec laquelle le Chapitre présentait la personne même de l'élu, quelles que puissent être les objections valables que pouvait susciter la candidature de Boniface de Savoie.

De fait, les lettres officielles du Chapitre comportent les louanges habituelles à l'égard de l'élu : *vir idoneus, litteratus, nobilis et morigeratus* [3]. Qualifier Boniface de Savoie de *vir litteratus* frisait l'hyperbole, si l'on songe que certains des élus successifs de 1228 à 1233 — tel Raoul de Néville évêque de Chichester — furent rejetés en Cour de Rome sous le prétexte qu'ils étaient *illiterati* [4] ; à combien plus forte raison, si l'on met en balance le candidat de 1241 avec les Étienne Langton, les Edmond Rich, les Kilwardby, les Pecham et les Winchelsey. Mais, les lettres officielles ne laissent pas d'évoquer aussi la noblesse et la puissance de sa race, l'utilité de sa promotion pour l'Église romaine comme pour le royaume et l'église d'Angleterre [5]. Il n'est pas besoin d'être grand clerc pour imaginer la pression exercée sur les électeurs canoniques par le roi d'Angleterre en faveur de son jeune oncle par alliance ; en l'occurrence toutefois, cette pression est attestée par Mathieu Paris autant que l'oppo-

---

[1] *Ibid.,* p. 189.

[2] « ... *ut virum venerabilem dominum Bonefacium, procuratorem Bellicensis ecclesiae, praeficiatis Cantuariensi ecclesiae in archiepiscopum et pastorem, si forte, quod non credimus, electionem celebratam de ipso vobis non placuerit confirmare. Cum enim ipsum habere patrem, consideratis diligentius quae sunt in talibus attendenda, plurimum affectemus, ratum et gratum habebimus quod per ipsos* [nuntios nostros] *in hac parte vel eorum aliquem quacumque via, gratiae seu juris, per quam ipsum habere possimus, petitum fuerit, per innatam vobis clementiam Domino annuente concessum.* » (*Ibid., loc. cit.*)

[3] Supplique aux cardinaux, *ibid.,* p. 189.

[4] *Chronica majora,* t. III, p. 207.

[5] Supplique au pape Grégoire IX, *Gesta regum, Continuatio,* t. II, p. 187.

444

sition initiale du Chapitre au candidat royal, lequel n'avait ni l'âge canonique ni la formation théologique requise. Cependant, pris entre le marteau et l'enclume — le roi qui les pressait de ses instances et les sanctions qui les enchaînaient — les moines cédèrent : ils élurent donc Boniface de Savoie afin d'éviter de nouvelles tribulations [1]. Ils savaient bien que, dans les circonstances présentes, Grégoire IX ne saurait repousser la candidature d'un prince apparenté aux rois de France et d'Angleterre, aux familles de Savoie et de Provence, et que Henri III saurait trouver, fût-ce hors des voies de l'élection canonique, le moyen d'arriver à ses fins; qu'à présenter leur propre créature, ils risquaient de courir aux même échecs qu'en 1231-1233, et d'obérer davantage encore les revenus du monastère pour perdre, au bout du compte, jusqu'au droit même d'élection.

De son côté, Grégoire IX répondait aux démarches entreprises par le Chapitre avant l'élection de Boniface en donnant mandat (en date du 6 mars 1241) [2] à l'abbé et à l'archidiacre de Saint-Albans, ainsi qu'au prieur de Dunstaple, de délier, *ad cautelam*, de toutes les sanctions fulminées naguère par Edmond Rich, les moines et l'église de Canterbury, le délai défini par les canons pour les élections devant commencer à courir du jour de l'exécution du mandement apostolique. C'est seulement après citation pour audition contradictoire, et défection de l'opposant — l'archidiacre de Canterbury Simon Langton, dès lors assuré que le soutien du roi était acquis aux moines dans la mesure où ceux-ci s'étaient ralliés à la candidature de Boniface [3] — que les commissaires pontificaux délièrent le Chapitre et l'église de Canterbury (4 mai 1241) [4] et firent proclamer l'absolution pontificale dans les diocèses de Canterbury et de Rochester (juin 1241) [5]. Dès le 10 juin, toutes ces formalités étant accomplies, le prieur Roger et le Chapitre de Canterbury renouvelaient auprès du pape Grégoire IX leur supplique en faveur de l'élu, Boniface de Savoie, affirmant que, sûrs de la nullité des sentences fulminées par l'archevêque Edmond après appel légitimement interjeté, et cependant déliés de ces mêmes sentences *ad cautelam*, ils sont demeurés fermes

---

[1] *Instabat rex importune, opportune, ut Bonefacium, Provincialem natione, ortu generosum, sed aetate, ut ait conventus, insufficientem, scolis inexpertum* [*eligerent*]. *Tandem idem conventus, quasi inter duas molas contritus, hinc sententiae vinculis innodati, inde regis instantia, ipsum B*[*onefacium*] *elegerunt, ne in dolores inciderent redivivos* (*Historia Anglorum*, t. II, p. 448-449).

[2] *Gesta regum, Continuatio*, t. II, p. 192-193.

[3] *Chronica majora*, t. IV, p. 103-104.

[4] *Gesta regum*, t. II, p. 194.

[5] *Ibid.*, t. II, p. 195.

dans leur volonté de promouvoir la même personne [1]. Entre temps, ils avaient eu vent des embûches dressées à l'Église romaine à l'instigation de Frédéric II et ils pouvaient craindre à juste titre que leurs procurateurs dépêchés en février n'eussent pas encore atteint la Curie [2].

Les événements tragiques du printemps 1241 sont bien connus. Dans l'impossibilité de gagner la Ville éternelle par voie de terre, les Pères du Concile prirent la mer sur des bâtiments gênois. Mais la flotte rivale de Pise, à la solde de Frédéric II, détruisit les unités génoises, tandis que les insignes passagers furent les uns noyés, les autres faits prisonniers et livrés à l'empereur en otages. Celui-ci s'emparait de Spolète, puis de Tivoli, et achevait le blocus de Rome. Les trois moines délégués du Chapitre ne furent pas mieux traités : spoliés de leurs bagages et des lettres accréditives dont ils étaient porteurs, l'un d'eux, Thomas de Bridlington, trouva la mort, les deux autres connurent diverses geôles dont ils furent libérés tardivement. L'un, Jean de Thanet, regagna l'Angleterre, tandis que son compagnon, le sous-prieur Étienne de Cranebrook, dut reprendre toute la procédure lorsque, après une vacance effective de deux années malgré l'éphémère promotion de Célestin IV, Grégoire IX — qui était mort le 22 août 1241 — eut enfin un successeur en la personne d'Innocent IV [3].

Considérant que, malgré les obstacles canoniques, l'élection avait été célébrée à l'unanimité et que le Chapitre avait persévéré fermement dans son attitude initiale, le nouveau pape déclarait « suppléer à tout défaut dans l'élection même, et, en vertu de la plénitude de son pouvoir, concéder par grâce spéciale en pasteur à l'église de Canterbury, ledit Boniface, le déliant de l'administration du siège de Belley... et l'investissant pleinement de l'administration tant au temporel qu'au spirituel... » (16 septembre 1243) [4].

*
* *

Nous n'avons pas à juger ici des relations, ultérieurement tendues, entre le nouvel archevêque — absentéiste, administrateur sans ménagement dans les procédés [5], plus « célèbre par sa naissance que par sa science, plus redoutable dans les batailles que dans les combats

---

[1] *Ibid.*, t. II, p. 191-192.
[2] *Ibid.*, p. 191.
[3] *Gesta regum, Continuatio*, t. II, p. 198.
[4] Innocent IV aux suffragants de l'église de Canterbury, *ibid.*, t. II, p. 198-200.
[5] Cf. *Chronica majora*, t. IV, p. 403-404; t. V, p. 348, 515.

446

spirituels » aux dires de Mathieu Paris [1] — et le Chapitre cathédral. Il reste que les moines de Canterbury n'avaient pas cru pouvoir repousser avec la fermeté qui convient une candidature manifestement officielle. Du moins, l'avaient-ils transformée en élection canonique par une procédure régulière, et l'avaient-ils soutenue avec résolution à travers maints obstacles, oppositions locales, embûches d'un voyage mémorable, lenteur de la procédure en Cour de Rome interrompue par une longue vacance du Siège pontifical.

Quant à l'Église romaine, de 1206 à 1243, elle avait franchi toutes les étapes dans la réserve et l'appropriation de l'élection au siège de Canterbury, qu'il s'agisse de démission, de mort en Cour de Rome (*i. e.* dans un rayon de deux jours de marche autour de la Curie) ou de sacre en cette même Cour. Déjà, Étienne Langton avait reçu la consécration épiscopale des mains d'Innocent III (à Viterbe, le 17 juin 1207) et Boniface de Savoie allait la recevoir de celles d'Innocent IV (à Lyon, le 15 janvier 1245) [2]. Sans préjudice du fait que la vacance du siège en 1229, 1233 et 1243, comme en 1206, avait toujours excédé les trois mois statutaires au terme desquels la nomination revenait au supérieur ecclésiastique immédiat [3], d'ores et déjà l'église de Canterbury ressortissait aux réserves générales qu'allaient bientôt décréter les pontifes romains, Boniface VIII [4], Clément V [5] et Jean XXII [6], en attendant l'appropriation totale des élections épiscopales qui devait résulter des ultimes mesures d'Urbain V et de Grégoire XI [7]. Mais, toutes les réserves générales elles-mêmes

---

[1] *Ibid.*, t. IV, p. 425 :
  Plus genere quam scientia choruscus
  Plus armis martialibus quam spiritualibus formidatus.
Sur les exploits militaires de Boniface de Savoie au siège de Turin, *ibid.*, t. V, p. 492, 548.

[2] *Gesta regum, Continuatio*, t. II, p. 202.

[3] Latran 1215, c. 23.

[4] Réserve papale des bénéfices dont les titulaires viennent à mourir en Cour de Rome. *Sexte*, L. III, t. IV, c. 34. Mesure déjà édictée par Clément IV en 1265 (POTTHAST, 19.326; *Sexte*, L. III, t. IV, c. 2) et reprise par Boniface VIII lui-même (*Extrav. comm.*, L. III, t. II, c. 1), puis par Jean XXII (*Extrav. comm.*, L. I, t. III, c. 4).

[5] Réserve papale des bénéfices dont les titulaires ont été ou seront consacrés *apud sedem apostolicam*. *Extrav. comm.*, L. III, t. II, c. 3.

[6] Réserve papale des bénéfices dont les titulaires sont morts en Cour de Rome ou démissionnaires; ont été soit transférés à un autre siège, soit bénis ou sacrés en Cour de Rome, soit enfin nommés par Clément V. *Extrav. comm.*, L. I, t. III, c. 4.

[7] Réserve étendue à tous les sièges patriarcaux, archiépiscopaux et épiscopaux d'un revenu au moins égal à 200 florins (Urbain V), sans discrimination de revenu (Grégoire XI). A titre indicatif, ajoutons que le revenu du siège de Canterbury est évalué à 10.000 florins au XIIIe siècle.

n'étaient-elles pas virtuellement contenues dans cette affirmation d'Innocent IV qui, ne se contentant pas de « suppléer à tout défaut dans l'élection » (défaut pouvant provenir des censures liant éventuellement le Chapitre malgré l'appel préventif), concédait en pasteur à l'église de Canterbury ledit Boniface « en vertu de la plénitude de son pouvoir et par grâce spéciale » et lui conférait la double investiture [1]. Sans méconnaître pour autant certaines nuances laissant encore au Chapitre l'apparence ou la formalité d'une élection, les successeurs d'Innocent IV pourvoieront eux-mêmes à cette même église : Robert Kilwardby en 1272 [2], Jean Pecham en 1279 [3], Gautier Reynolds en 1313 [4] seront des nominations papales.

Il y a plus. La longue vacance du siège primatial en 1241-1243, prolongée en quelque sorte par l'absentéisme de Boniface de Savoie, (qui devait être intronisé en 1249 seulement [5], en dépit d'une première visite toute formelle qu'il fit en Angleterre dès 1244) [6], renouvelée après sa disparition (1270-1272) — époques où le Saint-Siège connut également les plus longues vacances de son histoire — cette longue vacance incita le Chapitre de Canterbury à revendiquer la juridiction *sede vacante*, à l'encontre des prétentions des évêques suffragants, mais à l'instar du collège cardinalice [7]. Si le plus ancien

---

[1] Innocent IV aux suffragants de l'église de Canterbury, *Gesta regum, Continuatio*, t. II, p. 200.

[2] A la suite de l'élection par compromis du prieur Adam de Chillenden contre le candidat présenté par le roi Henri III et le prince Edouard, le clerc Robert Burnel (*Gesta regum, Continuatio*, t. II, p. 252-253, 257).

[3] Après l'élévation de Robert Kilwardby à la pourpre, et bien que le roi ait présenté à nouveau Robert Burnel au suffrage des moines et obtenu cette fois-ci qu'ils postulassent en sa faveur, le pape Nicolas III nomma par provision frère Jean Pecham à l'archevêché de Canterbury, 25 janvier 1279 (*Gesta regum, Continuatio*, t. II, p. 291) ; — cf. M. D. KNOWLES, *Some aspects of the career of Archbishop Pecham* (*English Historical Review*, LVII, 1942, p. 1-18 et 178-297) ; D. DOUIE, *Archbishop Pecham*, Oxford, 1952, p. 47.

[4] *Anno domini M°CCC°XIII°... obiit... Robertus de Wynchelese archiepiscopus Cantuariensis. Cui successit dominus Walterus Wygorniensis episcopus per provisionem Clementis papae quinti* (*Gesta regum, Continuatio*, t. II, p. 323-324). Entre temps, l'élection de Robert Winchelsey lui-même (13 février 1293) présente un cas différent : elle coïncidait avec une vacance du Siège apostolique. Célestin V après son élévation au pontificat (5 juillet 1294) confirma l'élection de Canterbury (6 septembre). Winchelsey reçut le sacre épiscopal à Aquila des mains du cardinal de Sabine (12 septembre 1294).

[5] *Gesta regum, Continuatio*, t. II, p. 203 ; *Chronica majora*, t. V, p. 80.

[6] *Gesta regum, Continuatio*, t. II, p. 201.

[7] *... Nos autem, penes quos potestas residet, apostolica sede vacante, volentes...* dit un document signé de sept cardinaux et reproduit dans les *Grandes Chroniques* de Matthieu Paris (t. IV, p. 250-252) sous le titre révélateur : *Exemplum quod potestas papalis ad fratrum universitatem divolvitur sede vacante papali, et super hoc literae universitatis.*

448

registre des actes du Chapitre de Canterbury S. V. [1] qui nous soit
parvenu commence seulement en 1292 à la mort de Jean Pecham,
il subsiste dans les Archives du *Dean and Chapter* de nombreux
documents relatifs aux vacances de 1240 et de 1270 [2] : ils attestent
la querelle de juridiction qui opposait le Chapitre au collège des suffragants. Encore que l'on n'ait pu retrouver jusqu'ici aucune preuve
écrite de l'ancienneté ou de l'origine d'une juridiction *sede vacante* [3] et que le Chapitre se soit contenté d'alléguer le caractère immémorial de ses droits pendant la vacance, s'identifiant en quelque
sorte avec l'église de Canterbury [4], il semble probable qu'il avait
joui de cette prérogative sans opposition jusqu'en 1240. Alors — mettant sans doute à profit la situation créée par les censures de l'archevêque défunt et par l'attitude de l'archidiacre de Canterbury, Simon
Langton — les suffragants, menés par l'évêque de Lincoln, Robert
Grosseteste, revendiquèrent pour l'évêque de Londres, en sa qualité
de doyen du collège épiscopal, l'exercice de la juridiction *sede vacante*, notamment la réception des appels à la Cour archiépiscopale.
En 1270, le meneur de jeu devait être l'évêque de Winchester, second
dignitaire du collège des suffragants, ceci en raison de la suspense
temporaire dont se trouvait frappé l'évêque de Londres.

[1] *Reg.* Q.

[2] Minutes de documents légaux rédigées au nom du prieur et du Chapitre et
relatives aux appels et aux procédures engagées par l'official par eux nommé *sede
vacante* (dans la Collection des *Cartae antiquae* M. 364 et dans les recueils factices
constitués à la fin du XIXe siècle sous le titre : *Sede Vacante, Books,* I, II, III). Ces
documents ont été en partie utilisés par M. MORGAN (Mrs Chibnall) dans un excellent article *Early Canterbury Jurisdiction* (*English Historical Review*, LX, 1945,
p. 392-399). Voir également sur le rôle joué par l'évêque de Lincoln pendant la vacance
de 1240-1243, M. MORGAN, *The Excommunication of Grosseteste in 1243* (*English
Historical Review*, LVII, 1942, p. 244-247).

[3] W. P. BLORE, *Two stories from Register Q in the Cathedral Library, transla-
ted with an Introduction on the contents of the Register,* dans la *Canterbury Cathedral Chronicle,* no 29 (avril 1938), p. 18-19. Cf. aussi les lignes consacrées à la juridiction S.V. par I. J. CHURCHILL, *Canterbury Administration,* Londres, s. d. [1933],
S.P.C.K., vol. I, p. 551-554. Les documents publiés au vol. II du même ouvrage
pour les XIIIe et XIVe siècles (p. 1-4) concernent toujours l'exercice de la juridiction
(diocésaine ou provinciale) *sede plena,* en l'absence de l'archevêque : les commissions
de vicaire général *in absentia domini* sont parfois conférées au prieur de Christchurch, souvent à des clercs séculiers, quelquefois conjointement au prieur et à un
clerc.

[4] Le Chapitre se prévaut notamment des professions d'obédience des suffragants,
faites durant les vacances archiépiscopales « à la sainte église de Canterbury et à
l'archevêque qui sera canoniquement élu ainsi qu'à ses successeurs canoniques »
(cf. par exemple les professions de Barthélémy d'Exeter en 1162 et de Jocelin de
Bath en 1206). C'est ainsi que le prieur et le Chapitre écrivent au doyen de Lichfield : ... *quod nomine ecclesie Cant* [*uariensis*] *capitulum ipsius ecclesie intelligitur
manifeste secundum canonicas sanctiones* (?)... (*S. V. Book,* II, 196, 2).

Quoi qu'il en soit, c'est un fait que les crises de 1240-1243 et 1270-1272, préparèrent la voie, d'abord au compromis négocié probablement dès 1275 et entériné en 1278, qui devait limiter modérément les droits du Chapitre au bénéfice de l'évêque de Londres dans la nomination de l'official de la Cour de Canterbury [1]; ensuite et surtout à l'affermissement, définitif dès la vacance de 1292, des droits du Chapitre, auquel était désormais reconnus et la garde du spirituel et le titre de *custos spiritualitatis archiepiscopatus Cantuariensis sede vacante* [2]. Les documents de 1240-1243, 1270-1272 et 1278, s'ils ne nous renseignent pas quant aux affaires proprement diocésaines, manifestent en revanche l'évolution vers une nouvelle pratique judiciaire tant *sede plena* que *sede vacante* dans l'audition des appels à la Cour de Canterbury. En fait, avant la fin du siècle, cette Cour aura établi son siège à Londres, à Bow Church, d'où son nom de Cour des Arches. Elle était présidée par l'official ou par son commissaire général dénommé plus tard le doyen des Arches [3]. Nul doute que le pontificat de Boniface de Savoie ait marqué un pas décisif dans cette voie. Le caractère administratif de sa gestion, non moins que ses longues absences, a largement contribué à transformer le droit personnel de l'archevêque de connaître des appels au siège métropolitain par évocation directe où qu'il se trouve ou par délégation, en une fonction judiciaire dévolue à un organisme permanent, véritable Cour d'appel des différentes instances diocésaines de la province ecclésiastique, disposant d'un siège fixe et d'un personnel spécialisé, celui-ci pouvant être choisi en partie parmi les membres de la communauté monastique spécialement formés à la pratique légale [4]. Dès lors, la juridiction d'appel retombait normalement à chaque vacance entre les mains du prieur et du Chapitre — représentant collectivement l'église métropolitaine — au même titre que les autres charges administratives.

Il n'est pas sans intérêt, croyons-nous, et ce sera le mot final, de

[1] *Canterbury Cartae Antiquae*, S. 372, publ. par C. E. WOODRUFF et I. J. CHURCHILL, *Calendar of institutions by the Chapter of Canterbury sede vacante*, App. A. — Cf. I. J. CHURCHILL, *op. cit.*, I, p. 553.

[2] W. P. BLORE, *art. cit.*, p. 18. Ce titre revient souvent dans le premier registre *sede vacante* qui va de 1292 à 1349 (= *Reg.* Q).

[3] Sur cette juridiction et les autres Cours de Canterbury, cf. M. MORGAN, *art. cit.*, et B. L. WOODSTOCK, *Medieval Ecclesiastical Courts of the Diocese of Canterbury*, Oxford, 1952.

[4] M. MORGAN, *art. cit.*, p. 398. De nombreux exemples de cette activité monastique se trouvent dans les registres archiépiscopaux du XVe siècle, notamment celui de Henri Chichele (éd. E. F. JACOB). Elle est patente également pour cette période à travers les documents relatifs au Chapitre de Canterbury que nous avons publiés dans : *Le Jubilé de saint Thomas Becket (1220-1470)*, Paris [1959].

450

constater, d'un côté cet accroissement et cette stabilisation du pouvoir juridictionnel du Chapitre, à l'heure même où il perd progressivement tout droit à l'élection archiépiscopale; de l'autre, le développement parallèle de la centralisation administrative dans l'Église romaine et dans l'église métropolitaine de Canterbury.

IV

THOMAS BECKET

1120-1170

Né à Londres un 21 décembre, probablement en l'année 1120, dans une famille récemment implantée en Angleterre, Thomas "de Londres" est de souche normande : sa mère appartenait à la bourgeoisie de Caen et son père, Gilbert Becket, établi à Cheapside près de la Halle aux Merciers, à celle de Rouen. Elevé chez les chanoines réguliers de Merton, il parfit son éducation dans la maison de Thibaut du Bec, archevêque de Canterbury, puis à Auxerre et à Bologne où il étudia le droit. Il remplit diverses missions à la Curie et assista au concile de Reims présidé par Eugène III en 1148. Créé archidiacre de Canterbury, il entre bientôt sur recommandation de Thibaut au service du nouveau roi, Henri II Plantagenêt, dans la fonction de chancelier (vers Noël 1154).

De haute stature, de maintien distingué, amateur de belles armes, de beaux manuscrits, prodigue de sa personne et de ses biens, il affecte un certain panache et s'honore de l'amitié du roi, cependant qu'il domine l'entourage royal par le charme d'une personnalité attirante, mais réservée. Il donne un lustre inouï à l'office de chancelier et apparaît comme le second personnage du royaume. De ses conseils naît le *Policraticus*, "manuel de l'homme d'Etat", que son ami Jean de Salisbury compose d'après leurs entretiens et lui dédie.

Son rôle politique reste difficile à apprécier faute d'information adéquate : ses biographes ne s'attachent guère qu'au conflit qui surgit plus tard entre l'archevêque et le roi, et les chartes attestées par le chancelier — comme toutes celles de l'époque — concernent de simples concessions ou confirmations de biens et de droits. Cependant, les premières années du règne de Henri II s'avèrent particulièrement fécondes pour la restauration du pouvoir royal compromis sous Etienne de Blois : le personnel administratif (sheriffs, justiciers) est renouvelé ; les domaines et châteaux royaux aliénés sont recouvrés ; la rébellion de quelques grands féodaux est rapidement et efficacement matée. Thomas fut alors le bras droit du roi et, près de lui, le meilleur ouvrier, sinon même l'initiateur, de la restauration monarchique.

Dans les affaires ecclésiastiques, son rôle a parfois

prêté à critique : on lui a reproché d'avoir soutenu les prérogatives de la couronne dans le procès qui opposait en cour
royale l'abbaye de La Bataille à l'évêque de Chichester sur
l'exemption et d'avoir taxé les fiefs ecclésiastiques en vue
de l'expédition même de Toulouse. En fait, Thomas assumait
alors la responsabilité de l'Etat et agissait en fonction
même de son office : la taxe instituée en 1159 l'était en
remplacement du service féodal effectif, un des tout premiers
écuages, sinon même le premier légalement établi ; quant à
l'affaire de La Bataille, alors tranchée en faveur de cette
abbaye royale, le procès remontait au règne précédent et le
règlement, s'il entérinait le droit de la couronne, n'en
était pas moins conforme à l'évolution de l'institution
monastique sous l'égide romaine.

L'archevêque Thibaut étant mort en 1161, le roi désigne
son chancelier aux suffrages des électeurs canoniques. Elu
au siège primatial le 21 mai 1162, élevé à la prêtrise le
2 juin, sacré le 3, honoré du pallium le 10 août, Thomas ne
tarde pas à se démettre de l'office de chancelier afin de
couper court à toute compromission. Les contemporains sont
frappés par un changement de vie radical : il s'adonne à
l'étude, à la prière, tourne ses libéralités en aumônes,
s'entoure de jeunes clercs érudits, prend pour modèle son
prédécesseur Anselme, de sainte mémoire. La sincérité de ce
retournement a été parfois mise en doute et la fermeté, voire
l'intransigeance, du primat lui aliéna bientôt les courtisans et même ses collègues dans l'épiscopat. Il semble
plutôt qu'il ait réalisé à quel point son nouvel état lui
créait un devoir nouveau. A l'exemple d'Anselme, le primat
assumait une double responsabilité : premier conseiller du
roi, il lui incombait de le maintenir ou de le ramener dans
la voie de la justice et du salut ; chef de l'Eglise d'
Angleterre, il se devait de la diriger selon les normes
romaines, celles de la réforme grégorienne entérinées par le
Décret de Gratien. Toutes ses forces seront désormais mises
au service de l'idéal grégorien, de la distinction du spirituel et du temporel, de l'émancipation de l'Eglise à l'égard
de toute mainmise royale, alors que la couronne et le royaume anglo-normand demeuraient encore fortement imprégnés par
un régalisme traditionnel, dont l'Anonyme normand (dit aussi
d'York, ou de Rouen) s'était fait le théologien : d'après
lui, les piliers sur lesquels repose l'Eglise sont les
évêques et le roi, celui-ci occupant la place centrale et
demeurant, de par son sacre, le médiateur responsable auprès
de Dieu.

Les premières dissensions entre le roi et le primat
s'élevèrent au cours de l'été 1163 et ne cessèrent de
s'aggraver lors des assemblées de Westminster (octobre 1163)
et de Clarendon (janvier 1164) pour atteindre leur paroxysme
à Northampton (octobre 1164), d'où Thomas s'échappera secrè-

tement pour un exil de plus de six années. L'enjeu du conflit
— les constitutions de Clarendon ou dignités du royaume —
visait à intégrer les hauts dignitaires ecclésiastiques dans
le double système d'un Etat féodal fortement structuré autour
du prince et d'une Eglise territoriale quasi fermée sur elle-
même : elles marquent un recul de quelque trente ans sur la
pratique de l'Eglise anglaise, dont Etienne de Blois avait
sanctionné les "libertés" en 1136, et sur le droit canonique
tel qu'il émane du *Décret* et des actes pontificaux.

De son exil en France, le primat élève le débat sur le
plan doctrinal : dans trois lettres écrites au printemps
1166, il s'adresse à Henri II avec toute l'autorité que lui
confère la légation dont Alexandre III l'a investi. Admettant
la thèse féodale qui fait de l'évêque un vassal du roi,
Thomas Becket la tempère par la notion de la supériorité du
sacerdoce auquel est dévolu le pouvoir de lier et de délier
tous les fidèles, fût-ce la personne royale elle-même. Il
entend s'en tenir au serment de fidélité prêté au roi,
lequel, réservant explicitement les devoirs de sa charge spirituelle, reconnaît la seigneurie éminente de Dieu sur le
ministre de l'Eglise. S'il admet la subordination féodale
de l'évêque au roi, c'est avec cette nuance que les conseils
et services que le seigneur roi doit attendre d'un évêque
ne sauraient être identiques à ceux qu'il est en droit
d'exiger d'un de ses vassaux laïcs.

A fortiori, le primat d'Angleterre se reconnaît pleinement responsable du salut spirituel du prince. La puissance
royale a pour limite la justice : seule, l'Eglise est qualifiée pour juger de ses actes. Que le roi se souvienne du
serment qu'il a prêté au jour de son sacre et garde sa fidélité à l'Eglise romaine et à l'Eglise de Canterbury.

Si "tout pouvoir vient de Dieu" (*Rom*. XIII, 1), le spirituel et le temporel en procèdent différemment : le premier
directement par le Christ, le prince des Apôtres et l'Eglise
romaine ; le second, par la médiation nécessaire des ministres de l'Eglise. Distinct du pouvoir spirituel, le pouvoir
temporel n'en tire pas moins de lui son origine, sa réalité
et sa force. Tous deux doivent concourir au salut des âmes,
mais dans une juste subordination.

Le conflit s'avéra sans issue en dépit des censures
fulminées par l'archevêque en 1166 et 1169 et des négociations laborieusement menées par le roi de France Louis VII
et plusieurs légats pontificaux. En 1170 cependant — à la
suite du couronnement de Henri le Jeune, fils aîné du
Plantagenêt par l'archevêque d'York, au mépris des droits du
primat — une paix fallacieuse est conclue à Fréteval (22
juillet), Henri II refusant le baiser de paix à son adversaire. Malgré ce, Thomas retourne sur le siège de Canterbury

(2 décembre). Moins d'un mois plus tard, le 29 décembre, il est mis à mort dans sa propre cathédrale par quatre chevaliers normands dont la colère royale avait armé le bras. Le 21 février 1173, le martyr est élevé sur les autels par Alexandre III, et, le 7 juillet 1220, son successeur, Etienne Langton, procède en grande solennité à l'élévation de ses restes mortels dans une châsse précieuse en la chapelle de la Trinité au chevet de la Cathédale. Dès lors et jusqu'en 1538, les pèlerins vinrent en foule vénérer les "stations" et implorer saint Thomas le martyr.

La plus ancienne représentation de Thomas Becket.
Primitivement, au pignon de la tombe dans la crypte en la cathédrale de Canterbury.
Aujourd'hui au chancel de l'église de Godmersham (Kent).
(Copyright Prof. G. Zarnecki, du Courtauld Institute of Art.)

V

LETTRES « EXTRAVAGANTES »
DE THOMAS BECKET
ARCHEVÊQUE DE CANTERBURY (1)

L'épiscopat de Thomas Becket (1162-1170) fut particulièrement troublé. Le conflit qui, à dater de la promulgation des constitutions de Clarendon (janvier 1163), l'a opposé au roi Henri II, puis son long exil en France (2 novembre 1164 - 2 décembre 1170), firent tomber l'administration diocésaine aux mains des officiers royaux auxquels incomba la garde du temporel. Dans l'exercice de la juridiction métropolitaine, plus tard dans l'exercice de ses pouvoirs de légat, il rencontra des entraves sans nombre. La plupart des affaires paraissent avoir échappé à son autorité, sinon toujours à son examen, soit qu'elles demeurassent en souffrance, soit qu'elles fussent réglées sur place par des délégués pontificaux. Il faut ajouter à cela l'absence d'une organisation définie (2) : la chancellerie archiépiscopale — en dépit de l'activité de Jean de Salisbury à la fin du pontificat de Théobald († 1161) — n'avait ni personnel entièrement spécialisé ni règles parfaitement déterminées; la conservation des documents n'était pas assurée de manière satisfaisante et l'enregistrement des actes n'était vraisemblablement pas en usage (3). Rien d'étonnant, en conséquence, à ce que les documents de l'administration épiscopale ou les actes de la juridiction métropolitaine de Thomas Becket nous soient parvenus en nombre infiniment réduit.

(1) Nous adressons ici nos remerciements à MM. W. D. Peckham, bishop registrar à Chichester, William Urry, keeper of the manuscripts to the Dean and Chapter at Canterbury cathedral, ainsi qu'à M. Coolen, conservateur des Archives municipales à Saint-Omer, qui ont mis leur érudition et leur obligeance à notre disposition, soit en nous communiquant la photographie de certains documents d'archives, soit en vérifiant à notre intention sur les manuscrits la lecture de certains actes déjà publiés.
(2) Cf. l'étude de C. R. CHENEY, *English bishops' chanceries 1100-1250*, Manchester, 1950, *Publications of the Faculty of Arts of the University of Manchester*, nᵒ 3.
(3) On sait que, pour Canterbury, le premier registre épiscopal qui nous soit parvenu est celui de John Pecham (1279-1292); nous n'avons aucun indice qu'il en ait existé avant l'épiscopat de son prédécesseur immédiat, Robert Kilwardby (1272-1278).

En revanche, très peu de temps après sa mort, sinon même de son vivant, ses amis et ses disciples réunirent la correspondance de l'exil, inspirée par la défense des libertés de l'Église en Angleterre et des prérogatives du siège primatial, en vue de préserver et d'honorer sa mémoire. Ses biographes insérèrent dans leurs *Vitae sancti Thomae* (1) les documents qui, à cet égard, pouvaient paraître les plus importants. Le premier, Alain de Tewkesbury, prieur du monastère de Christchurch, c'est-à-dire du chapitre cathédral de Canterbury, ordonna en une vaste collection les lettres de Thomas Becket et de ses correspondants relatives à la controverse entre le roi et le primat (2). De ce recueil, de ceux qui furent compilés dans la suite, il demeure des témoins : les manuscrits conservés principalement au Vatican et en Angleterre (3); puis les collections imprimées avec leurs amplifications successives (4). La dernière en date et la plus compréhensive — celle des Rév. J. C. Robertson et J. B. Sheppard (5) — comporte seulement cent quatre-vingt-quatorze lettres (6) de l'archevêque, remontant toutes à l'épiscopat. Récemment, deux recueils manuscrits (7), non utilisés pour cette édition, ont été identifiés et analysés : s'ils ont livré deux documents inédits — une lettre de Henri II et une lettre de Gilbert Foliot — ils n'ont révélé aucun acte émanant de l'archevêque ou de ses clercs qui ne fût déjà connu. Des lettres de Thomas Becket, il n'y en a guère plus de deux douzaines (8) susceptibles de projeter quelque lumière sur les affaires du diocèse ou de la province de Canterbury, sous l'angle administratif ou juridictionnel.

Cependant, tous les documents provenant de la chancellerie ou du secrétariat de l'archevêque n'ont pas trouvé place dans les *Materials*. Nous en réunissons quelques-uns ici sous le titre d' « extravagantes » sans préjuger en cela de l'existence d'un registre, mais seulement pour indiquer qu'ils n'ont jamais figuré dans les recueils, anciens ou modernes — tous de caractère privé, il va sans dire — des lettres de Thomas

---

(1) Notamment celle par Guillaume de Canterbury, éditée dans les *Materials for the history of Thomas Becket*, t. I, Londres, 1875, collection dite du *Maître des rôles*.

(2) *Ibid.*, t. II, 1876, p. 300.

(3) Signalons seulement les manuscrits : Vatican latin 1.220 et 6.027; Cotton Claudius B. II; Bodleian 937 et 249; Lambeth 136.

(4) Lupus, *Vita et epistolae sancti Thomae*, Bruxelles, 1682, un vol. in-folio; J. A. Giles, *Epistolae sancti Thomae Cantuariensis*, Oxford, 1845, 2 vol. in-8°; cette dernière édition a été reproduite dans la *Patrologie Latine* de Migne, t. CXCIX.

(5) Londres, 1881-1885, 3 vol. in-8° formant les tomes V, VI et VII des *Materials for the history of Thomas Becket* dans la collection dite du *Maître des rôles*.

(6) Défalcation faite d'un doublet (t. VII, p. 9 et 186) et sans compter les lettres écrites en son nom par ses clercs, Jean de Salisbury, maître Lombard de Plaisance et Herbert de Bosham.

(7) Rawlison Q. f. 8 (Bodl.) de la fin du xiie siècle, et Harl. 215 (British Museum), fo 15v-43v, du xive siècle. Cf. l'article de A. Saltmann, *Two early collections of the Becket correspondence and of other contemporary documents*, dans *Bulletin of the Institute of historical research*, t. XXII, 1949, p. 152-157.

(8) *Materials*, t. V, p. 26, 28, 32, 132, 133, 230, 231, 232, 234, 235, 236, 259, 261; t. VI, p. 86, 87, 193, 313, 314, 372, 551, 584, 585; t. VII, p. 60, 64, 414, 416.

Becket. Ils ont en commun d'illustrer justement ce que nous connaissons le moins bien de l'activité de l'archevêque, à savoir son administration épiscopale et l'exercice de sa juridiction métropolitaine. A cet égard, ils peuvent se répartir ainsi :

a) Jugement ou arbitrage dans les questions de propriété ecclésiastique (n° 1).

b) Concession ou confirmation de biens relevant de l'archevêché de Canterbury, à titre d'aumône perpétuelle (n° 2, et vraisemblablement n° 3).

c) Juridiction du métropolitain sur ses suffragants (n°s 4, 5 et 6).

d) Confirmation de l'appropriation canonique d'églises cédées par des patrons, généralement laïques, à des établissements religieux (n°s 7, 8, 9, 10).

e) Promulgation d'indulgences (n°s 9, 11, 12).

N° 1   *Windsor, 6 avril 1163.*

Notification de l'engagement pris par Geoffroi II comte d'Essex sur serment entre les mains de Thomas Becket et en présence d'Hilaire évêque de Chichester, de satisfaire pour les préjudices causés par son père, Geoffroi de Mandeville, à l'abbaye de Ramsay (Huntingdonshire) par une rente annuelle de cent sous immédiatement payable, mais assignable dans les trois ans sur des biens fonciers, terres ou églises.

Geoffroi Ier de Mandeville comte d'Essex († 1144).
Geoffroi II de Mandeville comte d'Essex († 1167).
Hilaire évêque de Chichester de 1147 à 1169.
Guillaume, d'abord prieur de Saint-Martin-des-Champs, puis abbé de Ramsay (1160-1167), *enfin abbé de Cluny.*
Robert Foliot archidiacre d'Oxford. Évêque de Hereford de 1174 à 1186.
Robert de Beaufou.
Étienne d'Eckton.
Guillaume de Leicester.

Public Record Office, Ancient deeds A. 14.414, *original. Publié dans le* Cartularium monasterii de Rameseia *éd. par* W. H. Hart *et le rév.* P. A. Lyons *(Londres, 1884-1886), Collection dite du Maître des rôles,* t. II, p. 197, *et dans le* Chronicon abbatiae Rameseiensis *éd. par* W. Dunn Macray *(Londres, 1886),* p. 306, *même collection; reproduit par* C. R. Cheney, English bishops' chanceries, 1100-1250 *(Manchester, 1950),* p. 154.

Sur cette donation, voir la charte de Geoffroi II de Mandeville (Cartularium, t. II, p. 196-197) *et la chronique de l'abbaye* (Chronicon, p. 332-333).

Thomas Dei gratia Cant[uariensis] ecclesie minister humilis universis sancte matris ecclesie fidelibus salutem.

Publice notum est Gaufridum de Mandevilla multa dampna monasterio de Rameseia tempore hostilitatis irrogasse. Quapropter comes Gaufridus filius ejus pro patre suo satisfacere desiderans cum Willelmo abbate monachisque cenobii de Rameseia in hunc modum composuit : triennio isto solvet prefatus comes monachis annuos centum solidos, medietatem ad festum sancti Michaelis, medietatem ad Pasca, et antequam compleatur hoc triennium, assignabit comes Gaufridus cenobio de Rameseia redditum centum solidorum loco oportuno et commodo in terris vel in ecclesiis, quod se facturum sub fidei religione in nostra manu promisit, presente venerabili fratre nostro Hylario Cicest[rense] episcopo, et assidentibus nobis clericis nostris Roberto archidiacono de Oxineford[a], Joanne de Tyleb[eria], Roberto de Bellafago, Stephano de Echetona, Willelmo de Leigrecestria.

Hec conventio facta est apud Winlesoveram, anno ab incarnatione Domini MCLXIII, primo sabbato post octabas Pasce.

N° 2   *Probablement après le 3 juin 1162*
          et avant la mi-octobre 1164.

Concession par Thomas Becket en aumône perpétuelle aux chanoines de la Sainte-Trinité de Londres (prieuré d'Augustins, Aldgate, Middlesex) de l'église Sainte-Marie de Bexley (Kent) que ses prédécesseurs, les archevêques Guillaume de Corbeil (1123-1136) et Theobald (1139-1161) leur avaient concédée. Walter évêque de Rochester de 1148 à 1186. Bexley était un manoir des archevêques de Canterbury.

Public Record Office, Ancient deeds, A. 4.913. Original scellé. Fragment de sceau et contre-sceau pendant, en un sac de brocart d'or. Indiqué par C. R. Cheney, English bishops' chanceries 1100-1250 *(Manchester, 1950), p. 73-74.*

Thomas Dei gratia Cantuariensis ecclesie minister humilis, venerabili fratri Waltero Rofensi episcopo, et universis sancte matris ecclesie filiis salutem.

Quod ad multorum notitiam pervenire congruum duximus litterarum monimentis commendare decrevimus. Noscat igitur presens etas et secutura posteritas, nos concessisse et presenti carta confirmasse, dilectis filiis nostris canonicis sancte Trinitatis Londiniensis tam presentibus quam futuris, ecclesiam sancte Marie de Bixle, quiete habendam et perpetuo possidendam quam bone memorie Willelmus predecessor noster illis in elemosinam perpetuam contulit, et pie recordationis Teobaldus successor illius, noster vero predecessor, eisdem perpetuo concessit et confirmavit. Unde et nos quoque memoratorum patrum sequentes vestigia, caritatis intuitu hanc eandem ecclesiam predictis fratribus hanc nostram propriam elemosinam perpetuo confirmamus et auctoritate qua fungimur corroboramus cum terris ad eam pertinentibus, et decimis omnium rerum que decimari debent, et nominatim de pannagio, de porcis, et de denariis. Concedimus eis habere. X. animalia in dominico herbagio nostro, et. X. porcos in bosco nostro sine pannagio. Volumus itaque et precipimus, ut predicti fratres hanc elemosinam nostram bene et in pace, libere et quiete et honorifice teneant sicut melius et quietius tenuerunt aliquo tempore, prohibentes ne ulli omnino homini temere inde eos liceat perturbare, aut aliquibus vexationibus fatigare.

N⁰ 3   *Probablement, après le 3 juin 1162*
                        et avant la mi-octobre 1164.

Confirmation par Thomas Becket, à la suite de son prédécesseur Theobald
(† 1161), de l'église de Lesnes (Kent) avec toutes ses appartenances, conformé-
ment à une charte de Walter évêque de Rochester (de 1148 à 1182), aux chanoines
de la Sainte-Trinité de Londres (prieuré d'Augustins, Aldgate, Middlesex).

Registre de John Fisher, f⁰ 95 ᵛ *(Rochester, Diocesan Registry)*. *Publié*
dans le Registrum Roffense, éd. B. Thorpe *(Londres, 1769, in-f⁰)*, p. 328.
Au même registre, même folio, on lit une autre charte de confirmation de la
même église aux mêmes chanoines (Registrum Roffense, p. 327), *attribuée*
au même archevêque, c'est-à-dire à Thomas Becket. Elle nous paraît être de son
prédécesseur Theobald.

T[homas] Dei gratia Cant[uariensis] ecclesie minister humilis, universis
sancte ecclesie fidelibus salutem.
Venerabilis patris nostri et predecessoris pie memorie Theobaldi vestigia
inherentes, concedimus ecclesie Sancte Trinitatis London[iensis] et priori et
canonicis ibidem Deo servientibus, ecclesiam de Leseness, libere et quiete
possidendam, nostreque carte auctoritate confirmamus, sicut venerabilis
frater noster Walterus Roff[ensis] episcopus eis concessit et carta sua confirmavit, omnia quoque eidem ecclesie adjacentia et jure pertinentia illibata
tenere eos volumus, prohibentes ut nulli omnino hominum memoratos cano-
nicos liceat perturbare aut aliquibus fatigare vexationibus. Valete.

N⁰ 4   *Après le 3 juin 1162*
                        et avant la mi-octobre 1164.

Thomas Becket enjoint à Néel, évêque d'Ely de 1133 à 1169, de restituer à
la disposition des moines qui constituent son chapitre cathédral l'office de sacriste
qu'il a conféré à un clerc marié, et de rentrer en possession des trésors de son
église qu'il a aliénés en vue de subvenir à ses propres besoins, sous peine d'en-
courir la colère de sainte Étheldrède, patronne du lieu.

Londres, British Museum, Cott. Titus A. I, f⁰ 51.

Thomas Cantuariensis archiepiscopus Nigello Eliensi episcopo.
Secundum tenorem litterarum quas a vestra fraternitate nobis missas pre
manibus habemus post celebrationem sinodi vestre diu promissum nobis
adventum expectamus vestrum. Inde, cum pulsanti aperiendum est, maxime
cum importunitas non cogat sed necessitas pulsare, pulsantibus monachis
aures nostras claudere non possumus nec minime viscera non aperire. Eapropter dilectam nobis in Domino vestram tantum commonemus fraternitatem,
ut monachis vestris sacristiam sicut ut asserunt in vestre promotionis initio
promisistis, eorum dispositioni restituatis. Moneo vos etiam multum quod
cuidam clerico ut aiunt uxorato eam commisistis. Quod quoniam universe
sancte Dei ecclesie maxime religiosis molestum esse cognovimus, quanta

possumus adhuc vos exhortamur diligentia, ut et sacristiam eorum dispositioni libere restituatis et thesauros ecclesie, ex magna parte pro necessitate vestra quoquomodo distractos, redintegrare satagatis. Timeatis obsecramus ne beate virginis, cui ab antiquo et possessiones collate etiam et thesauri consecrati, iram incurratis, et ne quam interventricem apud Deum habere debetis, facia- tis accusatricem.

Nº 5   *Après le 3 juin 1162*
                                              et avant la mi-octobre 1164.

Thomas Becket enjoint à Néel, évêque d'Ely de 1133 à 1169, de composer avec les moines constituant son chapitre au sujet de l'office de sacriste et des droits y attachés, et de réintégrer avec bienveillance en leur église le sous-prieur Richard et les autres moines qui, en cette affaire, poussés non par l'esprit de discorde mais par l'esprit de Dieu, ont défendu les intérêts de leur église, afin d'éviter les inconvénients d'un procès.

Londres, British Museum, Cott. Titus A. I, fº 51ᵛ.

Thomas archiepiscopus Eliensi episcopo.

De bono pacis et concordie inter vos et latores presentium aliosque mona- chos vestros super sacristia aliisve querelis ea occasione pulsantes, memi- nimus nos dilectioni vestre aliquotiens litteras emisisse. Sed et nunc officii nostri et amicitie debitum implentes, monita monitis addimus, fraternita- temque vestram debite caritatis affectum presentium significatione excita- mus et commonemus in Domino, ut super sacristia ecclesie vestre et perti- nentiis ejus, ita cum monachis vestris in his que ad pacem sunt tractetis et disponatis, ne eis justam conquerendi occasionem de vobis relinquatis, et Ricardum subpriorem aliosque confratres monachos ecclesie qui, ut intelli- gimus, non contra vos contentiose excitantur sed pro ecclesia sua in hoc negotio spiritum Dei aguntur, libere in ecclesia sua benigne restituatis. Nonne si zelus et contritio inter vos est, *carnales estis* (*Rom.*, VII, 14), ut ait apostolus, et *secundum carnem ambulatis* (*Rom.*, VIII, 4). Itaque desi- derium meum est, dilecte coepiscope in Domino, ut commonitionem nostram ita optemperanter audiatis et suscipiatis, ne litibus vel earum molestiis et labo- ribus locum, quod absit, relinquetis, cum eis in justitia sua deesse non pote- rimus qui ex officii nostri debito justitie debitores omnibus sumus. Valete.

Nº 6   *Après le 3 juin 1162*
                                              et avant la mi-octobre 1164.

Thomas Becket cite Néel, évêque d'Ely de 1133 à 1169, à comparaître en sa présence ou à constituer des procureurs, en l'octave de la Saint-Martin (18 no- vembre), afin de répondre à la plainte des moines constituant son chapitre cathédral, au sujet de l'office de sacriste et de l'aliénation du trésor et des ornements précieux de son église.

Londres, British Museum, Cott. Titus A. I, fº 51ᵛ.

Thomas Dei gratia Cantuariensis archiepiscopus N[igello] Eliensi episcopo salutem.

Officii nostri debito commonemur querimoriis ecclesiasticis diligenter attendere et suum cujusque justitie meritum exhibere. Inde est quod mona-
chorum Eliensium audita querimonia super sacristia ecclesie sue et thesauro
et ornamentis ecclesie per vos, ut aiunt, quoquomodo distractis, fraternitatem vestram presentium significatione evocamus et mandamus ut in octava
beati Martini presentiam vestram nobis exhibeatis, monachis vestris super
memoratis capitulis sufficienter responsurus, vel nobis sufficientia pro vobis
mittatis responsa.

N° 7   *Novembre 1164.*

*Confirmation par Thomas Becket de l'église de Throwley (Kent) avec toutes
ses appartenances, concédée par Guillaume d'Ypres à l'abbaye de Saint-Bertin à Saint-Omer (Pas-de-Calais, ch.-l. d'arr.) au diocèse de Thérouanne,
aujourd'hui d'Arras, conformément à une charte de Théobald archevêque de
Canterbury de 1139 à 1161.*

Guillaume d'Ypres comte de Kent († 1162).
Baudouin de Boulogne, archidiacre de Norwich.
Sylvestre trésorier de Lisieux.
Theoldus chanoine de Saint-Martin [de Canterbury?].
Robert chanoine de Merton.
Maître Herbert de Bosham.
Maître Lombard de Plaisance.
Maître Ernulf.
Gontier.
Richard de Salisbury, chapelain.
Alexandre le Gallois.

Publié par D. Haigneré, Les Chartes de Saint-Bertin (Saint-Omer, 1886),
t. I, p. 110, n° 242; *d'après le* Grand Cartulaire de Dom Ch. J. de Witte
(n° 224). *Original scellé. Indiqué dans* Archaeologia Cantiana, t. IV (1861),
p. 209 (Notes from the Chartulary of the Abbey of Saint-Bertin).

Actes se référant à la même donation : Haigneré, n°s 216, 217, 218, 221,
224, 241, 614 *(celui-ci de Henri II, non de Henri III)*, 615 *(de Guillaume,
frère de Henri II).*

Thomas Dei gratia Cantuariensis ecclesie humilis minister universis sancte
Dei ecclesie fidelibus salutem.
Favorabile est locis religiosis pertinentias et bona sua confirmare que eis
canonice collata fuisse noscuntur. Inde est quod monasterio sancti Bertini
ecclesiam de Trullega cum terris, decimis, capellis et omnibus accessionibus
suis, canonice et juste possidendam concedimus et presenti pagina commu-
nimus, sicut eam sibi a Willelmo de Ipra, tunc advocato fundi, in elemosinam concessam venerabilis predecessor et dominus noster archiepiscopus
Theobaldus concessit et carta sua, quam vidimus, confirmavit.
Testibus Baldewino de Bolonia, Norwico archidiacono; Silvestro thesau-

rario Lixoviensi; Theoldo canonico sancti Martini; Roberto canonico Meritone; magistro Herberto; magistro Lumbardo; magistro Ernulfo; Gunterio; Ricardo de Sar[isberia] capellano; Alexandro Walensi; et pluribus aliis.

N° 8   *Novembre 1164.*

Confirmation par Thomas Becket de l'église de Chilham (Kent) concédée par Guillaume d'Ypres à l'abbaye de Saint-Bertin. En termes similaires à l'acte précédent.

Indiqué par D. Haigneré, op. cit., n° 243, p. 110; de Witte, n° 225; Archaeol. Cantiana, p. 209. *Actes se référant à la même donation,* Haigneré, n°ˢ 216, 219, 221, 224.

Thomas Dei gratia, etc. . . . .

. . . .

ecclesiam de Chilleham in Cantia. . . . .

. . . sicut eam sibi ab advocato fundi in elemosina collatam. . . . .

Testibus hiis Silvestro thesaurario Lixoviensi; Theoldo canonico Sancti Martini; Roberto canonico Meritone; magistro Herberto; magistro Lombardo; magistro Ernulfo; Gunterio; Ricardo de Sar[isberia] capellano; Alexandro Walensi; et pluribus aliis.

N° 9   *1162-1166 (peut-être après novembre 1164 et avant mai 1166).*

Confirmation par Thomas Becket de l'église de Saint-Gilles située dans la partie occidentale de la ville de Norwich au prieuré cathédral de la Sainte-Trinité de Norwich, conformément à la concession du prêtre Elwin, patron du fond; et promulgation d'une indulgence de vingt jours applicable à ceux qui visiteront l'église durant l'octave de la fête (1ᵉʳ-8 septembre) et la gratifieront de leurs aumônes.

Copie, Londres, British Museum, Rotuli Cottoniani, II, 21 (anciens privilèges en faveur de l'église Sainte-Trinité de Norwich).

Thomas Dei gratia Cantuariensis archiepiscopus, et totius Anglie primas, omnibus sancte ecclesie fidelibus et filiis salutem in Domino.

Sciat fraternitas vestra nos apostolica auctoritate et nostri officii privilegio concessisse et confirmasse ecclesie Sancte Trinitatis de Norwico et monachis in ea consistentibus ecclesiam sancti Egidii in occidentali parte ejusdem ville sitam, sicut Elwynus sacerdos, in cujus patrimonio fundata est, predicte epicospali ecclesie illam concessit et dedit, ubi etiam statuimus habere imperpetuum relaxationem viginti dierum de penitenciis suis omnibus de peccatis suis confessis ad eumdem locum infra octo dies festivitatis confluentibus et suas elemosinas deferentibus. Apostolici anathematis mucrone ferientes omnes qui eum locum ecclesie sancte Trinitatis adimere injuste presumpserint. Valete.

N° 10   *1166 (après le 24 avril)-1170.*

Confirmation par Thomas Becket, légat du Saint-Siège, de l'appropriation canonique des églises de Shornes et de Cobham (Kent) avec toutes leurs appartenances, par les moines de Bermondsey, à Southwark (Surrey), prieuré cluniste de La Charité-sur-Loire, sur donation de Henri Ier Beauclerc (1100-1135).

Registre de John Fisher, f° 97 *(Rochester, Diocesan Registry). Publié dans le* Registrum Roffense, *éd.* B. Thorpe (Londres, 1769, in-f°), p. 329.

Thomas, Dei gratia Cant[uariensis] archiepiscopus, totius Anglie primas, et apostolice sedis legatus, venerabili et in Christo karissimo fratri et coepiscopo nostro Waltero, eadem gratia Roff[ensi] episcopo, successoribusque ejus Roff[ensibus] episcopis universis, salutem in eo qui salus universorum est. Ex injuncto nobis tenemur officio ea que caritatis contemplatione et catholicorum principum largitione locis collata sunt et assignata religiosis, paterna fovere pietate, et a malignantium protervitate solicitudine, protegere pastorali. Eapropter ad vestram ac omnium in Christo credentium volumus pervenire notitiam, nos ecclesias de Shornes et de Cobham, quas dilecti nostri monachi de Barmondesay, donatione illustris Anglorum regis Henrici primi, ut nobis palam est, canonice adepti sunt, secundum carte regie eis indulte super prescriptis ecclesiis tenorem, cum universis et singulis ad eas pertinentibus, terris, obventionibus decimisque minutis et magnis, eis in usus proprios, liberas, et solutas, et quietas, per scripta presentia assignasse, concessisse et confirmasse. Cum igitur donationem prenominatis monachis a tanto principe catholico factam simul et concessionem ac confirmationem nostram ratam manere perpetue volumus et inconcussam, tam vobis quam successoribus vestris episcopis Roff[ensibus] universis firmiter, et sub interminatione anathematis prohibemus, ne contra hanc donationem regiam sive concessionem et confirmationem nostram ullatenus imposterum venire presumatis, Si quis vero hominum adversus hanc paginam nostram quocunque ausu aliquid attemptaverit, omnipotentis Dei iram per secula eterna, et nostram, ut anathema, incurrat maledictionem. Amen.

N° 11   *1166 (après le 24 avril)-1170.*

Promulgation par Thomas Becket, légat du Saint-Siège, d'une indulgence de quarante jours avec participation aux prières et aux grâces de l'église de Canterbury, en faveur de ceux qui visiteront avec dévotion l'église cathédrale de la Sainte-Trinité de Chichester en la fête ou durant l'octave de la Trinité (1er dimanche après la Pentecôte).

Chichester Chartulary, f° xxiii. *Indiqué par* W. D. Peckham, The Chartulary of the High Church of Chichester (s. l., 1946), *Publications of the Sussex Record Society,* vol. XLVI, n° 72.

Relaxatio T[home] Cantuariensis archiepiscopi pro visitatione Cicestr[ensis] ecclesie ad festum sancte Trinitatis.

[Thomas] Dei gratia Cantuariensis archiepiscopus, Anglorum primas, et

apostolice sedis legatus, universis sancte ecclesie fidelibus, salutem et bene-
dictionem.

Dignum duximus omnibus ecclesie Dei fidelibus, qui pietatis intuitu operibus misericordie et beneficentie insistere noscuntur, aliquod penitentie leva-
men et indulgentie solatium respectu misericordie recompensare. Inde est
quod, de divina confisi misericordia, omnibus christianis qui singulis annis
in festo sancte Trinitatis vel infra octavas matrem ecclesiam Cycestr[ensem]
devote visitaverint [et] pro Dei amore et animarum suarum salute honoraverint, XL dies de injuncta penitentia sibi remittimus et omnium orationum
ac beneficiorum Cantuariensis ecclesie eos participes perpetuo constituimus.
Valete.

Nº 12   *1166 (après le 24 avril)-1170.*

*Promulgation par Thomas Becket, légat du Saint-Siège, d'une indulgence
de quarante jours avec participation aux prières et aux grâces de l'église de
Canterbury en faveur des fidèles qui visiteront l'église de la Sainte-Trinité de
Chichester en esprit de piété et l'honoreront d'une aumône, en l'octave de la
Pentecôte et dans les huit jours suivants.*

Chichester Chartulary, fº xxiii. *Indiqué par* W. D. Peckham, The Chartulary of the High Church of Chichester (s. l. 1946), *Publications of the Sussex
Record Society,* vol. XLVI, nº 73.

Relaxatio ejusdem pro visitatione infra Pent[ecostes].

[Thomas] Dei gratia Cantuariensis archiepiscopus, Anglorum primas, et
apostolice sedis legatus, universis sancte matris ecclesie fidelibus salutem.

Quanto fideles Christi in divinis laudibus perspeximus devotiores, tanto
illis ad indulgentiam largiendam debemus esse promptiores. Inde est quod
omnibus fidelibus qui ecclesiam sancte Trinitatis Cycestr[ensis] singulis annis
in octabis Pentecostes et infra octo sequentes dies pro Dei amore et ejusdem
ecclesie veneratione visitaverint et aliquo honoraverint beneficio, XL dies
indulgentiam de penitentia sibi injuncta concedimus et orationum et bene
ficiorum Cantuariensis ecclesie participes perpetuo constituimus. Valete.

D'autres ont étudié la diplomatique des actes de Thomas Becket,
et la présente publication n'apporte rien de nouveau à ce que le Pro-
fessor C. R. Cheney (1) a si pertinemment indiqué à cet égard, notamment sur les variations de la titulature et sur le style qui combine
parfois celui des bulles pontificales — dont les formules étaient fami-
lières à Jean de Salisbury, ex-clerc de la curie sous Eugène III —
et celui des chartes du Plantagenet — dont Thomas Becket avait été
le chancelier de 1155 à 1162, et à la rédaction desquelles certains de
ses clercs, tel maître Ernulf promu ensuite gardien du sceau archiépis-
copal (2), avaient peut-être collaboré. Nous voudrions seulement attirer

(1) *Op. cit.*, p. 65 et suiv.
(2) Il était au service du chancelier ainsi qu'en témoigne une lettre à lui adressée par Jean de
Salisbury (*Materials*, t. V, p. 7).

l'attention sur la reconstitution de la chancellerie de l'archevêque —
pour si rudimentaire qu'elle fût — dès qu'il eut abordé en France. Si
le n° 1 est le seul acte daté de Thomas Becket parvenu jusqu'à nous,
en revanche le n° 2, entièrement dépourvu de signatures, est le seul
original scellé que nous possédions actuellement. Il n'a conservé, il
est vrai, qu'un fragment du sceau; mais, l'empreinte du contre-sceau —
une gemme antique représentant une figure nue que l'on a décrite
comme casquée et appuyée sur une colonne — est intacte et l'on n'a
aucune peine à déchiffrer la légende : SIGILLUM TOME LUND', identifiant
le sceau personnel de l'ex-archidiacre de Canterbury et chancelier
royal. Or, le n° 7, provenant des archives de l'abbaye de Saint-Bertin,
reproduit un original scellé. Un dessin grossier conserve le souvenir
du sceau et du contre-sceau que Dom de Witte (1) a eus sous les yeux.
La légende de celui-ci — bien que développée *in extenso*, par le copiste
à ce qu'il semble — est identique, et la figure fait apparaître un homme
nu — dont on peut discuter s'il est casqué ou revêtu d'une ample
chevelure, s'il s'appuie sur une colonne ou sur une massue — mais dont
le rythme est indéniablement celui-là même de la figure du contre-sceau
du n° 2 conservé au Public Record Office. Ainsi, la preuve paraît pouvoir
être établie que Thomas Becket exilé put disposer de son sceau archiépis-
copal et de son contre-sceau personnel. L'examen des témoins qui
figurent au bas de la charte n° 7 confirme ces présomptions. Ce sont
les clercs auxquels l'archevêque — prévoyant sa fuite clandestine du
royaume — avait fixé rendez-vous en l'abbaye de Saint-Bertin à Saint-
Omer. Maître Herbert de Bosham auquel il avait confié le soin de préparer
son arrivée et qui devança son maître de quatre ou cinq jours (29 ou
30 octobre 1164) (2). Puis, ceux qui, dès le début de novembre, purent
reconstituer, grâce aux libéralités du comte de Flandre Thierry d'Alsace
et de l'abbé de Saint-Bertin, la chapelle et l'équipage du prélat (3) :
Baudouin de Boulogne, archidiacre de Norwich qui, jadis, avec son
frère Eustache, avait introduit le jeune Thomas auprès de l'archevêque Théobald (4); Theodelin, chanoine de Saint-Martin, qu'il faut
peut-être identifier avec Thomas, prêtre de l'église Saint-Martin de
Canterbury (5), et Robert chanoine de Merton (6), qu'il faut sans
doute distinguer de son homonyme, le prieur, auquel avait été confiée
l'éducation de Thomas enfant : l'un et l'autre furent ses chapelains,

(1) Cf. le *Grand Cartulaire de l'abbaye de Saint-Bertin*, t. I (Archives municipales de Saint-
Omer, ms. 803), pl. V, fig. n° 82, aimablement calquée à notre intention par M. le chanoine Coolen.
(2) Herbert DE BOSHAM, *Vita sancti Thomae, Materials*, t. III, 1877, p. 313, 329.
(3) Guillaume FITZ-STEPHEN, *Vita sancti Thomae, ibid.*, p. 71.
(4) *Id., ibid.*, p. 15. Vers 1167, Jean de Salisbury lui adressa une lettre (*Materials*, t. VI, p. 239).
(5) Guillaume FITZ-STEPHEN, *Materials*, t. III, p. 22.
(6) GUERNES DE PONT-SAINTE-MAXENCE, *La vie de saint Thomas le martyr*, vers 3.944-3.945,
3.951, 3 954-3.955, éd. E. Walberg, Lund, 1922, *Acta regiae societatis humaniorum litterarum*;
Paris, 1936, *Les classiques français du Moyen Age*.

peut-être ses confesseurs; il les réveillait la nuit pour se faire administrer la discipline. Maître Ernulf, dont la présence à Saint-Bertin à cette date vient confirmer nos suggestions sur l'identité des sceaux. Maître Lombard de Plaisance, plus tard archevêque de Bénévent. Alexandre le Gallois et Gontier de Winchester (1), fidèles que le primat devait charger de missions importantes. Sylvestre, trésorier de Lisieux qui devait recouvrer la grâce du roi en 1166 et rentrer chez lui (2). Richard de Salisbury enfin, chapelain de Thomas Becket et parent de Jean de Salisbury (3); dès son arrivée en Flandre, il put jouir des libéralités de l'évêque de Thérouanne, Milon (4); il devint ensuite le protégé de Jean, doyen d'Orléans, sur la recommandation du pape Alexandre III (5), et il mourut au retour d'une mission à la curie (6), avant que son exil eût pris fin. Ainsi, chapelle et chancellerie, qui ne sont guère distinctes, furent très rapidement reconstituées au cours du séjour de Thomas Becket à l'abbaye de Saint-Bertin, c'est-à-dire après le 2 novembre 1164 et avant la fin du mois, puisqu'alors les exilés avaient dû quitter le territoire du comte de Flandre, qui ne désirait pas s'attirer l'inimitié du roi d'Angleterre, pour rejoindre, sous la protection du roi de France Louis VII (7), la cour pontificale établie à Sens. Sur la charte n⁰ **8,** également en faveur de Saint-Bertin, à la seule exception de Baudouin de Boulogne qui n'y figure pas, ce sont les mêmes témoins. Comme la précédente, elle remonte au mois de novembre 1164.

Ce dernier acte — confirmation des droits de l'abbaye sur l'église de Chilham dans le Kent — et quelques autres, qu'il s'agisse d'administration diocésaine ou de juridiction provinciale, concernent la restauration des biens d'église. Ils évoquent les heures les plus sombres de la guerre civile; les déprédations d'un Guillaume d'Ypres (n⁰ˢ **7** et **8**), chef des mercenaires flamands sous Étienne de Blois, établi comte de Kent, dont les donations aux établissements religieux ne paraissent pas avoir toujours été exemptes d'irrégularités, ainsi que le suggère la correspondance de l'archevêque Théobald avec la curie pontificale justement à propos de l'église de Chilham (8). Ou encore celles d'un

---

(1) Sur ces trois derniers personnages, voir Herbert DE BOSHAM, *Materials*, t. III, p. 523, 527, 528.

(2) Voir les lettres que lui adressa Jean DE SALISBURY, *ibid.*, t. VI, p. 113 et 195.

(3) Il faut le distinguer du frère de Jean de Salisbury, également prénommé Richard, avec lequel on l'a parfois confondu, et dont il est question dans la correspondance : *ibid.*, t. V, p. 101, 333, 437; t. VI, p. 87, 89, et encore après la mort de l'archevêque, t. VII, p. 470, 564-565.

(4) *Ibid.*, t. V, p. 253.

(5) *Ibid.*, p. 244.

(6) *Ibid.*, t. VI, p. 430.

(7) Guillaume DE CANTERBURY, *Vita sancti Thomae, ibid.*, t. I, p. 43; Herbert DE BOSHAM, *ibid.*, t. III, p. 338-340.

(8) Parmi les lettres de Jean de Salisbury, éd. J. A. Giles, Oxford, 1848, t. I, p. 174-177; MIGNE, t. CXCIX, col. 106-108 Ces lettres furent vraisemblablement adressées au pape Adrien IV, non au pape Alexandre III.

Géoffroi de Mandeville (n⁰ˢ **1, 4, 5** et **6**) qui, cumulant les titres de comte d'Essex avec les fonctions de sheriff et de justicier dans plusieurs comtés, avait ravagé Cambridge, transformé l'île d'Ely en refuge fortifié, pillé et brûlé l'abbaye de Ramsay (1).

Les aliénations et inféodations accomplies au préjudice de l'église d'Ely remontaient à la tyrannie de Geoffroi de Mandeville. Successivement, Innocent II, Lucius II, Eugène III, Anastase IV et Adrien IV (2) les avaient révoquées, avaient ordonné le recouvrement des biens et avaient confié l'examen des cas litigieux à l'archevêque de Canterbury assisté de quelques-uns de ses suffragants. Mais on s'était constamment heurté à de puissants feudataires. A son tour, Thomas Becket s'efforça d'amener l'évêque Néel à restaurer le temporel de son église et à faire justice aux moines du chapitre cathédral considérablement lésés en cette affaire et auxquels, d'ailleurs, il avait fait certaines promesses lors de sa promotion. L'archevêque usa de persuasion, incitant le vieil évêque à régler à l'amiable ses différends avec les moines, et n'admit la plainte de ces derniers en vue de poursuivre l'affaire en justice qu'après un long délai et, vraisemblablement, à la suite des décisions du concile de Tours (1163) qui, dans ses canons 3 et 10, avait prescrit de révoquer les aliénations de biens ecclésiastiques faites en faveur des laïques. Les trois lettres relatives à l'affaire d'Ely ici publiées forment un tout avec deux lettres jadis éditées dans les *Materials* (3). Nous proposons le classement chronologique suivant de ces cinq documents, tous adressés par Thomas Becket à Néel évêque d'Ely son suffragant, avant son exil :

N⁰ **4** : Commonition fraternelle.

Materials, p. 132 : Avertissement : les moines d'Ely ont déposé une plainte auprès de l'archevêque.

N⁰ **5** : que l'évêque compose à l'amiable avec son chapitre afin d'éviter les tracas d'un procès.

N⁰ **6** : citation à comparaître en présence de l'archevêque au 18 novembre (1163?)

Materials, p. 133 : nouvelle citation à comparaître, sans aucune excuse dilatoire, au 4 août (1164?).

La question des aliénations — sinon celle relative à l'office de sacriste, dont nous ignorons quand et comment elle fut résolue — n'était pas

---

(1) Cf. une bulle de Lucius II à l'archevêque Theobald publiée par W. Holtzmann dans les *Papsturkunden in England*, Berlin, 1936; *Abhandlungen der Gesellschaft der Wissenschaften zu Göttingen*, Neue Folge, phil.-histor. Klasse , n⁰ 40, 1144; les *Gesta Stephani regis... auctore anonymo*, au t. III des *Chroniques des règnes d'Étienne, Henri II et Richard Iᵉʳ*, éd. R. Howlett, Londres, 1886, collection dite du *Maître des rôles*, p. 98 et suiv.; également l'*Historia Rameseiensis* éd. Dunn Macray, Londres, même collection, 1886, p. 329.

(2) *Papsturkunden in England*, 1936, n⁰ˢ 17, 21, 22, 23, 27 (Innocent II); 35, 36, 40 (Lucius II); 63, 67, 68, 69, 71, 74 (Eugène III); 79, 80 (Anastase IV); 92, 93, 96, 98, 99, 100 (Adrien IV).

(3) T. V, p. 132, 133.

réglée à la mort des deux prélats. Lorsqu'en 1173, il s'agit de donner un successeur à Néel († 30 mai 1169), on fit, en effet, entrer en ligne de compte parmi les qualités requises du candidat, son aptitude à recouvrer sur leurs détenteurs laïques, les possessions du siège d'Ely, aliénées de longue date et toujours aux mains de puissants personnages (1).

D'autres actes enfin nous font pénétrer dans le domaine peu exploré de la juridiction spirituelle de l'archevêque de Canterbury. Ce fut sans doute à la requête de certaines églises suffragantes, celles de Norwich et de Chichester, qu'il accorda des indulgences, peut-être destinées — mais rien ne l'indique de manière précise — à encourager les aumônes pour la fabrique (nos 9, 11 et 12). Quoi qu'il en soit, l'indulgence qu'il concéda à l'église cathédrale de Chichester s'inscrit dans la ligne même de la dévotion de Thomas Becket envers la sainte Trinité, lui qui, au jour de son sacre, 3 juin 1162, en avait institué la fête pour être à jamais solennisée dans son propre diocèse au jour octave de la Pentecôte (2). Les documents concernant l'église cathédrale de Chichester nous montrent comment, vers la fin de son pontificat, par un acte de sa juridiction spirituelle, l'archevêque étendit cette fête à l'un des diocèses suffragants de Canterbury. En 1333, le pape Jean XXII devait sanctionner pour l'Église universelle la solennité de la fête de la sainte Trinité au jour même où Thomas Becket l'avait instituée près de deux cents ans plus tôt.

(1) *Papsturkunden in England*, 1936, n° 130.
(2) Gervais DE CANTERBURY, *Chronique*, Londres, 1879, collection du *Maître des rôles*, t. I, p. 171.

Dans une étude récente, non encore publiée, qu'il a bien voulu nous communiquer (On the Acta of Theobald and Thomas Archbishops of Canterbury), C.R. CHENEY s'est efforcé de discriminer entre les Acta de Theobald et les Acta de Thomas dont les originaux ont disparu, selon des critères portant essentiellement sur le protocole, là où les listes de de témoins n'ont pas été transcrites. Il suggere que des copistes ont pu développer en "Thomas" le T. initial qui lui est commun avec son prédécesseur. Aussi ne retient-il pas la totalité des Actes ici publiés, lesquels cependant ne figurent pas dans le recueil des Actes de Theobald publié par A.SALTMAN, Theobald Archbishop of Canterbury, Londres,1956.

VI

Mort et survie de saint Thomas Becket *

Le 29 décembre 1170, en sa propre cathédrale de Canterbury, après un exil de six années, Thomas Becket tombait, mortellement blessé, sous les coups portés par quatre chevaliers normands dont, par son attitude d'abord, par quelques paroles inconsidérées à la fin, Henri II Plantagenêt avait armé le bras.

Dans sa vie Thomas Becket apparut à ses contemporains par-dessus tout comme un grand et noble seigneur. Herbert de Bosham le décrit ainsi dans l'office de chancelier : « il était munificent plus que de nécessité ; ses libéralités en toutes choses et envers tous n'avaient pas leurs pareilles ; sa magnificence était éclatante : grand de cœur, grand de taille, il l'était aussi par son ascendant »[1]. Il le fut dans le dénuement de l'exil et dans sa mort, acclamé spontanément comme un martyr parachevant dans le baptême du sang ce qui pouvait manquer à la sainteté de sa vie. Dès lors, avec la palme du martyre qui lui est unanimement attribuée, puis officiellement confirmée lors de la canonisation prononcée par le pape Alexandre III (à Segni, le 21 février 1173)[2], commence pour l'archevêque proscrit une gloire posthume que peu de saints connurent, gloire qui culmina en 1220 lors de l'élévation, par son cinquième successeur, Étienne Langton, de ses restes mortels en une châsse précieuse érigée dans le chœur reconstruit de la cathédrale[3], puis qui eut ses heures d'apogée lors de la célébration en 1420 et en 1470 des cinquième et sixième jubilés attribués au pèlerinage de Canterbury.

Mais, le Capitole est, comme chacun sait, tout près de la Roche Tarpéienne et, de 1470 à 1520, se dessine le déclin de cette gloire posthume que le roi Henri VIII devait bientôt s'efforcer de rayer des annales de la chrétienté. Seconde mort, dans son âme cette fois, mais plus apparente que réelle, car le message du martyr ne cessa de cheminer, ni sa figure de fasciner de génération en génération, fût-ce à travers excès ou déformations.

L'attention a été si fréquemment attirée sur la personne de l'archevêque depuis huit siècles qu'on a eu tendance à oublier l'enjeu de sa lutte ou à la détourner de son sens. Thomas Becket aurait

* Conférence prononcée au C.É.S.C.M. de Poitiers, le 16 décembre 1970, à l'occasion du VIIIe centenaire de la mort de Thomas Becket.
  1. HERBERT DE BOSHAM, Vita sancti Thomae, l. II, Materials for the History of Thomas Becket (Rolls Series), t. III, p. 176 (désormais cité : Materials).
  2. P.L., CC, 900 ; JAFFE-WATTENBACH, 12199 (10 mars 1173, aux cardinaux légats, Albert et Théodwin).
  3. La translation a été relatée par de nombreux chroniqueurs. Citons : GAUTIER DE COVENTRY, Memoriale (Rolls Series), t. II, p. 245 ; MATTHIEU PARIS, Historia Anglorum (Rolls Series), t. II, p. 241 ; Les Annales de Waverley, de Dunstable d'Osney [Annales Monastici (Rolls Series), t. II, p. 293, 294-295 ; t. III, p. 62]. La description la plus circonstanciée est celle du poète HENRI D'AVRANCHES, qui en fut témoin (De translatione b. Thome martiris, éd. J.C. Cox Russel et P. Hierominus, dans le recueil intitulé : The Shorter Latin Poems of Master Henry of Avranches relating to England, Cambridge Mass., 1938 [« The Mediaeval Acad. of America », Studies and Documents, 1]). Sur la reconstruction de la cathédrale de Canterbury, cf. GERVAIS DE CANTERBURY, Chronique (Rolls Series), t. I, p. 19-22.

péri « victime, pour les uns, d'une misérable querelle ; pour d'autres, de la raison d'État »[4]. Ni l'une ni l'autre de ces allégations ne saurait rendre compte du martyre de l'archevêque, mais la conception du devoir qui, à son époque, s'exprimait sous forme d'allégeance. Grave question de conscience qui naît d'un conflit proprement juridique et institutionnel que nous avions tenté, jadis, de circonscrire[5]. Mais, ce conflit n'est pas limité à sa personne, ni même au royaume et à l'Église d'Angleterre. Il gît au cœur du monde médiéval en évolution, de la chrétienté occidentale en recherche d'équilibre. La montée de la centralisation pontificale, la libération de l'Église à l'égard des pouvoirs séculiers, privés ou nationaux, coïncide avec la formation de véritables États, passant de la monarchie personnelle à la monarchie administrative et institutionnelle. Dès lors, on assiste à une tension inéluctable et quasi universelle en Occident entre le pouvoir spirituel et le pouvoir temporel, aggravée par l'incapacité de l'époque à concevoir une séparation adéquate entre l'un et l'autre de ces domaines — les implications ecclésiastiques des royautés sacrales et les implications temporelles, voire politiques de l'Église romaine, héritière non seulement du Christ mais de César ou plutôt de Constantin, du moins dans la conception idéologique des deux glaives et de la subordination du glaive temporel au glaive spirituel. De Grégoire VII à Boniface VIII, des courants idéologiques antagonistes et des rivalités de juridiction entre puissances séculières et puissances ecclésiastiques se sont affrontés, opposant des intérêts divers au sein de l'Église et de la société médiévale.

Aussi nous paraît-il opportun, à l'occasion de ce VIIIe centenaire, de faire le point sur la mort de Thomas Becket — non sur l'événement suffisamment connu, mais sur sa signification et sa portée, la cause pour laquelle il a engagé sa vie et lutté jusqu'à l'effusion du sang — et d'examiner ensuite la manière dont son message a été interprété, tantôt compris ou exalté avec une pointe de fanatisme, tantôt méconnu ou repoussé avec une note de sectarisme, selon les temps, les lieux, les mentalités, au cours des siècles écoulés depuis le 29 décembre 1170, pour dégager finalement le fait actuel qui a culminé dans les célébrations de 1970.

I

L'ENJEU DU CONFLIT : UNE CAUSE D'ÉGLISE

Ce qui fait le martyre, ce n'est pas tant le fait matériel en soi — à savoir l'effusion du sang et la mort violente — que la cause pour laquelle on donne sa vie. Cette cause, c'est la foi ; mais ce peut être aussi bien la défense ou la sauvegarde des principes du christianisme, conçus comme immuables et éternels, mais exprimés dans le langage conceptuel ou juridique de l'époque donnée.

Annonçant la canonisation du martyr et prescrivant de célébrer sa fête le 29 décembre, Alexandre III affirmait que « Thomas de Canterbury avait lutté jusqu'à la mort pour la justice de Dieu et l'indépendance de l'Église...[6] » et qu'il s'était ouvert le ciel par l'effusion de son sang. Il convient donc de déterminer la nature du litige, à savoir les fameuses « Constitutions de Clarendon », litige fondamental sur lequel vint se greffer, accessoirement mais non sans résonance profonde, la rivalité des deux métropoles anglaises, York et Canterbury, cette dernière dotée d'une primauté d'honneur due à son antiquité, d'une primauté de fait en raison du grand nombre de ses suffragants, et d'une primauté de droit depuis l'affirmation de la primatie du siège au temps de l'archevêque Lanfranc et de Guillaume le Conquérant[7]. Nous laisserons de côté cet aspect subsidiaire pour nous attacher à la cause initiale et essentielle de la mort de l'archevêque, la tentative du roi et de ses

---

4. Ch. Duggan, *The Significance of the Becket Dispute in the History of the English Church. An Eighth Centenary Commemoration 1170-1970*, dans « Ampleforth Journal », t. LXXV, 1970, p. 365 (Introduction).
5. Dans notre thèse, *l'Église et la royauté en Angleterre sous Henri II Plantagenêt*, Paris, 1943, p. 122-161.
6. *Materials*, t. VII, p. 549 ; Jaffe-Wattenbach 12219 (Anagni, avril 1173, à l'évêque d'Aversa).
7. R. Foreville, *l'Église et la royauté...*, p. 27-47.

justiciers pour faire sanctionner en janvier 1164 à Clarendon par les évêques, barons spirituels du royaume, des « coutumes » ou « usages » prétendus ancestraux.

Les constitutions de Clarendon[8] forment le premier document, partiel mais infiniment cohérent et logique sous une présentation d'apparence assez hétéroclite, de la coutume royale, unificatrice par son essence même, qui s'était déjà imposée avec Henri Ier, mais qui avait subi un recul très marqué sous Étienne de Blois, son successeur immédiat. C'est des constitutions de Clarendon qu'il faut dater la première déclaration officielle du *common law* sur des points contestés : première tentative, qui échoua en partie d'ailleurs, pour déclarer la coutume royale, d'origine principalement normande, en passe de devenir la loi commune de l'Angleterre. C'est le principe même des « assises » qui suivront : Clarendon 1166, Northampton 1176, et de tout l'effort de réforme administrative inauguré à l'avènement de Henri II sous l'impulsion de Thomas Becket, alors chancelier du royaume, et poursuivi au long du règne avec les justiciers. A une différence près, cependant, c'est que la charte de Clarendon, encore qu'elle impliquât diverses catégories sociales, visait essentiellement l'Église d'Angleterre, principalement les hauts dignitaires ecclésiastiques qui, sous Henri Ier avec Anselme, sous Étienne de Blois avec Thibaut du Bec, avaient pris conscience des impératifs du droit canonique et de l'impact de la papauté, moteur principal de la réforme de l'Église en Occident.

Les 16 articles de Clarendon remettaient en vigueur d'anciennes coutumes d'origine normande dont certaines remontaient à l'époque du Conquérant et de Lanfranc mais qu'il n'était plus possible d'admettre un siècle après la conquête normande, en raison justement de la réforme romaine et de la législation canonique. Toutefois, le danger venait surtout de la codification de ces coutumes et de la promulgation d'un texte que le roi entendait soumettre à l'approbation de l'assemblée du royaume — le conseil formé des barons ecclésiastiques et laïcs — et pour lequel il entendait obtenir la confirmation solennelle des évêques, celle du primat en tête, par souscription et apposition de leurs sceaux.

Il s'agissait essentiellement d'intégrer légalement l'Église d'Angleterre par ses dignitaires dans une société, féodale certes, mais dont le roi ou plutôt la monarchie administrative devenait la clé de voûte ; de substituer en certains cas, criminels ou civils, la juridiction royale à celle que l'Église exerçait sur les clercs ; de bloquer enfin les appels à Rome et de barrer la route aux voyages *ad limina apostolorum* en les subordonnant au consentement exprès du roi, prétentions déjà émises par Guillaume le Roux à la fin du XIᵉ s. et déjà refusées par Anselme[9]. Thomas de Canterbury offrit cependant, en esprit de conciliation, son agrément oral, mais il refusa d'apposer sa souscription et son sceau à la charte des « coutumes »[10]. Mis en accusation devant la cour du roi, il en déclina la compétence comme, avant lui, l'avait fait Anselme.

Il s'agit donc d'un conflit essentiellement juridique : l'archevêque est l'interprète et le défenseur des principes canoniques tels que Gratien, après Yves de Chartres et les collections de l'âge grégorien, les avait dégagés des sources scripturaires, patristiques, conciliaires et pontificales et codifiés en son *Décret*. Le roi et ses légistes s'appuient sur des usages de droit féodal faisant large place au pouvoir royal par l'extension à tous les hommes libres de la coutume royale, mais aussi sur des principes introduits récemment en Angleterre grâce à la renaissance des études de droit civil.

L'attitude du primat a pu surprendre ses contemporains : un moment de faiblesse dans le consentement oral après de longues discussions, puis une intransigeance d'autant plus affirmée qu'il

---

8. *Materials*, t. V, p. 73-79.
9. R. FOREVILLE, *l'Église et la royauté...*, p. 125 et ss.
10. Sur l'attitude de Thomas Becket à Clarendon, cf. la discussion des témoignages contemporains, *ibid.*, p. 123, n. 2.

s'accusait d'avoir gravement péché en cédant. Mais une intransigeance hautement motivée. Homme d'État, il avait aidé loyalement le roi, dans l'office de chancelier, à restaurer l'autorité monarchique et il pouvait être tenu comme le meilleur artisan de cette restauration, le second dans le royaume. Porté à la tête de l'Église d'Angleterre par son élévation à la primatie, il avait renvoyé les sceaux du royaume afin d'écarter toute compromission et il considérait de son devoir primordial de maintenir, voire de défendre si elles étaient attaquées, les libertés de l'Église et la prérogative de juridiction du siège apostolique. Son comportement demeure identique et sa ligne de conduite ne varie pas, si la hiérarchie des devoirs est autre. Car les libertés ecclésiastiques constituent l'aspect concret de la liberté de l'Église, les règles et privilèges qui l'expriment et la garantissent. Toute atteinte à ces privilèges procède du mal et fomente le péché, conformément au concept paulinien de la *libertas* liée au salut parce qu'elle est la faculté même de choix du meilleur usage de la grâce.

Les témoignages contemporains ne manquent pas, sous la plume de Thomas Becket lui-même et de ses correspondants. L'un de ses biographes, Guillaume Fitz-Stephen, témoin oculaire du meurtre, qui écrivait vers 1173-1175, l'expose clairement. Glosant quelques-unes des constitutions de Clarendon condamnées par l'archevêque, puis par le pape Alexandre III, il s'exprime ainsi[11] : « Plusieurs articles de ces coutumes visaient à écraser la liberté de l'Église, à opprimer le clergé, par exemple ceux-ci : Que tout clerc accusé de vol ou de rapine, ou d'un crime de cette sorte, doit se présenter d'abord à la cour du roi[12]. Qu'un comte, baron ou officier royal accusé de quelque crime que ce soit ne puisse être excommunié sans l'autorisation du roi[13]. Qu'aucun appel ne puisse être porté devant le pape, sinon après instruction du procès au for ecclésiastique devant le doyen, l'archidiacre, l'évêque, l'archevêque, et finalement à la cour du roi[14]. Que les évêques ou tous autres clercs convoqués par le pape, appelés ou appelants devant lui, ne puissent s'embarquer pour la curie sinon sur autorisation du roi[15]. Qu'aucun litige concernant la transgression de la foi jurée (à l'exception des noces, de la dot, ou de cas analogues spécifiquement réservés à l'Église) ne soit porté devant les tribunaux ecclésiastiques[16]. Que les évêques siègent dans tous les jugements séculiers des tribunaux royaux, sauf cas requérant peine de sang notoirement interdits par les sacrés canons[17], et autres [coutumes] du même genre qui étaient manifestement contraires aux constitutions sacrées des canons ».

Et le biographe poursuit : « Ces coutumes n'avaient jamais été couchées par écrit auparavant et elles n'avaient pas cours dans le royaume d'Angleterre. Et eussent-elles eu cours, le roi n'aurait pas dû s'appuyer sur l'ancienneté et l'usage plutôt que sur le droit en voulant imposer ces statuts, car le Seigneur a dit : 'Gardez mes lois' (Lév., XVIII, 5), et encore : 'Malheur à ceux qui font des lois iniques' (Is., X, 1). Le Seigneur n'a jamais dit : 'Je suis la coutume' ; mais il a affirmé :

---

11. *Materials*, t. III, p. 47.

12. *Art. 3.* — Les clercs arrêtés et accusés de quelque crime que ce soit, étant cités par le justicier du roi, se présenteront à sa cour pour y répondre (des accusations) qui relèvent de la cour du roi et à la cour ecclésiastique pour y répondre (des accusations) qui relèvent de cette cour. De telle sorte que le justicier du roi enverra (un observateur) à la cour de chrétienté afin de s'informer du crime qui y est jugé. Et si le clerc est convaincu, ou s'il avoue, l'Église doit cesser d'étendre sur lui sa sauvegarde.

13. *Art. 7.* — Toute personne qui tient du roi en chef, tout officier royal ne peut être excommunié, ni l'une ou l'autre de ses terres frappée d'interdit, avant que le seigneur roi s'il est présent dans le royaume, ou le justicier si le roi se trouve hors du royaume, n'ait été requis de faire justice, et que ce qui relève de la cour royale y soit jugé en dernier ressort et ce qui concerne la cour ecclésiastique y soit renvoyé pour y être jugé en dernier ressort.

14. *Art. 8.* — Les appels, s'ils sont émis, doivent procéder de l'archidiacre à l'évêque et de l'évêque à l'archevêque. Et si l'archevêque manque à faire justice, il faut en dernier lieu recourir au roi afin que, par son ordre, l'affaire soit terminée dans la cour de l'archevêque, en sorte qu'on n'aille point au delà sans le consentement du roi.

15. *Art. 4.* — Il est interdit aux archevêques, évêques et dignitaires du royaume de sortir du royaume sans congé royal. Et s'ils sortent, avec l'agrément du roi, ils donneront sécurité de s'abstenir, à l'aller, pendant leur séjour et au retour, de tout acte susceptible de porter préjudice au roi ou au royaume.

16. *Art. 15.* — Les plaids pour dettes, avec ou sans serment interposé, relèvent de la justice du roi.

17. *Art. 11.* — Les archevêques, évêques et tous les gens du royaume tenant du roi en chef et relevant leurs terres du roi au titre de baronnies, en répondront aux officiers et justiciers du roi, observeront tous les droits et coutumes du roi, et assisteront, comme les autres barons et avec eux, aux jugements de la cour du roi, jusqu'à sentence de mort ou de mutilation.

'Je suis la vérité' (Jo., XIV, 6). La coutume ou l'usage de longue date ne constitue pas une autorité telle qu'elle surpasse la raison ou la loi, a dit un empereur païen. Bien plus, l'équité ou la vérité s'étant manifestée, l'usage doit céder à la raison comme l'ont inscrit les Pères dans les canons au mépris desquels un roi chrétien ose statuer et écrire à l'encontre de la raison et de la liberté de l'Église[18] ».

Le conflit entre le roi et le primat avait divisé l'Angleterre : une partie du clergé seulement suivit l'archevêque, soutenu, en revanche, par la sympathie des petites gens en Angleterre et par la majeure partie du royaume de France. L'unanimité ne se fit vraiment qu'à l'annonce du drame de Canterbury : nul, dès lors, ne pouvait récuser l'authenticité du témoignage pour lequel l'archevêque avait vécu et subi la mort.

Guillaume Fitz-Stephen a bien senti et exprimé le dilemme qui ne laissait aucune échappatoire à la condamnation et à la mort de l'archevêque : le jugement de Dieu et la mort spirituelle, le jugement du roi et la mort corporelle. « Mais », précise-t-il, « l'archevêque Thomas, intègre de vie et de mœurs, ne pouvait agir autrement qu'il l'a fait. C'est par une ruse infiniment subtile et un art diabolique que lui fut proposé ce dilemme : ou sanctionner ces soi-disant traditions et tomber ainsi sous le jugement de Dieu, ou les repousser et tomber à la merci du roi, condamné à la mort comme rebelle à la majesté royale et ennemi de la couronne. On disait », ajoute-t-il, « que de tels propos avaient été tenus par Roger, archevêque d'York, Gilbert, évêque de Londres, Jocelin, évêque de Salisbury[19] », qui furent effectivement les principaux adversaires de Thomas et les protagonistes des positions régalistes.

II

LA GLOIRE POSTHUME

Trois siècles durant, l'archevêque martyr connut une gloire posthume quasi inouïe. La figure de Thomas Becket, ceinte de l'auréole du martyre, suscita un culte spontané. Son exil, l'importance des personnes et des intérêts engagés dans sa lutte, puis sa fin tragique, avaient frappé les imaginations. De toutes parts, des pèlerins convergeaient vers la crypte de la cathédrale où il reposait. Très tôt, les miracles se multiplièrent soit sur sa tombe, soit au contact des ampoules où les clercs fidèles avaient recueilli quelques gouttes du sang qu'il avait versé pour la défense de l'Église[20]. Au printemps de l'année 1173, le pape Alexandre III l'inscrivit au catalogue des saints, prescrivant d'invoquer son patronage pour « le salut des fidèles et la paix de l'Église universelle »[21].

Le pèlerinage de Canterbury attire aussi bien les plus illustres personnages que la foule des humbles. Henri II, frappé de censures ecclésiastiques, puis réconcilié à Avranches en 1172, ne tarde pas à venir s'incliner et à faire pénitence au tombeau de l'archevêque, éprouvant aussitôt la protection du martyr sur ses armes, victorieuses du roi d'Écosse à la bataille d'Alnwick (1174)[22]. Le roi de France, Louis VII, sentant ses forces décliner, n'hésite pas à passer la mer afin d'implorer saint Thomas, ou de lui rendre grâce, pour la guérison de son héritier, Philippe Auguste (1179). Lothaire de Segni, le futur pape Innocent III, se rend en pèlerinage à Canterbury au milieu d'autres étudiants

---

18. *Materials*, t. III, p. 47-48.
19. *Ibid.*, p. 48.
20. C'est à Pâques 1171 que les miracles commencèrent d'éclater. Cf. RAOUL DE DICETO, *Abbrevationes chronicarum* (Rolls Series), p. 346-347 ; de nombreuses lettres en portent témoignage (entre autres dans *Materials*, t. VII, p. 469, 524, 551, 565) émanant de Jean de Salisbury, des légats Albert et Theodwin, de Pierre, abbé de Saint-Remy de Reims. Voir également le témoignage des biographes, notamment GUERNES DE PONT-SAINTE-MAXENCE, *Vie de saint Thomas Becket*, vers 5886-5904 (éd. E. Walberg, p. 199 ; ID., « Class. franç. moy. âge », p. 181-182). Les recueils des *Miracula sancti Thomae* ont été compilés très tôt, en 1173 (Benoît de Peterborough, les trois premiers livres), entre 1172 et 1175 (Guillaume de Canterbury, les cinq premiers livres) : Cf. E. WALBERG, *Date de la composition des recueils de « Miracula sancti Thomae Cantuariensis »*, dans « Moyen âge », t. XXII, 1920, p. 259-274 ; article repris dans *La tradition hagiographique de saint Thomas Becket avant la fin du XIIᵉ siècle*, Paris, 1929, p. 53-73.
21. *Materials*, t. VII, p. 546 ; JAFFE-WATTENBACH, 12201 (Segni, 12 mars 1173, au chapitre de Canterbury).
22. R. FOREVILLE, *l'Église et la royauté...*, p. 329 et ss.

parisiens[23]. Entre-temps, s'érigent partout — de la Scandinavie à la Sicile normande et à la Terre Sainte, à travers la Germanie et jusqu'aux marches slaves de la chrétienté[24] — des sanctuaires et des autels sous le vocable de Saint-Thomas-le-Martyr, tandis que se fixe l'iconographie relative à sa vie, à sa mort et à ses miracles. Inventaire a été dressé de cette iconographie, voici quelque trente ans par Tancred Borenius[25]. Il s'avère aujourd'hui partiellement dépassé, mais il ne saurait être question de le reprendre ici. Nous nous attacherons seulement à marquer la haute ancienneté des représentations du saint et à en dégager les traits essentiels.

Disséminés à travers la chrétienté, les vestiges subsistant de l'iconographie de saint Thomas, en dépit des destructions systématiques ou de la détérioration du temps, sont encore extrêmement nombreux aujourd'hui : enluminures, émaux, mosaïques, fresques, vitraux, statues de pierre ou de bois. Très tôt, des thèmes s'imposèrent : effigie de l'archevêque en habits pontificaux assis sur un trône ; scène du martyre, le plus souvent associée symboliquement au mystère eucharistique sur l'autel ; apparition du saint sortant de sa châsse pour signifier la grâce accordée sur son intercession à celui qui l'invoque en son sanctuaire ; miracles divers.

Les plus vénérables effigies du saint se trouvent sans doute dans l'ensemble pictural d'une crypte ou grotte (ancien *mithraeum* peut-être), qui s'étend sous la cathédrale d'Anagni et fut dédiée au nouveau martyr peu après la canonisation[26]. Peinte à fresque par un artiste local, la figure de saint Thomas apparaît tantôt dans un cortège de saints, tantôt à gauche du Christ en majesté, à la place généralement réservée au Précurseur, mais toujours en vêtements pontificaux : chasuble, mitre et pallium. Probablement d'époque voisine, signalons une fresque de Spolète[27] et celle de l'Esquilin à Saint-Sylvestre-et-Saint-Martin-aux-Monts[28]. Du XIIIe s., celle, bien connue, du Sacro Speco à Subiaco donne au saint une figure toute conventionnelle dans un immense nimbe[29]. Dès avant la fin du XIIe s., déjà hiératique comme il sied à l'art de la mosaïque, l'effigie de Thomas Becket apparaît au chœur de la nouvelle cathédrale de Monreale, au milieu de saints qui défendirent, eux aussi, la cause de l'Église contre les puissances séculières[30]. Dès lors, deux traditions iconographiques se dessinent, l'une méditerranéenne, plus conventionnelle, l'autre nordique et spécifiquement anglo-normande, plus proche de la vie.

En effet, des représentations, également fort anciennes — soit en France, soit en Angleterre — nous ont transmis un type physique très marqué, qui s'apparente certainement au portrait. Ainsi, un haut-relief du déambulatoire de la cathédrale Saint-Étienne de Sens — on sait que Thomas Becket séjourna près de quatre ans en l'abbaye Sainte-Colombe, à Sens — certainement antérieur à la fin du XIIe s., et un vitrail du chœur de la cathédrale de Canterbury, très probablement du début du XIIIe s.[31]. Le premier est une belle statue de pierre de l'archevêque assis sur un trône, le second fait apparaître seulement le buste. A Canterbury, l'archevêque, revêtu du pallium,

---

23. *Chronicon Andrensis monasterii... autore Guillelmo abbate* (D'ACHERY, *Spicilegium*, éd. in-f° 1723, t. II, p. 839 ; sur le pèlerinage de Louis VII, cf. n. 39).

24. Au témoignage de dom Maurus Münch, on peut relever l'attestation de plus de 150 lieux de culte dédiés à saint Thomas martyr dans l'Europe centrale, y compris la Scandinavie (Allemagne, Autriche, Alsace, Danemark, Suède et Norvège). Cité par Ch. DUGGAN, *The Significance of the Becket Dispute...*, p. 366, n. 2. — Pour les premières dédicaces à saint Thomas dans le royaume de Sicile, cf. E. JAMISON, *Alliance of England and Sicily in the Second Half of the Twelth Century*, dans le recueil « England and the Mediterranean Tradition. Studies in Art, History and Literature », Oxford, 1945, p. 24.

25. *Saint Thomas Becket in Art*, Londres, 1932. A compléter par des études récentes, notamment R. BRENTANO, *Two Churches, England and Italy in the Thirteenth Century*, Princeton, 1958 (p. 58, précocité du culte de Thomas Becket en Italie).

26. Y. BATARD, *Recherches et documents sur la peinture médiévale du Latium*, dans « Rev. Enseignement Supérieur », t. II, 1956, p. 57.

27. T. BORENIUS, *op. cit.*, p. 96.

28. *Ibid.*, p. 14.

29. *Ibid.*, p. 13.

30. *Ibid.*, p. 13. La date avancée par T. Borenius (avant 1183) pour l'exécution de la mosaïque a été remise en question par Evelyn Jamison qui propose, à juste titre croyons-nous, celle de 1188-1189 (*art. cit.*, p. 25).

31. Reproduction de ces deux œuvres dans R. FOREVILLE, *Le jubilé de saint Thomas Becket du XIIIe au XVe siècle (1220-1470)*, Paris, 1958, pl. 10, 11. La tête du vitrail aurait été refaite à une date postérieure, mais elle est vraisemblablement très proche de l'original.

tient dans sa main gauche le Livre de la loi divine qu'il a refusé de transgresser en déférant aux lois humaines, tandis que, de sa droite, il lève deux doigts pour enseigner ou pour bénir. La statue de Sens, dont les mains sont malheureusement mutilées, accuse les mêmes gestes. Cette attitude inspirera dans la suite nombre d'autres représentations[32]. Mais, dans ces effigies antiques, les traits du personnage sont nettement individualisés : le visage est allongé, voire émacié, les yeux plutôt globuleux, le nez aquilin, les pommettes saillantes, la taille élancée. Le parallèle est frappant avec la description qu'ont donnée du personnage les premiers biographes qui vécurent dans son entourage. Fitz-Stephen le dépeint ainsi : « Thomas était beau de visage et d'aspect plaisant, grand de taille ; il avait le nez proéminent et légèrement aquilin ; il était agile et vif dans ses mouvements[33] ».

On est donc fondé à penser que le vitrail de Canterbury et la statue de Sens constituent d'inestimables documents préservant l'aspect physique de saint Thomas à la différence du thème impersonnel et stéréotypé qui apparaît concurremment en Italie et en Sicile, notamment à Subiaco et à Monreale. Les traits individualisés apparentent clairement le saint au type normand, accentué encore par la moustache qui frange la lèvre supérieure. Or, là encore, les premiers biographes sont formels, né à Londres, Thomas Becket était de parents normands : sa mère appartenait à la bourgeoisie de Caen, son père à celle de Rouen[34]. Il n'y a pas lieu, en effet, d'attacher le moindre crédit à une légende qui prétend doter saint Thomas d'une ascendance illustre, l'imaginant fils d'une princesse sarrasine convertie par son amour pour le beau chevalier londonien Gilbert Becket[35] : roman de chevalerie, forgé au tournant du siècle dans la vogue de l'orientalisme suscité par Richard Cœur de Lion et la troisième croisade, concrétisé peut-être autour de la fondation de l'hôpital Saint-Thomas-le-Martyr d'Acre, à l'instar de celui édifié sous le même vocable en la cité de Londres.

Très tôt, en effet, maints édifices religieux ou charitables furent dédiés à Saint-Thomas-le-Martyr à travers la chrétienté. Parmi les tout premiers, il y a lieu de citer l'abbaye de Lesnes fondée en 1173 par le grand justicier, Richard de Lucé[36], et l'abbaye d'Aberbroath érigée en 1175 par le roi d'Écosse, Guillaume le Lion[37] ; l'église Saint-Thomas de Saint-Lô, consacrée dès 1174 par Reginald, évêque de Bath[38], et celle de Saint-Thomas du Louvre fondée avant 1188 par Robert de Dreux, frère de Louis VII[39]. Saint Thomas devint le patron de la cité de Londres, dont le sceau commun, dessiné au XIIIe s., portait son effigie, tandis qu'une chapelle lui était dédiée sur l'unique et célèbre pont[40]. Ces quelques exemples — pour insignes qu'ils soient — ne représentent qu'une part infime de l'hommage monumental offert à travers la chrétienté par la piété des fidèles — princes, prélats, chevaliers ou simples paroissiens — au martyr de Canterbury. L'Angleterre dut se tailler la part

32. Entre autres, la statue de bois provenant de l'église de Skepptuna, Uppland (c. 1475), actuellement au Musée de Stockholm, dont une reproduction figure dans la crypte de la cathédrale de Canterbury : le type normand y est fortement accentué et coloré ; les mains sont énormes et la droite, au lieu de bénir, tient une crosse ; le pallium a disparu et la mitre comme la crosse ouvragée et la chaire aux pinacles à fleurons accusent la date tardive. La fresque du Sacro Speco, en dépit de son caractère hiératique, a conservé les gestes sobres et expressifs des effigies de Sens et Canterbury.
33. « Erat siquidem placido vultu et venusto ; statura procerus ; naso eminentiore et parum inflexo ; sensibus corporeis vegetus ; eloquio comptus ; ingenio subtilis ; animo magnus... » (GUILLAUME FITZ-STEPHEN, Materials, t. III, p. 17).
34. Anonyme de Lambeth, Materials, t. IV, p. 81.
35. Cette légende apparaît dans la forme remaniée et amplifiée du Quadrilogue publiée par J.A. Giles et reproduite dans P.L., CXC, 346-347 (chap. 2, « De ortu mirabili beati Thomae »).
36. DUGDALE, Monasticon anglicanum, éd. révisée, Londres, 1830 et 1846, t. VI¹, p. 456-457.
37. T. BORENIUS, op. cit., p. 27.
38. Calendar of Documents, France, t. I, p. 323.
39. Sur un ms. des Archives Nationales (LL 548) contenant la Vie de saint Thomas par Alain de Tewksbury, une main du XVIIe s. a inscrit cette note datée de 1651 : « Pour l'église royalle et collégiale de Saint-Thomas du Louvre fondée par Robert de Dreux l'un des fils de Louis le Gros en l'honneur et sous l'invocation dudit saint Thomas martir archevêque de Cantorbery au tombeau duquel Louis le Jeune roy de France fut rendre grâce du recouvrement de la santé de son fils qui fut peu après appelé Philippe Auguste qui fut lui aussi roy de France ».
40. T. BORENIUS, op. cit., p. 23.

du lion dans ces dédicaces dont un grand nombre furent abolies en 1539 ou transférées à un autre titulaire, dont certaines n'ont sans doute laissé aucune trace.

La France suivit un mouvement identique, mais conservatoire jusqu'à la Révolution pour le moins. Si une enquête systématique était entreprise pour notre pays, elle révèlerait la grande diffusion du vocable du nord au sud et de l'est à l'ouest, avec des zones de grande concentration. C'est le cas pour l'ancienne province ecclésiastique de Rouen coïncidant (en le débordant quelque peu dans la région du Vexin) avec le duché de Normandie. Dans ce cadre, nous avons dénombré près de soixante dédicaces : églises ou chapelles paroissiales, autel dans chaque cathédrale, chapelles castrales ou manoriales, hôpitaux et maladreries, presque toutes de haute ancienneté s'échelonnant généralement entre la canonisation (1173) et la translation (1220)[41]. La moitié de ces dédicaces relèvent de l'ancien archidiocèse de Rouen qui, à lui seul, en détient vingt-neuf. Or, on constate que, mise à part une chapelle à Criel-sur-Mer, elles s'inscrivent toutes dans un quadrilatère approximativement délimité par deux grands axes parallèles : au nord, la vallée de la Béthune et son prolongement jusqu'à Gisors, au sud, la vallée de la Risle, les petits axes étant formés, à l'ouest, par la côte du pays de Caux jusqu'à l'embouchure de la Risle, à l'est, par une ligne unissant Gisors, Évreux et Conches. Cette concentration de monuments attestant un culte ancien autour de la basse Seine serait peut-être à mettre en relation avec l'origine normande de la famille Becket[42].

Quoi qu'il en soit, saint Thomas, objet d'un culte étendu à l'Église universelle, également vénéré dans le royaume de France et dans le royaume d'Angleterre, est devenu très tôt le patron spécial de la monarchie anglaise. A ce titre, son culte demeura lié jusqu'à la fin du moyen âge à la politique normande et française de la couronne d'Angleterre. Il eut naturellement son centre et son foyer à Canterbury.

Des circonstances adverses — vacance du siège, incendie de la cathédrale, litige entre l'archevêque Baudouin et le chapitre de Canterbury, croisade et guerres françaises, politique ecclésiastique de Jean sans Terre, grand interdit fulminé par Innocent III, exil du primat, de la majeure partie de l'épiscopat, des moines de Canterbury, firent longtemps obstacle à la translation des restes mortels de saint Thomas, de la crypte en un lieu plus digne. Prescrite par Alexandre III dans l'une des bulles annonçant la canonisation[43] (10 mars 1173), la translation fut réalisée le 7 juillet 1220 seulement par le cardinal Étienne Langton, ex-docteur de Paris, archevêque de Canterbury[44]. C'est intentionnellement, et pour des motifs d'ordre spirituel, que Langton, exégète de la Sainte Écriture, célébra la translation cinquante ans après le martyre, et prononça à cette occasion une homélie dans laquelle il développait la notion de jubilé dans l'Ancien Testament et son équivalence chrétienne dans l'ordre de la grâce, la rémission des péchés[45]. Et tel fut, dès lors, le caractère particulier — et à certains égards exceptionnel — du culte de saint Thomas, qu'il est l'unique saint — hormis les familiers de Jésus dans sa vie terrestre — dont le pèlerinage ait été anciennement gratifié d'un jubilé, cela dès 1220, c'est-à-dire avant même l'institution par le pape Boniface VIII du Jubilé romain de la Rédemption en l'an 1300. Et ce jubilé fut assorti d'une indulgence telle, qu'elle fut considérée comme plénière.

Alexandre III, dans la bulle *Redolet Anglia*, avait exprimé l'idée de rémission par l'intercession du martyr[46]. Mais, glosant sur la « vertu » de l'année jubilaire, Étienne Langton avait proféré les mots

---

41. Quelques dédicaces datent du XIVe s., notamment deux sur les trois relevées dans le diocèse de Sées.
42. Nous nous proposons de publier prochainement les premiers résultats de cette enquête.
43. *Materials*, t. VII, p. 546 ; JAFFE-WATTENBACH 12201 (12 mars 1173, au chapitre de Canterbury).
44. R. FOREVILLE, *Le jubilé de saint Thomas...*, p. 3-11.
45. Le texte en a été publié par LUPUS à la suite des *Lettres de saint Thomas* (Bruxelles, 1682, t. II, p. 885-905). Il a été repris dans *P.L.*, CXC, 407-424. Sur l'édition de Lupus, voir n. 75.
46. « Universitatem itaque vestram monemus, et authoritate qua fungimur districte praecipimus ut...apud ipsum votivis orationibus satagatis *veniam* promereri... » (*Materials*, t. VII, p. 548 ; JAFFE-WATTENBACH 12203, Segni, 12 mars 1173, au clergé et au peuple d'Angleterre).

MORT ET SURVIE DE SAINT THOMAS BECKET

décisifs : « Parce qu'il a voulu que sa translation soit célébrée en la cinquantième année [après son martyre, saint Thomas] nous apporte l'espoir certain — à moins que nous n'y fassions obstacle par nous-même — qu'il nous obtiendra la grâce de rémission... Espérons donc que l'élévation des reliques de notre martyr... nous obtiendra de Dieu, pour le présent, le pardon de nos péchés, et le salut éternel au terme de cette vie » — *veniam peccatorum et salutem perpetuam*[47]. L'expression *veniam peccatorum* est alors, chez les canonistes, l'équivalent de : remise de la peine due au péché[48]. Cette acception est assumée dans le même temps par Honorius III qui dégage l'idée de liberté spirituelle et de joie, associant les termes voisins : *jubilaeus, jubilus*[49]. Ce dernier, primitivement synonyme d'*opus Dei*, avait pris chez les auteurs spirituels — saint Bruno, Rupert de Deutz, Richard de Saint-Victor, saint Bernard — le sens de joie intérieure, fruit de la contemplation[50]. C'est ce double courant que concrétise le premier « jubilé » de saint Thomas, à savoir la translation de 1220.

Longtemps employé sans discrimination, le mot « Jubilé » conserva jusqu'à l'institution du jubilé séculaire de 1300 par Boniface VIII une acception large et mal définie. On doit en inférer ce que fut vraisemblablement au cours du XIVe s. que l'on revendiqua expressément, pour le jubilé de saint Thomas, l'indulgence plénière que le terme impliquait désormais, ainsi que la périodicité cinquantenaire attribuée par le pape Clément VI au jubilé romain à dater de 1350[51], encore que l'équivalence : cinquantenaire — jubilé — rémission, ait été dégagée dès 1220. Une autre constatation s'impose : par son caractère solennel comme par l'ampleur même de l'indulgence qu'il comporte, un jubilé ne saurait être promulgué que par le pape. Comme le précédent, ce fait — qui découle de la réserve pontificale en matière d'indulgence plénière, laquelle remonte aux premières croisades — n'apparut sans doute pas en pleine lumière avant le XIVe s.

Aucune relation n'a été conservée du jubilé de 1270. S'il fut célébré, ce fut comme celui de 1320, à l'instar d'une fête de famille parmi les moines des deux communautés bénédictines de Canterbury, Christchurch et Saint-Augustin[52]. Et si le jubilé de 1370 revêtit un caractère analogue, du moins est-ce à cette date que l'indulgence plénière du jubilé de saint Thomas est expressément mentionnée pour la première fois. C'est là le signe de temps nouveaux marqués, d'une part, par la vogue du pèlerinage — ainsi qu'en témoigne le poète Chaucer dans ses *Canterbury Tales* — de l'autre, par la grande diffusion des indulgences aussi avidement recherchées par les uns qu'âprement critiquées par les autres, tel Wycliff et bientôt les Lollards. Quel fut le mode de concession de cette indulgence ? Reconduction tacite de celle attachée à la translation par Honorius III ou bien objet d'une bulle du pape régnant, Urbain V[53]. Cette bulle, si tant est qu'elle ait existé, avait été égarée ou détruite avant la fin du siècle[54]. Bref, si le nom de jubilé et la notion de large rémission s'attachent à la translation des reliques de saint Thomas Becket, le 7 juillet 1220, il n'en reste pas moins que l'indulgence plénière du jubilé, au sens de concession pontificale, ne saurait être envisagée pour une époque antérieure au milieu du XIVe s. : elle pourrait dater au plus tôt du quatrième jubilé, celui de 1370.

En 1420, le cinquième jubilé revêtit une ampleur inouïe jusque-là. Admirablement préparé sur le

47. Sermon sur la translation, *P.L.*, CXC, 421, par. 35.
48. R. Foreville, *Le jubilé de saint Thomas...*, p. 31-32.
49. Dans une bulle de croisade adressée aux fidèles de Lombardie le 23 janvier 1217 (*Epistolae saeculi XIII e regestis pontificum selectae*, M.G.H., I, p. 9, n° 12 ; Potthast 5430). Voir également la bulle par laquelle le même pape autorise la translation des restes de saint Thomas (Lupus, éd. citée, t. II, p. 883, 885 ; R. Foreville, *Le jubilé de saint Thomas...*, P.J. n° 1, p. 163-164).
50. Sur le sens et l'emploi chez les auteurs spirituels du terme *Jubilus*, distinct de *jubilum*, mais qui tire à soi *jubilatio* et *jubilare*, cf. Herbert Grundmann, *Jubel*, dans « Festschrift Jost Trier », Meisenheim, 1954, p. 477-511.
51. Par la bulle *Unigenitus Dei Filius*, du 27 janvier 1343, promulguée en 1349 (*Extrav. comm.*, V, IX, 2). Cf. R. Foreville, *Le jubilé de saint Thomas...*, p. 34, 43-45.
52. *Ibid.*, p. 13-14.
53. *Ibid.*, p. 41-42.
54. *Traité sur le cinquième jubilé*, 1re part., par. 3, p. 121 (édité dans *Le jubilé de saint Thomas...*, p. 115-160).

VI

plan économique et publicitaire comme sur le plan moral et théologique — ainsi que le manifeste le traité écrit par un moine de Christchurch[55] —, il lui manqua cependant la bulle d'indulgence sollicitée vainement, dès 1409, auprès du concile de Pise, puis en 1417 auprès du concile de Constance et du pape Martin V[56]. Si bien que le prieur et les moines de Christchurch furent amenés à agir avec prudence, se gardant de promulguer le jubilé dans le royaume, mais excipant de la concession d'Honorius III et d'un *Oraculum vive vocis* attribué à Martin V[57].

Quoi qu'il en soit, le jubilé de 1420 fut un triomphe : l'affluence fut telle que le prédicateur, un moine augustin, Thomas Tynwyth, se vit contraint de répéter à quatre reprises son sermon sur le thème : *Annus jubileus est*. Ce fut l'apogée du culte de saint Thomas et l'affirmation péremptoire, à l'encontre des Lollards, voire des infiltrations hussites en Angleterre, de la valeur des indulgences, du pouvoir des clés et de la communion des saints, dont l'auteur du *Traité* se fait l'avocat sur arguments d'ordre théologique[58].

Le culte de saint Thomas reçut, cinquante ans plus tard, en 1470, une consécration officielle lors du sixième jubilé célébré en grande solennité par le cardinal Thomas Bourchier, archevêque de Canterbury, et doté, enfin, cette fois, d'une authentique concession d'indulgence par la papauté[59]. Le cardinal Bourchier avait fait, de cette célébration, son affaire personnelle et, depuis la translation par le cardinal Langton, jamais la fête n'avait revêtu pareil éclat.

Le pèlerinage de Canterbury, avec le jubilé qui lui est attaché tous les cinquante ans, s'il reste alors l'un des pèlerinages majeurs de la chrétienté occidentale, n'en prend pas moins cette allure plus spécifiquement anglaise, à la fois solennelle et familière, que Chaucer a immortalisée dans les *Canterbury Tales*. La cathédrale de Canterbury offre à la vénération des pèlerins de nombreuses stations : outre l'autel majeur dédié au Christ, ceux de Notre-Dame dans la crypte et dans la nef, ce sont : la tombe de saint Thomas dans la crypte, simple mémorial depuis la translation ; le *martyrium* dans le bras nord du transept occidental, parfois dénommé aussi « pointe de l'épée » en souvenir du coup mortel qui frappa à la tête le saint pontife ; enfin, la station privilégiée par excellence, celle où l'on accédait après avoir franchi l'escalier des pèlerins, la chapelle de la Trinité, dans l'axe absidal de la cathédrale reconstruite après l'incendie de 1174, où, dans la gloire des ors, des pierreries et des luminaires, apparaissait la châsse du martyr. Non loin de là, dans une chapelle circulaire qui prolonge et termine à l'est l'abside de la cathédrale, un « chef reliquaire » dénommé « la couronne » conservait une parcelle du crâne de saint Thomas, tranchée par l'épée des meurtriers.

Si les Anglais appréciaient d'autant mieux le jubilé de Canterbury qu'ils étaient éloignés de Rome, que le pèlerinage *ad limina apostolorum* n'était exempt ni de périls graves, ni de dépenses onéreuses, les rois d'Angleterre, pour leur part, attachaient alors d'autant plus de prix au culte de saint Thomas qu'ils s'efforçaient de restaurer leur domaine continental à la mesure de l'empire angevin. Les Plantagenêts, Henri III, Édouard Ier et le Prince Noir vouèrent une grande déférence au martyr devenu le patron spécial de l'Angleterre.

Le Prince Noir voulut dormir son dernier sommeil au pied de la châsse de saint Thomas[60]. Quant aux premiers Lancastre, qui eurent à légitimer leur accession au trône après l'abdication forcée de Richard II, ils redoublèrent de ferveur et de générosité à l'égard du martyr de Canterbury :

55. *Traité sur le cinquième jubilé*, 2e et 3e part., p. 129-137 ; 140-143.
56. *Ibid.*, 1re part., par. 1, 4, p. 119-124.
57. *Ibid.*, 3e part., par. 1, 2, p. 140-141.
58. *Ibid.*, 4e part., p. 147-155.
59. R. FOREVILLE, *Le jubilé de saint Thomas...*, p. 71-80.
60. « Primerement nous devisons notre alme à Dieu notre Creatour, et à la seinte benoite Trinité et à la glorieuse virgine Marie, et à touz les sainz et seintez ; et notre corps d'être enseveliz en l'eglise Cathedrale de la Trinite de Canterbirs ou le corps du vray martir monseignour Seint Thomas repose... » Testament du prince Noir, *Registre de l'archevêque Sudbury* (conservé à Lambeth Palace), fol. 90b ; publié dans D. STANLEY, *Historical Memorials of Canterbury*, 11e éd. réimpr. en 1921, p. 164.

Henri IV voulut être inhumé dans la cathédrale ; Henri V s'empressa à son avènement de rendre un hommage royal aux insignes reliques qu'elle abritait et, au mois de novembre 1415, accompagné des prisonniers d'Azincourt au nombre desquels figurait Charles d'Orléans, il y vint rendre grâces du succès de ses armes. Au reste, la reconquête de la Normandie obtenue par la capitulation de Rouen (13 janvier 1419) et l'acquisition de la couronne de France en héritage par le traité de Troyes en 1420 coïncidaient avec le cinquième jubilé de saint Thomas, auquel, dans l'euphorie de la victoire, on voulut donner un éclat extraordinaire que justifiait également et l'extinction du Grand Schisme et la paix qu'on pouvait croire désormais assurée. Espoir fallacieux, démenti par la défaite de Baugé et la mort de Henri V. En 1440, à la veille de sa libération, Charles d'Orléans revient à Canterbury[61]. Marguerite d'Anjou et Henri VI y accomplissent de fréquents pèlerinages et leurs successeurs relèvent la tradition, jusques et y compris Henri VIII, lequel en 1520, accompagné[62] de Charles Quint, s'incline encore avec dévotion devant la châsse de saint Thomas à la veille de l'entrevue du Camp du Drap d'Or[63], tandis que la diplomatie anglaise à la Curie s'efforce d'obtenir les plus larges concessions en vue de la célébration du septième jubilé[64]. Moins de vingt ans après, en 1538, le même Henri VIII ordonnera de démolir la châsse du saint, de disperser ses ossements, d'effacer à jamais son nom du martyrologe de l'Église d'Angleterre. Une telle prise de position à l'égard des reliques du martyr et des saints en général, si elle est liée à l'affaire du divorce royal, au rejet de Rome et à la déclaration de « suprématie » royale, n'en était pas moins préparée de longue date et supportée par une attitude critique. Désormais, non seulement le culte de saint Thomas, mais encore sa vie et sa mort sont soumis à l'esprit critique.

III
SAINT THOMAS DEVANT LA CRITIQUE MODERNE

A tort ou à raison, on a coutume de considérer l'humanisme de la Renaissance comme le berceau de l'âge moderne. C'est, en tout cas, le point de départ de la critique textuelle d'où procédera le cheminement de la critique historique. En fait, si le pèlerinage à Canterbury de Jean Colet et de Didier Érasme entre 1511 et 1514 — décrit en un célèbre dialogue[65] — a mis en question les outrances du culte de saint Thomas et le bien-fondé de la thésaurisation des richesses autour de ses reliques, il ne semble pas que la cause même du martyre ait été objet de contestation. En 1520, d'actives négociations sont encore menées à Rome en vue d'obtenir l'indulgence plénière pour le septième jubilé et l'on soutient que, « depuis la mort de saint Pierre, nul n'a tant œuvré que saint Thomas pour la défense des libertés de l'Église »[66]. Les instances de l'archevêque Guillaume Warham pour obtenir l'indulgence plénière et la confirmation, à perpétuité, du jubilé de saint Thomas, avec extension de l'indulgence à l'année jubilaire tout entière, se heurtent aux exigences financières de la Curie dont les préoccupations sont tournées vers d'autres horizons, comme le montrent les procès-verbaux des séances du Consistoire[67] ; ils accusent la montée de forces neuves en passe de

---

61. P. CHAMPION, *Itinéraire*, en appendice à la *Vie de Charles d'Orléans*, Paris, 1911.
62. JOHN STONE, *Chronicle* (éd. W.G. Searle, Cambridge, 1902, « Cambridge Antiquarian Society », 8th ser., 34), a noté les visites de Henri IV, Marguerite d'Anjou, Édouard IV, entre les années 1439 et 1471.
63. STANLEY, *Historical Memorials...*, p. 237-238.
64. Cf. l'état de la question dans R. FOREVILLE, *Le jubilé de saint Thomas...*, p. 84-86.
65. D. ERASMUS, *Peregrinatio Religionis. Colloquia*, Bâle, 1526, p. 594-606 ; trad. anglaise dans A.J. MASON, *What became of the Bones of St. Thomas. A Contribution to his XV Jubilee*, Cambridge, 1920, p. 84-96. Critiques à l'égard du culte abusif des reliques et de l'ostentation des richesses de la châsse et du Trésor de la cathédrale, contrastant avec le dénuement du saint dans son exil et avec sa compassion envers les pauvres.
66. C'est l'argument final présenté à Léon X par le Dʳ Grig, procureur de l'archevêque Guillaume Warham, dans la négociation en vue d'obtenir une indulgence plénière pour le jubilé de 1520 : « Att my departyng y schewy to hys holynes that sethyn the deyth ande passyon off Synt Peter theyr ways never a man that dyde schow more for the lyberteys off the Churche than Syntt Thomas off Cantorbery. » (*The Letter books of the Monastery of Christchurch Canterbury*, éd. J. BRIGSTOCKE SHEPPARD, III, Londres, 1889, « Rolls Series », p. 340, en date du 25 avril 1520).
67. R. FOREVILLE, *Le jubilé de saint Thomas...*, p. 85-87 et références aux documents du Fonds consistorial des Archives vaticanes.

rompre la cohésion et l'unité de la chrétienté : la poussée turque vers l'Occident et l'éclat provoqué en Allemagne par les propositions récemment placardées sur la porte de l'église de Wittenberg par un moine augustin, Martin Luther.

Ce qui est alors en cause, en Angleterre, c'est le culte des saints, la communion des saints, le pouvoir des clés et les indulgences depuis que, dans son *De Ecclesia*, Wyclif avait combattu la thèse classique des décrétistes, de saint Thomas d'Aquin et de saint Bonaventure, affirmant que l'économie du salut ignore la réserve des mérites non attribués[68]. Les procès d'Église intentés aux prédicateurs populaires, les Lollards, avec l'appui du gouvernement royal (entre 1415 et 1432)[69] auraient peut-être jugulé les opposants, n'eût été l'aggravation des abus au cours du siècle qui suivit.

Le xve s. vit croître, en effet, les abus du culte des saints principalement en Angleterre. Le questeur (ou *pardoner*), généralement un frère mendiant, muni d'une bulle plus ou moins authentique, montre des reliques, prêche, reçoit des aumônes et distribue des indulgences. Il s'ensuit une déformation de la piété : non seulement le culte des saints et la vénération des reliques obnubilent le culte dû à Dieu, mais encore ils suscitent une sorte de marché, de troc, donnant-donnant, dont ne sont exempts ni le fanatisme ni une conception quasi magique de la grâce.

D'autres obstacles s'élèvent aussi qui contribuent à dévaluer la gloire posthume de saint Thomas. Ce sont les abus de la centralisation pontificale, particulièrement sensibles en Angleterre en matière de nominations épiscopales, de taxation, d'indulgences papales par suite de la multiplicité des jubilés romains proclamés en 1390, en 1400, en 1423 et finalement décrétés à intervalle de 25 ans, et de l'extension des indulgences plénières *ad instar*[70] selon les besoins financiers des papes de la Renaissance, notamment de Léon X pour l'achèvement de la basilique Saint-Pierre de Rome. Saint Thomas avait lutté pour le maintien de la suprématie romaine : il allait apparaître désormais à certains esprits comme solidaire de la politique romaine, tandis que l'essor des nationalismes, l'institution de la suprématie royale et de la *Via media*, détachant l'Église d'Angleterre de la chrétienté romaine, allaient rendre son combat contre les prétentions de Henri II non plus seulement suspect mais criminel. Il est significatif de cette coupure que Thomas More ait souhaité être rappelé à Dieu en la vigile de la fête de la translation de saint Thomas[71]. Désormais, un clivage s'établit que vient sanctionner la sentence proférée par Henri VIII et ses conseillers et dont l'archevêque Matthew Parker, dans ses *Antiquitates Britannicae Ecclesiae*, expose les motifs et la substance après avoir rappelé la sublimation du martyr par le « clergé papiste » et l'hymne composée en son honneur par Thomas d'Aquin pour que se perpétue éternellement sa gloire :

« En dépit de cela, après quelques siècles, le roi demanda le concours des prélats et des nobles de son royaume et, à la suite de recherches diligentes et laborieuses, il fut établi sans aucun doute ce que fut réellement Thomas, les mauvaises actions qu'il avait commises, les troubles et malheurs qu'il avait attirés sur le royaume. En conséquence, le roi ordonna d'effacer et de gratter son nom dans les livres de la prière publique où il apparaissait en maintes places comme le nom d'un saint, et aussi parce qu'il s'était élevé avec une arrogance intolérable au-dessus de l'autorité du roi et de la loi commune, excédant ce que la religion chrétienne ou l'Église peuvent à juste titre revendiquer d'indépendance et de liberté par droit divin. La renommée de sa prétendue sainteté était devenue si grande et si populaire que l'église de Canterbury qui contenait sa châsse avait perdu le nom du Christ notre Sauveur auquel elle était dédiée à l'origine, et était presque passée sous le vocable

---

68. Éd. J. Loserth, p. 549-578. Cf. P. DE VOOGHT, *Les indulgences dans la théologie de Jean Wyclif et Jean Huss*, dans « Rech. de sc. relig. », t. XLI, 1953, p. 492-493.
69. R. FOREVILLE, *Le jubilé de saint Thomas...*, p. 56-58.
70. *Ibid.*, p. 35.
71. « I should be sorry that it should be any longer than to-morrow — écrivait-il le 5 juillet 1535 — for it is St. Thomas Eve and the Octave of St. Peter, and therefore to-morrow beg I to go to God. It were a meet day and very convenient for me. » Cité par STANLEY, *Historical Memorials...*, p. 239.

de Saint-Thomas. Telle est la fin inéluctable de l'hypocrisie et de l'inauthenticité : le temps apporte la preuve de la vérité et l'hypocrisie ainsi dévoilée est réduite à néant[72] ».

Si nous avons tenu à citer ce passage, émanant du premier successeur du cardinal Pole, ex-chapelain d'Anne Boleyn, nommé archevêque de Canterbury en 1559 par la reine Elisabeth Ire, c'est qu'il exprime non pas seulement une thèse officielle, mais aussi la conviction d'un érudit, d'un témoin de la « désacralisation » de saint Thomas, et qu'il expose objectivement les griefs du temps à l'égard du martyr : procès de la renommée de sainteté dans l'esprit populaire, procès d'intention mettant en doute la sainteté de l'archevêque dans son attitude et dans ses actes, procès enfin de la cause même pour laquelle il lutta et subit le martyre, la liberté de l'Église. Cette thèse devait s'imposer en Angleterre et inspirer, plusieurs siècles durant, les auteurs relatant l'affaire Becket. Les historiens d'Outre-Manche exaltent la royauté en la personne de Henri II et condamnent le « papisme » en celle de l'archevêque. On reprend à son encontre les accusations proférées en son temps de « félon », « rebelle », « traître à son roi » et l'on cherche des explications à cette attitude. Celui qui avait été le plus populaire des saints devient un fanatique du martyre, un factieux, un grand propriétaire terrien soucieux des seuls intérêts d'ici-bas. On l'oppose à son prédécesseur, saint Anselme, qui, lui, aurait combattu les exigences de Guillaume le Roux et de Henri Ier pour la défense d'intérêts purement spirituels[73]. On lui jette à la face sa carrière de courtisan et l'on cherche à ternir sa mémoire par l'accusation de débauche dans sa vie privée — n'était-il pas le compagnon et l'ami du jeune roi Plantagenêt ? — et celle d'indélicatesse dans le maniement des deniers publics.

Sur le continent, en revanche, prévaut la tendance apologétique non seulement dans les homélies pour la fête du saint, prononcées par des princes de la chaire tels Fléchier ou Bossuet, mais encore dans les écrits pseudo-historiques de Frédéric Ozanam ou de Mgr Darboy[74]. L'ouvrage de l'archevêque de Paris qui allait mourir au cours des luttes civiles de la capitale, fusillé au nombre des otages de la Commune, présente ce paradoxe d'offrir, d'une part, la vie de saint Thomas à l'aide d'amples citations des lettres contemporaines et des biographes, d'autre part, une dissertation sur des principes ou des faits sans rapport direct avec les problèmes en cause.

C'est que Mgr Darboy a, dans un premier temps, adapté en français l'édition de John Allen Giles, prêtre de l'Église anglicane, et dans un second temps donné libre cours à ses propres réflexions de philosophie politique. Il n'en est pas moins certain qu'en ce milieu du xixe s., l'historiographie de saint Thomas entre, en Angleterre, dans une ère nouvelle, grâce à un esprit nouveau insufflé par le mouvement d'Oxford. Avec Newmann et ses amis, l'Église anglicane se trouve incitée à rechercher ses racines profondes par-delà la Réformation, à travers le moyen âge jusqu'à l'époque patristique et paléo-chrétienne. J.A. Giles a attaché son nom à l'édition des textes relatifs à la vie et aux écrits des hommes d'Église anglais (patres ecclesiae anglicanae) qui vécurent avant la rupture avec Rome. C'est ainsi qu'il donna la première édition en Angleterre des biographies et des lettres de saint Thomas enfouies dans les manuscrits[75]. Dans l'épître dédicatoire qu'il adressait, peu auparavant, à l'évêque de l'Église d'Angleterre et d'Écosse sur le continent, résidant à Paris,

---

72. *De antiquitate Britannicae Ecclesiae et nominatim de privilegiis Ecclesiae Cantuariensis atque de archiepiscopis ejusdem, LXX,* Hanovre, 1605, p. 138.
73. A. LUCHAIRE, dans « Acad. sc. mor., c.r. séances », t. CXLVII, 1897, p. 449. Cf. R. FOREVILLE, *l'Église et la royauté...*, p. 269, n. 3, et 269-273.
74. A.F. OZANAM, *Deux chanceliers d'Angleterre, Bacon de Vérulam et Thomas de Cantorbéry,* Paris, 1836 ; Mgr DARBOY, *Saint Thomas Becket, archevêque de Cantorbéry et martyr,* 2 vol., Paris, 1858.
75. J.A. GILES, *Life and Letters of Thomas a Becket, now first Gathered from the Contemporary Historians,* Londres, *1846* (Patres Ecclesiae Anglicanae). — Toutefois, le quadrilogue et la correspondance avaient été publiés pour la première fois d'après un ms. du Vatican : *Epistolae et Vita divi Thomae martyris et archi-episcopi cantuariensis...,* 2 vol., Bruxelles, 1682, par fr. Guillelmus Wynants, des Ermites de saint Augustin, après la mort et sous le nom de son confrère Christianus Lupus qui en avait assumé la transcription. En épigraphe, cette proclamation qui traduit l'intention apologétique animant les éditeurs : « Ecclesiastica libertas et ecclesiae immunitas, violenter oppugnata per Angliae regem Henricum II, christianissime defensa per Gall. regem Ludovicum VII, immobiliter protecta in gloriosa confessione et pretiosa morte divi Thomae Cantuariensis archiepiscopi et martyris, et per summum pontificem Alexandrum III, in apostolica petra, contra infernorum portas praevalente, immutabiliter confirmata ».

en lui offrant l'édition des œuvres de Lanfranc, il s'exprimait ainsi : « Vous n'ignorez pas ce que presque tout l'univers chrétien sait, à savoir que, dans le royaume d'Angleterre, qui aime et cultive l'Antiquité en tous domaines, les choses qui concernent l'antiquité de l'Église sont méprisées depuis trois siècles au point que, si quelque étranger se rendait en cette partie du monde, il nierait à bon droit que notre Église ait existé avant le XVIᵉ s.[76] ».

Le retour aux sources, inauguré sur le continent, désormais poursuivi en Angleterre, n'a cependant pas engendré sans détour l'objectivité historique. En France, où le vent de la Révolution avait contribué à transformer les mentalités, s'installe, avec l'engouement pour le moyen âge, une sorte de romantisme historique qui verse bientôt dans le positivisme. C'est ainsi qu'Augustin Thierry, dans son *Histoire de la Conquête de l'Angleterre par les Normands*[77], s'appuyant sur un témoignage unique et obscur, réduit la portée du conflit à une lutte de races qui, un siècle après l'événement de 1066, aurait encore opposé les Saxons vaincus aux Normands vainqueurs. L'argument prend une ampleur démesurée chez Jules Janin qui relève la légende sarrasine et brode sur le thème de l'oppression des Saxons, exaltant la figure de Thomas Becket sur un plan tout à fait étranger à son époque, celui des nationalités et des peuples opprimés. Son récit n'est qu'un tissu d'erreurs, produit d'une imagination féconde et généreuse[78].

Il faut attendre le XXᵉ s. pour voir s'affirmer une saine critique historique. L'effort scientifique de dom Lhuillier[79] est indéniable et généralement positif dans ses résultats. Il reconnaît le caractère doctrinal du conflit, mais son optique n'en est pas moins faussée par la référence constante aux prescriptions du concile de Trente, comme si elles pouvaient avoir quelque actualité et quelque autorité à l'âge de Gratien !

En Angleterre, si on remet en honneur la mémoire de saint Thomas, on n'admet pas encore, au plan historique, sa position à l'égard de Henri II. Sans mettre en doute sa sincérité, on recherche une explication psychologique à son attitude : arrogance, fierté, incompatibilité d'humeur avec le roi, heurt de deux tempéraments aussi entiers l'un que l'autre. On prétendra, enfin (et ce dernier argument n'est pas le moins subtil, lorsque manié par le grand poète chrétien Thomas Stearns Eliot

---

76. *Beati Lanfranci archiepiscopi Cantuariensis opera quae supersunt omnia nunc primum in Anglia e codicibus manuscriptis auctius et emendatius edidit J.A. Giles, Ecclesiae Anglicanae presbyter*, Oxford/Paris, 1844, p. III-IV.

77. Paris, 1867, t. II, p. 62-125.

78. Nous ne résistons pas au plaisir de citer quelques extraits de cette littérature savoureuse. Évoquant l'unique et bien mince dossier des « hérétiques d'Oxford » (quelques lignes dans une seule chronique) l'auteur en fait le tremplin d'une révolte ethnico-religieuse dont Thomas Becket aurait été le héros et le chef : « ... Hélas ! dans cette Angleterre malheureusement destinée à tant de guerres religieuses, s'étaient manifestés d'étranges symptômes dans la croyance des peuples. Des fanatiques venus du Dauphiné, venus de l'Allemagne, agitaient à leur gré ces consciences timorées. En vain, on les marque d'un fer chaud pour qu'ils aient à mourir de faim et de misère sans espérance d'aucun secours, la voix de ces apôtres sans mission ne laissait pas que d'être écoutée ; ils parlaient déjà de liberté et d'examen ! En même temps les prêtres anglais se plaignaient d'obéir toujours à des évêques normands ; l'agitation était grande, le mécontentement général. Ces passions excitées ne manquaient plus, pour se montrer au grand jour, que d'un homme et d'un prétexte. Thomas Becket fut cet homme, le domaine de l'Église anglicane fut le prétexte... ». — Mais il faut expliquer son attitude : n'était-il pas, de par ses origines, un paria en Angleterre ? « ... Fils d'une femme sarrasine et d'un père saxon, qui avait ramené cette femme de la terre sainte, Thomas Becket avait vu se fermer également devant lui les portes de l'Église, à cause de sa mère qui avait été une fille de Mahomet, et l'accès du gouvernement d'Angleterre, à cause de son père, le Saxon. Le roi seul, malgré tout l'esprit et le courage de cet homme, pouvait faire sa fortune... ». — Aussi, l'attitude de l'archevêque face aux constitutions de Clarendon procèderait-elle d'un propos de défense des classes opprimées : « ... Cette fois plus de tribunaux ecclésiastiques, c'est-à-dire que maintenant nul ne pouvait échapper à ces tribunaux ignorants et barbares qui se jouaient de la fortune et de la vie des hommes. Ces pauvres serfs qu'allaient-ils devenir, maintenant qu'ils ne pouvaient plus en appeler de la sentence du baron à la justice et à la piété de l'évêque ? Or, telles étaient les libertés que défendait par le sang-froid, par l'éloquence, par l'indignation, le courageux archevêque de Cantorbéry ; telle était la question qu'il avait posée d'une façon si nette et si ferme. Aussi l'Église universelle tout entière applaudit au zèle et au courage du savant apôtre. Les évêchés, les écoles, les églises du continent, retentirent de ses louanges. En Angleterre, les Saxons, malheureux chrétiens, éperdus et comme stupides sous tant d'humiliations et de désastres, sortirent de leur stupeur au nom seul de leur archevêque, Saxon comme eux. A la fin, donc, ils avaient trouvé un défenseur ! A la fin, ils avaient entendu parler de la loi et de la justice !... » Malencontreusement pour l'auteur, la cour du roi ne connaissait que les hommes libres (à l'exception toutefois des serfs du domaine royal) et, si les cours de chrétienté voyaient leur compétence réduite, il n'était nullement question de les supprimer. La thèse de l'auteur est enfin résumée en quelques mots particulièrement suggestifs : Il a osé « prendre en mains », à ses risques et périls, « la défense de tout un peuple injustement opprimé. Enfant du peuple, enfant d'une race proscrite... » (!) (Jules JANIN, *La Normandie. Histoire, paysages, monuments*, Paris, 1844, p. 248 à 253, *passim*).

79. *Saint Thomas de Cantorbéry*, 2 vol., Paris, 1891/92.

dans le drame religieux, *Murder in the Cathedral*, qu'il écrivit pour le festival des Amis de la cathédrale de Canterbury en 1935), que Thomas Becket, tout au long de sa carrière, s'est comporté en acteur, imbu du rôle qu'il avait à remplir au point de s'identifier à ce rôle. La pièce de T.S. Eliot est centrée sur le personnage de Becket : « Par l'habileté consommée avec laquelle ce personnage est présenté », écrit un commentateur, « on peut discerner un parallèle avec la manière dont Shakespeare présente les héros de ses tragédies. De même que Macbeth est un noble caractère avili par l'ambition, Othello, un noble caractère avili par la jalousie, de même Becket est un noble caractère avili par l'orgueil — l'orgueil en général, l'orgueil spirituel en particulier. Cette faute n'est pas seulement une défaillance, c'est le drame du mal dont Hamlet dit qu'il détruit toute la noblesse fondamentale d'un grand caractère. Sans cet orgueil spirituel, Becket eût pu être un grand saint ; avec, il est certainement un grand pécheur[80] ».

On le voit, la désacralisation proclamée par Henri VIII rejaillit encore dans la remise en honneur du martyr de Canterbury. Il n'en reste pas moins que la mémoire de saint Thomas n'a cessé de hanter les esprits : elle a suscité des passions opposées, elle a reflété des mentalités diverses. Bref, après sa mort, il n'a cessé de survivre dans l'histoire humaine, de fasciner les esprits. Innombrables sont les historiens qui, depuis la publication des *Materials for the History of Thomas Becket*[81] dans la grande collection des *Rolls Series*, se sont penchés et continuent de se pencher sur le drame de 1170.

Huit siècles ont passé. On vient de célébrer magnifiquement, à Canterbury, par des offices œcuméniques, le VIIIe centenaire de la mort de saint Thomas et le 750e anniversaire de sa translation solennelle. Une question se pose donc (que ni la science historique ni la volonté de rapprochement œcuménique, l'une et l'autre en progrès manifestes sur le passé, ne permettent d'éluder) : où en sommes-nous aujourd'hui ? Autrement dit, pierre d'achoppement pour son temps, signe de contradiction pour l'âge moderne, que signifie le nom de Thomas Becket pour les hommes de 1970, pour ceux-là principalement qui se sont rassemblés, de tous les horizons, et, comme les pèlerins de jadis, ont convergé vers la cité de Canterbury en l'honneur de saint Thomas ?

IV

LA SIGNIFICATION DU COMBAT DE SAINT THOMAS DANS L'HISTOIRE DE LA CHRÉTIENTÉ

C'est, bien sûr, en Angleterre, et principalement à Canterbury, qu'il convient de chercher la réponse à cette question, auprès des authentiques savants et historiens comme des autorités de l'Église d'Angleterre qui ont assumé les fêtes du centenaire et ont voulu leur conférer un caractère véritablement œcuménique, de réconciliation des confessions de Grande-Bretagne (anglicane, catholique, méthodiste, presbytérienne, etc.), et de confraternité avec les Églises du continent (catholiques et protestantes de France par exemple, orthodoxes, etc.).

Laissons la parole aux historiens d'Outre-Manche. Le professeur Knowles, analysant la sainteté de l'archevêque, hésite à le déclarer « pleinement un saint », et ce au nom du critère de grandeur que lui décerna jadis son disciple et biographe, Herbert de Bosham. Cependant, après avoir soupesé les témoignages, il admet qu'il mourut pour la liberté de l'Église et que, comme tel, il fut « un martyr, un témoin du droit de l'Église à la liberté spirituelle »[82].

Le chanoine Waddams, du chapitre de Canterbury, tente d'expliquer, dans une plaquette de vulgarisation destinée aux pèlerins du centenaire, comment saint Thomas, « le meilleur ami de

---

80. T.S. ELIOT, *Murder in the Cathedral*, éd. par K. MARTYN LOBB, Londres (s.d.). « Notes on chosen English Texts », p. 12.
81. Éd. J.C. ROBERTSON, vol. I, II, III, IV, Londres, 1875/79 (Vies et miracles) ; éd. J.C. ROBERTSON et J.B. SHEPPARD, vol. V, VI, VII (correspondance), Londres, 1881/85.
82. David KNOWLES, *Arshbishop Thomas Becket. The Saint*, dans « Canterbury Chronicle », n° 65, p. 17-18, 20.

Henri II », a pu devenir « son ennemi ». Il écrit : « La suite des événements qui conduisit au conflit opposant Henri et Thomas est le fruit des inévitables tensions de la société dans laquelle ils vécurent. Thomas eût-il été un archevêque consentant à donner satisfaction à tous les vœux du roi, il eût alors prostitué sa loyauté en qualité de chef de l'Église anglaise aux yeux de tous, évêques, clercs et laïcs... Bien plus, il ne semble pas que l'affection que Thomas portait à Henri ait subi quelque atteinte, car il y a maintes preuves qu'il a souffert cruellement de cette opposition... Thomas était avant tout un homme d'action... qui, tout au long de sa vie, a servi de tout son cœur la cause qui lui fut confiée. Il n'y eut pas de conflit fondamental entre ses actes antérieurs à son élévation à l'archiépiscopat et ses actes postérieurs à cette élévation. S'il est vrai que le serment de fidélité était pris avec grand sérieux, il n'est pas moins vrai qu'une part de cette gravité venait du fait qu'il apparaissait comme partie intégrante de la loyauté envers Dieu. Jamais le serment de fidélité envers un seigneur terrestre ne pouvait avoir un poids plus lourd que le devoir de loyauté envers Dieu. Dans la nouvelle position de Thomas Becket, tout devait conspirer à amplifier le devoir primordial de loyauté envers l'Église, trop étroitement mais universellement identifié à la volonté de Dieu lui-même »[83].

Et, afin de mieux faire comprendre la situation à « l'homme de la rue », l'auteur avance des comparaisons prises dans le monde des affaires ou dans la pratique sportive aujourd'hui[84]. Ce sont là arguments qui méritent considération dans l'ordre de la dialectique, mais qui n'emporteraient pas l'adhésion de l'historien s'il n'y avait à la base confrontation et étude critique des documents contemporains. Il se trouve justement que le VIIIe centenaire de saint Thomas bénéficie de nombreux travaux d'approche dans le sens de l'objectivité historique. On nous pardonnera de citer seulement les derniers en date parce qu'ils rendent parfaitement compte de l'état de la question à l'heure même des célébrations œcuméniques et justifient, en quelque sorte, l'unanimité retrouvée autour de saint Thomas. Il s'agit des études récemment consacrées à la question par M. Charles Duggan.

Résumant les théories émises par ses devanciers, auxquelles nous avons fait allusion plus haut, il les exclut avec autant de lucidité que de brio : « Historiens, romanciers, dramaturges, poètes ont porté leur attention, légitimement certes, mais trop exclusivement, sur la personnalité des deux antagonistes. Selon le point de vue ou les sympathies de l'écrivain, l'obstination ou les défaillances de l'un ou l'autre personnage, Henri II ou Becket, voire des deux, rendent compte de la tragédie. La théorie selon laquelle Becket n'aurait été qu'un acteur jouant son rôle, ou plutôt des rôles successifs, exploitant à fond le rôle qui lui fut dévolu aux différentes étapes de sa carrière, a été mise en avant par des historiens tels que H.W.C. Davis, Zacharie N. Brooke et beaucoup d'autres[85] et, parmi les auteurs dramatiques, par T.S. Eliot. Mais, c'est là une interprétation absolument hors de cause et incompatible avec cette grandeur symbolique presque universellement reconnue à Becket aussitôt après sa mort et, dans les siècles qui suivirent, à travers la chrétienté occidentale. Ce n'est pas le lieu de prendre en considération ces théories nées sur le continent et monnayées par la littérature qui imputent faussement à Thomas Becket des faiblesses dans

---

83. Canon. Herbert WADDAMS, *Saint Thomas Becket 1170-1970*, Londres, Pitkin Pictorials, 1969, p. 6.

84. « Si nous cherchons un parallèle de nos jours à ce changement d'allégeance, il peut être éclairant de regarder ce qui arrive lorsque le chef d'une entreprise ou bien un savant de haute renommée quitte une firme pour travailler dans une autre, rivale de la première : il transfère également sa loyauté et se donne tout entier à la nouvelle cause... cela n'a rien d'étrange et arrive tous les jours. Nous constatons que cela se produit chez les joueurs de football qui passent d'un club à l'autre, de sorte que, d'une semaine à l'autre, ils puissent jouer contre ceux avec lesquels ils s'identifiaient : mais nul ne s'attend à ce qu'ils rencontrent la moindre difficulté en donnant du meilleur, eussent-ils des amis personnels intimes dans le club qu'ils ont quitté. De tels parallèles ne reflètent pas exactement la situation et ne sauraient être poussés trop loin : mais ils nous donnent une idée approximative de la situation dans laquelle Thomas Becket a pu transférer sa fidélité du roi à l'Église, bien qu'il ne cessât point de montrer envers le roi toute la loyauté et toute la soumission compatibles avec ses devoirs envers l'Église dans le langage approprié, *salvo ordine nostro* (sauf mon ordre) », *ibid.*, p. 6-8.

85. Par ex. FROUDE, *Life and Times of Becket*. Short studies on great subjects, IVth ser., Londres, 1882, nouv. éd. 1883 (première publication dans « Nineteenth Century », 1877) ; Ch. PETIT-DUTAILLIS adopte le même point de vue à la suite des historiens anglais (*L'Essor des États d'Occident*, t. IV² de l'*Histoire du moyen âge*, Coll. Glotz, p. 118).

sa moralité personnelle ou qui voient dans ses prises de position à l'encontre du roi un relent d'opposition nationale ou régionale : l'accusation de débauche charnelle dans sa carrière ministérielle auprès du roi est dénuée de tout fondement ; quant à la suggestion d'une origine familiale saxonne, elle n'est prise au sérieux par aucun historien actuel. De telles inventions ne servent en rien la vérité historique »[86].

C'est dans une étude plus spécialisée que Ch. Duggan, historien du droit canonique, établit objectivement toute la portée de l'opposition de saint Thomas aux constitutions de Clarendon qui sont la cause et l'enjeu du conflit[87]. La thèse soutenue par l'archevêque est supportée, comme nous l'avions montré jadis, par les prescriptions contraignantes du droit canonique de l'époque, tel qu'il avait été élaboré depuis la réforme grégorienne et selon la forme même qu'il avait récemment revêtue dans la compilation — somme de tout l'ancien droit — à laquelle Gratien a attaché son nom. L'auteur met en lumière l'importance du témoignage de Guillaume de Canterbury[88] — l'un des tout premiers biographes de saint Thomas — qui offre, sur l'argumentation de l'archevêque à Clarendon, le support d'une imposante série de textes canoniques traitant des divers aspects de la question soulevée par l'art. III relatif aux clercs criminels. Les canons cités sont tirés du *Décret* de Gratien (essentiellement, C. II, Q. I) ; ils sont articulés entre eux par une série parallèle de brefs commentaires, pour la plupart transcriptions presque littérales de la *Somme* de Rufin, décrétiste, plus tard évêque d'Assise. L'ensemble est présenté comme étant l'argumentation même de Thomas Becket dans le débat de Clarendon, encore que Guillaume de Canterbury ait eu indiscutablement sous la main, lors de sa rédaction, les manuscrits canoniques de Gratien et de Rufin[89].

Est-ce à dire, en raison de cette dernière allégation, qu'il faille récuser le caractère authentique de l'argumentation prêtée à saint Thomas ? Certainement pas. Il se peut qu'elle ait été moins élaborée dans sa forme orale, originale et impromptue. Mais, il y a une tradition assurée quant aux arguments canoniques avancés par l'archevêque (tel le *Nemo bis in idipsum*, pour ne citer qu'un exemple) et cette tradition est renforcée par ce que l'on sait des études qu'il poursuivit à Auxerre et à Bologne, à l'époque même où le *Décret* prenait sa forme définitive, et de la pénétration du droit canonique en Angleterre sous l'archiépiscopat de Thibaut du Bec, son prédécesseur sur le siège de Canterbury ; par le témoignage de Jean de Salisbury et par la correspondance de saint Thomas, notamment les lettres à Henri II dont certains passages s'inspirent directement du *Décret*[90].

La lutte soutenue par saint Thomas n'est d'ailleurs pas isolée. Elle a pu paraître insolite seulement lorsque l'Église d'Angleterre s'est repliée dans l'horizon du royaume insulaire et sur un passé récent. Bref, on ne saurait mieux exprimer la redécouverte du sens historique du conflit que ne l'a fait Ch. Duggan lorsqu'il écrit : « La signification de l'affaire Becket pour l'Église réside dans le témoignage qu'il a donné aux luttes poursuivies par l'Église dans l'une des phases de son évolution, pour sa libération des contraintes séculières, pour son intégrité spirituelle, dans son assertion de principe de la sainteté et dès lors de la place privilégiée du sacerdoce dans la société chrétienne et de la primauté de la papauté dans l'Église universelle. Ceci apparaît clairement, mais fut oblitéré en des temps plus récents lorsque les principes pour lesquels Becket lutta semblèrent déraisonnables, désuets, dépourvus de réalisme politique »[91].

---

86. Ch. DUGGAN, *The Significance of the Becket Dispute...*, p. 366-367.
87. ID., *The Reception of Canon Law in England in the Later Twelfth Century*, dans « Proceedings of the Second Intern. Congress of Medieval Canon Law », éd. Stephan Kuttner et J. Joseph Ryan, Cité du Vatican, 1965, p. 359-365.
88. *Vita et Passio sancti Thome, Materials*, t. I, p. 25-29.
89. Décret de GRATIEN, éd. Friedberg (*Corpus juris canonici*, t. I) ; *Somme* de RUFIN, éd. Singer. Voir la collation de la défense de Thomas Becket exposée par Guillaume de Canterbury avec les textes de Gratien et de Rufin en Appendice à l'article de Ch. DUGGAN (*The Reception of Canon Law...*, p. 378-382).
90. Cf. la tradition grégorienne et la tradition primatiale de Canterbury, dans R. FOREVILLE, *l'Église et la royauté...*, p. 263 et ss.
91. Ch. DUGGAN, *The Significance of the Becket Dispute...*, p. 375.

37

Ainsi, pas plus dans la gloire ou dans la réprobation posthume que pendant sa vie terrestre, Thomas Becket n'est absent des problèmes humains. Sa survie dans la mémoire des hommes, autant que la lutte qu'il engagea contre Henri II, manifeste à quel point, pour reprendre un mot qui fait fortune aujourd'hui, il fut un homme et il reste un saint « engagé ».

Engagé dans son opposition aux « coutumes iniques », pour la défense des libertés de l'Église, de la liberté au sens théologique de refus du péché.

Engagé dans la vie quotidienne des générations qui l'ont imploré et qui attendaient le miracle, grands ou humbles de ce monde, riches ou pauvres, dont les récits de miracles nous montrent la diversité, quels qu'aient pu être les excès d'un culte éminemment populaire.

Engagé dans le combat pour l'authenticité de l'histoire et la recherche de la vérité, non la vérité d'aujourd'hui, mais celle de toujours sous le langage d'hier qu'il faut réapprendre et s'efforcer de comprendre.

Engagé, enfin, dans l'actuelle recherche d'une forme d'unanimité chrétienne qui, pour n'être pas celle qu'avait conçue le moyen âge dans l'unité de la juridiction romaine, n'en est pas moins une marche vers l'unité spirituelle. En ce sens, on peut reprendre, pour ce huitième centenaire, le mot du biographe :

> *Iste certe ille Thomas qui quondam Cantuariorum antistes, sed nunc jam non urbis sed orbis primas est*[92].

---

92. HERBERT DE BOSHAM, *Vita sancti Thome, Materials*, t. III, p. 161.

TRADITION HAGIOGRAPHIQUE

VII

LES « MIRACULA
S. THOMAE CANTUARIENSIS »

On s'accorde aujourd'hui à reconnaître l'intérêt, pour l'histoire des mentalités comme pour l'histoire sociale, des sources hagiographiques. Parmi ces sources, les recueils de miracles offrent un champ d'investigation non négligeable. En fait, ces recueils ne présentent pas tous les mêmes garanties de sérieux. Il faut, à cet égard, mettre à part les miracles dûment attestés par enquêtes jurées en vue des procès de canonisation. Cependant, la procédure de canonisation papale s'est développée lentement et c'est seulement avec le pontificat d'Innocent III qu'apparaît le véritable procès, fondé, non plus sur des attestations, mais sur des témoignages, les dépositions des témoins devant être enregistrées directement sous le sceau du serment [1].

Est-ce à dire que les recueils de caractère officieux soient à écarter systématiquement ? Certainement non. Ce sont des cas d'espèce. A côté de récits fabuleux, écrits après coup, il est des collections de *miracula* constituées au jour le jour à la vue et à l'audition des bénéficiaires de ces miracles, parfois même à grand renfort de témoignages ou de lettres d'attestation. L'absence d'enquêtes jurées avant les toutes premières années du XIIIᵉ siècle, mais aussi l'exigence croissante d'authentification, confèrent une grande valeur d'information à certains de ces recueils. C'est le cas des *Miracula S. Thomae Cantuariensis* compilés par Benoît de Peterborough [2] et par Guillaume de Canterbury [3], l'un et l'autre moines de Christchurch, le prieuré de la cathédrale qui avait été le théâtre du meurtre de Thomas Becket.

1. Cf. R. FOREVILLE. *Un procès de canonisation à l'aube du XIIIᵉ siècle (1201-1202), Le Livre de Saint Gilbert de Sempringham,* Paris, 1943, p. XXXIII-XXXVIII, 32-36.
2. *Materials for the History of Thomas Becket,* vol. I, éd. par J.C. ROBERTSON, Londres, 1875, p. 137-546 (R.S.).
3. *Ibid.,* vol. II, Londres, 1876, p.1-281. Nous distinguerons les deux recueils par l'initiale du nom des auteurs, G ou B, les nombres en chiffres

444

Guillaume de Canterbury, auteur d'une vie de saint Thomas, avait achevé les cinq premiers Livres de son recueil de miracles à l'été 1174, car ils sont dédiés à Henri II et lui furent offerts vraisemblablement lors du pèlerinage pénitentiel du roi à la tombe du martyr, le 12 juillet de cette année-là [4]. Quant à Benoît, il avait rédigé, sinon les six Livres de son recueil, du moins la plus grande partie, avant 1174, date où il fut élu prieur de Christchurch et, en tout état de cause, son œuvre était terminée avant son élection à l'abbatiat de Peterborough, quelques jours avant l'Ascension 1177 [5]. Si les derniers livres semblent d'écriture plus hâtive, par contre, les premiers récits apportent des précisions chronologiques du plus haut intérêt puisque l'hagiographe a soin de noter la succession des miracles dans les jours qui suivirent le drame du 29 décembre 1170. C'est ainsi que le premier miracle survint en Sussex le troisième jour après le martyre, soit le 31 décembre [6]. Benoît a été témoin de plusieurs miracles : il avait reçu la charge d'accueillir les malades. Guillaume qui lui fut adjoint en juillet 1172 [7] a été, lui aussi, témoin de certains miracles et, comme Benoît, il rapporte des entretiens avec les pèlerins. Le souci d'authentification est très marqué chez ce dernier : il entend démasquer les simulateurs : c'est ainsi qu'il fait procéder à une enquête à Rochester pour s'assurer de la réalité de l'infirmité d'un homme qui se disait guéri de mutisme [8]. La plupart du temps, les « miraculés » sont soumis à un interrogatoire précis [9]. Il arrive que soient reproduites des lettres de confirmation émanant de personnalités en vue. Dans la grande majorité

romains indiquant le n° d'ordre du Livre de la compilation, les nombres en chiffres arabes, le n° d'ordre des récits dans ce Livre.

4. G, VI, 93. R. FOREVILLE, *L'Eglise et la Royauté en Angleterre sous Henri II Plantagenet*, Paris, 1943, p. 366.

5. GERVAIS DE CANTERBURY, *Chronique*, t. I, p. 263 (R.S.). Un miracle relaté par Jean de Salisbury entre 1177 et 1179 n'a pas été inclus dans son recueil, ni dans celui de Guillaume [R. FOREVILLE, *Une lettre inédite de Jean de Salisbury, évêque de Chartres*, dans la *Revue d'Histoire de l'Eglise de France*, t. XXII (1936), p. 179-185].

6. B, I, 8.

7. Guillaume devint l'adjoint de Benoît dix-sept mois après le martyre, la tâche étant trop lourde pour un seul homme : « [...] evolutis a passione decem circiter et septem mensibus [...] tandem fratri qui circa haec operam dederat a principio cooperator et coadjutor accessit [frater Guillelmus]. Cum enim vires ejus res incepta videretur excedere et emergentia miracula frater ille solus audire non sufficeret et scribere [...] » G, *Prologue*, p. 138. En fait, le recueil de Guillaume, de propos plus littéraire, n'a pas la même spontanéité que celui de Benoît. Il dit lui-même que peu importe l'ordre chronologique : « Nam quid prius, quid posterius gestum sit, nec vacat nec interest attendere » (*ibid.*).

8. B, II, 15.

9. G, VI, 100. Noter, par exemple, les précautions prises dans le cas de ce diacre du diocèse de Coventry, *eviratus* à la suite d'un guet-apens et miraculeusement rétabli dans son intégrité corporelle : les dires du miraculé et des témoins ne sont pris en considération qu'après attestation de Richard, évêque de Coventry, par lettre scellée d'un triple sceau de l'évêque. La raison en est longuement exposée : « quod ex ore narrantis clerici prosequimur, possemus patris ejus, cognatorum et convicaneorum pariter peregrinantium testimonio comprobare. Sed quia domesticum testimonium minus idoneum putamus, testes testium abscissorum privilegiatos et irrefregabiles producamus, qui tametsi plures suppetant, sufficiat auctoritas venerabilis memoriae Cestrensis episcopi, epistolaque ejusdem triplici sigillo signata [...] (G, VI, 14).

des cas, Guillaume et Benoît transcrivent le nom des personnages en cause et précisent leur lieu d'origine [10]. On a donc affaire à des recueils de miracles dont la valeur historique est certaine, quel que soit le souci des auteurs de procurer aux moines de saintes lectures, aux pèlerins des récits édifiants.

Il nous est donc apparu qu'une étude systématique de ces recueils était susceptible d'apporter, non seulement une vue plus précise du pèlerinage et des pèlerins de Canterbury, mais encore un ensemble de traits caractéristiques des mœurs et des mentalités communes au XIIe siècle. Ce travail a été confié à Mlle Monique Lechaptois (depuis, Mme Chauvin) [11] et à Mlle Micheline Pedaillès [12]. La première avait étudié, dès 1958, les quatre premiers Livres de Guillaume de Canterbury ; la seconde étudia, en 1971, les Livres V et VI de Guillaume et les six livres de Benoît de Peterborough : au total, près de sept cents récits.

Notre propos est de donner ici un aperçu de ces travaux dans ce qu'ils apportent de plus neuf. Dans un cas comme dans l'autre, les récits « miraculeux » ont été soumis à des analyses précises et détaillées. Toutefois, l'orientation des recherches a subi, de l'un à l'autre Mémoire, quelques divergences dues non seulement aux différences que présentent les recueils, mais encore à l'intervalle de temps écoulé entre les deux études, de sorte que le second Mémoire a pu bénéficier des travaux publiés depuis dix ans. Enfin, le choix du sujet proposé à Mlle Pedaillès a été dicté par le fait que, fille de médecin, elle était certaine de trouver, dans son entourage même, une aide précieuse pour une interprétation aussi exacte que possible des maladies décrites dans ces recueils.

Deux aspects essentiels retiendront notre attention. D'une part, les pèlerins de Canterbury ; de l'autre, les maladies dont les effets ont été diagnostiqués de façon certaine. En effet, c'est surtout par le pèlerinage et les contacts directs avec les pèlerins que Guillaume et Benoît ont été à même de noter les miracles, dont la majeure partie concernent des guérisons.

I. — LES PÈLERINS DE CANTERBURY A LA FIN DU XIIe SIÈCLE

On connaît la grande vogue du pèlerinage de Canterbury aux XIIIe et XIVe siècles, avec ses temps forts, les « jubilés » inaugurés par la translation solennelle des restes du martyr en 1220 [13]. Les recueils de *Miracula S. Thomae*

---

10. Nous citons quelques cas, à titre d'exemples, mais les recueils en offrent bien davantage : B, IV, 65 ; G, VI, 3, 4, 5, 13, 14 (lettres de confirmation) ; B, 1, 8, 9, 10, 11, 12, 13 (précisions chronologiques). Quant aux précisions géographiques, on se reportera plus loin (origine des pèlerins).

11. *Analyse de quelques miracles de Thomas Becket rapportés par Guillaume de Canterbury* (Livres I à IV). Diplôme complémentaire (D.E.S. Rennes, 1958).

12. *Hagiographie, maladies et pèlerinages au XIIe siècle. Les miracles de Thomas Becket* (Mémoire de maîtrise, Caen, 1971). Etude des Livres V et VI de Guillaume et du recueil de Benoît (Livres I à VI).

13. Cf. R. FOREVILLE. *Le Jubilé de saint Thomas Becket du XIIIe au XVe siècle (1220-1470)*, Paris, 1958.

présentent cet avantage de nous faire connaître l'aspect orginel et spontané du pèlerinage puisque les premiers miracles relatés survinrent durant la semaine qui suivit le martyre, soit le 31 décembre 1170, les 2, 3, 4 et 5 janvier 1171 [14], et que les premiers pèlerins furent les miraculés de Canterbury des 4 et 5 janvier, les précédents, habitant au loin (dans le Sussex, le Gloucester, le Berkshire), n'avaient pu arriver aussitôt. Ces recueils relatent les miracles et les pèlerinages des années 1171 à 1174 ou 1175 (avec, peut-être, quelques rares cas introduits plus tard mais, en tout état de cause, avant 1185). Nous avons donc là les origines mêmes du mouvement qui, bien avant la fin du XIIe siècle, porta les foules vers Canterbury, à une époque où le pèlerinage n'était pas encore institutionnalisé. D'où l'intérêt qui s'attache à l'étude des premiers pèlerins. Ce mouvement qui prit naissance à Canterbury ne cessa de s'accroître au cours de l'année 1171 comme l'indique Benoît à propos d'un miracle survenu avant l'ouverture de la crypte au public, c'est-à-dire avant le vendredi dans l'octave de Pâques, soit le 2 avril : « Ita crebrescentibus paulatim miraculis et martyris fama crescente, ad martyris auxilium caeteri Cantuarienses infirmi paulatim confugiunt... » [15].

L'analyse des recueils de *Miracula S. Thomae,* en ce qui concerne les pèlerins, a porté sur trois points : les mobiles du départ, l'origine des pèlerins, leur comportement.

1. Les mobiles du départ.

Le motif le plus fréquemment invoqué est le désir d'obtenir la guérison d'un mal physique après constatation de l'impuissance des médecins. On peut relever des expressions telles que celles-ci : *spe salutis impetrandae* [16], *salutis aviditate* [17].

A côté des pèlerins malades, se pressent bientôt des pèlerins en bonne santé. Les plus nombreux sont ceux qui, guéris, viennent « rendre grâces au martyr ». Certains accomplissent un vœu et ce vœu a, dans la conception des compilateurs, un caractère obligatoire et impératif, au point que celui qui néglige de remplir sa promesse s'expose à retomber dans son mal, telle la normande Mabille qui, reprise par ses occupations quotidiennes — son mari gérait un commerce — n'avait pas entrepris le pèlerinage dans le temps fixé [18]. D'autres viennent munis de lettres d'attestation, tel Jean King guéri de la lèpre, porteur d'une lettre du prieur de Tauton (Somerset) [19]. Le pèlerinage d'action de grâces peut être accompli par substitut : ainsi cet homme du Puy-en-Velay qui, à cause de la distance, épargne à sa femme, « ressuscitée » mais encore faible, les fatigues de la route, tandis qu'un chevalier de

14. B, I, 8 à 12.
15. B, II, 4. La date de l'ouverture de la crypte au public est précisée par Benoît (II, 6).
16. B, III, 35.
17. G, VI, 7.
18. G, VI, 6.
19. G, VI, 17.

Billom est fier de montrer la sienne, pareillement « ressuscitée »[20]. Une femme de Lucques, à qui saint Thomas a rendu la vue, confie son offrande — des yeux d'argent — à un marchand de Brindisi qui, lui, grand voyageur de par son métier, se rendra à Canterbury[21].

D'autres intentions sont parfois invoquées : tel ce ménage du Devonshire qui se rend à Canterbury pour prier (*orandi causa*)[22] ; ou bien, cet homme noble du Cheschire qui vient à la fois pour prier et pour obtenir des reliques[23] ; ou encore, cette religieuse du nom d'Ulviva qui sollicite le don d'un peu de sang du martyr, la valeur d'une simple coquille de noix[24].

2. L'origine des pèlerins.

Ici deux questions ont été posées : l'une relative au lieu de départ des pèlerins, c'est-à-dire leur origine géographique ; l'autre relative au statut social, c'est-à-dire à l'origine sociologique de ces mêmes pèlerins.

Dans les années qui suivirent immédiatement le martyre, le rayonnement de son culte par la voie des miracles accomplis ou seulement espérés — la *fama sanctitatis* — s'est très rapidement étendu vers le Nord en Angleterre et en Irlande, vers le Sud en Normandie et dans le royaume de France, vers l'Est en Italie, en Germanie et jusqu'en Asie mineure. Ces derniers exemples, isolés et peut-être ajoutés tardivement aux recueils, n'ont pas été retenus. Pas davantage les textes où n'est mentionnée qu'une simple promesse de pèlerinage, sans autre preuve de son accomplissement.

La localisation des origines géographiques des pèlerins a été faite par Mme Chauvin-Lechaptois pour les Livres II, III et IV de Guillaume, par Mlle Pédaillès pour les Livres V et VI de Guillaume et les Livres II à V de Benoît. Les cartes ainsi dressées ne présentent pas de grandes différences entre elles. Nous avons repris, complété et unifié cette recherche sur des bases communes ; les cartes ainsi obtenues montrent deux aires de grande concentration : d'une part, le sud-est de l'Angleterre ; de l'autre, la zone riveraine de la Manche et de la mer du Nord englobant le duché de Normandie, les comtés d'Eu et de Boulogne, la Flandre et l'Artois. Cependant, par-delà ces aires privilégiées, la *fama sanctitatis* du martyr de Canterbury avait rapidement gagné le nord du royaume d'Angleterre (York, Richemond, Malton, Fountains, Durham), ainsi que les confins du Pays de Galles et de la Cornouaille ; dans le royaume de France, par delà la Normandie, le domaine royal et la Bourgogne (avec Chaumont, Provins, Pontigny, Bourges et Cluny) étaient aussi largement touchés que les domaines Plantagenet (avec Poitiers, Limoges, Clermont, Le Puy-en-Velay et Périgueux). L'examen des

---

20. G. VI, 31.
21. G. VI, 44.
22. G. VI, 74.
23. « Vir nobilis in provincia Cestrensi [...] Cantuariam, tum orationum gratia, tum acquirendarum reliquiarum intentione advenit » (B, III, 40).
24. B, I, 17.

cartes dressées selon les critères indiqués montre une propagation par zones
concentriques à partir de Canterbury, admirablement située sur la grande
route de Douvres à Londres (le Watling Street), étape quasi obligatoire vers
la route maritime conduisant aux rivages du Boulonnais et de la Flandre.
York se trouve à plus de 300 km de Canterbury, Le Puy à quelque 700 km.
On peut admettre que l'impact thaumaturgique de saint Thomas avait atteint,
dès les tout premiers temps après le martyre, un rayon de 500 km au Nord
et d'environ 700 km au Sud, avec quelques points d'extrapolation dus à
des circonstances particulières (fig. 1 et 2). Ces distances, qui nous paraissent

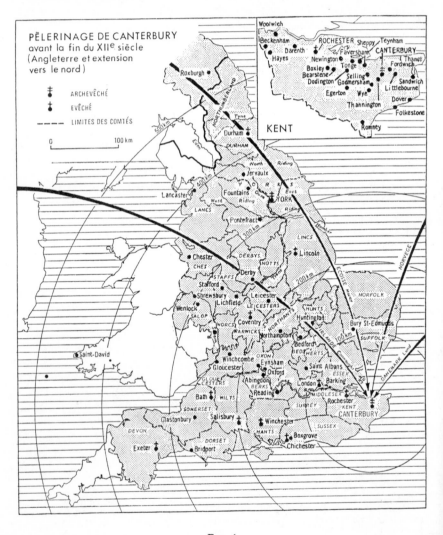

Fig. 1

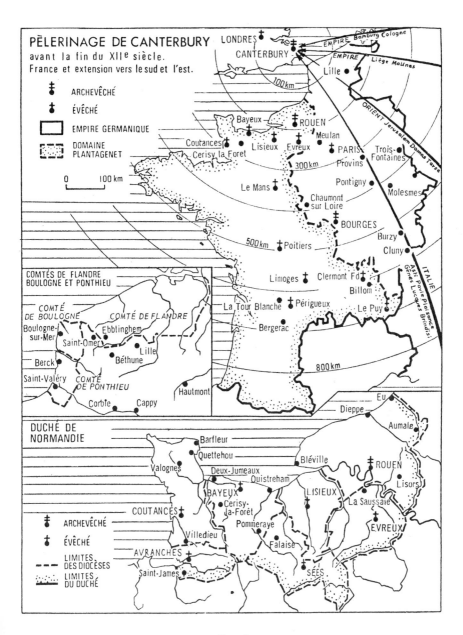

PÈLERINAGE DE CANTERBURY
avant la fin du XIIᵉ siècle.
France et extension vers le sud et l'est.

450

dérisoires aujourd'hui, sont à prendre en considération à une époque où, certes, les grands personnages se déplaçaient aisément, où les clercs avaient pour patrie la chrétienté latine tout entière, mais où les petites gens — ceux qui ne disposaient ni de loisirs, ni de moyens pécuniaires, ni de montures — demeuraient le plus souvent confinés dans un cadre géographique étroit.

Or, parmi les premiers pèlerins de Canterbury, toutes les catégories sociales se trouvent largement représentées.

L'origine sociale des pèlerins n'a pas toujours été consignée par les hagiographes : souvent, ils utilisent des termes vagues : *vir, mulier, puer*. Mlle Pédaillès a étudié à cet égard uniquement le livre IV de Benoît : sur les 96 récits qu'il comporte, 51 mentionnent explicitement un pèlerinage. La condition sociale des pèlerins est indiquée dans une vingtaine de cas seulement : *nobilis, uxor nobilis, filia nobilis*[25] ; *miles regis, miles, uxor militis, filius militis*[26] ; *clericus, monachus, filius clerici*[27] ; *faber*[28] ; *rusticus*[29] ; *plebeius*[30] ; *pauper nautus*[31]. Mme Chauvin a relevé dans les quatre premiers livres de Guillaume : 36 moines, prêtres ou religieuses ; 14 *milites* (chevaliers ou simples mercenaires ?) ; 34 *pueri* (enfants ou serviteurs ?) (tabl. I) ; mais aussi un certain nombre de mentions se rapportant aux métiers : un homme de loi (*vir litteratus et legis peritus*)[32] ; un médecin originaire du Périgord[33] ; un tourneur[34], un maçon[35], un terrassier[36], un charpentier[37], un berger[38], ; des marchands[39], des meuniers[40] et un tisse-

25. B, IV, 29, 59 ; 34
26. B, IV, 5 ; 26, 32, 60 ; 67 ; 76.
27. B, IV, 57, 24, 39, 73.
28. B, IV, 70.
29. B, IV, 40.
30. B, IV, 2.
31. B, IV, 42, 45.
32. G, IV, 42.
33. « Fuit in pago Petragoricensi non ignoti nominis medicus, vocabulo, Petrus. Qui dum mederetur aegrotis, aegrotare cepit » (G, III, 5).
34. « Tornator Durandus nomine, Normannus natione » (G, IV, 36).
35. « Aedificabat sibi domum et capellam Eboracensis antistes Rogerius, in cujus summitate juvenis Simon caementarius, de castro Derebi natus elephantia percussus est » (G, IV, 21).
36. Il s'agit de travaux d'adduction d'eau également entrepris à la demande de Roger d'York dans un de ses domaines, à Churchdown (Gloucestershire) : on avait creusé une fosse de 23 pieds (environ 8 m) et l'ouvrier qui posait une canalisation en plomb y fut enseveli par suite d'un effondrement du terrain (G, III, 1).
37. « [...] carpentarius Willelmus nomine » : il s'était blessé à la jambe jusqu'à l'os avec sa hache (G, III, 15).
38. « Villa Holtona puer Eadmundus opilio pascuis ». Frappé de cécité, il est privé de son gagne-pain (G, IV, 43). Voir aussi le cas d'un autre jeune berger « miraculé », originaire du diocèse de Durham (G, VI, 12).
39. « Juvene Georgio a portu Sandwico, ad transmarinas partes negotiatum proficiscente » (G, IV, 13) ; un autre, Hugues, originaire d'Ebblinghem, non loin de Saint-Omer, était un marchand « erat enim mercator » (G, IV, 20).
40. « Virguncula, filia molendinarii [...] in aqua submersa est » (G, IV, 31) ; De filio molendinarii (G, IV, 37).

rand[41], ces dernières catégories apparemment d'un échelon déjà un peu plus élevé dans la hiérarchie sociale. Elle a rencontré également de grands personnages : le fils du comte de Clare ; Guillaume, comte d'Aumale ; Matthieu, comte de Boulogne[42] ; l'évêque de Londres, Gilbert Foliot[43], jadis adversaire acharné de l'archevêque, et le roi Henri II.

TABLEAU I. — LES BÉNÉFICIAIRES (Tableau dressé par Mme Chauvin).

Guillaume	Livre II	Livre III	Livre IV	Total
Hommes Jeunes gens	24	23	20	67
Femmes Jeunes filles	20	18	5	43
Enfants	18	6	10	34
Prêtres	14	2	12	28
Moines	4	–	2	6
Religieuses	1	1	–	2
Militaires	4	10	–	14

Les pèlerins de Canterbury appartiennent donc à toutes les classes de la société, des plus humbles aux plus élevées dans la hiérarchie : riches et pauvres, lettrés et ignorants, nobles et vilains, clercs et laïques. Ils représentent, en majeure partie, ce que nous pourrions appeler les classes moyennes, avec prédominance numérique des *milites* et des clercs. Comment ces hommes et ces femmes, pour la plupart de condition modeste, se comportent-ils pendant leur pèlerinage ?

3. Le comportement des pèlerins.

Si l'on met à part les habitants de Canterbury et des lieux circonvoisins, ils ont tous à faire route. Le pèlerin est, par définition, celui qui se déplace et qui, en conséquence, arrive en « étranger » (*peregrinus*) à son lieu de destination. Le mode de déplacement dépend de la distance à franchir, de l'état de santé et des moyens du pèlerin : il est donc, en partie,

41. [...] textor quidam Salomon nomine, cujus filia quinquennis sanguine se suillo commacularat [...] (G, IV, 52).
42. G, II, 68 ; G, III, 64 ; G, III, 5.
43. G, II, 91.

fonction de sa condition sociale. Mais, ceux qui viennent du continent doivent franchir la mer. C'est un obstacle : la perspective de la traversée en effraie plus d'un, telle Evelina qui, malade, allègue, entre autres excuses, les dangers de la mer [44]. Par contre, une jeune fille, Ada, venue de Londres en bateau, débarque au rivage le plus proche de Canterbury [45].

Les pèlerins fortunés disposent d'une monture ou seulement d'une bête de somme. Un paysan d'Abingdon, sa femme et son frère, gagnent Canterbury sur un chariot [46]. Mais le pèlerinage revêt généralement un caractère pénitentiel et, comme on l'a montré pertinemment, marcher est la forme élémentaire et primordiale de la pénitence [47]. Certains ont accompli toute la route à pied, tel ce pèlerin claudiquant de fatigue qui refuse de monter sur une bête de somme [48]. Une jeune fille de Neen dans le Shropshire se vit intimer un conseil pressant : « Fais vœu au martyr de te rendre à son tombeau, sans atours, sans moyen de transport, nu-pieds [49] ». Quant à Jean King, déjà nommé, revenu d'un premier pèlerinage sans succès de guérison, on le hisse à cheval : mais, par trois fois, la monture refuse la charge alors qu'elle accepte de porter d'autres personnes, ce qui lui donne à comprendre qu'il doit aller à pied [50]. Fréquemment, seule la dernière étape du voyage est franchie à pied : le pèlerin met pied à terre lorsqu'il aperçoit dans la plaine le clocher de la cathédrale [51].

L'insécurité des chemins incite à s'entourer de compagnons de route : les parents accompagnent l'enfant malade [52] ; parfois, c'est tout un groupe d'amis et de voisins qui entoure le pèlerin [53], ou bien une véritable suite, tel est le cas de ce noble irlandais, Cocubur, parent du roi de Connaught, qui, venant rendre grâces au martyr, prend soin d'amener, entre autres compagnons, un moine pour servir d'interprète [54]. Nous ne sommes guère renseignés sur les étapes des pèlerins : rares sont les mentions relatives aux *hospitia*. Nous apprenons, toutefois, que beaucoup de pèlerins font halte à Rochester [55], ville située à quelque 40 km au nord de Canterbury.

Le pèlerin malade, arrivé à Canterbury, se rend à la cathédrale. Il cherche le contact physique avec le corps saint, d'où la volonté d'atteindre la tombe

44. G, VI, 42.
45. B, II, 72.
46. B, IV, 34.
47. Cf. E.-R. LABANDE, *Eléments d'une enquête sur les conditions de déplacement du pèlerin aux Xe et XIe siècles*, Convegni del Centro di studi sulla spiritualità medievale, IV, « Pellegrinaggi e culto dei santi in Europa fino alla prima crociata », Todi, 1963.
48. G, V, 29.
49. « Insta, inquit, adhuc votumque martyri vove adituram te ad sepulchrum illius, abjectis lineis, vehiculo contempto, pedibus nudis (B, IV, 53).
50. « Intelligens ergo aeger quia monente animali, a se posceretur iter pedestre, gressu quo potuit viam incepit et perfecit » (G, VI, 18).
51. B, III, 27 ; IV, 64.
52. G, VI, 71.
53. G, VI, 14.
54. « Volens [...] reddere gratias martyri Thomae, comites secum adduxit et monachum interpretem » (G, VI, 19).
55. B, III, 42, 67 ; B, IV, 34.

dans la crypte où l'archevêque avait été enseveli subrepticement sous l'effet de la terreur suscitée par l'attentat. Les moines étaient réticents : ils avaient barricadé les entrées de la crypte et refusaient d'y admettre le peuple. Si, par faveur, quelqu'un était introduit, c'était en cachette. Sous la pression des malades dont ils constataient la foi et, bien que la cathédrale n'eût pas encore été réconciliée après la profanation du meurtre, ils ouvrirent les portes de la crypte et admirent les pèlerins au tombeau du martyr, le vendredi dans l'octave de Pâques, 2 avril 1171 [56].

Entre-temps, un autre phénomène notable s'était imposé : l'usage du sang du martyr, ou plutôt d'eau consacrée par une goutte de ce sang précieux. Cet usage, comme celui de s'allonger sur la tombe, fut introduit très tôt : Benoît les note tous deux au 5 janvier 1171, en faveur d'un prêtre de Londres, atteint de paralysie, certainement un des rares privilégiés auxquels les moines ouvrirent la crypte secrètement. Le texte est formel : « Il se rendit à Canterbury et, ayant sollicité l'autorisation d'accéder à la tombe du saint martyr, il passa la nuit en prière. Il demanda et obtint une goutte du sang du martyr et on lui donna à boire de l'eau sanctifiée par une goutte semblable : cette pratique, certainement inaugurée de par la volonté divine, est devenue courante [57]... » ajoute l'auteur du recueil.

Après Pâques 1171, les exemples sont nombreux d'incubation : Edward de Selling (Kent), qui présentait des désordres mentaux, fut conduit près de la tombe. Il réussit, bien que de forte constitution, à se glisser dans l'étroite ouverture de la clôture du tombeau et s'allongea, la tête à l'emplacement des pieds du martyr [58]. Une femme de Horton soutient le jeûne trois jours et trois nuits durant et obtient d'être entièrement guérie de multiples infirmités [59]. D'autres renoncent, au moins temporairement, à manger de la viande, à boire du vin, à porter une chemise [60], voire au métier des armes, au négoce ou à la fraude dans le négoce [61].

Benoît de Peterborough dépeint l'atmosphère de la cathédrale lorsqu'un miracle se produit. Ainsi en alla-t-il le jour de Pâques 1171 (sans doute une scène qui eut une influence décisive quant à l'ouverture de la crypte au

---

56. B, II, 6. La réconciliation de la cathédrale eut lieu le 21 décembre 1171, en la fête de saint Thomas, apôtre (*Materials*, VII, p. 551).

57. « Datur ei sanguinis guta, quam postulat ; insuper et potus aquae stilla simili sanctificatae impenditur » (B, I, 12).

58. [...] caput ad martyris pedes, et pedes ad martyris caput convertit. Cumque ita super sancti corpus extentus aliquantulum quievisset [...] (B, II, 31).

59. B, II, 34.

60. Tel cet Eudes, originaire de Beaumont, qui, ayant contracté la lèpre au contact d'une courtisane, fit vœu « in perpetuum se carnem non gustaturum, sed nec vinum feria sexta bibiturum, nec interulam induturum donec votum compleret ». Guéri lors de son pèlerinage, il fut à nouveau frappé de la maladie pour avoir enfreint le vœu d'abstinence, puis guéri une seconde fois après renouvellement du vœu (G, IV, 25).

61. « Arma non feram donec de loco quem sanguine tuo consecrasti peregre rediero » (G, III, 20). L'auteur exprime la désapprobation du métier de commerçant : « Nam perpauci negotiantur qui non ex alieno damno locupletantur » — « Nam ad aliam conditionem honestiorem habebat idoneam personam. » (G, IV, 13, 20).

public) : Samson, sourd-muet de naissance, se met à crier. La nouvelle se répand aussitôt. La cathédrale, désertée parce qu'interdite au culte, s'emplit soudain d'une multitude et retentit de clameurs : gémissements des malades, invocations, cris de surprise et de joie. On entoure le miraculé, on le presse de questions. On veut tout savoir. On lui fait répéter son histoire [62].

Autres sont les gestes du pèlerin revenu à la santé, si le « miracle » est survenu au loin. Le pèlerinage d'action de grâces s'accompagne d'une offrande, parfois d'un don en argent, mais le plus souvent de la présentation en cire de l'organe ou du membre guéri, voire du vestige organique témoin de l'affection : un calcul éjecté [63], un bout de doigt gangrené [64]. Une femme guérie d'une inflammation du pied promet au martyr de grandes chaussures [65]. Un pèlerin de Norvège lui offre le faucon qu'il avait recouvré après l'avoir invoqué [66]. Tels autres, l'effigie d'un cheval ou celle d'un pigeon [67]. Des marins, en proie à la tempête, promettent de lui apporter un navire de cire si le leur échappe au naufrage [68]. L'objet offert est donc doublement symbolique : *ex voto*, il témoigne de la gratitude et il incarne la nature même du miracle obtenu. Ce sont là les dons les plus nombreux : ils émanent des pauvres gens. Quelques pèlerins fortunés déposent devant le martyr des objets de plus grande valeur, telle cette femme guérie de la cécité qui offre des yeux d'argent [69] et ce jeune homme riche, originaire de Gênes, qui apporte au martyr treize sous et une statuette d'argent pour avoir recouvré l'usage de ses membres [70]. La plupart des pèlerins rentrent chez eux portant suspendue à leur cou une ampoule contenant quelques gouttes de « l'eau salutaire ». Grossièrement confectionnées en bois, puis en terre, mais peu étanches, ces fioles (*ampullae, phialae, pocula*) furent ensuite façonnées en plomb ou en étain [71].

Mais il y a aussi ceux qui n'admettent pas le miracle, ceux qui doutent de la sainteté de Thomas, ou qui, n'ayant pas obtenu la guérison implorée, se mettent à blasphémer, à lancer des imprécations, parfois au tombeau même du martyr : à plusieurs reprises, l'hagiographe les montre frappés par le

---

62. B, II, 1.
63. G, II, 64.
64. G, VI, 12.
65. « Mulier [...] martyri Thomae calceamenta enormitatis vovit [...] (G, VI, 69).
66. G, VI, 66.
67. « Cereus ex voto tibi figetur equus in loco quo requiescis » (G, III, 24). « Stetit vir ad tumbam martyris habens prae manibus ceram quam in columbae speciem effigiaverat » (G, V, 25).
68. G, VI, 76.
69. G, VI, 44.
70. G, VI, 51.
71. « Nam dum vir itinere suo pergeret audivit tanquam tinnitum in ampulla quam collo suo appenderat » (G, VI, 155). L'ampoule était munie d'une petite courroie : « ampulla cum corrigiola sua » (G, VI, 79). Les termes désignant la fiole peuvent être classés selon la matière employée : *vas ligneum* (B, I, 17), *pyxis lignea* (B, II, 19), *pyxis buxea* (G, I, 20), *ampulla vitrea vas fragile* (B, I, 17) ; plus tard, le métal (*stamen*) a remplacé les autres matières (cf. le récit relatif au fondeur de Londres : B, VI, 62). On ne spécifie plus, les termes employés le plus souvent sont *ampulla* (G, VI, 79) ou *phiala* (G, III, 54).

TABLEAU II. — DIFFÉRENTES MODALITÉS DE L'OBTENTION DES MIRACLES
(Tableau dressé par Mme Chauvin).

Guillaume	Livre II	Livre III	Livre IV	Total
Invocations	10	6	12	28
Visions, voix	13	5	4	22
Voeux a) divers b) pèlerinage	5 9	4 14	3 4	12 27
Au tombeau	18	3	6	27
Eau	24	10	11	45

saint d'une nouvelle affection [72], châtiment salutaire qui doit les inciter à la componction. Car le « miracle », s'il requiert certains gestes extérieurs, n'est pas le produit de ces gestes. Les conditions — objectives ou subjectives — telles que les visions qui incitent à entreprendre le pèlerinage, le vœu fait au martyr, les invocations, le contact physique (incubation ou usage de « l'eau » de saint Thomas) [73] (tabl. II), ne sauraient suffire. La foi est nécessaire et suffisante. Ainsi, cette femme atteinte d'une « fistule » au sein qui boit de l'eau du martyr et en lave sa plaie, mais qui, par-dessus tout, possède une foi à toute épreuve [74]. Tel aussi ce lépreux de Beccle, une villa dépendant de Saint Edmundsbury, qui se rend à Canterbury et s'assied près de l'entrée de Christchurch : « il ne s'est pas lavé avec l'eau salutaire, mais il a cru que la foi seule suffit, et les mérites du martyr, sans qu'il soit besoin d'un contact matériel [75] », précise l'hagiographe.

II. — MÉDECINE ET MALADIES AU XIIe SIÈCLE

La diversité des grâces obtenues par l'intercession du nouveau martyr est immense : des animaux domestiques — sans doute, le seul bien de leur propriétaire — un mouton, un cochon, un jars [76], sont rendus à la vie ; maints objets perdus, voire des oiseaux ou un cheval [77], sont retrouvés ; des prisonniers, injustement condamnés, sont libérés de leur geôle [78] ; des tem-

72. G, II, 14, 29 ; VI, 72.
73. M. CHAUVIN-LECHAPTOIS, Mémoire cité, p. 13-25.
74. « Venit Cantuariam, martyrem prece sollicitavit, aquam ejus bibit, foramina lavit, et, quod magis omnibus est, in fide nihil haesitavit » (G, II, 24).
75. « Non autem aqua salutaris lavit se, credens sibi fidem sufficere et martyris merita sine suarum partium interpositione » (G, II, 58).
76. G, IV, 30, 47, 48.
77. G, V, 22, 25 ; III, 24.
78. G, III, 18, 19.

TABLEAU III. — CLASSIFICATION DES MIRACLES ET NOMBRE DE RÉCITS CONSACRÉS A CHAQUE CATÉGORIE DE MIRACLES * (*Livres V et VI du recueil de Guillaume de Canterbury*) (Tableau dressé par Mlle Pédaillès)

Différentes catégories de miracles	V (23) 4 4	VI 1 7 3	Totaux 2 1 7
Guérisons miraculeuses	36	125	161
Hommes ou animaux sauvés d'un danger (feu, noyade ...) ou d'un supplice (pendaison ...)	3	24	27
Objets ou animaux perdus, retrouvés	2	6	8
Interventions miraculeuses sur des objets (augmentation de leur valeur ...)	2	6	8
Châtiments infligés par Thomas (refus de guérison)	1	5	6
Visions particulièrement remarquables constituant à elles seules le sujet d'un récit	–	4	4
Miracles sur les reliques (principalement sur l'eau du martyr)	–	3	3

TABLEAU IV. — CLASSIFICATION DES MIRACLES ET NOMBRE DE RÉCITS CONSACRÉS A CHAQUE CATÉGORIE DE MIRACLES * (*Livres I à VI du recueil de Benoît de Peterborough*) (Tableau dressé par Mlle Pédaillès).

Catégories	I 2 5	II 7 3	III 7 7	IV 1 0 0	V 4	VI 7	Totaux 2 8 6
Guérisons miraculeuses	13	62	60	67	4	–	206
Hommes sauvés d'un danger ou d'un supplice	–	2	–	19	–	6	25
Objets ou animaux perdus, retrouvés	–	–	2	–	–	–	2
Interventions sur des objets	–	1	6	4	–	–	11
Châtiments infligés par le martyr	–	2	–	6	–	–	8
Visions remarquables	7	1	1	–	–	–	9
Miracles sur l'eau du martyr	5	5	8	6	–	1	25

* Le chiffre romain correspond au numéro des Livres du recueil, le chiffre arabe, au nombre de miracles racontés.

Un examen attentif de la table des récits révèle un nombre différent : certains récits racontent plusieurs miracles ou inversement.

pêtes sont apaisées [79] ; des morts sont ressuscités et d'innombrables affections guéries. Mme Chauvin a relevé, dans les quatre premiers Livres de Guillaume de Canterbury, un fort pourcentage de « résurrections » concernant surtout les enfants, mais aussi des adultes, noyés ou léthargiques : au total, 14 % du nombre des guérisons étudiées. Dans l'un comme dans l'autre recueil, les récits de guérisons miraculeuses sont de loin les plus nombreux : la proportion est des 4/5 chez Guillaume, des 5/7 chez Benoît, soit plus de six cents cas au total (tabl. III et IV).

1. La médecine d'après les « Miracula S. Thomae ».

Dans quelle mesure cette prédominance des guérisons autorise-t-elle à porter sur les maladies décrites un jugement clinique valable aujourd'hui ? C'est ce que nous essaierons de préciser. Mais il convient de déterminer, au préalable, la conception de la maladie et de la médecine chez les hommes du XIIe siècle.

La maladie est considérée, « non comme le signe d'un dérèglement des fonctions naturelles de l'organisme (...) mais comme un châtiment (...) envoyé par Dieu en punition de quelque péché [80] ». Parfois, le châtiment est instantané : Raoul de Verne est frappé au moment où il pille des biens d'Eglise et il meurt peu après [81]. Galiena, coquette et vaniteuse au point d'user de chaussures richement ornées, tombe malade mais vient à résipiscence [82]. Un soldat, originaire du Gloucestershire, qui simule la cécité pour obtenir de « l'eau de saint Thomas », est frappé de cécité [83]. Puisque la maladie corporelle est le signe visible du péché, comment s'étonner du recours aux saints thaumaturges, guérisseurs de l'âme en même temps que du corps ?

Aussi, l'idée qui domine les recueils de *Miracula S. Thomae* est celle de l'existence, non point d'une médecine, mais de plusieurs. Saint Thomas est le *coelestus medicus,* fréquemment opposé aux *physici* ou *medici,* qui représentent la médecine des hommes, voire aux charlatans qui exercent la *medicina magorum.* Il existe donc trois formes de médecines et trois catégories de médecins.

La médecine humaine est impuissante. Une fillette du Puy-en-Velay souffrait depuis longtemps d'une fistule au poignet que l'art des médecins ne réussissait pas à guérir (*quae medicorum studio vel arte non poterat sanari*) [84]. Un adolescent au service des chanoines de Saint-Outrille à Bourges, avait consulté les médecins mais en vain (*sollicitaverat medicos nec profece-*

79. G, III, 42, 43, 45, 46, 47 ; IV, 11, 12, 13, 14.
80. *Mémoire* de Mlle PÉDAILLÈS, p. 27. Nous sommes spécialement redevable à ce Mémoire pour toute la partie proprement médicale de notre étude.
81. G, VI, 30. *De Verna :* s'agit-il de Vern d'Anjou (Maine-et-Loire), de Vern-sur-Seiche (Ille-et-Vilaine), ou de Verne (Doubs) ?
82. G, VI, 69.
83. B, IV, 32.
84. G, VI, 6.

rant illi) [85]. Les remèdes sont sans efficacité (*nulla theriacae nullus aegroti profectus*) [86]. Robert de Marton, clerc du diocèse d'York, souffre d'une phlébite au bras ; mais voici que, d'une blessure à l'autre bras, survient une hémorragie : on va chercher ceux qui professent la médecine, puissants en paroles et savants en discours, mais ignares en œuvres : ils voient le sang jaillir mais ils ne trouvent pas de remède parce qu'ils ne connaissent pas la cause de l'hémorragie [87].

Cette médecine impuissante coûte fort cher. Sygerid, originaire du York-shire, a dépensé de grosses sommes sans profit (*cum multa in medicos erogasset, et nihil profecisset*) [88]. Un enfant de sept ans était condamné par tous les médecins ; comme ils exigeaient des honoraires très supérieurs aux ressources de son père, celui-ci, poussé par la pauvreté, chercha refuge auprès du saint : son fils fut guéri après avoir bu de l'eau où avait trempé un fragment de cilice du martyr, conservé en l'église Saint-Nicolas de Wit-sand [89]. Le coût élevé de la médecine est un trait que l'on rencontre en d'autres recueils de miracles : il a été relevé, entre autres, dans ceux de saint Gibrien, et de saint Martin [90]. Quant aux remèdes, les plus souvent cités sont les onguents, les potions, les saignées, les bains chauds [91], la *theriaca* (appliquée à un paralytique) [92], ou encore la bécasse, susceptible de conjurer la mort [93].

La médecine des enchanteurs connaîtra une grande vogue à partir du XIVᵉ siècle. Néanmoins, des malades y ont déjà recours au XIIᵉ. Guillaume de Canterbury n'est pas tendre à leur égard : c'est un homme perdu (*miser et caecae mentis*) celui qui consulte les charmes [94]. Il est question une fois d'une « sorcière », mais elle convient que les charmes n'ont point d'action pour donner la vue à un aveugle de naissance, et conseille d'aller trouver un saint prêtre du diocèse d'Ely qui obtient la guérison par une relique du martyr [95].

En opposant la médecine divine aux deux autres, les hagiographes pro-testent de sa gratuité : le « vrai médecin » n'exige pas d'argent ; les offrandes sont volontaires ; elles ne revêtent aucun caractère obligatoire ; au surplus, elles sont à la mesure des ressources des patients. La médecine divine peut guérir toutes les maladies et faire revivre les morts, mais elle guérit aussi les âmes. Un chevalier, Jocelin de Springfield (Essex), sur son lit de mort, implore le martyr pour obtenir le courage de mourir dans la sérénité. Tho-

85. G, VI, 57.
86. B, I, 12.
87. G, II, 17.
88. B, V, 30.
89. B, IV, 19.
90. P.-A. Sigal, *Maladie, pèlerinage et guérison au XIIᵉ siècle. Les Miracles de saint Gibrien à Reims,* dans *Annales,* E. S. C. (1969), p. 1534.
91. B, II, 52.
92. B, I, 12 (la thériaque était un électuaire utilisé contre les morsures de serpents et autres venins).
93. B, V, 23.
94. G, V, 11.
95. G, V, 15.

mas écarte de lui les angoisses de la mort [96]. Cette divine médecine n'a nul besoin du secours des remèdes terrestres ; les appliquer serait douter de son efficacité, voire même provoquer une nouvelle attaque du mal, comme il advint à une fillette du Puy-en-Velay [97]. Benoît, cependant, ne laisse pas ignorer que tous les pèlerins malades ne sont pas pour autant guéris. Il cite le cas d'un enfant *contractus,* et celui d'un autre enfant aveugle [98], qui, allongés sur le sépulcre pour implorer la guérison, entendirent le saint leur dire qu'ils ne recouvreraient pas la santé. Est-ce une limite du pouvoir thaumaturgique ? Non point sans doute, mais la volonté du saint (*ipse novit*) : peut-être, entend-il en frappant l'enfant innocent, donner un avertissement à des parents coupables [99] ?

Cette conception de la médecine, jointe à l'idée que la maladie est le signe du péché, est-elle compatible avec un diagnostic éclairé des diverses affections ? Certes, le but premier des hagiographes quand ils décrivent les symptômes de la maladie est de faire ressortir son horreur, ses disgrâces, sa gravité aussi, afin de mieux rehausser l'action salvatrice de saint Thomas. Mais, par là, justement, ils sont amenés à des précisions remarquables chaque fois qu'ils ont été à même de constater directement ou par personnes éclairées l'état des malades. Ce qu'ils font avec un réel souci d'authenticité. A Canterbury même, ils soumettent celui qui se dit « miraculé » à un interrogatoire serré. Ils sont attentifs à la moralité des témoins qui relatent une guérison ; parfois, ils suscitent des enquêtes ou ils exigent des lettres d'attestation émanant de témoins au-dessus de tout soupçon : plusieurs de ces lettres ont été transcrites dans les recueils. Bref, il y a, dans la manière de procéder des moines chargés de l'accueil des pèlerins, une ébauche, encore très rudimentaire, d'un « bureau de constatation médicale ».

Malgré l'expérience qu'ils ont pu acquérir au contact des malades, il n'est pas douteux que la science médicale des hagiographes reste celle de leur temps : la nosologie, c'est-à-dire l'étude des caractères distinctifs qui permettent de définir et identifier chaque malade, est totalement inconnue. Les plus grandes lacunes viennent de l'état des connaissances médicales.

Aussi importe-t-il de rejeter les récits de guérisons qui, par leur caractère trop vague, ne sauraient permettre un diagnostic véritable : telles les mentions de *graviter aegrotans, infirmitas gravis, morbus incurabilis, de salute desesperans.* On doit écarter aussi les relations concernant les morts « ressuscités ». La maladie n'y est généralement pas décrite parce que leur objet est plutôt de décrire l'état de « mort », ou de léthargie, constaté, les préparatifs des funérailles, la douleur des proches, en contraste avec le retour à la vie et la joie qui éclate. En revanche, de très nombreux récits s'avèrent utilisables : plus de la moitié des guérisons rapportées (tabl. V). Ils abondent en

96. B. III. 65.
97. G. VI. 6.
98. B. II. 16 et 17.
99. « Nec ideo credimus portasse filium iniquitatem parentum, sed potius voluisse Dominum flagellare parentes in filio. ut corporale filii detrimentum parentibus fieret moeroris supplicium (B. II. 17).

détails concrets, parfois d'un réalisme qui pourrait paraître choquant s'il n'était admis que « le latin brave l'honnêteté ».

TABLEAU V. — NOMBRE DE RÉCITS DE GUÉRISONS MIRACULEUSES UTILISABLES
(Tableau dressé par Mlle Pédaillès).

Recueils de	Guillaume		Benoît*			
Livres no.	V	VI	I	II	III	IV
Nombre de récits de guérisons miraculeuses	36	121	13	64	60	73
Nombre de récits où la maladie est *clairement identifiable*	*16*	*66*	*9*	*41*	*41*	*31*
Total des récits utilisables	82 / 157		122 / 210			

* Les livres V et VI de Benoît n'ont pas été utilisés : les quelques guérisons miraculeuses relatées ont déjà été racontées par Guillaume au livre VI.

2. Diagnostic et connaissance des maladies d'après les « Miracula S. Thomae ».

Une fois déterminés les récits utilisables, il reste à préciser la méthode à mettre en œuvre. Elle a été définie en ces termes : « pour faire le tour des fléaux qui menacent (...) les hommes, il faut à la fois se laisser conduire par leurs témoignages, qui sont d'un poids décisif, et découvrir derrière des descriptions parfois très précises, la nature des maux en question [100] ». Une telle attitude est celle de l'historien qui s'en rapporte aux témoignages et se défend de les interpréter en fonction des réalités actuelles.

Un tableau des maladies décrites de façon précise a été dressé (tabl. VI et VII). Il fait ressortir la diversité des maladies, ou, du moins, des catégories de maladies constatées — 29 — et, parmi ces catégories, la fréquence de la cécité — 61 cas — et de la paralysie — 50 cas ; la lèpre vient au troisième rang avec 40 cas retenus. Les cas de cancer, de tumeur, et ceux d'ulcère sont plus fréquents dans le recueil de Guillaume. Certaines maladies apparaissent seulement dans l'un des recueils. Il reste cependant quelque flottement dans le dénombrement, du fait qu'un petit nombre de récits — pas toujours identifiables — peuvent figurer dans les deux recueils, du fait surtout de l'imprécision qui subsiste sous certaines des appellations. Examinons quelques-unes des maladies signalées avec les symptômes qui les accompagnent dans les récits en cause.

100. R. MANDROU, *Introduction à la France moderne, Essai de psychologie historique*, p. 47 (cité par Mlle Pédaillès, dans son *Mémoire*, p. 40).

TABLEAU VI. — RECUEIL DE GUILLAUME DE CANTERBURY.

Noms des maladies identifiées	Livre II	Livre III	Livre IV	Livre V	Livre VI	Total
Absence des règles	—	—	—	—	—	—
Accouchements	2	1	1	1	2	7
Affections du foie	—	—	—	—	—	—
Affections intestinales	1	—	—	—	—	1
Angine	—	—	—	—	—	—
Apoplexie	3	—	1	—	—	4
Calculs néphrétiques	2	—	2	—	2	6
Cancer-tumeur	3	3	1	—	2	9
Catharre	6	3	2	—	1	12
Cécité	6	3	2	3	9	23
Charbon	—	—	1	—	—	1
Claudication	2	3	2	—	—	7
Dysenterie	2	1	—	1	2	6
Ecrouelles	—	—	—	—	—	—
Epilepsie	4	—	—	—	—	4
Fièvre	2	1	1	2	3	9
Folie	—	—	—	1	5	6
Goutte	—	—	1	—	2	3
Hémorragie	3	1	1	—	—	5
Hernie	—	—	—	—	2	2
Hydropisie	3	2	—	—	—	5
Lèpre	13	—	9	—	9	31
Mutisme	—	1	—	1	7	9
Paralysie	7	4	1	5	7	24
Phtysie	1	—	—	—	—	1
Pleurésie	—	—	—	—	1	1
Stérilité	1	—	—	—	—	1
Surdité	—	—	—	1	2	3
Ulcères	5	2	—	1	7	15

Les infirmités les plus souvent citées — cécité et paralysie — ne vont pas sans poser un problème, déjà signalé à propos d'autres recueils de miracles : « Y avait-il réellement une très forte proportion de paralysés et d'aveugles dans la population souffrante du Moyen Age ? Ou bien, y a-t-il là imitation

TABLEAU VII. — RECUEIL DE BENOIT DE PETERBOROUGH.

Noms des maladies identifiées	Livre I	Livre II	Livre III	Livre IV	Total
Absence des règles	–	1	2	–	3
Accouchements	1	–	1	2	4
Affections du foie	1	–	–	–	1
Affections intestinales	–	–	–	–	–
Angine	–	2	1	–	3
Apoplexie	–	–	–	–	–
Calculs néphrétiques	–	1	–	2	3
Cancer-tumeur	–	–	1	2	3
Catharre	–	–	–	–	–
Cécité	3	11	16	9	38
Charbon	–	–	–	–	–
Claudication	–	–	–	–	–
Dysenterie	–	–	2	1	3
Ecrouelles	–	1	–	–	1
Epilepsie	–	–	–	–	–
Fièvre	1	4	1	1	7
Folie	1	3	1	4	9
Goutte	–	1	–	–	1
Hémorragie	–	1	1	–	2
Hernie	–	–	–	–	–
Hydropisie	–	2	1	5	8
Lèpre ou Eléphantiasis	–	–	–	9	9
Mutisme	–	1	–	–	1
Paralysie	3	9	12	2	26
Phtysie	–	–	–	–	–
Pleurésie	–	–	–	–	–
Stérilité	–	–	–	–	–
Surdité	–	2	1	2	5
Ulcères	–	–	–	–	–

d'un modèle évangélique auquel on ne peut s'empêcher de penser (...) [101] ? »
Ce modèle était familier aux hagiographes : Benoît s'y réfère explicitement
à propos de Geoffroi de Calgrave, aveugle de naissance [102]. Une telle référence n'implique nullement, à notre sens, que les miracles relatés soient
fictifs, mais seulement une attention plus soutenue envers de tels cas, dont
les guérisons, spectaculaires, ne pouvaient laisser de doute dans l'esprit : les
sourds entendent, les aveugles voient, les paralytiques marchent. Il reste que
la cécité, comme la paralysie, est un effet apparent de causes très diverses,
d'où sa fréquence, encore très marquée aujourd'hui dans certaines régions
sous-développées.

En effet, Benoît et Guillaume désignent du terme *caecus* aussi bien
celui dont les paupières sont collées l'une contre l'autre [103] que celui qui a
une taie sur l'œil [104]. Les personnes atteintes de *caecitas* peuvent l'être soit
depuis la naissance — *ab utero matris* [105] — soit depuis de longues années
s'il s'agit d'adultes [106]. Les enfants ne sont point épargnés, ni les différentes
classes de la société. La cause réelle n'est jamais indiquée : Benoît constate
cependant, dans le cas d'Emma, originaire du Sussex, que la cécité est la
conséquence d'une autre maladie (sans plus de précision) [107] ; d'ailleurs, il
l'attribue aussi à des causes d'ordre moral [108].

La paralysie, dont les hagiographes décrivent les effets, peut corres-
pondre à l'appellation actuelle de paralysie qui désigne toute abolition ou
diminution de la motricité. Les descriptions, généralement précises, de la
maladie, mettent bien en évidence, soit l'abolition partielle [109], soit l'abolition
totale de la motricité [110]. Quelques récits, décrivant la première attaque de
cette maladie, insistent sur sa manifestation soudaine, voire fulgurante
(*repente*) [111]. Les effets sont parfois indiqués avec force : ainsi, un adolescent
de Canterbury, Elmer, paralysé de naissance, est dépourvu de toute sensibilité
au point qu'il ne sent même pas l'ardeur d'un feu sous ses pieds [112]. Si les

---

101. P.-A. SIGAL, *op. cit.*, p. 1528.
102. « Vidimus ad sepulcrum illud [s. Thomae] etiam evangelicum de caeco
nato miraculum » (B, II, 76).
103. [...] cilia oculorum sibi invicem cohaerentia » (B, IV, 30).
104. Adam de Lillingston « aiebat [...] pupillam occupante albugine, usum
[oculi] se tandem amisisse » (B, III, 30).
105. B, III, 45.
106. G, VI, 44 (cas d'une femme, aveugle depuis une vingtaine d'années).
107. [...] excaecaverat eam ipsius infirmitatis vehementia » (B, I, 8).
108. B, IV, 32-35.
109. Il s'agit d'un moine du nom de Robert : « Ille nimirum frater per
decem hebdomadas et eo amplius morbo paralysis tam gravi laboraverat, ut
totius corporis dextra parte penitus emortua, manus atque pedis ac totius partis
illius totum perdidisset sensum motumque voluntarium » (G, VI, 124). L'hémiplégie est bien caractérisée. Ce cas date du temps où Benoît de Peterborough
était prieur de Christchurch (1175-1177), la lettre d'attestation lui étant adressée
ès qualité.
110. Chez un citoyen de Liège, l'hémiplégie semble avoir tourné à la paralysie totale : « membris penitus ad humanos usus officio destitutis » (G, V, 3).
111. Ex. : « Viro Willelmo officium linguae paralysis repente subtraxerat »
(G, VI, 14).
112. B, III, 7.

effets sont perçus, les causes restent ignorées : il n'est jamais fait allusion, dans les récits de miracles, à une lésion quelconque du système nerveux. A maintes reprises, dans les *Miracula S. Thomae* comme en d'autres recueils similaires, apparaît le terme *contractus*. Il nous est difficile d'en saisir le sens précis : les effets de la maladie ainsi désignée sont identiques à ceux causés par la paralysie ; ils peuvent toutefois relever d'autres affections [113].

Parmi les récits, ceux qui concernent les lépreux sont de loin les plus riches de précisions. Les manifestations de la lèpre sont décrites avec force détails, ainsi que ses conséquences sur les conditions faites dans la société médiévale à ceux qui en sont atteints. « L'expression clinique de cette maladie était bien connue [114]. » Toutefois, à côté du terme *lepra*, apparaît celui d'*elephantiasis* : les deux semblent désigner la même maladie, alors que, de nos jours, il n'en va pas de même [115]. Cette confusion provient de la similitude des effets cliniques visibles, seuls pris en considération à l'époque. Ici encore, comme dans les cas de cécité, de paralysie ou de *contractio*, on a un exemple caractéristique de l'absence de classification et d'individualisation des maladies.

« Quelles sont les manifestations de cette maladie ? Tous les textes insistent sur les troubles de la pigmentation et de la sensibilité. Les lésions des muqueuses et des nerfs périphériques provoquent des troubles de la sensibilité. Elles peuvent aussi aboutir à la destruction de certains os du visage et à la mutilation des extrémités [116]. » Guillaume décrit ainsi l'aspect que présente Cocubur, un noble irlandais : il a perdu l'usage de tous ses membres : c'est tout juste s'il peut encore parler ; il a vu ses cheveux et ses cils tomber [117]. Les textes font allusion à deux autres effets de la maladie : la voix rauque et l'haleine fétide.

Les hagiographes ne laissent pas de signaler la condition misérable des lépreux, rebut de la société par suite de la terreur de la contagion, mais aussi de leur aspect repoussant et de l'odeur qu'ils exhalent. Cocubur demeure dans sa maison, mais ses relations, amis et proches, s'écartent de lui [118]. Un

---

113. Ex. : « Contractus igitur quidam, a lumbis et deorsum totus emortuus [...] » (G, VI, 129). Une description comparable nous est donnée par Benoît, sans toutefois le terme *contractus* : « Godiwinus de Breithwella, praedio scilicet in diocesi Eboracensi, femoris, cruris, et pedis inflati dolore in lectum incidit » (B, III, 35). Ainsi, Cocubur « [...] elephantia sibi sic ereptus erat per triennium ut coeteris membris suis *contractis* solo linguae fungeretur officio » (G, VI, 19) : il s'agit donc de la perte de l'usage des membres, quelle qu'en soit la cause : paralysie, elephantiasis, rhumatismes aussi peut-être. Nous avons rencontré de nombreux cas de malades dits *contractus, contracta* dans les recueils de miracles de saint Gilbert de Sempringham (*op. cit. supra*, n. 1).

114. D'après M. BARIÉTY et C. COURY, *Histoire de la Médecine*, Paris, 1963, « Les grandes études historiques ».

115. Par ex. G, VI, 18, où les termes *leprosus* et *elephantiosus* sont utilisés indifféremment à propos d'un même malade. En revanche, le *Dictionnaire de Médecine* de Littré les différencie nettement dans leurs symptômes (p. 522 et 898).

116. M. PÉDAILLÈS, *op. cit.*, p. 47.

117. G, VI, 19.

118. « Unde amici ejus, affines et cognati, non tantum non colloquebantur ei, sed et videre contemnebant, malentes cognatum nescire quam de cognatione periclitari ; non tam enim casus superciliorum et capillorum, tumoremque

jeune enfant lépreux, Richard, originaire du Gloucestershire, est chassé de chez lui : il vit dans une tanière où, seule, sa mère lui porte à manger mais elle lui tend la nourriture au bout d'une longue perche à cause de sa puanteur[119]. Cependant, Jean King, chanoine augustinien de Tauton (Somerset), s'il doit quitter le monastère, peut s'établir dans une maison adjacente à l'église, où sont accueillis d'autres lépreux[120]. Raoul de Longueville entre dans un *xenodochium* et conclut avec les autres résidents un pacte relatif à la portion qui lui est allouée[121]. Si la maladie souffre quelque rémission, certains peuvent sortir de leur réclusion et même aller en pèlerinage à Canterbury, tel Humfred, originaire du Warwickshire qui, bien que malade, s'est mis en route vers saint Thomas. Supposé lépreux par ses voisins, il souffre autant de honte que de son mal[122]. Un noble d'Auvergne, possédant de grands biens, éloigné des siens pendant plusieurs années par suite de sa maladie, guéri par l'intercession de saint Thomas, refuse de se présenter dans un plaid solennel afin de témoigner du miracle, car il ne veut pas qu'on sache qu'il a été atteint de la lèpre. Le fait n'en est pas moins attesté par l'évêque de Clermont et porté à la connaissance d'Odon, prieur de Christchurch, par une lettre de Jean de Salisbury[123]. Maladie endémique, la lèpre inspire l'horreur et la terreur aux bien-portants et la société condamne ceux qui en sont atteints à l'état de morts-vivants.

Des autres maladies ou infirmités signalées ou décrites dans les recueils de Benoît et de Guillaume, il est plus difficile de dresser un tableau précis : tout au plus, peut-on esquisser un classement regroupant des affections de même catégorie. Passons sur le mutisme, aisé à identifier, allant parfois de pair avec la surdité[123 bis]. Les fièvres, assez souvent citées, présentent divers aspects de l'attaque du mal (*quartana, hemitritaeus*)[124].

Trois maladies, désignées sous les noms de *fistula, ruptura* et *cancer*, posent de délicats problèmes d'interprétation. On ne sait ce que peut recouvrir le terme *cancer* : Guillaume de Canterbury avoue son ignorance et témoigne de celle d'un patient pourtant lettré, Maître Mathieu, originaire du Poitou, qui en a souffert trente années durant. Il porte les cicatrices et les stigmates de la maladie[125]. Les nombreux cas de *fistula,* dont les localisations sont multiples, ne nous laissent pas moins perplexes : faut-il penser

---

tuberum perhorrescebant, quam foetorem et contagium morbi, qui transitione nocet et colloquentes invadit » (*ibid.*).

119. B, IV, 76.

120. [...] « inter fratres simili morbo laborantes plusquam per anni spatium moram fecit » (G, VI, 17).

121. B, IV, 3.

122. [Humfridus] « ... qui fere omnium membrorum subtracto vigore, ulcerum jam prominente hispiditate, a cohabitantibus dictus est lepra percussus, et ejus accessu vitato dignus ab hominum segregari consortio. Hic autem vir praedictus, corporis tum dolens tum erubescens aegritudinem [...] » (B, III, 4).

123. G, VI, 57. Le miracle en question est antérieur à l'élection du prieur Odon comme abbé de Battle (1175).

123 bis. *Ibid.*

124. G, VI, 2, 82.

125. G, VI, 35. Ce miracle est daté de la seconde année après le martyr de saint Thomas, soit de 1172.

à des lésions d'origine tuberculeuse, ou bien à des ulcères ? La seule allusion claire à une affection d'origine tuberculeuse — *struma* ou scrofules — concerne un jeune homme de Lincoln [126]. Les mentions de *ruptura* semblent désigner des hernies [127].

Décevants sont les récits relatifs aux maladies spécifiques de la femme : cessation des règles, accouchements difficiles. Non moins décevants, les nombreux récits que, dans les tableaux VI et VII, nous avons réunis sous l'appellation globale et forcément impropre de « folie » : maladies nerveuses, troubles psychiques, cas de possession. Les expressions sont diverses : *alienatio mentis, phantasta, illusio, possessio, furor* [128]. On peut y adjoindre : *epilepsia* et *caducus morbus*. Souvent, les malades ainsi atteints se disent possédés par le démon [129]. Faut-il, avec J. Le Goff, attribuer la fréquence des cas de « possession » à la sous-alimentation qui « prédispose les organismes à toutes les errances de l'esprit [130] » ?

Enfin, on peut regrouper les mentions qualifiant des malades d'*hydrops*, de *dysentericus, calculosus, lientericus* et l'affection dite *gutta* dans la catégorie générale des « maladies alimentaires » ou « maladies de la nutrition ». La goutte, parfois considérée comme une affection de gens « trop bien nourris », atteint effectivement une femme riche et un prêtre aisé [131]. L'évolution de certaines « maladies alimentaires » est souvent décrite avec force détails. Tel le cas de Guillaume Crespin de Saint-David, épuisé quinze jours durant par la dysenterie, qui se mua en constipation, celle-ci en tumeur et la tumeur en hydropisie, avec une soif inextinguible [132] (qui pourrait bien relever d'une affection diabétique). Tel aussi cet autre Guillaume, comte d'Aumale, qui souffrait d'une triple maladie : la « passion iliaque », c'est-à-dire l'obstruction intestinale, la dysenterie et la pierre ou calculs néphrétiques. Guéri des deux premières par l'absorption de « l'eau de saint Thomas », il n'en fut pas moins conduit presque à l'agonie par la troisième dont il souffrait depuis quinze ans. La description que Guillaume de Canterbury a consignée est d'un tel réalisme qu'on ne saurait la citer autrement qu'en latin : elle constitue un excellent exemple de la précision avec laquelle certaines affections, autres que la lèpre, étaient diagnostiquées dans leurs effets. sinon dans leurs causes [133].

Mais il y a, dans les *Miracula S. Thomae*, des récits qui, s'ils n'apportent aucune précision sur la maladie ou l'accident et leurs effets, n'en sont pas moins précieux par certains détails. Tel est le « miracle », évoqué en quelques lignes par Guillaume de Canterbury, au bénéfice d'une fillette de deux ans

126. B, II, 41.
127. G, VI, 54, 56. Rupture : distension exagérée d'un organe creux, d'après LITTRÉ, *Dictionnaire médical*, p. 1392.
128. Cf., à titre d'exemples, G, 5, 8 ; VI, 3, 122 ; B, I, 13.
129. Ex. dans B, I, 13.
130. *La civilisation de l'Occident médiéval*, 3ᵉ éd., Paris, 1967, « Les grandes civilisations », p. 303.
131. G, VI, 20 ; B, II, 11.
132. B, IV, 70.
133. G, II, 64. Voir Annexe.

et trois mois, Hawise, du village de Gruchet, qui dépendait de l'abbaye du Valasse toute proche, dont les ruines s'élèvent sur la rivière de Bolbec. L'enfant fut retrouvée, trois jours après sa disparition, au fond d'une excavation dans une mare (*lacu*) où rouissait du lin : « dum puerili passu vagaretur, incidit in speluncam qua linum recens folliculos exutum molliri consueverat [134] ».

C'est sur cette note que nous voudrions conclure car elle illustre bien, pensons-nous, l'intérêt sinon de tous les recueils de *Miracula,* du moins d'un certain nombre de recueils. Ce genre de sources hagiographiques, longtemps méconnu, trouve, à juste titre aujourd'hui, un regain d'estime chez les historiens préoccupés d'histoire sociale et d'histoire des mœurs car il présente un double avantage : les récits y sont à la fois individualisés, qualitatifs et concrets d'une part, aisément quantifiables d'autre part. De telle sorte qu'en appliquant une méthode générale, aménagée selon les cas d'espèce qui, sans présumer pour autant de la réalité du « miracle », prend en considération toutes les circonstances dont il s'entoure, on peut circonscrire des notations catégorielles susceptibles de projeter une lumière renouvelée sur les hommes du Moyen Age, leurs conditions de vie, leur état physique, leur comportement et leur mentalité.

134. G, II, 46.

N.B. — Depuis la rédaction de cet article (1972), nous devons signaler la parution de quelques travaux :

Le volume *Thomas Becket.* Actes du Colloque international de Sédières (19-24 août 1973) publiés par Raymonde FOREVILLE, Paris, Beauchesne, 1975, 297 p., 20 *fig.,* 18 pl. h.-t. (voir notamment : W. URRY, *Some Resting Places of St Thomas Becket at Canterbury,* p. 195-209).

J'ai utilisé les *Miracula S. Thomae* concurremment avec d'autres sources, certaines relevant de l'iconographie ou de l'épigraphie, dans l'article : R. FOREVILLE, *La diffusion du culte de Thomas Becket dans l'Ouest de la France avant la fin du XIIᵉ siècle* dans les *Cahiers de civilisation médiévale,* XIX-4 (1976) p. 347-369 (20 *fig.* h.-t.).

On trouvera enfin quelques indications générales d'après les *Miracula S. Thomae* dans l'ouvrage de Ronald C. FINUCANE, *Miracles and Pilgrims. Popular Beliefs in Medieval England,* Londres, Melbourne, Toronto, 1977, p. 121-126.

ANNEXE

(Guillaume de Canterbury, *Miracula S. Thomae*, II, 64)

De comite calculoso

Comes Willelmus de Albamarlia triplici morbo laborabat, iliaca passione, fluxu ventris, lapidem portabat in renibus. Nam calor nimius grossam et fleumaticam humiditatem desiccaverat, ex cujus induratione vias urinales, naturaliter arctas, fecerat arctiores. Horum singulorum morborum accessio gravissima sic singulis diebus viventem cruciabat, ut vita periclitaretur. Egestio carbonis effigiem praeferabat ; minctus sanguinem praeferabat. His circumventus angustiis, extrema jam mortis angustia, quae imminebat, remedium doloris expectabat...

.. ..

Nam postquam bibit, [aquam S. Thomae], unius infirmitatis accessionem transiit absque molestia. Similiter et alterius ; et qui non nisi mortem expectabat, lecto decumbens, sic alleviatus est equo insidens ad aliam villam suam digrederetur. Supererat adhuc infirmitas qua per quindecim annos laboraverat. Namque corporalis necessitatis receptacula lapis innatus obstruebat, urinaeque negabatur egressus. Et facta est ad majorem gloriam martyris major hominis vexatio, qualis non fuit multis retro diebus. Nam subsidebat a renibus in virgam virilem profluens lapillus, et usque ad finium urinalium perveniens extremitatem prominebat ex parte, non penitus inclusus vel exclusus. Naturales itaque canales obstrusi intentabant mortem, dolor excrucians omnem spem salutis adimebat. Quid faciat aegrotus ? Quod, Galiene, das consilium ? Quod, Quintiliane, remedium ? Si subulam argenteam subtilem et rotundam, et in capite planam, paras, dum conflatur et procuditur argentum, mors subit, aut morte graviora discrimina centum. Si caput infirmi supinas, pedesque suspendis, si chirurgiam gnarus adhibeas, ut calculo reseretur egressus, nihilominus ad mortem patebit introitus...

.. ..

Cum igitur adeo jam vexaretur ut exspirare putaretur, dixit ei unus ex militibus suis, « Ne, quaeso, domine, concidat cor tuum. Opus est voto ; tibi salus in voto constituitur. Pete beatum Thomam, et perficiet quod incepit in te. Si enim in minoribus periculis constituto subvenit, dignabitur et in majoribus ; contritionis miserebitur et devotionis ». Igitur Dominum attentius orantes senserunt orationis et devotionis efficaciam. Nam cum pelvis admota fuisset urinam exceptura, si quam tamen emittere posset, divino quidem impulsu projectus est calculus ; nam non erat humanae facultatis eatenus urinae ductum reserare. Erat enim amygdalinae quantitatis et formae, castanei coloris, praegnans in medio sui, gracilis in capite. Prorupit autem tanto impulsu, ut pelvi suppositae collisus citra mediam grossitudinem dissiliret...

VIII

Une lettre inédite de Jean de Salisbury évêque de Chartres

Jean de Salisbury est l'un des personnages les plus représentatifs du XIIe siècle : homme d'étude et d'action, de vaste culture acquise au contact des anciens et pétrie de christianisme, il appartient à ce clergé occidental quasi supra-national par son humanisme chrétien, par l'ampleur de ses relations, la diversité des pays où il vécut, l'importance des missions dont il fut chargé.

Né en Angleterre, il étudia et enseigna en France, parcourut l'Italie au service du pape Eugène III; à son retour en Angleterre, il fut attaché à l'évêque de Cantorbéry Thibaud, dédia son *Policraticus* à Thomas Becket, alors chancelier du roi Henri II, et demeura l'ami, le fils dévoué et le conseiller écouté de l'ancien chancelier devenu primat d'Angleterre.

Contraint à l'exil pour avoir, par ses écrits 'sans doute, déplu au Plantagenêt, il se retira en France près d'un autre de ses amis et protecteurs, Pierre de la Celle, alors abbé de Saint-Remi de Reims, mais quittera plus d'une fois sa retraite pour servir la cause de l'archevêque Thomas exilé à son tour, auquel il gardera la plus admirable fidélité malgré son désir de revoir sa patrie.

La paix rétablie entre le roi et le primat, il précédera ce dernier en Angleterre, l'accueillera à son retour et sera près de lui lorsque le prieuré de Christchurch subira l'assaut des meurtriers.

Après le drame du 29 décembre 1170, qui fit de l'archevêque Thomas Becket un martyr de la fidélité à Dieu et à l'Église romaine, Jean de Salisbury, devenu en 1174 trésorier d'Exeter[1], quittera l'Angleterre après son élection par le chapitre de Chartres le 22 juin 1176 ; consacré à Sens le 8 août par Maurice de Sully, évêque de Paris[2], il achèvera sa vie comme évêque de Chartres le 25 octobre 1180[3].

Au milieu d'une carrière pourtant bien remplie, Jean de Salisbury a trouvé le moyen d'écrire de nombreux ouvrages dont les plus importants sont le *Metalogicus*, le *Policraticus*, l'*Entheticus*. On lui a restitué la paternité de l'*Historia pontificalis*[4], qui re-

---

1. LE NEVE, *Fasti Ecclesiae Anglicanae* : Diocèse d'Exeter (Oxford, 1854).

2. *Gallia christiana*, t. VIII, p. 1146.

3. *Cartulaire de Notre-Dame de Chartres. Necrologium*, t. III, p. 202, et *Gallia christiana*, t. VIII, p. 1148.

4. GIESEBRECHT, *Ueber Arnold von Brescia*, dans les *Sitzungsberichte* de l'Académie de Munich, an. 1873, p. 122-154. Voir aussi POOLE,*Historiae pontificalis quae supersunt* (Oxford, 1927), p. LXXI et suiv.

180

trace les grands événements dont il fut témoin au service de la papauté.

De lui, nous avons conservé de très nombreuses lettres, la plupart concernant les affaires d'Angleterre, écrites soit au nom de l'archevêque Thibaud, soit en son nom personnel. Cette correspondance volumineuse, qui ne comprend pas moins de trois cents lettres d'après l'édition Giles, d'ailleurs incomplète[5], s'arrête en 1173. Des dernières années de Jean de Salisbury, quelques actes et de rares lettres ont été conservés et sont actuellement dispersés en plusieurs recueils[6].

La plupart sont rédigés dans la forme stéréotypée des actes notariés de l'époque et l'on n'y sent point la personnalité littéraire à la fois érudite et naïve, sensible et réservée de l'auteur des lettres d'avant 1173, de celles-là surtout qu'il adressait à ses amis, Thomas Becket, Jean de Poitiers, Pierre de La Celle.

L'une pourtant, recueillie par Guillaume de Cantorbéry[7], est déjà empreinte d'un accent plus personnel : elle relate, pour les moines de Christchurch, leur prieur Odon et leur sous-prieur Guillaume Lebreton, quelques miracles de l'archevêque martyr rapportés à Bourges par Pons, ancien abbé de Clairvaux devenu évêque de Clermont, et par les chanoines de Saint-Outrille.

Cette lettre, contenue dans le sixième livre des *Miracula* de Guillaume de Cantorbéry, semble postérieure à 1174, date où, d'après Walberg, fut achevé le premier recueil comprenant les cinq premiers livres[8]. Toutefois, elle est antérieure à l'élection épiscopale de Jean de Salisbury et même à l'élection du prieur Odon, auquel elle est adressée, comme abbé de La Bataille, le 10 juillet 1175[9].

Elle daterait donc de l'année 1174-1175. Enfin, si elle a trait à des miracles opérés par Thomas Becket, Jean de Salisbury n'en fut point le témoin oculaire.

Or, aux rares lettres que nous ayons conservées des dernières années de Jean de Salisbury, il faut ajouter une épître restée inédite, où l'évêque de Chartres, sous le coup de l'émotion produite par les faits vécus qu'il retrace, laisse parler son cœur d'abondance comme dans les plus personnelles de ses lettres d'avant 1173.

---

5. GILES, *Joannis Saresberiensis opera omnia*, t. I et II (Oxford, 1848); MIGNE, *Patrologia latina*, t. CXCIX; *Materials for the History of Thomas Becket*, t. V, VI et VII.

6. *Gallia christiana*, t. VIII, p. 1146-1149 (principaux actes); *Cartulaire de Saint-Père de Chartres*, t. II, p. 656; Guillaume de CANTORBÉRY, *Materials*, t. I, p. 458; MIGNE, *Patr. lat.*, t. CXCIX, col. 374-378.

7. *Materials*, t. I, p. 458.

8. WALBERG, *Date de la composition des recueils de Miracula S. Thomae Cantuariensis*, dans le *Moyen Age*, 2e série, t. XXII (1920), p. 259-274.

9. Gervais de CANTORBÉRY, *Chronique*, t. I, p. 256.

Il s'adresse à des amis — le nouvel archevêque de Cantorbéry, Richard, autrefois prieur de Douvres, en faveur duquel il avait, après l'élection archiépiscopale en 1173, écrit à Guillaume de Sens et au pape Alexandre III[10], — le prieur de Christchurch Herlewin, — l'archidiacre Herbert, — enfin au chapitre et au clergé de Cantorbéry.

Cette lettre nous a été conservée dans un manuscrit de la Bibliothèque vaticane qui semble bien appartenir au XIV° siècle, le manuscrit latin 1221, intitulé *Legenda b. Thomae martyris Cantuariensis archiepiscopi.*

En voici le texte in extenso:

Venerabili patri et domino Ricardo, Dei gratia Cantuariensi archiepiscopo, Anglorum primati, apostolice sedis legato, et dilectissimis in Christo fratribus et Priori Herl[ewino], Herberto archidiacono, et capitulo et clero Cantuariensi, Joannes Saresberiensis, quondam clericus beate Thome martiris, divina dignatione et meritis beati martiris Thome, Carnotensis ecclesie minister humilis, salutem sincere dilectionis affectum.

Sicut plurimi in diversis provinciis beatissimi Thome virtutes et opera, dum pro lege Dei et ecclesie libertate contenderet, diabolo instigante, sinistra interpretatione obfuscare conati sunt; ita nunc, Deo declarante, quis et quantus idem archiepiscopus fuerit, gloriam ejus predicare coguntur vel inviti, et provocare alios ad fidem: et ut Christo debitas gratiarum referant actiones.

Horum unus est lator praesentium Petrus, nostre civitatis indigena et alumpnus nobilis viri comitis Theobaldi, qui, et animi levitate et instigante spiritu erroris et blasphemie, sancto martiri detrahere ausus est; et miracula que

Au vénérable père et seigneur Richard, par la grâce de Dieu archevêque de Cantorbéry, primat d'Angleterre, légat du Siège Apostolique; à mes frères et amis très chers dans le Christ, Herlewin prieur, Herbert archidiacre; au chapitre et au clergé de Cantorbéry, Jean de Salisbury, autrefois clerc du bienheureux martyr Thomas, par la volonté divine et les mérites du bienheureux martyr Thomas, humble ministre de l'Église de Chartres, salut affectueux d'une sincère dilection.

Plusieurs, mus par le démon, se sont efforcés en diverses régions d'obscurcir par une fâcheuse interprétation les vertus et les œuvres de saint Thomas alors qu'il luttait pour défendre la loi de Dieu et la liberté de l'Église. Aujourd'hui Dieu lui-même révèle la haute personnalité de l'archevêque, et ses détracteurs sont obligés bon gré mal gré de prêcher sa gloire, de susciter la foi autour d'eux et de rendre au Christ de justes actions de grâces.

L'un d'entre eux, nommé Pierre, porteur de la présente, originaire de notre cité, serviteur du noble comte Thibaud, par légèreté d'esprit et sous l'empire du démon de l'erreur et du blasphème, a osé s'attaquer en paroles au saint martyr

---

10. GILES, *Joannis Saresberiensis opera omnia*, t. II, p. 274 (lettre CCCXXII) et p. 273 (lettre CCCXXI).

de ipso audiebat, figmentis hominum connumerare minime verebatur.

Cum igitur una die ipse et alii cesores lapidum qui in monasterio beati Petri Carnotensis operabantur, refectioni corporum indulgerent, accidit ut inter eos sermo de beati Thome miraculis haberetur, aliis omnibus cum reverentia et gratiarum actione excipientibus que dicebantur. Hic autem solutus in risum obloqui cepit et detrahere audacter, afferens falsa esse et beatum Thomam nichil habere virtutis ut maiora aut minora valeat perpetrare. Accipiensque buccellam ait : nunc si potest sanctus Thomas vester, strangulet me aut cibum istum pestiferum michi faciat quantum potest; alii territi sunt increpantes temeritatem hominis stolidi, pectora sua tundentes quod blasphemiam tantam audierant, se ipsos crucis signaculo diligentius munientes.

Ille paulisper divertens ab eis, in domum suam obmutuit et vultu cepit menteque turbari. Concurrerunt amici et vicini. Audito quod acciderat et resoluti in lacrimas, eum ad ecclesiam beate Virginis stupentem et quasi seminecem deduxerunt, supponentes eum corpori beati Leobini qui in nostra requiescit ecclesia.

Miraculi rumor increbuit et in brevi replevit populissimam civitatem. Confluxit undique populus ut videret miserum quem dextra beati Thome percusserat, et ab hora tertia fere usque ad vesperas, capacissimam replevit ecclesiam videlicet Carnotensem. Aberam forte, sed eadem die ingressus sum civitatem; vix receperam me domi et ecce mater illius et amici prostrati ad pedes meos, narrantes quod acciderat, auxilium et consilium cum lacrimis exposcebant. Profectus sum ad ecclesiam. Adductus est miser mutus, pectus tundens et oculos et

et se moquer de ses miracles comme d'inventions humaines.

Or, un jour, tandis que lui et les autres tailleurs de pierres qui travaillaient au monastère de Saint-Pierre de Chartres prenaient leur repas, il arriva qu'ils se mirent à parler des miracles du bienheureux Thomas; tous les autres écoutaient avec respect et actions de grâces ; mais lui se mit à rire et commença à les discuter et à les contredire violemment, prétendant qu'ils étaient faux et que le bienheureux Thomas n'avait aucunement le pouvoir d'opérer des miracles grands ou petits. Et, prenant un morceau de pain, il ajouta : si votre saint Thomas le peut, qu'il m'étrangle, ou qu'il fasse de cette nourriture un vrai poison pour moi ! Les autres, terrifiés, reprochaient à cet insensé sa témérité, se frappaient la poitrine et se signaient pour se défendre d'un tel blasphème.

Or voici que cet homme qui venait de les quitter, à peine rentré dans sa maison, tomba muet, son visage s'altéra, son esprit commença à s'égarer. Amis et voisins accoururent. Au récit de ce qui était arrivé, ils se répandirent en larmes et l'emportèrent hébété et à demi-mort jusqu'en l'église Notre-Dame; ils le placèrent sur le corps de saint Léobin qui repose en notre cathédrale.

Le bruit du miracle s'était répandu et sous peu avait empli la cité pourtant très peuplée. De partout le peuple accourait pour voir le misérable frappé par la droite de saint Thomas, et, de la troisième heure jusqu'au soir, l'immense cathédrale de Chartres s'emplit. J'étais absent, mais le jour même je rentrai dans la cité. A peine étais-je arrivé à la maison que la mère du malheureux et ses amis vinrent se jeter à mes pieds, me racontant ce qui s'était passé et implorant avec larmes aide et conseil. Je me rendis à l'église. On amena le pauvre

manus erigens in celum et ad capsam in qua est interula id est camisia beatissime Virginis qua utebatur quando peperit Salvatorem.

Flebant autem in circuitu, et ego et qui mecum advenerant non potuimus a lacrimis continere. Precepi igitur afferri philaterium in quo reposueram sanguinem beati Thomae quem mecum Carnotensem detuli et aquam in qua philaterium lavaretur. Oravimus paulisper ante reliquias et, oratione completa, philaterium misero tradidi osculandum, qui statim voce magna, ut a circumstantibus omnibus posset audiri (ª) : Sancte Thoma, sancte Thoma, miserere mei ! Hausit aquam in qua philaterium laveram et cultellum boni martiris, et illico pristinam recepit sanitatem, vovens se beatissimum martirem aditurum ut ei satisfaciat de blasphemia, et de ejus curatione debitas referat grates.

Nos autem omnes qui aderamus ad laudem Dei conversi sumus, gloriosissimi martiris Thome magnalia preconantes, in quo manifeste videmus esse completum quod dictum est per prophetam : « Venient ad te qui detrahebant te et adorabunt vestigia pedum tuorum. » Gavisi sunt clerus et populus et tristitia omnis conversa est in exultationem. Fletus in jubilum vertus est, et planctus in cantica commutati.

Hoc vobis scribere curavimus ad gloriam ejus qui, in beato martire Thoma et in aliis sanctis, mirabilis et gloriosus est.

Valete omnes in Domino, nostrique et ecclesie nostre (ᵇ) memineritis ante Deum et martirem gloriosum per quem ecclesia et civitas vestra celebris est in orbe universo.

muet qui battait sa coulpe et levait les yeux et les mains au ciel et vers la châsse qui contient la chemise que portait la bienheureuse Vierge lorsqu'elle enfanta le Sauveur.

Toute l'assistance pleurait; moi-même et ceux qui m'avaient accompagné, nous ne pouvions contenir nos larmes. Je priai d'aller quérir l'ampoule où j'avais recueilli le sang du bienheureux Thomas et que j'avais apportée avec moi à Chartres, ainsi que de l'eau pour la laver. Ayant achevé une prière devant les reliques, je donnai au misérable l'ampoule à baiser. Aussitôt, il s'écria à haute voix, de sorte que tous les assistants purent l'entendre : Saint Thomas ! saint Thomas, ayez pitié de moi ! Ayant bu l'eau dans laquelle j'avais lavé l'ampoule et le poignard du bon martyr, aussitôt il recouvra la santé et fit vœu de se rendre au tombeau du saint martyr en réparation de son blasphème et en actions de grâces de sa guérison.

Quant à nous tous qui étions présents, nous fîmes monter à Dieu des actions de grâces, louant la puissance du glorieux martyr où nous voyons manifestement la réalisation de la parole du prophète : « Ils accourront vers toi, tes détracteurs, et adoreront la trace de tes pas. »¹¹ Le clergé et le peuple se réjouissent. Ceux qui étaient tristes exultent. Les pleurs se tournent en joie et les lamentations en hymnes.

Nous avons voulu vous faire ce récit pour la gloire de Celui qui est digne d'admiration et de louange dans le bienheureux martyr Thomas et dans les autres saints. Salut à tous dans le Seigneur. Souvenez-vous de nous et de notre Église devant Dieu et le glorieux martyr par qui votre Église et votre cité sont rendues célèbres sur toute la terre.

(a) Le manuscrit porte *audire*. — (b) Le texte donne la lecture *vestre*.
11. ISAÏE, ch. LX, v. 14.

Il n'est point nécessaire d'insister sur les marques d'authenticité que comportent la souscription et l'adresse, conforme à celle des autres lettres de Jean de Salisbury, évêque de Chartres « par la volonté divine et les mérites du bienheureux martyr Thomas » ; ni sur le caractère de spontanéité, par conséquent de véracité, de tout le récit.

Plus utile, nous semble-t-il, est le contrôle des faits et des personnages à la lumière d'autres sources contemporaines.

Le monastère de Saint-Père ou Saint-Pierre de Chartres en faveur duquel Jean de Salisbury confirmait une donation en date du 10 juillet 1179[12], avait souffert de l'incendie qui ravagea la ville en 1134[13]. L'abbé Foucher, mort en 1171, avait chargé un moine nommé Hilduard de diriger les travaux de reconstruction de l'église. Mais, le 9 mai 1165, lors de la translation du corps de saint Gilduin, retrouvé en creusant les fondations du mur de clôture du chœur[14], les travaux n'étaient pas achevés. Faute d'argent, on avait dû les interrompre et isoler par un mur, du chœur restauré, la nef inachevée. Cependant les pèlerinages au tombeau de saint Gilduin, en multipliant les offrandes, permirent de reconstruire la nef et même d'embellir le cloître. La lettre qui nous occupe prouve que les travaux se poursuivaient entre 1176 et 1180, dates de l'épiscopat de Jean de Salisbury, puisque la scène du blasphème eut lieu au moment où les tailleurs de pierres qui travaillaient au monastère de Saint-Père prenaient leur repas.

Il n'est pas douteux d'autre part que Jean de Salisbury, témoin oculaire du meurtre de Thomas Becket qu'il raconte en une lettre célèbre à Jean, évêque de Poitiers[15], ait recueilli lui-même le sang précieux du martyr et il serait surprenant qu'il se fût séparé de l'insigne relique en quittant l'Angleterre. D'ailleurs le *Cartulaire de Notre-Dame de Chartres*, à l'obit de l'évêque Jean, le 25 octobre 1180, nous apprend qu'il enrichit l'église cathédrale de « deux vases précieux dont l'un contient du sang du glorieux martyr Thomas, archevêque de Cantorbéry, qui est encore liquide, nous le certifions pour l'avoir vu » (*videntibus nobis adhuc stillantem*)[16] et les biographes du martyr nous affirment la même chose[17].

---

12. L'abandon par Gauthier, chevalier, de deux muids de froment sur la grange de Lillebont (*Cartulaire de Saint-Père de Chartres*, t. II, p. 656).
13. *Cartulaire de Saint-Père de Chartres*, t. I, Prolégomènes, p. ccxlvii à ccli, d'après Dom Aubert.
14. *Cartulaire de Saint-Père de Chartres*, t. I, p. ccxlix.
15. *Materials*, t. VII, p. 462, lettre DCCXVIII.
16. *Cartulaire de Notre-Dame de Chartres*, t. III, p. 202.
17. Guernes de Pont-Sainte-Maxence, *la Vie de saint Thomas Becket*, éditée par Walberg, dans les Classiques français du Moyen Age (Paris, Champion, 1936), p. 182, vers 5901 à 5904 :
    « En semblance de vin et d'eive fait user
    Deus sun sanc par le mund, pur les anemes salver ;
    En eive e en ampoles fait par le mund porter
    Deus le sanc al martir, pur les enferms saner. »

Il reste à dater cette lettre qui, comme les lettres privées, ne comporte pas les indications officielles de la chancellerie épiscopale. — Les personnages auxquels il est fait allusion nous apportent quelques précisions :

Si Thibaud, comte de Chartres et de Blois de 1152 à 1191[18], Richard, archevêque de Cantorbéry de 1174 à 1184, Herbert, archidiacre de Cantorbéry de 1174 à 1180[19], ne nous permettent pas une approximation aussi grande que les dates de l'épiscopat de Jean de Salisbury (1176-1180), la mention d'Herlewin comme prieur de Christchurch autorise au contraire une date plus précise. Herlewin fut nommé prieur le jour même de l'élection de Benoît comme abbé de Peterborough quelque temps avant l'Ascension de l'année 1177 et le resta jusqu'au 6 août 1179, date où, au témoignage de Gervais de Cantorbéry, il dut résigner sa charge[20].

Voilà qui réduit singulièrement l'époque à laquelle Jean de Salisbury dut écrire cette lettre contemporaine du priorat d'Herlewin. Il est permis de penser qu'elle est au plus tôt du dernier semestre de l'année 1177 et au plus tard du premier semestre de 1179.

Ainsi s'enrichit d'une lettre personnelle, antérieure sans doute à l'acte du 10 juillet 1179 en faveur de l'abbaye de Saint-Père, le recueil des lettres de Jean de Salisbury, évêque de Chartres. C'est une de plus à compter parmi celles déjà très nombreuses qu'il a consacrées à la cause de son ami Thomas de Cantorbéry, après son martyre comme de son vivant, cause qu'il fit sienne par la fidélité de son dévouement.

ADDENDUM

La correspondance de Jean de Salisbury a fait l'objet d'une édition critique (cf. I, p.22, Note additionnelle à la Bibliographie). La nouvelle édition comporte 325 lettres: celle ici publiée est la dernière du recueil; celles citées plus haut, p.180, n.7 et p.181, n.10, portent respectivement les nos 323, 314, 311.

---

nous dit l'auteur dont le poème, commencé en 1172, fut achevé en 1174. (Voir p. 190, vers 6166 à 6170 et Introduction, p. v).
Le *Cartulaire de Notre-Dame de Chartres* (t. I, p. 20, note 1) cite le poème des miracles qui précise quelles reliques du martyr sont vénérées à Chartres :

> « Et seint Thomas de Conteorbere
> De cui sanc ot illuec partie
> Et son coustel d'auceserie. »

Ainsi Jean de Salisbury aurait apporté avec lui à Chartres une ampoule contenant du sang de saint Thomas et peut-être le poignard de l'un de ses meurtriers qu'il légua à son église.
18. CHEVARD, *Histoire de Chartres*, t. II (an X), p. 56.
19. *Fasti Ecclesiae Anglicanae*, diocèse de Cantorbéry; Gervais de CANTORBÉRY, Chronique, t. I, p. 308.
20. Gervais de CANTORBÉRY, *Chronique*, t. I, p. 263 et 293.

La diffusion du culte de Thomas Becket
dans la France de l'Ouest avant la fin du XIIᵉ siècle*

Thomas Becket, l'archevêque martyr de Canterbury, assassiné dans sa propre cathédrale le 29 décembre 1170 et canonisé par le pape Alexandre III le 21 février 1173, a suscité un vaste mouvement de vénération populaire. Ce mouvement, parti de Canterbury même et de plusieurs comtés d'Angleterre (Sussex, Gloucestershire, Berkshire) entre le 31 décembre 1170 et le 4 janvier 1171 — c'est-à-dire à peine l'événement connu — ne tarda pas à s'étendre non seulement à l'Angleterre tout entière, mais encore au continent, singulièrement à travers le royaume de France. A cet égard, la localisation des origines géographiques des pèlerins manifeste une extension rapide autour de Canterbury dans un rayon de 500 km au nord, atteignant la frange limitrophe de l'Écosse, et de près de 700 km au sud avec les villes de Bergerac et du Puy [cartes 1 et 2].

Deux recueils de miracles nous renseignent parfaitement à cet égard. Ils sont dus à deux moines de Christchurch, Benoît de Peterborough et Guillaume de Canterbury[1]. Dès l'origine, Benoît avait reçu la charge d'accueillir les malades ; Guillaume lui fut adjoint en juillet 1172[2]. Ils ont noté au jour le jour les dépositions des pèlerins avec un réel souci d'identification et d'authenticité reposant sur des enquêtes. Grâce à cette documentation exceptionnelle, souvent même critique, il nous est possible de connaître non seulement des cas d'ordre médical — question que nous avons traitée ailleurs[3] — mais aussi certains aspects des relations entre Canterbury, en passe de devenir le centre d'un pèlerinage célèbre, et diverses régions du royaume de France. Benoît de Peterborough avait rédigé la majeure partie de son recueil avant 1175, date où il fut élu prieur de Christchurch ; pour la plupart, les additions sont antérieures à son élection à l'abbatiat de Peterborough, peu avant l'Ascension (2 juin) 1177[4]. Quant à Guillaume, il acheva les cinq premiers livres de son recueil avant l'été de l'année 1174 car, dédiés à Henri II, ils lui furent vraisemblablement offerts lors du pèlerinage

* Nous exprimons nos vifs remerciements à Mᵐᵉ M.-M. Gauthier, maître de recherche au C.N.R.S., directrice du *Corpus des Émaux méridionaux*, à Mᵐᵉ Simone Caudron, assistante au *Corpus*, ainsi qu'à M. Jean Secret, président de la Société historique et archéologique du Périgord, qui ont bien voulu nous transmettre plusieurs photographies illustrant cet article.

1. *Materials for the History of Thomas Becket*, t. I et II, éd. J. C. Robertson, Londres, 1875/76 (« Rolls Series ») [R.S.]. Pour les références, nous distinguons les recueils par l'initiale du nom des auteurs : Guillaume de Canterbury [G.] (t. I, p. 137-546) ; Benoît de Peterborough [B.] (t. II, p. 1-281). Pour les tout premiers pèlerins, cf. B, I, 8 à 12, p. 37-43.
2. G., Prologue, p. 138.
3. *Les « Miracula sancti Thomae Cantuariensis »*, communication présentée au Congrès national des Sociétés savantes en 1972, à paraître dans le « Bull. histor. et philol. du Com. des Trav. histor. ».
4. Gervais de Canterbury, *Chronique*, t. I, p. 263 (R.S.).

pénitentiel que le roi fît à la tombe du martyr, le 12 juillet 1174[5]. Toutefois, le livre VI relate encore des miracles survenus en 1174 ; en effet, l'auteur prend soin de noter, au quatre-vingt-onzième récit de ce livre qui en comporte cent soixante-huit : « C'est par ces miracles et d'autres de même sorte que le martyr, dans les quatre premières années qui suivirent sa passion, a réveillé de manière commonitoire le zèle assoupi en ces derniers temps[6] ». Suivent le rappel des événements relatifs à la grande révolte qui sévit dans les États du Plantagenêt en 1173/74 et le récit de la pénitence du roi et de sa victoire sur Louis VII qui assiégeait la place de Verneuil (14-15 août 1174)[7]. On peut donc considérer que son « reportage » direct prend fin à cette date.

Or, cette courte période de moins de quatre années ne laisse pas d'être cruciale. En 1169/70 Henri II avait instauré un système de strict contrôle des côtes d'Angleterre pour fermer le pays aux émissaires du pape et de l'archevêque[8]. Le 25 janvier 1171, Guillaume archevêque de Sens, alors légat pontifical, avait jeté l'interdit sur ses États continentaux, et le jeudi saint (25 mars), le pape Alexandre III avait frappé le roi d'interdit *ab ingressu ecclesiae*[9]. Henri II s'était alors empressé d'aller achever au profit de la couronne la conquête de l'Irlande, inaugurée par l'un de ses grands vassaux, donnant à l'expédition un caractère de croisade[10]. Les amis de Thomas Becket subissaient toujours les effets de la colère royale. Bref, il faut attendre la réconciliation officielle du roi avec l'Église (Avranches, 27 septembre 1172)[11] et surtout la cérémonie pénitentielle du 12 juillet 1174 pour assister à une normalisation des relations entre le roi, d'une part, le chapitre de Canterbury et ceux qui avaient embrassé, de son vivant, la cause de l'archevêque, d'autre part.

Grâce aux recueils de *Miracula sancti Thomae Cantuariensis*, nous pouvons saisir, dès l'origine, la diffusion du culte du martyr de Canterbury. Nous évoquerons, pour les régions de l'ouest de la France, principalement celles sous domination angevine, les modalités de cette diffusion : d'abord les premiers pèlerins et miraculés, originaires de ces provinces ; puis, la renommée grandissante du saint et l'usage d'un *medium*, « l'eau de saint Thomas » *(fama sanctitalis et aqua sancti Thomae)* ; dans un troisième temps, nous aborderons le problème des reliques du martyr et de leur mode de diffusion ; à ce problème est liée la question des reliquaires en relation avec la vogue des châsses limousines ; nous étudierons enfin, à titre exemplaire, deux fondations et dédicaces de sanctuaires à Saint-Thomas-martyr.

I. Pèlerins et miraculés des provinces de l'Ouest

Une remarque préalable s'impose : une densité plus forte des échanges avec Canterbury, et aussi une précocité réelle, en ce qui concerne les régions riveraines de la Manche, comme d'ailleurs celles de la mer du Nord. Des relations privilégiées, accentuées par la Conquête normande, avaient existé de tout temps entre les rives nord et sud. Au XIIe s., la Normandie était devenue « la plaque tournante » de « l'empire Plantagenêt » et elle fournit alors à

---

5. G., VI, 93, p. 487-489 ; R. Foreville, *L'Église et la royauté en Angleterre sous Henri II Plantagenêt*, Paris, 1943, p. 366.
6. G., VI, 91, p. 485.
7. *Ibid.*, p. 489 et ss ; R. Foreville, *op. cit.*, p. 366.
8. Cf. R. Foreville, *op. cit.*, p. 153 et ss. — Pour le décret de 1169, aggravant l'art. IV de Clarendon, cf. Roger de Hoveden, *Chronique*, t. I, p. 231-232 (R.S.) ; Gervais de Canterbury, *Chronique*, t. I, p. 214-215, texte reproduit dans les *Materials*, t. VII, éd. J. B. Sheppard, Londres, 1887, p. 150 ; trad. R. Foreville, *op. cit.*, p. 154, n. 3.
9. *Materials*, t. VII, p. 471-472, 484 ; R. Foreville, *op. cit.*, p. 324-325.
10. R. Foreville, *op. cit.*, p. 491 et ss.
11. *Ibid.*, p. 329-340 ; 356-361.

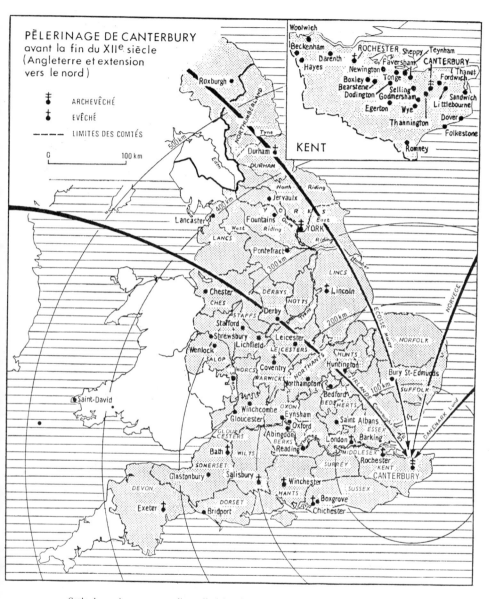

Carte 1. — ANGLETERRE : lieux d'origine des pèlerins d'après les recueils de miracles.

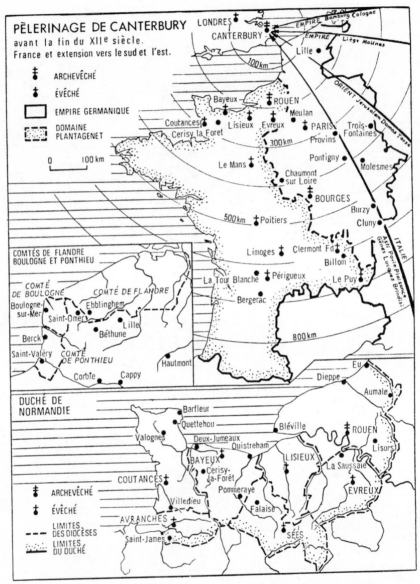

Carte 2. — FRANCE : lieux d'origine des pèlerins d'après les recueils de miracles.

l'Angleterre la majeure partie du personnel gouvernemental. En contrepartie, c'est en Normandie que les relations avec l'Angleterre — du moins pour les personnages en vue — furent le plus strictement contrôlées. Il faudra déborder le domaine Plantagenêt et faire entrer en ligne de compte les franges limitrophes dans le Massif Central, sous contrôle médiat ou immédiat des Capétiens.

En dépit de circonstances peu favorables, de la longueur et des embûches du parcours, très nombreux furent les pèlerins affluant du continent vers Canterbury. Il faut considérer, en effet, que seuls les miraculés ou les porteurs de lettres attestant des miracles ont été consignés dans nos recueils. Nous examinerons, région par région, quelques cas intéressants.

Pour la Normandie, voici d'abord, à l'approche de l'été 1171, parmi les *officiales regis*, Eudes, un chevalier originaire de Falaise[12]. Blessé à l'œil droit au cours d'une joute, sept années durant il n'avait eu l'usage que de l'œil gauche. « Nous l'avons vu accourir à la *memoria* du saint avec des offrandes et des présents », dit Guillaume de Canterbury qui traduit bien la situation lorsqu'il ajoute : c'était « un ami du martyr, de son vivant, sauf l'honneur du roi ». C'est dire qu'il ne s'était nullement compromis.

Gautier, un lépreux, originaire de Lisors[13], relégué plus d'une année dans une maladrerie, obtient un congé et va trouver sa femme afin de se munir d'argent pour le voyage (on sait que les lépreux, outre la séquestration, devaient renoncer à tout bien). Rentré chez lui, guéri, on lui restitue tous ses droits et, désormais, il habite au milieu de ses concitoyens. Et Guillaume ajoute : « Ayant entendu ce récit, j'ai envoyé un émissaire pour enquêter avec soin sur la vérité du fait. »

Geoffroi, un adolescent, originaire de Villedieu[14], à sept milles du Mont Saint-Michel, blessé au bras dans une rixe et frappé à ce même bras par le choc d'un tonneau, d'où fracture et tumeur, quitte sa famille, traverse la mer et au bout de trois jours se trouve guéri.

Albrezza, une femme aveugle du diocèse de Bayeux[15], est conduite par son mari sur les lieux du martyre et recouvre la vue.

Il arrive que les pèlerins se groupent pour entreprendre le voyage alors non dépourvu d'embûches : tel ce jeune homme, Robert d'Eu[16], dont les compagnons, des marchands, disposaient d'un char à quatre roues tiré par deux chevaux ; ou encore, Roger, originaire de Valognes[17], blessé au pied par une hache laissée au milieu de fagots, que l'on hisse sur un véhicule.

Pour le Maine, l'Anjou et la Touraine, quelques cas isolés sont cités. Retenons celui d'Eudes, originaire de Beaumont dans le Maine, qui avait contracté la lèpre auprès d'une prostituée et dont la guérison, après avoir voué le pèlerinage, est attestée par une lettre de Foulque, prieur de Saint-Léonard et d'Hugues du Pré, son curé[18]. C'est muni de cette lettre qu'il se présente aux moines de Christchurch.

Du Poitou[19], voici Matthieu qui sollicite un entretien avec les moines et leur raconte sa

---

12. B., IV, 5, p. 185. Falaise (Calvados), ch.-l. cant. Pour la date précise : « Anno igitur quo gloriosus pontifex Thomas cursus sui certamen compleverat, aestate proxima postquam morte temporali vitam mutavit aeternam. »
13. B., IV, 27, p. 203. Lisors (Calvados), cant. Livarot.
14. G., III, 16, p. 274. Villedieu-les-Poêles (Manche), ch.-l. cant.
15. G., VI, 49, p. 453. Bayeux (Calvados), ch.-l. cant.
16. G., IV, 7, p. 318-320. Eu (Seine-Maritime), ch.-l. cant.
17. G., VI, 159, p. 538. Valognes (Manche), ch.-l. cant.
18. G., IV, 25, p. 340. Beaumont-sur-Sarthe (Sarthe), ch.-l. cant. ; Saint-Léonard-des-Bois (Sarthe), cant. Fresnay-sur-Sarthe ; Pré-en-Pail (Mayenne), ch.-l. cant.
19. G., VI, 35, p. 445.

guérison d'un chancre ou *lupus* dont il souffrait depuis trente ans, survenue la seconde année de la passion du martyr, c'est-à-dire en 1172.

Voici encore Pierre, moine de Saint-Cyprien de Poitiers[20], frappé de lèpre après douze années de vie cénobitique. Devenu à charge à ses frères en religion, on le place dans une maladrerie. Il décide d'aller en pèlerinage à saint Thomas et part accompagné d'un frère.

En Périgord, c'est le cas d'un médecin hydropique de Bergerac[21]. Sur le conseil du confrère qui le soignait, il avait pris ses dernières dispositions ; mais il avait aussi placé son espoir dans le martyr qu'il priait assidûment. Une nuit, au cours d'une vision et d'une mystérieuse opération, dont il garde les cicatrices, il est guéri. Les moines ont vent de la chose. De son côté, l'évêque de Périgueux, alors Pierre Mimet, refusant d'ajouter foi à des « on-dit », se rend à Bergerac, interroge le médecin qui avait soigné le malade. Et Guillaume ajoute : « C'est de la bouche de l'évêque que nous tenons ce récit ». L'évêque se serait donc rendu à Canterbury.

Diverses places du Périgord et du Limousin, notamment de l'actuel département de la Corrèze, sont notées ; nous y reviendrons. D'Auvergne et du Velay également, dont nous retiendrons seulement ici le pèlerinage de deux couples, l'un de Billom, l'autre du Puy[22]. Les maris ont amené à la tombe du martyr leurs femmes, guéries d'un état de mort apparente. Enfin, la petite-fille de Jean Sistercius, habitant du Puy, est guérie d'une fistule à la main parce que sa femme — ayant entendu maintes personnes, qui se rendaient auprès du bien-heureux Thomas, ou qui en revenaient, affirmer les guérisons innombrables opérées par ses mérites — prit le moulage en cire de la main malade et le fit porter à la tombe du martyr[23]. Le récit est la simple transcription de la lettre d'attestation de Pons, évêque de Clermont, au prieur et aux moines de Christchurch. Il atteste par là-même l'intercourse entre ces régions du Massif Central, traversées par l'un des principaux chemins des jacquaires, pèlerins de Compostelle, et le nouveau centre de pèlerinage, Canterbury.

Les pèlerins, à de très rares exceptions près, sont d'humbles gens, n'assumant que leur propre destin, sans charges ni responsabilité. En Normandie — où la réserve est de rigueur — on rapporte qu'Arnoul, évêque de Lisieux (dont l'attitude pendant le conflit fut pour le moins ambiguë), s'est rendu sur les lieux d'un accident survenu à un terrassier miraculeusement sauvé, et qu'il a interrogé la victime. Mais il n'a pas envoyé de lettre d'attestation[24].

Déjà se dessine un réseau de relations au sein de régions éloignées (Périgord, Limousin, Auvergne, Velay) où résonne l'écho de la *fama sanctitatis*, la réputation de sainteté. Celle-ci suscitera vénération et culte local autour de *media*, qu'il s'agisse de « l'eau de saint Thomas » ou, un peu plus tard, de reliques du martyr.

II. « FAMA SANCTITATIS » ET « AQUA SANCTIFICATA »

Canterbury est au terme d'un long et périlleux voyage. Il n'est pas toujours nécessaire de se rendre *ad memoriam sancti Thomae*, encore que le séjour à Canterbury (dans certains cas jusqu'à six mois), l'incubation sur la tombe du martyr, les prières assidues au lieu même de sa passion, puissent apparaître comme des moyens privilégiés de solliciter ses bienfaits.

---

20. G., II, 56, p. 217-219 ; abbaye bénédictine ; aujourd'hui, le faubourg Saint-Cyprien, au-delà du Clain.
21. G., III, 4, p. 261-262. Bergerac (Dordogne), ch.-l. arr.
22. G., VI, 31, p. 443. Billom (Puy-de-Dôme), ch.-l. cant. ; Le Puy (Haute-Loire), ch.-l.
23. G., VI, 6, p. 413-415.
24. G., III, 2, p. 256.

Ceux-ci peuvent être transmis par des *media*, notamment, dès l'origine, l'eau du martyr : *aqua sanctificata, aqua sacra, aqua salutaris*. Quelques épisodes en portent témoignage.

En Normandie, un enfant de trois ans, Geoffroi, originaire d'Eu[25], a été emmené auprès du martyr en action de grâces pour guérison d'une blessure à la tête par chute d'une marmite et de la crémaillère. Sur le conseil d'un chevalier qui revenait de Canterbury, on avait infusé dans sa bouche de l'eau du martyr.

A Périgueux[26], un jeune Anglais souffrait d'hémitritée (fièvre demi-tierce) et il était tombé dans un état de mort apparente. « Qu'on aille chercher l'eau du martyr, et il revivra ! » Il y avait quatre milles à parcourir. Il pourrait s'agir de l'abbaye de chanoines réguliers de Chancelade dont l'autel fut consacré en 1178 *in nomine Dei et honorem S. Crucis et S. Marci et S. Martini et S. Catharinae virginis et S. Thomae Cantuariensis*.

Une fillette du nom d'Emeline, fille de Renaud d'Arches — apparemment une localité d'Auvergne[27] — blessée par des jets de pierres, rejette le sang par la bouche et les narines. Vient à passer en ce lieu un chevalier pèlerin du martyr : entendant les plaintes de l'enfant, il lui donne à boire de l'eau du martyr qu'il portait sur lui.

Mais voici que s'élèvent maintenant des voix autorisées. L'évêque de Clermont, Pons, écrit à l'archevêque de Canterbury — alors Richard de Douvres[28], successeur immédiat de Thomas Becket — et au chapitre de Christchurch qu'il a fait vœu d'aller en pèlerinage à la tombe du martyr et qu'il s'apprêtait à prendre la route lorsque des affaires urgentes le retinrent. Ce qu'il avait l'intention de leur dire de vive-voix, il l'écrit. Une jeune fille de Cussac[29], localité alors au diocèse de Clermont, frappée de mutisme le jour de ses noces, resta muette trois ans. Un chevalier, revenant de la *memoria* de saint Thomas et passant par Meyssac en Limousin[30], offrit en ce lieu une ampoule d'eau sanctifiée *(vas aquae sanctificatae)*. Les malades accourent : Dieu opère plusieurs miracles là où elle fut déposée ; la jeune femme s'y rend, elle est guérie.

Mais Pons de Clermont une fois libéré de ses obligations accomplit son vœu. Il était rentré depuis quelques jours seulement lorsque Louis VII tint un grand plaid à Bourges. Pons entreprend alors, devant le roi de France, les archevêques de Bourges et de Sens, les évêques et les grands du royaume, le récit des miracles que Dieu opère *ad memoriam sancti Thomae in Arvernia*, au tombeau du martyr en faveur de l'Auvergne. On lui demande s'il avait vu de ses propres yeux un miracle dont il pourrait porter témoignage sur son ordre (c'est-à-dire en toute vérité, au péril de la dignité épiscopale). Il évoque alors la guérison d'un chevalier noble et riche, de sa propre cité, Jean surnommé le Scot, lépreux, éloigné de tout lieu public, abandonné de sa femme : au récit des miracles, il s'était rendu à Canterbury où il avait séjourné près de six mois. Guéri à son retour, et sollicité de se présenter devant l'assemblée, Jean le Scot refuse, car il ne veut pas qu'on apprenne qu'il a été frappé d'une maladie si répugnante qu'on la considérait alors, plus encore que toute autre souffrance, comme le signe et la rançon du péché personnel. Thibaud, comte de Blois et de Chartres, sénéchal de France, exprime sa réprobation devant une telle attitude. Ce récit circonstancié de l'assemblée

25. G., II, 42, p. 203.
26. G., IV, 54, p. 367. Périgueux (Dordogne), ch.-l.
27. G., VI, 32, p. 443. Arches (Cantal), cant. Mauriac.
28. Richard avait été consacré par Alexandre III à Anagni le 7 avril 1174.
29. G., VI, 23, p. 435-436. Cussac (Cantal), cant. Saint-Flour, aujourd'hui au diocèse de Saint-Flour.
30. Meyssac (Corrèze), ch.-l. cant. *Maentiatum*, faussement traduit par Maymac dans les *Materials*, à rapprocher de *Menciacum*, localisé au comté de Turenne (cf. *infra* et n. 47).

de Bourges — confirmé par Pons lui-même — émane de Jean de Salisbury venu dans la suite de Thibaud. Deux ans plus tard, il était promu évêque de Chartres[31].

Il faut s'arrêter un moment sur l'assemblée de Bourges que l'on doit dater de 1174[32]. Il y a là, réunis au sud du domaine capétien, des hommes qui furent les amis de Thomas Becket et ses meilleurs appuis : l'archevêque de Sens, Guillaume aux Blanches-Mains, de la maison de Champagne ; Guarin, archevêque de Bourges, ex-abbé de Pontigny, qui avait accueilli l'exilé ; Pons, évêque de Clermont, ex-abbé de Clairvaux : il avait succédé à Geoffroy d'Auxerre déposé en 1165 pour divers motifs où se mêlent les querelles relatives à la rédaction des *Vitae s. Bernardi* et les menaces pesant sur l'Ordre cistercien en raison du séjour de Thomas dans l'abbaye[33]. Et puis tant d'autres sans doute, parfois obscurs, que l'archevêque avait rencontrés à Bourges, moins de dix ans auparavant : les moines de Saint-Outrille et les chanoines de Saint-Satur, affiliés à l'Ordre victorin, qui avaient soutenu et aidé l'exilé. L'atmosphère contraste vivement avec la réserve prudente des prélats normands en ces mêmes années.

Dans cette même lettre, qu'il adressait à ses amis très chers, le prieur Odon et le sous-prieur Guillaume, Jean de Salisbury raconte un autre miracle, la guérison d'un adolescent, au service du monastère de Saint-Outrille à Bourges[34], lequel, couvert de fistules, obtint qu'une goutte de la *sacra liquor* fût versée sur ses plaies. Mais qu'était au juste « l'eau de saint Thomas » ? A Canterbury même, l'usage en fut introduit très tôt : dès le 5 janvier 1171, Benoît note le cas d'un prêtre de Londres atteint de paralysie qui « demanda et obtint une goutte du sang du martyr et on lui donna à boire de l'eau sanctifiée par une goutte semblable » ; il ajoute : « cette pratique, certainement inaugurée de par la volonté divine, est devenue courante[35]... ». Plus tard, dans le récit d'un miracle survenu à Chartres en faveur d'un tailleur de pierres, Jean de Salisbury, devenu évêque, écrit à l'archevêque Richard et au prieur Herlewin : « Je priai d'aller quérir l'ampoule où j'avais recueilli le sang du bienheureux Thomas et que j'avais apportée avec moi à Chartres », mais il ajoute : « ainsi que de l'eau pour la laver... Ayant bu l'eau dans laquelle j'avais lavé l'ampoule et le couteau du martyr, aussitôt il recouvra la santé[36]... ». Telle devait être la pratique courante apparentée au « vinage ».

La plupart des pèlerins, au moins dans les premières années, rentraient chez eux portant, suspendue à leur cou, une fiole contenant quelques gouttes de « l'eau salutaire » dont ils usaient à leur tour pour soulager les malades, les infirmes, les accidentés. Confectionnées d'abord en bois, puis en terre, mais peu étanches, ces fioles *(philae, ampullae, pocula)* furent ensuite façonnées en plomb ou en étain[37]. Mais « l'eau de saint Thomas » — sauf

---

31. G., VI, 57, p. 458-459 ; et G., VI, 58, p. 460-461.
32. Louis VII séjourna à Bourges en 1174 et 1175 (A. Luchaire, *Études sur les actes de Louis VII*, Paris, 1885, p. 68). Nous optons pour l'année 1174 — avant la mi-août en raison des précisions données par Guillaume de Canterbury au même Livre VI, récit n° 91. Cf. *supra*, p. 348. Remarquons toutefois qu'une date clé fait défaut : celle de l'élection de Guarin au siège de Bourges en 1174, ou de son sacre (évoqué par Guillaume, VI, 151, p. 533).
33. Sur cette question, cf. A. H. Bredero, *Thomas Becket et la canonisation de saint Bernard*, dans *Thomas Becket, Actes du Colloque International de Sédières (19-24 août 1973)*, éd. Raymonde Foreville, Paris, 1975, p. 95 et ss.
34. G., VI, 57, p. 459-460. Thomas Becket avait reçu l'hospitalité des chanoines de Saint-Outrille lorsqu'il séjourna à Bourges auprès d'Alexandre III (28 avril-17 mai 1165) au cours du voyage du pape lors de son retour vers l'Italie. Pour Saint-Satur, aujourd'hui Sancerre, ch.-l. c., arr. de Bourges, cf. *infra*, n. 61.
35. B., I, 12, p. 42. Il semble que, dans les premiers temps, les moines aient plus libéralement donné une goutte du sang du martyr ; ainsi, à la requête d'une religieuse, Ulviva, qui en sollicita la valeur d'une coque de noisette : « quantam videlicet portionem nocis avellanae concha continere valeret » (B., I, 17, p. 49) ; voir *ibid.*, 19 et 20, p. 52-54.
36. R. Foreville, *Une lettre inédite de Jean de Salisbury, évêque de Chartres*, « Rev. d'hist. de l'Église de France », XXII, 1936, p. 179-185, qui doit être datée entre juillet 1177 et juin 1179. L'obit de l'évêque, au 25 octobre (1180) atteste qu'il enrichit l'église cathédrale de « deux vases précieux dont l'un contient du sang du glorieux martyr Thomas qui est encore liquide, nous le certifions pour l'avoir vu » (*Cartulaire de N.-D. de Chartres*, t. III, p. 202).
37. L'ampoule était munie d'une petite courroie : *ampulla cum corrigiola sua* (G., VI, 79, p. 477). La fiole est d'abord *vas ligneum* (B., I, 17, p. 49), *pyxix lignea* (B., II, 19, p. 69), *pyxix buxea* (B., I, 20, p. 53) ; *ampulla vitrea vas fragile* (B., I, 17) ; plus tard, le métal *(stamen)* remplace les autres matières (voir le récit relatif au fondeur de Londres, G., VI, 62, p. 464-465). Dans la suite, la matière n'est plus spécifiée.

s'il y est déposé une goutte de sang — n'est pas, à proprement parler, une « relique ». La canonisation (21 février 1173) et la prescription de culte universel (10-12 mars 1173) allaient ouvrir la voie à la distribution officielle de reliques[38]. Toutefois le tombeau dans la crypte était scellé. De quelles reliques s'agit-il et comment furent-elles distribuées ?

III. LA QUÊTE DES RELIQUES ET LEUR MODE DE DIFFUSION

Pour les régions de l'Ouest, les témoignages dont nous disposons permettent d'avancer qu'il s'agit d'une faveur généralement réservée à des personnages et à des églises insignes. Nul doute que les amis de saint Thomas en eurent leur part. Parmi ces amis, Jean Bellesmains, évêque de Poitiers, revient de Canterbury avec des reliques du martyr, certainement en 1174. Voici ce qu'il écrit au prieur Odon :

> Sachez qu'après... avoir reçu du roi le signe de paix et de grâce... nous sommes heureusement rentré chez nous. Là, nous fûmes accueilli avec grande révérence et dévotion par le clergé et le peuple, par la grâce du martyr dont les reliques, par notre ministère et votre bienfait, vont illustrer notre cité...[39].

Quelque temps après, nous apprenons qu'un homme noble du Poitou, châtelain de Parthenay[40], s'en va mettre un cierge et prier en l'église Saint-Pierre — la cathédrale — où des reliques du martyr sont dignement honorées.

Ce même Jean Bellesmains, dans une nouvelle lettre au prieur Odon, confirme les faits relatés par un tisserand de La Tour Blanche, à quatre milles de Périgueux. Il avait volé une pièce de toile ; condamné à la pendaison par la justice du seigneur, le prieur de Cercles, près La Tour Blanche[41], et bel et bien pendu, il avait, contre toute attente, échappé à une mort certaine. Or, les porteurs de la lettre — des hommes nobles demeurant à une lieue de l'endroit où se dresse le gibet où le voleur fut pendu — étaient des diocésains de l'évêque de Périgueux, lequel a rapporté et certifié les faits à son collègue. Et l'évêque de Poitiers poursuit en sollicitant quelque privilège en leur faveur :

> Nous vous prions de répondre à la dévotion de ces hommes, qui ont affronté les périls de la mer et de la terre pour aller vénérer le saint martyr Thomas, par quelque faveur et de les admettre aux sanctuaires les plus éloignés auxquels on ne peut accéder sans être muni de lettres de recommandation. Qu'il vous plaise aussi de leur donner un petit morceau de vêtement du bienheureux martyr, ou quelque autre gage susceptible d'accroître leur dévotion. Car ils ont le désir d'ériger en leur lieu d'origine un autel en l'honneur du saint martyr[42].

Ce texte est particulièrement significatif. D'abord, qu'est-ce que ces sanctuaires les plus éloignés et les plus secrets *(ulteriora sancluaria)* ? Il ne peut s'agir que du reliquaire renfermant « la couronne », c'est-à-dire la partie supérieure du crâne, marquée par l'onction du sacre et plus ou moins délimitée par la tonsure, partie qui fut détachée par le dernier coup d'épée porté au martyr[43]. Les termes en lesquels s'exprime Jean Bellesmains attestent que, dès avant la reconstruction du chœur où une chapelle spéciale, également dénommée « la couronne » sera érigée pour abriter cette insigne relique — et, par voie de conséquence,

---

38. Lettres d'Alexandre III des 10 et 12 mars 1173 *(Materials,* t. VI, p. 544 à 550). Les problèmes canoniques relatifs aux reliques sont étudiés dans leur contexte historique par Nicole HERRMANN-MASCARD, *Les reliques des saints. Formation coutumière d'un droit,* Paris, 1975 (« Soc. d'hist. du droit. Coll. d'hist. institut. et soc. », 6).
39. G., VI, 26, p. 438.
40. G., VI, 109, p. 502. Parthenay (Deux-Sèvres), ch.-l. arr.
41. G., V, 1, p. 369-372. Cercles et La Tour Blanche (Dordogne), cant. Verteillac.
42. *Ibid.,* p. 373.
43. A. J. MASON, *What Became of the Bones of St Thomas?,* Cambridge, 1920, p. 45-55. — Le terme *sanctuarium* peut désigner aussi bien les reliques que le coffret, châsse ou reliquaire qui les abrite.

avant l'incendie du 5 septembre 1174[44] — on avait déjà fixé la place de ce reliquaire ua fond du chœur, derrière le maître autel. Mais l'emploi du pluriel laisse entendre l'inclusion d'un autre lieu sacré : le *martyrium*, autel érigé à « la pointe de l'épée » dans le transept septentrional de la cathédrale romane. D'autre part, nous apprenons aussi que les reliques alors distribuées, en dehors des églises insignes, le sont pour des fondations d'autels et consistent généralement en petits fragments d'étoffe provenant des vêtements du martyr.

Sur la quête des reliques, un autre témoignage nous est offert : un moine de la Chaise-Dieu, vivant en ermite au Mont Notre-Dame, à deux milles de Clermont-Ferrand[45], à la suite d'une vision, s'en va trouver ses frères afin qu'ils envoient à Canterbury chercher des reliques et qu'ils célèbrent la mémoire de saint Thomas.

Le problème de la distribution des reliques a été évoqué lors du Colloque international de Sédières en 1973. Les conclusions du débat ont mis l'accent sur le rôle d'Hubert Walter, transféré en 1193 du siège de Salisbury à celui de Canterbury, et sur l'impact de Richard Cœur de Lion, notamment dans l'essor que prend alors la fabrication et la diffusion des châsses en émail de Limoges dont un nombre important furent destinées à des reliques de saint Thomas[46]. Nous estimons aujourd'hui que la question est plus complexe : des éléments nouvellement acquis doivent être pris en considération. Ils impliquent l'intervention des prieurs de Christchurch d'une part, la chronologie et la destination des châsses de saint Thomas en émail de Limoges d'autre part.

Selon les normes canoniques, le sépulcre ne devait être ouvert qu'en présence des autorités ecclésiastiques pour la reconnaissance du corps en vue d'une translation. Mais les convoitises, les vols clandestins de reliques insignes, leurs pérégrinations, en dehors même des périodes de troubles, sont notoires. A cet égard, les moines de Christchurch ont été les gardiens vigilants de la tombe de leur martyr et ils se sont montrés rigoureux dans la distribution des reliques corporelles. Il ne saurait être question de reliques prélevées sur les ossements du saint avant l'ouverture de la tombe dans la crypte et leur reconnaissance par l'archevêque Étienne Langton, assisté de Richard, évêque de Salisbury, au cours de la veillée du 4 au 5 juillet 1220, soit à l'avant-veille de la translation solennelle (7 juillet)[47], à l'exception de quelques fragments brisés par le coup ultime qui lui fut porté sur le crâne, comme le manifestent plusieurs récits. Il est non moins certain que, dès 1185, la reconstruction du chœur de la cathédrale ayant été menée à bien après l'incendie, l'archevêque nouvellement élu, Baudouin de Ford, envisageait la translation du corps saint.

A cette date, le prieur Alain, excipant du désir unanime du chapitre de Christchurch de procéder à l'élévation solennelle des restes du martyr, sollicitait l'appui du roi, Henri II, soulignant aussi la nécessité d'achever les préparatifs de la cérémonie[48].

44. Gervais de Canterbury, *Chronique*, t. I, p. 3-5, 250. Pour la reconstruction du chœur, *ibid.*, p. 19-22 ; R. Foreville, *L'Église et la royauté...*, p. 367 ; Id., *Le Jubilé de saint Thomas Becket du XIIIe au XVe siècle*, Paris, 1958, p. 12-13.
45. Montferrand (Puy-de-Dôme), aujourd'hui englobé dans la commune de Clermont-Ferrand.
46. Voir *Thomas Becket* (cité supra, n. 33), p. 273-274.
47. R. Foreville, *Jubilé* (cité supra, n. 44), p. 8. Étienne Langton préleva alors quelques fragments d'os à titre de reliques dont il devait honorer d'insignes églises et le pape lui-même (Walter de Coventry, *Memoriale*, éd. W. Stubbs, t. II, Londres, 1873, p. 248 (R.S.).
48. « ... Nunc autem per Dei gratiam parata sunt ea quibus res ipsa videbatur maxime indigere, si tamen id sederit vestro beneplacito, ut sequenti anno medium Maii tantum negotium possit terminari. Oportet enim ad ejus executionem plurima praeparari... » (*Materials*, t. VII, p. 581-582 ; cité *in extenso* dans R. Foreville, *Jubilé*, p. 5, n. 5). La lettre du prieur Alain est postérieure à l'intronisation de l'archevêque Baudouin (19 mai 1185) et antérieure non seulement au transfert du prieur sur le siège abbatial de Tewkesbury (mai 1186), mais aussi au différend qui opposa le nouvel archevêque au chapitre dès la fin de l'année 1185.

L'affaire, toutefois, ne devait pas tarder à être enterrée et la hache de guerre déterrée, l'archevêque ayant résolu d'ériger, dans la banlieue immédiate de Canterbury, une église sous le double vocable de Saint-Étienne-protomartyr et Saint-Thomas-martyr, qui serait desservie par un collège de chanoines, et d'y transférer le nouveau martyr[49]. Authentique ou forgée à dessein, l'anecdote rapportée par Gervais de Canterbury dans sa Chronique, à l'année 1186, est significative de l'état d'esprit du chapitre, de sa résolution de préserver l'inviolabilité de la tombe dans la crypte de la cathédrale et l'intégrité du corps saint qu'elle recélait, de faire, enfin, de la translation son affaire personnelle en la remettant à des jours meilleurs. Il s'agit d'une vision prémonitoire d'un moine de Christchurch, selon laquelle l'archevêque Baudoin s'était rendu à Canterbury (rappelons que la résidence archiépiscopale était à Lambeth près de Londres) afin de procéder à la translation du corps de saint Thomas. L'ayant sorti du sarcophage, il s'apprêtait à en amputer la tête. En vain, par ses menaces, le moine avait-il tenté de l'en empêcher. Méprisant l'avertissement, il allait accomplir son geste : alors sa mitre tomba et la vision s'évanouit laissant le moine pantois à son réveil[50].

Si l'intégrité du corps saint reposant dans la crypte fut respectée jusqu'à sa translation en 1220, sous la garde vigilante des moines, il n'en reste pas moins que le prieur, ès-qualité, exerça certains droits, eu égard au don exceptionnel de fragments de la « couronne » de saint Thomas. Deux épisodes, dûment circonstanciés et datés, en administrent la preuve. Le premier concerne Benoît, prieur de Christchurch de 1175 à 1177, date de son élévation à l'abbatiat de Peterborough. Le chroniqueur de Saint-Augustin — l'abbaye voisine de la cathédrale, et rivale — William Thorn, relate au chapitre XIII de ses Gesta abbatum, après la déposition de l'intrus Clarembaud sur ordre du pape en 1176, l'accession de Roger :

> Les moines de Saint-Augustin se réunirent au jour fixé pour l'élection, la Saint-Denis (9 octobre). Ils élurent un certain Roger, moine de Sainte-Trinité (autre vocable de Christchurch) qui était gardien de l'autel auprès duquel saint Thomas fut martyrisé (le *martyrium*) dans l'espoir d'obtenir, grâce à lui, des reliques spéciales du martyr, car ils répugnaient à quémander de l'eau [de saint Thomas] outre mer, comme s'ils n'avaient pas, dans leur propre monastère, des eaux salutaires de tant de rois, d'archevêques, d'apôtres divers, de martyrs et autres saints. En cela ils ne se trompèrent point : en effet, ils obtinrent, par Roger lui-même, entre autres reliques, une grande parcelle de la couronne détachée du crâne avec un [fragment] non modique du cerveau dudit martyr. En contre-partie de ces reliques, fut statuée pacifiquement entre nous et le prieur de ce lieu [Benoît] une composition sans aucune utilité pour nous et fort incommode[51].

Suit la charte en question : il s'agit de l'échange de quelques tenures que Saint-Augustin possédait à proximité du campanile de la cathédrale et de la partie sud du cimetière des moines, lesquelles, en raison des trop fréquents incendies, constituaient un danger permanent[52], ce qui s'était tristement vérifié en 1174.

Ce texte illustre la défiance qui régnait entre les deux communautés bénédictines depuis que Saint-Augustin relevait du droit pontifical par concession d'Innocent II en 1142 et se refusait à la profession d'obédience de l'abbé envers l'archevêque de Canterbury[53]. Il éclaire

---

49. Sur ce long conflit, dont les *Epistolae Cantuarienses* (éd. W. STUBBS au t. II des *Chronicles and Memorials of the Reign of Richard I*, Londres, 1855 [R.S.]) et les chroniques du temps relatent le déroulement, cf. R. FOREVILLE, *Église et royauté*, p. 536-542 et références.
50. GERVAIS DE CANTERBURY, *Chronique*, éd. STUBBS, t. I, Londres, 1879, p. 341-342.
51. WILLIAM THORN, *De rebus gestis abbatum S. Augustini Cantuariae*, dans TWISDEN, *Historiae Anglicanae Scriptores decem*, Londres, 1652, chap. XIII, c. 1819-1820.
52. *Ibid.*, chap. XIV, c. 1819.
53. R. FOREVILLE, *Église et royauté*, p. 524 et ss.

aussi le rôle exclusif du prieur dans la répartition exceptionnelle de reliques corporelles prélevées uniquement sur la « couronne » avant la translation de 1220.

Mais cédons la parole à Benoît lui-même. Il rapporte un fait curieux[54], contemporain de la captivité de Richard Cœur de Lion. Une rumeur court en Angleterre : le roi est libéré, il est parvenu jusqu'à Rouen. C'était pendant le carême de l'année 1193. Geoffroi, prieur de Christchurch depuis le 10 mai 1191, s'empresse d'aller au-devant du roi, portant sur lui quelques fragments de vêtements du martyr et un os de la couronne *(os quoddam de corona ipsius)*, relique insigne qu'il comptait bien offrir au roi : en effet, constatant la vanité de sa démarche — Richard devait débarquer à Sandwich le 20 mars 1194, soit un an après — il distribue les reliques à la requête de personnes religieuses, mais se réserve pour lui-même ce fragment d'os. Retardé par divers incidents, attendant le vent favorable à Eu, il s'aperçoit qu'il a égaré cet os ; il le recouvrera à Canterbury la veille de Pâques (27 mars 1193) alors que, s'apprêtant à monter à l'autel, il dépose les reliques qu'il portait à son cou, afin d'avoir une plus grande aisance pour célébrer l'office. Quelques moines de Christchurch — sinon tous — pouvaient jouir d'une faveur analogue. L'un d'entre eux nous est signalé : *phylacterium cum reliquiis praedicti martyris quod collo appensum gerebat*. Et ce reliquaire était de prix puisque « serti d'or, d'argent et de pierres précieuses[55] ».

Il existait donc des reliquaires à usage privé, que l'on portait suspendus au cou comme les fioles « d'eau sanctifiée ». C'était une pratique fort ancienne — peut-être d'ailleurs d'origine païenne, à l'instar des amulettes — puisque le Trésor de la cathédrale de Reims possède un reliquaire pendentif de Charlemagne trouvé à son cou lors de l'ouverture de sa tombe à Aix-la-Chapelle en 1166. Et nous savons aussi que Guillaume le Conquérant, avant d'engager la bataille de Hastings, avait suspendu « à son cou les reliques dont Harold s'était aliéné la protection en violant la foi qu'il avait jurée sur elles[56] ».

La meilleure idée que l'on puisse avoir de ces sortes de reliquaires nous est donnée par le reliquaire pendentif en or que l'évêque de Bath, Reginald Fitz Jocelin, offrit à Marguerite, reine douairière de Sicile (après 1174 et avant 1183), déposé aujourd'hui au Metropolitan Museum of Art, New York[57]. Les reliques étaient visibles sur la face antérieure où on lit encore, gravée dans le métal, cette inscription :

DE SANGUINE S(AN)C(T)I THOMAE M(ARTY)RIS. DE VESTIBU(S) SUIS SANGUINE SUO TINCTUS

DE PELICIA DE CILITIO. DE CUCULLA. DE CALCIAMENTO. ET CAMISIA

---

54. B., VI, 3, p. 268-269. Bien que les derniers récits du Livre VI relèvent d'une continuation *post mortem*, celui-ci relate un fait antérieur de six mois à la mort de Benoît, survenue le 29 septembre 1193 (Robert SWAPHAM, cf. réf. n. 68).
55. *Ibid.*, p. 269.
56. GUILLAUME DE POITIERS, *Histoire de Guillaume le Conquérant*, éd. R. FOREVILLE, Paris, 1952, p. 180-182 (« Classiques de l'histoire de France au moyen âge »).
57. Publ. P. A. NEWTON, *Some New Material for the Study of the Iconography of St. Thomas Becket*, dans *Thomas Becket...* (cité *supra*, n. 33).

Fig. *a*. — NEW YORK. Metropolitan Museum of Art. Reliquaire de la reine Marguerite. Face.

Sur la face postérieure, un évêque en vêtements épiscopaux, crosse dans la main gauche, bénit de la droite une reine couronnée. Tout autour, court cette inscription :

ISTUD REGINE MARGARETE SICULOR(UM) TRA(N)SMITTIT PRESUL RAINAUD(US) BATONIOR(UM).

Fig. *b*. — *Id*. Revers.

Les églises, elles aussi, cherchaient à obtenir des reliques du martyr et devaient se préoccuper de les loger dignement afin de les conserver, de les honorer, de les exposer à la vénération des fidèles. Or, un nombre important de châsses limousines, bien qu'anépigraphes, peuvent être aujourd'hui indubitablement attribuées aux reliques du martyr de Canterbury.

IV. Les châsses de saint Thomas en émail de Limoges

La diffusion du culte de Thomas Becket dans l'ouest de la France ne saurait être entièrement dissociée d'un autre courant, une sorte de choc en retour, intéressant plus particulièrement le Limousin. Quarante-cinq châsses limousines représentant le meurtre de l'archevêque ont été recensées à ce jour par le *Corpus* des émaux méridionaux[58]. Si l'on considère que d'autres, en plus grand nombre sans doute, ont subi l'épreuve du temps ou, pour ce qui concerne l'Angleterre, furent détruites en exécution des ordres de Henri VIII, il y eut là un important marché suscité par la piété envers le martyr, à une époque où justement se répandait la vogue de l'*opus lemoviticum*, c'est-à-dire de l'émail limousin champlevé. La diffusion de ces objets à destination de l'Angleterre nous paraît cependant étroitement liée à des circonstances précises qui ne sont pas étrangères à l'impact de Richard Ier, de ses agents en Aquitaine, ni à l'action d'Hubert Walter. Celui-ci allait être désigné par le roi pour le siège de Canterbury, puis élevé au rang de chancelier et, dans la suite, exercer les fonctions de justicier en chef. Encore évêque de Salisbury, il avait été spécialement délégué dans le royaume à l'issue de la croisade pour présider à la collecte des fonds destinés à payer la rançon du roi. Mais la somme exigée « excédant les cens levés, on procéda à la réquisition d'objets divers ; on prit les calices dans les églises, les vases d'or et d'argent à usage sacré[59] ». Nul doute qu'il ait fallu remplacer ces objets. C'est alors sans doute que l'œuvre de Limoges commença à concurrencer en Angleterre les objets d'ivoire de facture arabe, provenant de Sicile ou du sud de l'Italie, tel ce coffret que Gautier de Coutances, alors chancelier, avait acheté en 1166/67 pour abriter les ossements de saint Petroc[60] [fig. 1]. Dans les statuts synodaux de Guillaume de Blois pour le diocèse de Worcester (1229) sont prescrits les ornements et vases sacrés que chaque église est tenue de posséder pour le culte eucharistique, entre autres : « deux pyxides en argent ou en ivoire ou *opere lemovitico*[61] », c'est-à-dire en émail de Limoges. En ce qui concerne les châsses, on peut penser que celles de Limoges, par leurs dimensions, leur forme et leur iconographie, mieux appropriées à leur destination — conservation, mais aussi ostension aux fidèles — avaient, dès la fin du XIIe s., surclassé les simples coffrets.

Nous voudrions souligner ici l'intérêt, eu égard à la diffusion du culte de saint Thomas et aux relations entre l'Angleterre et le sud-ouest de la France, des travaux de Marie-

---

58. S. Caudron, *Les émaux champlevés méridionaux dans les cabinets d'amateurs britanniques des XVIIe et XVIIIe siècles* [mémoire de maîtrise dactyl.], octobre 1975, p. 98. Nous remercions vivement Mme Caudron qui nous a généreusement communiqué son mémoire auquel nous nous référons particulièrement pour les châsses de Thomas Becket.

59. « Redemptionis quidem occasione, ut ad taxatam summam census excresceret, in omni gente sua fiebat collecta plurima et variarum rerum distractio. Accipiebantur calices ab ecclesiis, et vasa aurea vel argentea in usus ecclesiasticos sacrata » (*Itinerarium peregrinorum et gesta regis Ricardi (1187-1199)*, éd. Stubbs, dans *Chronicles and Memorials of the Reign of Richard I*, t. I, Londres, 1864, p. 443 [R.S.]).

60. C. N. L. Brooke, *London 800-1216: The Shaping of a City*, Londres, 1975, p. 273.

61. *Councils and Synods... Relating to the English Church*, éd. F. M. Powicke et C. R. Cheney, t. II, I : *1205-1265*, Oxford, 1964, p. 171. Sur le continent l'*opus lemoviticum* paraît avoir eu une diffusion plus précoce. Ainsi, les objets précieux signalés par Jean de Saint-Satur dans une lettre au prieur Richard de Saint-Victor, à l'occasion d'une dette contractée pour faire face aux déplacements de Thomas Becket qu'il était chargé d'accompagner, sans doute au retour de l'expédition de Bourges en 1165 (Jean Chatillon, *Thomas Becket et les victorins*, dans *Thomas Becket...*, cité *supra*, n. 33, p. 90).

LA DIFFUSION DU CULTE DE THOMAS BECKET

Madeleine Gauthier et de Simone Caudron. Le Colloque de Sédières fut le point de départ d'une tentative de datation des châsses de Thomas Becket « fondée principalement sur une évolution stylistique dont les termes se situeraient entre 1195 et 1220[62] ». Depuis lors, les recherches poursuivies dans ce sens ont abouti à des conclusions neuves permettant de resserrer la « fourchette chronologique », de reconstituer, pour la période moderne, la filière des successions et des ventes, voire d'appréhender dans certains cas la localisation originelle de telle ou telle châsse, d'affirmer enfin avec certitude — car toutes ces châsses sont anépigraphes — ce qui était apparu à Sédières comme une simple probabilité, à savoir qu'elles étaient destinées à des reliques de saint Thomas martyr dont elles évoquent la passion et la glorification dans l'imagerie de leur face majeure[63].

Très tôt, sans doute, nombre de ces châsses durent être commandées pour des églises du royaume de France. Citons-en deux seulement : celle du Trésor de la cathédrale Saint-Étienne de Sens (parfois attribuée à tort à saint Savinien) [fig. 2] et celle de l'église de Saint-Laurent au Vigean (Cantal) [fig. 3, 4] qui ont été datées de la dernière décennie du XIIe s. En revanche, il y a lieu de prendre en considération ici les châsses limousines, importées outre-Manche dès le moyen âge, que les antiquaires britanniques des XVIIe et XVIIIe s. considéraient comme œuvre anglo-saxonne « old english enamel » et dont ils attribuaient généralement le thème iconographique à quelque épisode en rapport avec la localisation primitive, réelle ou supposée, du reliquaire. Or, toutes ces châsses sont constituées d'une âme en bois de chêne, recouverte de plaques de cuivre émaillées selon la technique limousine du champlevé. Toutes relatent en style narratif un fait historique de retentissement universel dans la chrétienté du XIIe s., le meurtre de l'archevêque de Canterbury, le 29 décembre 1170.

Du groupe des châsses destinées à l'Angleterre aujourd'hui dûment identifiées, la plus ancienne est celle dite de St. Neots, d'après le lieu où elle fut conservée après la Réformation. Elle fut présentée en 1748 à la Royal Society par le Rev. William Stukeley comme un spécimen de l'art saxon du IXe s. représentant l'assassinat de Théodore abbé de Croyland par les Danois[64] [fig. 5].

En fait, par sa technique — diaprure ornementale de haute qualité, silhouettes ciselées et réservées en léger bas-relief sur un fond émaillé semé de motifs polychromes —, cette châsse accuse, dans la production limousine, un parti pris de nouveauté décorative progressivement substitué au fond doré vermiculé et aux silhouettes émaillées. Le rythme qui anime les personnages, la facture encore romane des draperies dessinant le ventre en ellipse et retombant en plis obliques, le souci du détail précis dans la scène du meurtre au flanc majeur de la caisse (tels les deux clercs debout près de l'autel, les deux chérubins sortant d'une nuée au-dessus de l'autel) attestent une date précoce et un souci évident d'authenticité[65]. Sur le toit, la scène de l'ensevelissement, avec six protagonistes autour du corps, est flanquée de la montée de l'âme au ciel entre deux anges. Le pignon subsistant représente le Christ en majesté trônant sur l'arc-en-ciel. Son pendant figurait sans doute saint Thomas dans sa gloire.

Datée de c. 1194/95, rapprochée de celle conservée à la Society of Antiquaries [fig. 6], cette châsse, dont la trace s'était perdue au XIXe s., réapparut en 1930, lors de son adjudication au

62. S. CAUDRON, Émaux champlevés méridionaux..., p. 99.
63. ID. Les châsses de Thomas Becket en émail de Limoges, dans Thomas Becket... (cité supra, n. 33),p. 233-241 ; M.-M. GAUTHIER, Le meurtre dans la cathédrale, thème iconographique médiéval, ibid., p. 247-253.
64. S. CAUDRON, Émaux champlevés méridionaux..., p. 23 et ss.
65. Ibid., p. 99-102.

marchand parisien Daguerre, au cours d'une vente chez Sotheby à Londres[66]. Si on ignore sa localisation actuelle, du moins sa provenance est-elle connue depuis son acquisition par Stukeley dont le journal signale qu'elle fut trouvée dans la maison de Mr Pulleyn à St. Neots : « Mr Pulleyn was heir to Mr Wye, a popish family of St. Neots[67] ». Des hypothèses émises quant à sa localisation originelle — le prieuré bénédictin de St. Neots, l'abbaye de Crowland ou l'abbaye de Peterborough — c'est sans doute cette dernière qui offre la meilleure probabilité en raison de la personnalité de l'abbé Benoît (1177-1193) et de ses liens exceptionnels avec le martyr de Canterbury dont il rédigea la « passion » et compila le recueil de miracles auquel nous avons fait maintes références. On retiendra toutefois que c'est un moine de Crowland, Elias d'Evesham, qui, dans les dernières années du XIIe s., confectionna la vie composite de saint Thomas, improprement dénommée *Second Quadrilogue*. La chronique de Peterborough rapporte que Benoît lui acquit « plusieurs reliques de saint Thomas, à savoir de sa chemise, de son surplis et aussi de son sang en quantité importante, réparti en deux vases de cristal ». Il passe enfin pour avoir enrichi l'abbaye de deux autels *de lapidibus super quos s. martyr occubuit*. Sans doute, faut-il comprendre qu'il fit édifier deux autels incluant quelque fragment de ces pierres. Certaines de ces reliques furent probablement destinées à la chapelle Saint-Thomas qu'il édifia à l'entrée de l'abbaye et à l'hôpital qu'il érigea sous le même vocable[68]. Sachant le rôle des prieurs de Christchurch, notamment de Benoît lui-même, dans la distribution de reliques insignes prélevées sur « la couronne », on admettra volontiers qu'il en dota son abbaye lorsque, de prieur du monastère de Canterbury, il devint abbé de Peterborough[69]. Plus tard, lorsqu'il eut rétabli la situation financière de l'abbaye et entreprit de l'agrandir et de l'embellir, il dut aussi se préoccuper de loger avec un certain éclat les reliques du martyr. La châsse de St. Neots pourrait devoir son programme iconographique et la somptuosité de son décor à la dévotion fidèle de ce grand ami de saint Thomas.

A quelques détails près — nombre des personnages, option entre la scène de l'ensevelissement et celle de la montée du martyr au ciel — le thème iconographique demeure identique d'une châsse à l'autre : la passion d'un saint évêque assailli, devant l'autel où il est censé célébrer la messe, par des chevaliers armés. A côté du reliquaire de St. Neots, quelques autres méritent une attention particulière. Ils amorcent le processus de simplification ornementale, de classicisme dans les silhouettes, de passage du « format sarcophage » au « format maisonnette », caractéristiques reconnues par les spécialistes comme une évolution stylistique et chronologique aboutissant à « l'art des manufactures »[70], dont les châsses de Toledo (Museum of Art) [fig. 7] et de Londres (British Museum, n° d'inventaire 1854-4-11-2) [fig. 8] constituent des exemples.

La châsse présentée en 1875 à la Society of Antiquaries par le Rev. Russell — attribuée,

---

66. Pour l'historique des ventes et successions, *ibid.*, p. 88.
67. *Family Memoirs of the Rev. William Stukeley and the Antiquarian and other Correspondence of William Stukeley, Roger and Samuel Gale*, Durham/London, 1882/85, t. II, p. 220 (« Surtees Society »). Cité par S. CAUDRON, *Émaux champlevés...*, p. 24-25.
68. *Roberti Swaphami Historia Coenobii Burgensis* dans Joseph SPARKE, *Historiae Anglicanae Scriptores varii...*, Londres, 1723 (fol.), p. 101. — Également, *Chronicon Johannis abbatis S. Petri de Burgo, ibid., ad annum* MCLXXVII, p. 83. — Hugues Candide attribue la construction de la chapelle Saint-Thomas au prieur Guillaume destitué en 1175 (cité par Otto LEHMANN-BROCKHAUS, *Lateinische Schriftquellen zur Kunst in England... von Jahre 901 bis zum Jahre 1307*, Munich, 1956, n° 3477). — Pour les reliques de Thomas Becket, *ibid.*, n° 3481.
69. Stanley (*op. cit.* n. 76, p. 192) prétend que le moine Roger et Benoît se seraient livrés à un véritable pillage des reliques, notamment dans l'enlèvement des dalles sur lesquelles saint Thomas se serait écroulé. Nous nous refusons à cette interprétation qui cadre mal avec les fonctions exercées par Benoît à Christchurch ; en ce qui concerne Roger, il s'agit d'une « composition amiable » entre les deux monastères sous la responsabilité de Benoît, alors prieur.
70. M.-M. GAUTHIER, *Émaux du moyen âge occidental*, Paris/Fribourg, 1972, p. 96, et art. cit. dans *Thomas Becket...*, p. 249 ; S. CAUDRON, *Émaux champlevés méridionaux...*, p. 102.

en dépit d'anachronismes flagrants, au prince anglo-saxon Ethelbert assassiné par Offa, roi de Mercie — dut appartenir, dès l'origine, à la cathédrale de Hereford ; elle fut cachée à la Réformation dans la famille catholique des Bodenhams résidant à proximité sur le domaine de Rotheras[71] [fig. 9 et 10].

Dès 1774, Horace Walpole signalait dans l'inventaire de ses collections « in the glass case near the window... model of the shrine of Thomas Becket, enamelled[72] ». Lors de la vente, en 1758 à Londres, de la collection de Thomas Barret esq. du manoir de Lee Priory, à six km de Canterbury, ce reliquaire, qui figurait au catalogue sous le n° 80, était ainsi décrit : « An enamelled shrine, being the model of the antient shrine of Thomas Becket in the church of Canterbury, out of the collection of archdeacon Batterley[73] ». John Batterley fut archidiacre de Canterbury de 1687 à 1708. La châsse en question — identifiée en 1933 dans la collection de Leopold Hirsch par Tancred Borenius grâce au croquis qu'en fit William Cole et donnée en 1958 par W. Burrell à l'Art Gallery Museum de Glasgow [fig. 11 à 14] — pose donc un problème. Supposée provenir d'une église du Kent et datée, comme la précédente, des premières années du XIIIe s., elle est antérieure à la translation de 1220 et on ne saurait la comparer au prestigieux monument que fit exécuter pour cette occasion l'archevêque Étienne Langton. Faut-il supposer, avec S. Caudron[74], qu'il y eut un projet de châsse lorsque, en 1185 (non en 1181) le prieur Alain sollicita l'agrément de Henri II en vue de procéder à la translation ? On sait que le dessein d'élever le corps, de la crypte sur un autel, fut écarté dès la fin de l'année et longtemps différé[75]. Un tel projet, maquette ou dessin — à supposer qu'il existât — aurait dû, pour appeler la comparaison avec cette châsse, être exposé durant de longues années (quelque vingt ans au moins après la remise *sine die* de la translation). De plus, il est peu vraisemblable que l'*opus lemoviticum*, tel qu'il apparaît à travers les reliquaires et autres objets — tous de dimensions modestes — ait pu suggérer un monument sépulcral destiné à recevoir un corps saint, inhumé depuis quinze ans seulement et supposé en parfait état de conservation. Enfin, la châsse actuellement conservée à Glasgow relève du « format maisonnette » : elle ne saurait évoquer un sépulcre.

Que faut-il donc entendre par « modèle de l'ancien reliquaire de Thomas Becket dans l'église de Canterbury » ? D'abord une tradition, sans doute fondée, mais dont l'interprétation diffère selon l'ancienneté qu'on lui accorde. Postérieure à la destruction de la grande châsse [fig. 15] de Thomas Becket en 1538, elle pourrait provenir d'un dessin à la plume, au fol. 278ᵛ du Ms. Cott. Tib. E. VIII à la British Library [fig. 16]. Non sans disproportion et déformation, il représenterait plutôt le bâti amovible, en bois, que la châsse recouverte d'or qu'il protégeait et soustrayait à la vue en dehors des solennités, encore qu'il soit intitulé « The form and figure of the shrine of Tho : Becket of Canterbury ». Ce dessin, grâce aux inscriptions qu'il comporte, a été identifié : il est de la main de Sir Robert Cotton lequel, né en 1571, n'avait pu voir la châsse, mais se serait inspiré de la description qu'en avait donnée John Stow dans sa chronique publiée en 1580[76]. La partie supérieure du dessin (au-dessus de la rangée

---

71. S. CAUDRON, *ibid.*, p. 28 et ss. ; historique, p. 72.
72. Cité par S. CAUDRON, *ibid.*, p. 35 et n. 1.
73. *Ibid.*, p. 36 et ss ; historique, p. 67.
74. *Ibid.*, p. 121. Il s'agissait en fait d'une simple hypothèse, émise par W. Urry à Sédières et non confirmée.
75. Cf. R. FOREVILLE, *Jubilé...*, p. 4-7 et *supra*, n. 48.
76. Le dessin, endommagé par l'incendie de 1731, est reproduit par Arthur P. STANLEY, *Historical Memorials of Canterbury*, Londres, 1854 (nombreuses rééditions) avec une notice, p. 291 (11ᵉ éd. 1912, réimpr. 1921). Pour l'identification, cf. A. MASON, *op. cit.*, p. 108-109. La châsse est représentée dans un vitrail du chœur de la cathédrale, de peu postérieur à la translation. Pour sa description (forme oblongue, monument supporté par deux arches, deux pinacles seulement, etc.), cf. W. URRY, *Some Notes on the Two Resting Places of Saint Thomas at Canterbury*, dans *Thomas Becket...*, p. 203 et fig. p. 202.

d'arcatures) avec ses trois pinacles gothiques en bouquets charnus pourrait évoquer le « format maisonnette ».

Mais, la tradition relative à la châsse de Glasgow — provenant de milieux très proches de Christchurch — pourrait remonter plus haut dans le temps. Ne serait-ce pas qu'avant l'achèvement de la chapelle ronde dite « la couronne », qui prolonge et termine la chapelle de la Trinité à l'abside de la cathédrale (c. 1194/99), avant la confection du fameux reliquaire en forme de tête, indifféremment dénommé « la couronne », ou « la tête » en raison de sa forme, orné d'or, d'argent et de pierres précieuses, par le prieur Henri d'Eastry en 1314[77], la relique, dite aussi « la couronne », avait pu être déposée dans une châsse en émail de Limoges, précisément dans les années 1185/95 ? On s'expliquerait mieux alors et l'expression « antient shrine » et la vogue en Angleterre de l'*opus lemoviticum*, précisément pour les châsses de saint Thomas, parce qu'elles auraient évoqué le plus ancien reliquaire de saint Thomas dans la cathédrale.

La châsse conservée au British Museum sous le n° d'inventaire 1878-11-1-3, qui figura dans la Collection Francis Douce, a été identifiée avec celle que le Dr Michael Lort avait présentée à la Society of Antiquaries en 1788 comme une œuvre de l'époque saxonne figurant le meurtre de Théodore abbé de Crowland par les Danois[78]. On y remarque une certaine schématisation, ainsi que l'inversion de la scène au flanc majeur de la caisse. Elle a été datée d'environ 1210[79] [fig. 17].

Signalons enfin la châsse que Henry Howard présenta à la Society of Antiquaries en 1804, également attribuée à l'âge saxon et à Théodore abbé de Crowland. Il n'est pas sans intérêt de noter que ce reliquaire fut conservé, de temps immémorial, dans la famille Maire, sur le domaine de Hardwick Hall, acquis par elle en 1587 des Aske, de vieille noblesse du Yorkshire, établis en ce lieu depuis 1391. De cette châsse, nous n'avons aucun document graphique. Sans doute, recélait-elle certaines des reliques de Thomas Becket figurant à l'inventaire du Trésor de la cathédrale de Durham au début du XIVe s. : *de vestimento s. Thomae martiris, de lorica et de cilicio ejusdem . item reliquiae s. Thomae martiris . hoc est de cuculla, stamina, cilicio, pellicia et panno ejusdem [sanguinis] intincto . de carne et pinguedine et de vestimentis s. Thomae martiris*[80].

Ainsi, l'historique des châsses limousines de Thomas Becket importées en Angleterre a permis, dans certains cas, de remonter jusqu'à leur localisation antérieure à la Réformation, par le biais de familles « papistes » qui les ont abritées. D'autre part, la technique et la stylistique ont permis de les dater de 1185/95 à 1215, soit antérieurement à la translation de 1220.

Nous devons mentionner aussi la très belle plaque, jadis face majeure de la caisse d'une châsse limousine de saint Thomas, aujourd'hui conservée au Musée de Cleveland (Ohio), dont la provenance ne semble pas avoir été élucidée, mais dont l'exécution, d'excellente qualité, se situerait vers 1200. La juxtaposition de la scène du meurtre de l'archevêque devant l'autel avec celle du Christ en croix parachève l'iconographie de saint Thomas en l'associant dans sa passion à la passion de Jésus [fig. 18].

---

77. « Pro corona sancti Thomae auro et argento et lapidibus pretiosis ornanda CXV Li. XII s. » Cette somme considérable — évaluée à quelque deux mille à trois mille £ en 1920 — représente le coût du reliquaire. On peut en induire le remplacement, en 1314, d'un ancien reliquaire désormais « out of date » par cet objet fastueux au goût du jour. Cf. A. MASON, *op. cit.*, p. 104-105, d'après les *Inventories of Christchurch Canterbury*, éd. J. WICKHAM LEGG et W. H. ST JOHN HOPE, 1902, p. 39.
78. S. CAUDRON, *Émaux champlevés méridionaux...*, p. 40.
79. *Ibid.*, p. 103.
80. *Ibid.*, p. 120-121.

C'est ainsi que le Limousin, par son « art des manufactures », participa de manière spéciale à la diffusion du culte de Thomas Becket, en France comme en Angleterre. On peut penser que les artistes qui programmèrent l'imagerie des châsses et les artisans qui en travaillaient la matière ne furent pas totalement insensibles à l'histoire du martyr qui avait longtemps parcouru les chemins du royaume de France, comme chancelier de Henri II d'abord, au cours d'un long exil ensuite.

La quête des reliques de saint Thomas ne visait pas seulement à rehausser le prestige d'églises insignes, cathédrales et abbatiales, où elles étaient exposées à la vénération des fidèles en de précieux reliquaires. Elle était motivée, aussi bien, par le propos d'édifier en l'honneur du nouveau martyr de modestes sanctuaires, églises paroissiales, chapelles desservant un hôpital ou un château.

IV. DÉDICACE DE SANCTUAIRES À SAINT-THOMAS-MARTYR

Le grand mouvement d'érection de sanctuaires en son honneur avait commencé dès 1174. Il devait se poursuivre jusqu'à la fin du XIIe s. et connaître une nouvelle impulsion lors de la translation de 1220. Un grand nombre de ces fondations peuvent être datées avec précision. Nous les avons répertoriées lors du Colloque de 1973[81].

En ce qui concerne la France de l'Ouest, la Normandie occupe une place privilégiée. De même, l'ancien diocèse de Limoges qui englobait les départements actuels de la Haute-Vienne, de la Creuse et de la Corrèze. Le diocèse de Périgueux nous avait fourni une seule mention, la dédicace d'un autel dans l'ancienne abbaye de chanoines réguliers de Chancelade. Or, d'une part, un récit des *Miracula* relate les circonstances précises dans lesquelles fut édifiée en Corrèze une chapelle en l'honneur de saint Thomas ; d'autre part, il nous a été donné récemment d'étudier sur place l'inscription de la chapelle Saint-Martin de Limeuil que nous avions signalée sans plus en 1973. Or, il s'avère qu'il s'agit d'une inscription dédicatoire.

Le premier cas est un récit de fondation pris sur le vif. Il s'apparente à un « reportage ». Hugues de Pérac, blessé lors de l'attaque d'une place forte par des chutes de pierre, atteint de goutte, souffre de douleurs atroces, d'une soif inextinguible, de sueurs continues. Les médecins ont échoué. Son état s'aggrave : le voilà « frigide, rigide, les yeux fixes et grands ouverts ». Il prie le martyr. Subitement guéri, la joie éclate dans sa maison et dans le village, Meyssac, au comté de Turenne en Limousin[82]. On se rend à l'église, on fait sonner les cloches, les gens accourent en liesse, le prêtre chante une messe solennelle en l'honneur de saint Thomas. Après la messe, il exhorte le peuple à élever un oratoire dédié au martyr. Tous agréent : aussitôt et selon leurs ressources, ils assignent des revenus à la fondation ; on mesure l'emplacement, on commence à apporter des pierres. Or, il se trouve que l'église

81. Voir R. FOREVILLE, *Le culte de saint Thomas Becket en Normandie*, dans *Thomas Becket...* (cité *supra*, n. 33), tableaux I à VII, p. 145-152 et la carte, p. 144 ; pour les autres régions, ID., *Le culte de saint Thomas Becket en France*, *ibid.*, tableaux I à VIII, p. 173-187.
82. G., V, 32, p. 397-401. Meyssac, dans le comté de Turenne (Corrèze), ch.-l. cant. En Limousin et en Périgord, d'autres récits témoignent de l'état de guerre quasi endémique aux confins du duché d'Aquitaine. Ainsi, cet autre chevalier, Gilbert, blessé lors de l'attaque du château de Malemort, au N-E de Turenne (G., V, 33). Malemort-sur-Corrèze, cant. Brive-la-Gaillarde. Ainsi encore, ces jeunes combattants qui, lors de l'attaque d'une place forte au diocèse de Périgueux par Richard, comte de Poitou, ne pouvant traverser un pont et n'apercevant pas de gué, se jettent à l'eau avec casque et cuirasse ; seul est sauvé celui qui a prié saint Thomas en l'honneur duquel il avait, ce même jour, fait chanter une messe (G., VI, 78).

paroissiale de Meyssac a justement pour titulaire Saint-Thomas-martyr[83]. Le fait pourrait s'expliquer par un transfert de titulature lors d'une reconstruction de cette église.

Après ce récit de fondation, voici l'attestation d'une dédicace. Sur le siège de Périgueux, avait succédé à Pierre Mimet un archidiacre de cette même église, Adhémar de La Tour (1189-1197), ainsi nommé de son lieu d'origine, La Tour Blanche, localité évoquée plus haut[84]. Il lui revint de procéder en 1194 à la consécration de la chapelle cémétériale, primitivement église paroissiale de Limeuil, exemple de dédicace à plusieurs titulaires, parmi lesquels le martyr de Canterbury. Cette dédicace est attestée par une magnifique inscription *in situ* à l'intérieur de l'église romane Saint-Martin de Limeuil sur le mur gauche en entrant[85] [fig. 19]. En voici la traduction :

† L'AN DE L'INCARNATION DU SEIGNEUR MILLE CENT
QUATRE-VINGT-QUATORZE, INDICTION DOUZIÈME, CONCURRENT CINQUIÈME, ÉPACTE
XXVI, LE TROISIÈME DES CALENDES DE FÉVRIER, JOUR DU SEIGNEUR, LUNE QUATRIÈME
A ÉTÉ DÉDIÉE
CETTE ÉGLISE ET L'AUTEL PAR LE SEIGNEUR ADÉMAR ÉVÊQUE DE PÉRIGUEUX, EN
L'HONNEUR DE LA SAINTE TRINITÉ, ET DE SAINTE MARIE VIERGE, ET DU BIENHEUREUX MARTIN
ÉVÊQUE ET CONFESSEUR, ET DU BIENHEUREUX PA(UL A)PÔTRE, ET DU BIENHEUREUX THOMAS
ARCHEVÊQUE ET MARTYR, ET DE SAINTE CATHERINE VIERGE ET MARTYRE, ET
DE TOUS LES SAINTS DE DIEU : HÉBRARD DE VILARS[86] ÉTANT DIACRE DE CETTE ÉGLISE,
CÉLESTIN PAPE PRÉSIDANT À LA SAINTE ÉGLISE ROMAINE,
PHILIPPE ROI DES FRANÇAIS EXERÇANT LE POUVOIR, RICHARD ROI D'ANGLETERRE
TENANT LE DUCHÉ D'AQUITAINE, HÉLIE DE TALAIRAND [ÉTANT] DE PÉRIGORD
COMTE, HÉLIE OCCUPANT LE SIÈGE MÉTROPOLITAIN DE BORDEAUX †[87]

L'inscription a été publiée, mais de manière fautive, par l'abbé Bernaret[88]. C'est à cette publication qu'on doit faire remonter une croyance invétérée dans le pays, à savoir que la mention de saint Thomas martyr « n'est qu'un acte expiatoire[89] ». Sur cette interprétation, la *vox populi* a élaboré un thème qui a fait fortune, attribuant ce geste à Richard Cœur de Lion, en lieu et place de son père, Henri II. C'est simplement une mention dédicatoire parmi d'autres, à une époque où le patronage de l'archevêque martyr était particulièrement en honneur.

Les éléments de la date — affectés d'un certain archaïsme ou traditionalisme, très proche du mode de datation des chartes — s'avèrent exacts, à l'exception toutefois de l'âge de la lune qu'il faut corriger en « quatorzième » [jour] au lieu de « quatrième », inadvertance probable de l'artiste qui a exécuté l'œuvre épigraphique. C'est donc le dimanche 30 janvier

---

83. Jean BECQUET, *Les sanctuaires dédiés à saint Thomas en Limousin*, dans *Thomas Becket... (supra*, n. 33), p. 160 ; R. FOREVILLE, *Le culte de saint Thomas Becket en France*, *ibid.*, tableau V, Diocèse de Limoges, p. 184.
84. Cf. *supra*, p. 41 et n. 355.
85. Limeuil (Dordogne), cant. Saint-Alvère. Malheureusement, la plaque dédicatoire (1,32 m de large sur 0,85 m de haut) avait été transportée en l'église Sainte-Catherine de Limeuil, devenue paroisse, alors que Saint-Martin (aujourd'hui désaffectée mais remise en valeur comme centre culturel) tombait au rang de succursale. Brisée en trois morceaux lors de sa remise en place, elle fut grossièrement rejointoyée au mortier. Seules, quelques lettres affectant la mention paulinienne ont disparu avec un éclat de pierre.
86. Probablement Villars (Dordogne), cant. Champagnac-de-Belair.
87. Hélie de Malemort, archevêque de Bordeaux de 1188 à 1207.
88. R. BERNARET, *Inscription rappelant la dédicace ou consécration de l'église Saint-Martin de Limeuil en 1194*, « Bull. Soc. d'hist. et d'archéol. du Périgord », II, 1875, p. 298-301, un h.-t. portant la mention suivante : « Inscriptions dans l'église Saint-Martin de Limeuil (1230) relevées à la manière blanche par Mr l'abbé René Bernaret, chanoine, dessinées par Mr l'abbé Mestaïez, curé de Savignac-les-Églises. »
89. « Limeuil était soumis à la domination anglaise. Le nom de saint Thomas n'est qu'un acte expiatoire » (R. BERNARET, *art. cit.*, p. 301, n. 6). De là à échafauder la légende, il n'y avait qu'un pas...

1194 que fut consacrée l'église paroissiale Saint-Martin de Limeuil, également dédiée à Saint-Thomas-martyr. Quant à l'inscription elle-même, elle fut sans doute commandée par Hébrard de Villars, diacre de cette église, dont la pierre tombale, insérée au pilastre droit du portail, rappelle l'obit au 13 mars 1230 [fig. 20]. En voici la traduction :

> CI-GIT ÉBRARD
> (DE) VILLARS, ENCORE SOUS LE NOM
> DE DIACRE, IL MOURUT LE XIII
> DE MARS, L'AN DU SEIGNEUR M
> (CC) XXX. POUR SON
> ÂME DITES PATER NOSTER +

Gravé sur un matériau plus fruste, exposé aux intempéries — quelques signes sont oblitérés sur la partie gauche — l'obit d'Ébrard de Villars présente des caractères de même facture que ceux de l'inscription dédicatoire[90], mais on a affaire à une datation moderne par le quantième du mois. Ces deux inscriptions ont été datées de 1230 par l'abbé Bernaret. Il nous paraît plus sûr de dire que la commémoration épigraphe de la dédicace s'inscrit entre 1194 et 1230. Toutefois, œuvre savante d'un clerc, elle dut être composée par Ébrard lui-même et sa mise en place dut être contemporaine de la consécration de l'église Saint-Martin de Limeuil, c'est-à-dire remonter à l'année 1194. Mieux, à notre sens, dans la forme où elle se présente, cette inscription est purement et simplement la transcription littérale du parchemin, charte ou rouleau, qui, au jour de la consécration de l'église, dut être déposé sur l'autel avec le coffret des reliques et inséré avec celui-ci dans le « sépulcre ». Pour certains liturgistes l'insertion du parchemin ne serait pas antérieure au XVe s. : mais la pratique précède normalement la prescription et, dans ce cas précis, la consécration de l'église et de l'autel, la preuve peut être administrée d'un usage très ancien, entériné par Guillaume Durand dans son *Rationale*, au chapitre traitant de la dédicace de l'église. Nous traduisons le passage en cause :

> ... et dans ce trou [le tombeau ou la cavité où sont enfermées les reliques] par prudence, on a coutume d'inclure les lettres de consécration de l'évêque, contenant son nom et ceux des autres évêques présents à la consécration, et le nom du saint en l'honneur duquel l'autel est consacré ainsi que l'église elle-même ; quand on consacre l'un et l'autre en même temps, on indique aussi l'année et le jour de la consécration[91].

L'inscription de Limeuil atteste que la coutume décrite par Guillaume Durand était en vigueur, pour le moins, un siècle plus tôt. D'autre part, elle reçoit, des termes du *Rationale*, confirmation de son caractère proprement dédicatoire, et par là-même de sa date, celle de la consécration de l'église et de l'autel, le dimanche 30 janvier 1194.

L'église Saint-Martin de Limeuil n'est pas le seul exemple de dédicace multiple dans la région : une quinzaine d'années plus tôt, l'autel de Chancelade, déjà mentionné, avait été également consacré en l'honneur de saint Martin, de sainte Catherine d'Alexandrie, de saint Thomas de Canterbury. Pourquoi de tels patronages ? A l'évidence, c'est l'impact des saints thaumaturges, l'attrait des sanctuaires de pèlerinage, étapes sur les chemins de Compostelle, voire sur ceux qui, par-delà la mer, menaient à Canterbury : le sépulcre

---

90. On retrouve les formes caractéristiques de certaines lettres, parfois la fusion de deux lettres par utilisation d'un seul jambage ; mais non le parti pris, fréquent dans l'inscription dédicatoire, d'inclusion d'une lettre dans une autre.
91. *Rationale divinorum officiorum*, L. I, c. 6, d'après un très beau ms. sur vélin, enluminé, Moguntiae, 1459, ayant appartenu au Monastère de Saint-Sauveur de Bologne, fo 9v, 2e col. (Paris, Bibl. Nat. Fol. Vélins, 127). — Texte identique sur l'éd. de Nicolas Doard, Lugduni, 1559, p. 28v. L'usage en cause est peut-être déjà attesté par Prévostin de Crémone, chancelier de l'église de Paris de 1206 à 1209, dont Guillaume Durand a largement utilisé le *Tractatus de officiis*. Nous n'avons pas été en mesure de consulter l'éd. James A. CORBETT (Notre-Dame, Ind. Univ. Pr., 1969, « Public. Mediaev. Studies », 21).

fameux de saint Martin à Tours[92], mais aussi, à moins de huit lieues au sud, Sainte-Catherine de Fierbois[93], peut-être également outre-Loire, la montagne Sainte-Catherine à Rouen qui, très tôt, avait reçu des reliques de la sainte martyre[94].

*
* *

Au terme de cette revue des modes de diffusion du culte de saint Thomas dans l'ouest de la France avant la fin du xII[e] s., essayons de dégager quelques traits caractérisant les relations ainsi nouées entre ces régions et l'Angleterre.

Il faut noter d'abord le rôle de la parole : c'est de bouche à oreille que se propage la réputation du thaumaturge. Ce qui est entendu précède ce qui est vu. On croit au miracle opéré par l'intercession de saint Thomas. La foi porte sur l'annonce du miracle. C'est elle qui suscite la démarche, le pèlerinage qui lance les pèlerins sur les chemins. L'annonce peut être authentifiée par une vision directe ou par le reportage de témoins crédibles.

Dans l'échantillonnage des pèlerins de Canterbury, consignés dans les recueils de Guillaume et de Benoît parce que miraculés ou témoins, on relève surtout des gens d'humble condition : des paysans, des artisans, quelques prêtres de campagne, des serviteurs, quelques femmes, des adolescents, des enfants, des lépreux retranchés du monde. Certes, on note plusieurs chevaliers, blessés dans les escarmouches aux marges de l'Aquitaine sous domination angevine, mais rares sont ceux catalogués comme nobles, tels Hugues de Pérac et le châtelain de Parthenay. Rares sont aussi les notables des villes, tels Jean Sistercius, bourgeois du Puy, et Jean le Scot, riche bourgeois de Clermont. Unique est le cas d'Eudes, un officier royal de Normandie. Quant aux évêques, deux seulement apparaissent avec certitude au titre de pèlerins, Jean Bellesmains, évêque de Poitiers, et Pons, évêque de Clermont, peut-être un troisième, Pierre Mimet, évêque de Périgueux. C'est dire qu'on a affaire à des gens qui, pour la plupart, n'ont pas vocation de voyager au loin et ne disposent pas, en propre, de moyens de transport.

Il s'agit donc là, dans les relations entre l'Angleterre et la France de l'Ouest, d'un cas particulier, d'un exemple limité et cependant privilégié. L'intercourse habituel et fréquent est le fait des officiers royaux, des barons temporels et spirituels avec leur escorte de *ministeriales*, des marchands, des courriers, des moines administrant les prieurés d'outre-mer, ou des clercs chargés d'administrer les domaines des seigneurs possessionnés de part et d'autre de la Manche. Or, à partir de 1171, sourdent des courants nouveaux qui, par voie de terre, en empruntant les chemins des pèlerins de Compostelle, de Rocamadour, de Saint-Martin de Tours, de Sainte-Catherine de Fierbois ou de Rouen, et du Mont Saint-Michel, se dirigent vers les mers riveraines, plus fréquemment peut-être vers le comté de Flandre et la mer du Nord en vue d'atterrir à Sandwich, le port de Canterbury. L'intensité des relations s'accroît

---

92. On notera que la plus ancienne transposition en vers de la *Vita s. Martini* de Sulpice Sévère est le poème en six livres de Paulin de Périgueux (c. 473), trop souvent confondu avec Paulin de Nole : Paulinus Petrocorius, *De vita Martini* (*Patrol. lat.*, LXI, cc. 1007-1076). Cf. J. Fontaine, *Hagiographie et politique, de Sulpice Sévère à Fortunat* dans *La christianisation des pays entre Loire et Rhin (IVe-VIIe s.)*, « Rev. d'hist. de l'Église de France », LXII, 1975, p. 121-127.
93. Indre-et-Loire (cant. Sainte-Maure). L'origine du pèlerinage demeure inconnue. Une tradition rattache le sanctuaire à Charles Martel et à la bataille de Poitiers. C'est dans le dernier quart du xive s. qu'il aurait acquis ou reconquis quelque célébrité. Au xve s., nombreux furent les pèlerins — de Jeanne d'Arc à Louis XI — et les miracles. Cf. Yves Chauvin, *Les Miracles de Saincte Katherine*, dans « Archives historiques du Poitou », LX, 1976, 162 pp., et Id. *Le Livre des miracles de Sainte-Catherine-de-Fierbois*, dans « Bull. Soc. Antiq. Ouest », 4e s., XIII, 1975, p. 282-311.
94. La renommée de la sainte martyre et thaumaturge d'Alexandrie s'était répandue très tôt en Occident après l'arrivée de ses reliques en Normandie, comme le montre un recueil compilé vers 1050 et publié naguère par A. Poncelet, *Catharinae virginis et martyris translatio et miracula Rotomagensia* (« Analecta Bollandiana », XXII, 1903, p. 426-438). Consécration de l'église de la Sainte-Trinité (Sainte-Catherine-au-Mont) et déposition des reliques de Catherine d'Alexandrie, rapportées du Sinaï par Syméon, en présence de Robert le Magnifique, le 25 août 1030 (*ibid.*, c. 5, p. 429-430).

donc d'une démarche nouvelle qui n'est en soi ni politique, ni économique, mais d'essence religieuse, visant à travers des *media*, même si ceux-ci peuvent apparaître à la mentalité moderne comme entachés de superstition, une fin essentiellement spirituelle.

Cependant, d'entrée de jeu, la politique a plus ou moins contrôlé ces courants par la contrainte morale qu'elle continua de faire peser sur les grands, fût-ce après la réconciliation de Henri II à Avranches (27 septembre 1172). D'autre part, tout pèlerinage est un stimulant pour l'économie. Il est bien connu qu'il suscite ou développe marchés et foires. Canterbury n'échappe pas à la règle[95]. Notons seulement l'essor de la fabrication des fioles, surtout après l'abandon du verre pour le métal ; plusieurs ateliers durent prospérer, encore qu'un seul soit mentionné dans les recueils. Des boutiques s'ouvrirent hors les murs du monastère mais à proximité. Sans doute y vendait-on de quoi satisfaire aux besoins des pèlerins, mais aussi des fioles destinées à contenir « l'eau de saint Thomas », comme nous l'apprend un « miracle » rapporté par Guillaume de Canterbury[96]. Lorsque le pèlerinage atteindra son apogée aux xive et xve s. — jubilés de 1370, l'époque de Chaucer, puis de 1420 et de 1470 — l'hébergement et l'approvisionnement des pèlerins deviendront un souci majeur pour les baillis de la Cité de Canterbury[97]. Mais les « retombées économiques » du pèlerinage — de Norvège jusqu'en Terre sainte et de Sicile jusqu'en Pologne — atteignirent des pays divers. Le Limousin en eut une part non négligeable grâce à la technique de l'émail champlevé, à la quête et à la vénération des reliques. D'une manière générale, on peut penser qu'entre c. 1185 et 1215, les objets en émail de Limoges exportés en Angleterre étaient devenus d'usage courant au point d'atteindre même de simples églises paroissiales. C'est alors que prit essor, à côté d'autres objets cultuels de même technique, l'industrie des châsses limousines, patronnée par les rois d'Angleterre, comtes de Poitou.

Enfin, par un effet d'écho, de rebondissement, de boule de neige, l'impact local de la *fama sanctitatis*, répandue par les pèlerins, amplifiée par l'usage de l'*aqua sanctificata*, suscita de nouveaux centres de vénération du martyr, qui, à leur tour, devinrent parfois lieux de pèlerinage et relais de Canterbury dans l'ouest de la France. La vogue du thaumaturge lui valut des dédicaces d'autels, d'églises ou de chapelles paroissiales — là du moins où de nouvelles fondations s'avéraient nécessaires — à part entière ou en partage avec d'autres saints vénérés dans la région. L'inscription dédicatoire de Limeuil, unique à notre connaissance, est particulièrement significative à cet égard. Si l'exemple du diacre Ébrard de Villars pour une modeste église paroissiale avait été suivi, la pierre constituant un matériau plus durable que le parchemin, nul doute que notre collecte des dédicaces à Saint-Thomas-martyr eût été plus riche encore et, dans certains cas, mieux documentée[98].

---

95. Voir la concession par Richard II et Henri VI de quatre foires annuelles autour de la cathédrale de Canterbury en 1381 et 1405 (R. FOREVILLE, *Jubilé...*, Pièces justificatives, n° 19, p. 175-176).

96. G., III, p. 308-309. Récit relatant le vol d'une fiole par un jeune Irlandais du nom de Colonius qui avait sollicité des moines gardiens du sépulcre une pièce d'argent pour acquérir une fiole et qui, rendu devant la boutique, en soustrait une subrepticement.

97. *Traité sur le Cinquième Jubilé*, éd. R. FOREVILLE, dans *Jubilé...* (cité supra, n. 44), p. 142-143.

98. Noter au can. 2 du concile de Chelsea (c. 816), *De modo consecrandi ecclesias*, qui prescrit le dépôt des reliques *in capsula*, la mention suivante : « Seu etiam praecipimus unicuique episcopo ut habeat depictum in pariete oratorii, aut in tabula, vel etiam in altaribus, quibus sanctis sint utraque dedicata » (D. WILKINS, *Concilia Magnae Britanniae...* Londres, 1737, t. I, p. 169).

Fig. 1. — BODMIN (Cornwall). Église paroissiale. Coffret d'ivoire, XIIᵉ s.
(Extr. C.N.L. Brooke, London, 800-1216, p. 292.)

Fig. 2. — SENS (Yonne). Trésor de la cathédrale.
Châsse de Thomas Becket, c. 1195. Flanc majeur.
(Nég. Corpus, 1963.)

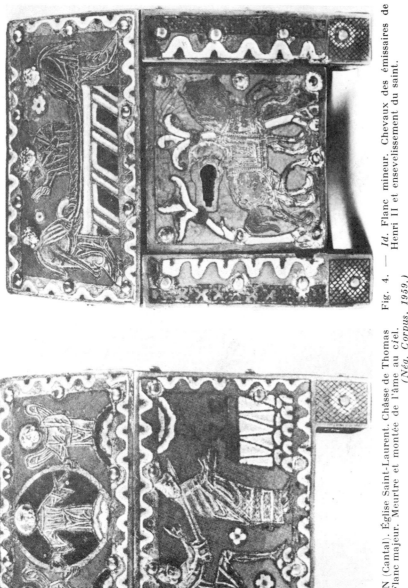

Fig. 3. — LE VIGEAN (Cantal). Église Saint-Laurent. Châsse de Thomas Becket, c. 1195-1200. Flanc majeur. Meurtre et montée de l'âme au ciel.

Fig. 4. — *Id.* Flanc mineur. Chevaux des émissaires de Henri II et ensevelissement du saint.

(Nég. Corpus, 1959.)

Fig. 6. — LONDRES. Society of Antiquaries. Châsse de
Thomas Becket. Flanc majeur.
(Nég. Courtauld Instit. of Art.)

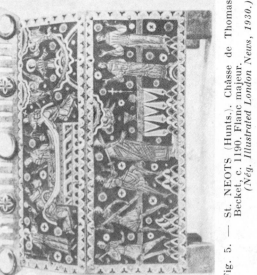

Fig. 5. — St. NEOTS (Hunts.). Châsse de Thomas
Becket, c. 1190. Flanc majeur.
(Nég. Illustrated London News, 1930.)

Fig. 8. — LONDRES. British Museum, inv. 1854-4-11-2.
Châsse de Thomas Becket. Flanc majeur.
(Nég. Brit. Mus.)

Fig. 7. — TOLEDO. Museum of Art, inv. 56-74.
Châsse de Thomas Becket. Flanc majeur.
(Nég. Toledo Mus. of Art.)

Fig. 9. — HEREFORD. Bibliothèque du chapitre. Châsse de Thomas Becket. Flanc majeur.
(*Nég. Roy. Commission on Histor. Monum.*)

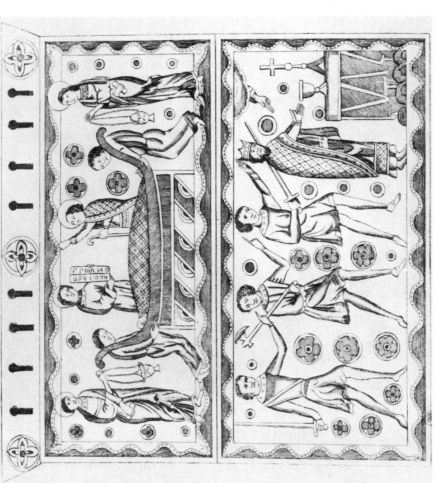

Fig. 10. — PARIS. Bibliothèque nationale. Gravure d'après une châsse de Thomas Becket alors au Dr Russell (1775). Flanc majeur.

(Nég. Paris, B.N., d'après J. Strutt, Ordo Angel-Cynann..., Londres, 1775. pl. XXV.)

IX

Fig. 12. — *Id.* Flanc mineur.
(Corpus, n° 7106.)

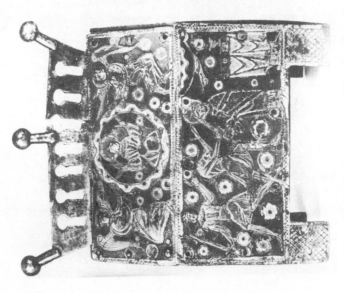

Fig. 11. — GLASGOW. Art Gallery and Museum, Burrell
Coll., inv. 6. 1200/10. Châsse de Thomas Becket.
Flanc majeur.
(Nég. Art Gallery Mus., Corpus n° 7105.)

Fig. 14. — LONDRES. Dessin d'après le flanc majeur et le pignon droit
d'une châsse de Thomas Becket, alors à Horace Walpole (1762).
(*Nég. extr. « Archaeologia », LXXXIII, 1933. p. 177.*)

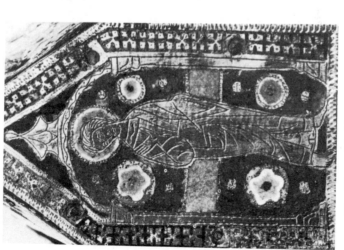

Fig. 13. — *Id.* Pignon droit.
(*Corpus, n° 7107.*)

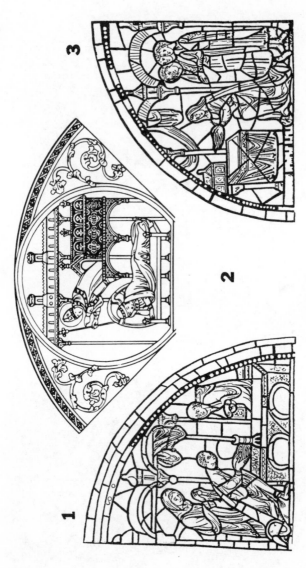

Fig. 15. — CANTERBURY. Cathédrale. Les deux tombeaux de Thomas Becket représentés dans les vitraux de la chapelle de la Trinité, c. 1220 : 1. — offrande à la tombe dans la crypte ; 2. — apparition du saint émergeant de la grande châsse de 1220 ; 3. — offrande à l'autel de la grande châsse.

(Extr. W. URRY, *dans « Thomas Becket », p. 202.)*

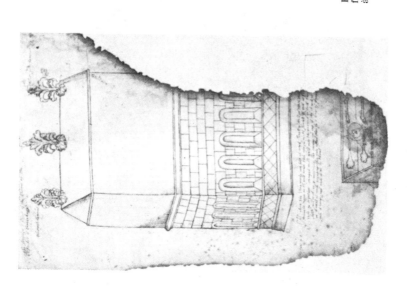

Fig. 16. — LONDRES, British Library, Ms. Cott. Tib. E VIII,
fol. 278ᵛ. Dessin supposé représenter la châsse de Thomas Becket
à Canterbury.

(Copyright The British Library).

Fig. 17. — LONDRES. British Museum, inv. 1878-11-1-3. Châsse de Thomas Becket,
c. 1210, ayant appartenu à Francis Douce. Flanc majeur.

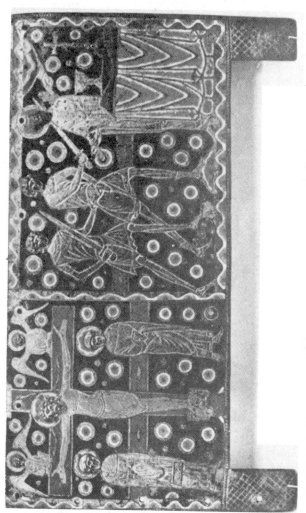

Fig. 18. — CLEVELAND, Museum of Art, Guelph Treasure. Plaque provenant de la caisse du flanc majeur d'une châsse de Thomas Becket, c. 1200.

(Nég. Cleveland Mus. of Art.)

IX

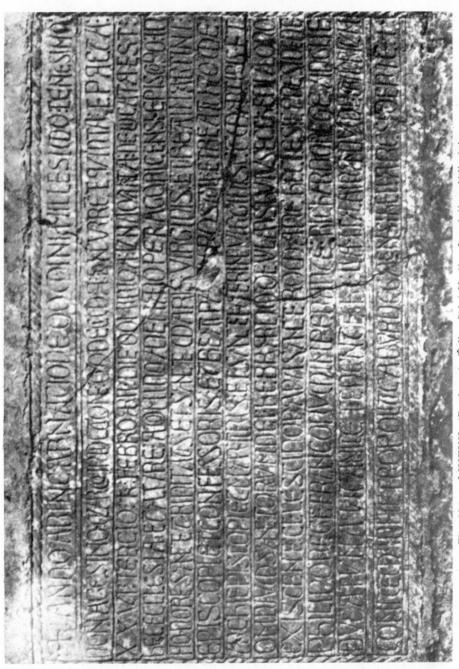

Fig. 19. — LIMEUIL (Dordogne). Église Saint-Martin. Inscription dédicatoire.

⁙ + ⁙ ANNO | AB | INCARNACIONE DOMINI | MILLESIMO ⁙ CENTESIMO
NONAGESIMO ⁙ QUARTO | INDICTIONE | DUODECIMA ⁙ CONCURRE[N]TE | QUINTA ⁙ EPACTA ⁙
XXVI ⁙ TERCIO ⁙ K[ALENDAS] ⁙ FEBROARII ⁙ DIE | DOMINICA^a ⁙ LUNA | QUARTA ⁙ DEDICATA | EST
HEC | ECCLESIA ⁙ ET | ALTARE ⁙ A | DOMINO | ADEMARO | PETRAGORICENSI | EPISCOPO ⁙ IN
HONORE | SANCTE | TRINITATIS ⁙ ET | SANCTE | MARIE^b | VIRGINIS ⁙ ET | BEATI | MARTINI ⁙
EPISCOPI | ET | CONFESSORIS ⁙ ET | BEATI | PA(ULI | A)POSTOLI ⁙ ET | BEATI | THOME^c ⁙
ARCHIEPISCOPI | ET | MARTIRIS ⁙ ET | SANCTE | CATERINE^d | VIRGINIS | ET | MARTIRIS ⁙ ET
OMNIUM | SANCTORUM | DEI | HEBRARDO | DE | VILARS | HUIUS | ECCL[ESI]E^e | DIACONO
EXISTENTE ⁙ CELESTINO | PAPA | SANCTE | ROMANE | HECLESIE^f | PRESIDENTE ⁙
PHILIPPO^g | REGE | FRANCORUM | IMPERANTE ⁙ RICHARDO | REGE | ANGLIE
DUCATUM | AQUITANIE | TENENTE ⁙ HELIAM | TALAIRANDUM^h | PETRAGORICUM^i
COMITEM ⁙ IN | METROPOLITICA^j | BURDEGALENSI | HELIA | RESIDENTE ⁙ + ⁙

L'abbé Bernaret qui relève (p. 299 de l'art. cit.) quelques lectures fautives ou omissions dans la transcription du P. Dupuy (*Estat de l'Église du Périgord*), en a lui-même commis pas mal, parfois d'importance. Chose curieuse, la planche qui accompagne l'article, dessinée par l'abbé Mestaïez, présente avec la transcription de l'abbé Bernaret certaines différences de lecture, dont plusieurs ne sont pas moins fautives pour autant.

a) DIE DOMINICA omis
b) SANCTAE MARIAE
c) BEATI B THOME, avec cette explication : le B est dans le mot Thome. En fait, le B est inexistant, mais le H, lié au T, semble précéder cette lettre.
d) CATHERINE
e) ECCLESIAE. Sur la planche : ECLESIE
f) ECCLESIE. Sur la planche : KECCLESIE
g) ET PHILIPPO
h) TALEIRANDUM
i) PETRAGORIORUM. Sur la planche : PETRACORIUM
j) METROPOLICA. Même lecture sur la planche.

IX

Fig. 20. — LIMEUIL (Dordogne). Église Saint-Martin. Obit d'Ebrard de Villars.
(Nég. Monum. histor. d'Aquitaine.)

: HIC : IACET : EBRARD
DE VILARS : IAM NOMINE
DI[AC]ONUS[a] : OBBIIT : XIII
MARCII[b] : ANNO D[OMI]NI:M:
(CC) : XXX : PRO EIUS
(ANIM)A[c] DICITE PATER N[OSTE]R : + ::

Transcription de l'abbé Bernaret (art. cit., p. 301, n. 4) :

a) DE VILARS QUI IN NOMINE
   DOMINI   OBIIT   XIII

   Sur la planche, on lit : QUI INOMINE (la suite identique).

b) MARTII

c) A DICITE (sans qu'il soit tenu compte des lettres oblitérées sur le bord gauche de l'inscription).

X

Les origines normandes de la famille Becket et le culte de saint Thomas en Normandie

Le huitième centenaire du martyre de saint Thomas Becket et le 750ᵉ anniversaire de sa translation solennelle ont donné lieu, à Canterbury au cours de l'année 1170, à des réunions et cérémonies liturgiques de caractère œcuménique et concentré l'attention des historiens sur la personnalité de l'archevêque, encore que sa figure n'ait jamais cessé, depuis huit siècles, de hanter les meilleurs esprits et de tenter la plume des meilleurs écrivains (1). Il n'entre pas dans notre propos de retracer une fois de plus la carrière de l'archevêque ni le conflit qui aboutit au drame du 29 décembre 1170. Sur cela, tout a été dit. Seuls, nous retiendront certains traits de caractère et certains problèmes rarement et toujours superficiellement évoqués, soit qu'ils éclairent les dominantes de la personnalité de Thomas Becket, soit qu'ils illustrent la force des traditions, soit encore qu'ils manifestent l'étroitesse des liens, qui, au XIIᵉ siècle et encore au XIIIᵉ, en dépit du rattachement de la Normandie au domaine capétien, unissaient l'une à l'autre les deux rives de la Manche à travers les solidarités familiales ou économiques, culturelles ou cultuelles. Tant par sa situation au croisement des voies maritimes et continentales que par l'impact du personnel administratif et gouvernemental, ecclésiastique ou laïque, d'origine normande, la Normandie fut, un

(1) Voir notre article : *Thomas Becket, archevêque de Canterbury, Mort et survie* (1170-1970). Dans les « Cahiers de Civilisation médiévale, t. XIV (1971), p. 21-38.

temps, l'articulation majeure de l'Empire Plantagenêt. Comme tant d'autres à cette époque, Thomas Becket, anglais de naissance, normand d'origine, appartient à ce milieu. Nul ne saurait plus soutenir aujourd'hui la thèse d'Augustin Thierry (2), développée avec lyrisme par Jules Janin (3), selon laquelle l'archevêque, saxon de race, aurait lutté pour la défense des Saxons opprimés par les conquérants normands. Cependant, si les historiens s'accordent sur ce point (4), ils n'en suivent pas moins les idées reçues, qu'il s'agisse de la nature du conflit ou de questions mineures, caractère, origine sociale, etc. Nul ne s'est avisé, notamment, de chercher à circonscrire le terroir d'où était issue la famille Becket. Or, en dépit du laconisme des biographes sur la question, une saine analyse des sources écrites et monumentales, leurs recoupements et leurs convergences permettent, croyons-nous, sinon de lui donner une réponse certaine, du moins de suggérer une solution hautement probable.

Modeste contribution à l'histoire de Thomas Becket, notre étude s'articule autour de deux pôles : la souche normande de la famille Becket, d'une part ; la diffusion et la répartition des lieux de culte anciennement dédiés à saint Thomas en Normandie, d'autre part. Mais, comme il s'agit là de thèmes, l'un antérieur à la naissance du personnage, l'autre posthume, il n'est pas inutile de rappeler au préalable les traits qui l'apparentent au type et au caractère normand. Que Monseigneur Andrieu-Guitrancourt veuille bien accepter cet hommage, à double titre jubilaire, rendu à la Normandie, terre ancestrale des Becket comme de sa propre famille.

L'illustre descendant de Gilbert Becket doit à sa naissance et à son éducation première le surnom de Thomas « de Londres ». Il n'en présente pas moins, au physique et au moral, certains traits spécifiquement normands. Dès l'époque de la canonisation, en 1173, moins de trois ans après sa mort, une double tradition iconographique s'établit. L'une, méditerranéenne, née en Italie, qui, malgré sa haute antiquité, donne du personnage une figure purement conventionnelle (fresques d'Anagni, de Spolète, de l'Esquilin ; mosaïque de Monreale, toutes antérieures à

---

(2) *Histoire de la conquête de l'Angleterre par les Normands*, Paris, 1867, t. II, p. 62-125.

(3) *La Normandie. Histoire, paysages, monuments*, Paris, 1844, p. 248 à 253.

(4) Cf. Ch. Duggan, *The significance of the Becket dispute in the History of the English Church. An Eighth centenary Commemoration*, 1170-1970. Dans « Ampleforth Journal » vol. LXXV-3 (1970), p. 367.

la fin du XII° siècle ; un peu plus tard, fresque du Sacro Speco, etc.) (5).
L'autre nordique, anglo-normande, ou mieux, anglo-française, dont
les plus anciens spécimens parvenus jusqu'à nous — un haut relief du
déambulatoire de la cathédrale Saint-Etienne de Sens (fin XII° siècle)
et un vitrail du chœur de la cathédrale de Canterbury (début XIII°
siècle) — présentent des traits individualisés : le visage est allongé,
voire émacié, les yeux globuleux, le nez aquilin, les pommettes saillantes, le buste élancé (6). On a affaire à une tradition assurée et vivante, très proche du portrait brossé par l'un des premiers biographes, Guillaume Fitz-Stephen : « Thomas était beau de visage et d'aspect plaisant,
grand de taille ; il avait le nez proéminent et légèrement aquilin ; il
était agile et vif dans ses mouvements (7) ». On est donc fondé à penser
que la statue de Sens et le vitrail de Canterbury (celui-ci, malgré une
restauration postérieure) constituent d'inestimables documents qui nous
ont transmis l'aspect physique de saint Thomas : or, les traits individualisés apparentent le saint au type normand.

Lorsque, à la Noël 1154, Thomas de Londres entre au service du
roi sur la recommandation de Thibaut du Bec, archevêque de Canterbury, après un stage d'une dizaine d'années à la curie archiépiscopale,
c'est un homme d'environ trente cinq ans, en pleine possession de ses
dons. De haute stature, de maintien distingué (8), excellent cavalier,
passionné pour la chasse depuis son adolescence, amateur de chevaux,
de belles armes, de beaux manuscrits, prodigue de sa personne et de
ses biens, affectant un certain panache, honoré de la camaraderie du
roi (9), il n'en domine pas moins son entourage de courtisans par des
qualités rares : droiture et sincérité, encore qu'il sache temporiser avec
le prince (10) dont il connaît le caractère irascible, autoritaire, sujet
à de brusques revirements. Ce qui domine alors chez Thomas Becket
sous l'apparence d'un train de vie quasi royal, c'est . la largesse des
aumônes, le charme d'une personnalité attirante mais réservée, une
maîtrise de soi acquise au prix de mortifications secrètes (11). Au génie
de l'action, il allie la lucidité de l'esprit. Il excelle dans la controverse
et la procédure (comme le montre son intervention dans le procès de

(5) Cf. T. Borenius, *Saint Thomas Becket in Art*, Londres, 1932, p. 13-14, 96.
A compléter par E. Jamison, *Alliance of England and Sicily in the second half of
the twelfth century*, « England and the Mediterranean Tradition. Studies in Art,
History and Literature » Oxford, 1945, p. 24 et suiv., et par R. Brentano, *Two
Churches, England and Italy in the thirteenth century*, Princeton, 1958, p. 58 et
suiv.
(6) Cf. la reproduction de ces deux œuvres dans Foreville, *Jubilé*, Pl. 10 et 11.
(7) *Vita, Materials*, t. III, p. 17.
(8) Jean de Salisbury, *Vita, Materials*, t. II, p. 302 ; Edouard Grim, *Vita*,
ibid, p. 359-360.
(9) Guillaume Fitz-Stephen, *Vita, Materials*, t. III, p. 5.
(10) Cf. les anecdotes évoquées par Fitz-Stephen, *Materials*, t. III, p. 27.
(11) Fitzstephen, *Materials*, t. III, p. 23 ; Jean de Salisbury, *ibid*, t. II, p. 303 ;
Herbert de Bosham, *Vita, ibid*, t. III, p. 166.

l'abbaye de Battle contre l'évêque de Chichester (12), et plus encore dans l'organisation, la remise en ordre et le gouvernement des affaires publiques (13). En ces premières années du nouveau règne (1155-1162), il est le meilleur ouvrier de la restauration monarchique après l'anarchie que l'Angleterre connut sous Etienne de Blois. Et il gère les intérêts du prince en parfait homme d'affaires.

Les biographes ont relevé des changements apparents dans son comportement après son élévation au siège de Canterbury (1162) (14). Le professeur Knowles, pour sa part, a cru pouvoir discerner une métamorphose subite : l'apparition, à dater de l'assemblée de Northampton (novembre 1164), d'un nouvel homme, rigide, entêté, impitoyable. Et il ajoute : « en vrai Normand, fidèle à sa race, il n'a jamais éprouvé le besoin ou trouvé la manière de s'épancher en des écrits intimes ; le sort même de toute sa parenté condamnée par le roi à un lamentable exode ne réussit pas à l'apitoyer » (15). Nous pensons que cette critique n'est pas fondée. Il est vrai, le Normand est positif, il ne s'abandonne pas facilement : cette attitude procède à la fois d'un optimisme foncier et d'une grande maîtrise de soi ; elle ne préjuge pas des sentiments profonds, des affections familiales, d'une bonté certaine. Encore faudrait-il, pour connaître les sentiments profonds des hommes du Moyen Age, que les recueils épistolaires de l'époque aient préservé des lettres intimes. Ce n'est pas le cas pour saint Thomas : la collection constituée par Alain de Tewkesbury visait à réunir les lettres relatives au conflit, laissant de côté et les documents administratifs et les écrits personnels. Pourtant, un long commerce avec les lettres de Thomas Becket, en dépit du caractère officiel qu'elles revêtent le plus souvent, nous a montré qu'on n'y trouve pas seulement l'image d'une âme ardente, le reflet d'une foi indéfectible et un sentiment très haut de ses devoirs, mais qu'on le surprend parfois à épancher son cœur dans un cœur ami, notamment près de Conrad de Wittelsbach qu'il appelle, avec une nuance de tendresse, « la moitié saine de son âme » et vers lequel il crie : « Qu'ai-je donc fait pour être traité de la sorte ? Si mon courage a dépassé l'attente des hommes et ma fidélité le désir de mes amis ; si par fidélité et dévouement, mes malheureux compagnons d'exil et moi, nous avons renoncé à tout... est-ce là notre récompense et la douceur des fruits qui efface l'amertume des racines ? » (16). Mais, c'est presque toute la lettre qu'il faudrait citer. Ou encore telle missive au cardinal Humbaud d'Ostie, où Thomas décrit la persécution des

---

(12) Cf. *la Chronique de Battle Abbey* éd. à Londres en 1846 « Anglia christiana Society » ; Foreville, *Eglise et Royauté*, p. 91-92.
(13) Foreville, *Eglise et Royauté*, p. 80-82 ; J. Boussard, p. 93.
(14) Foreville, *Eglise et Royauté*, p. 110.
(15) *Archbishop Thomas Becket. A character Study.* « The Raleigh Lecture » 1949, Londres, s.d., p. 17.
(16) *Materials*, t. VI, p. 163-164.

siens « et la cruauté du décret barbare par lequel cet autre Hérode, sans égard à la condition, à l'ordre, au sexe, à l'âge des victimes... a condamné à l'exil les enfants au berceau et les a arrachés à la mamelle de leurs nourrices et de leurs mères... Rappelez-vous les exploits des anciens tyrans, parcourez les annales de l'Eglise naissante, et vous aurez peine à trouver un bourreau qui, comme celui-ci, se soit attaché avec un art si poussé à perdre tant d'innocents *pour faire souffrir sa victime* » (17). Nous croyons, pour notre part, que de tels documents ont gardé l'empreinte fidèle de sa personnalité, infiniment mieux que les biographes, qu'ils sacrifient aux lois du genre hagiographique ou qu'ils exposent les phases du conflit.

Certes, il y eut chez Thomas Becket, à la suite des incidents de Clarendon, et surtout de ceux de Northampton — où le primat, mis en accusation à la cour du roi, et sous le coup d'une arrestation, se présente en ornements pontificaux, portant lui-même sa croix archiépiscopale (18) — un raidissement devant les exigences royales. Nous pensons, quant à nous, que ce raidissement, loin d'être un entêtement, procède d'une détermination longuement mûrie, fruit de la méditation et de la prière, à l'exemple de son prédécesseur saint Anselme qui, pour n'être pas Normand de race, n'en était pas moins enraciné dans le terroir normand, enté sur le grand arbre monastique normand, à l'école du Bec Hellouin.

Encore qu'il n'ait pas embrassé l'état monastique et qu'il ait passé près de huit années à la cour de Henri II, Thomas Becket n'en avait pas moins reçu, dans la maison de Thibaut, la tradition vivante d'Anselme et de Lanfranc. Devenu, à son tour, primat d'Angleterre, il se nourrit de la pensée d'Anselme, celle des *Méditations* et celle des *Lettres* (19). Après Anselme, c'est le patronage de Thibaut que Thomas Becket aimait à invoquer. Aussi bien, la grande vénération qu'il portait à Anselme, son souci constant de suivre la voie qu'il avait frayée, son désir d'obtenir la canonisation de son saint prédécesseur (20) lui venaient-ils non seulement du commerce de ses écrits, mais des leçons et de l'exemple de celui qui, en 1138, avait relevé en Angleterre les traditions du Bec en accédant au siège primatial, qui fut son protecteur, son prédécesseur immédiat, dont il avait partagé les soucis et soutenu le courage dans les heures les plus graves lorsque Etienne de Blois avait banni du royaume le primat et saisi ses biens parce qu'il avait, sans

(17) *Materials*, t. VII, p. 233-234.
(18) *Eglise et Royauté*, p. 124.
(19) *Eglise et Royauté*, p. 268-273.
(20) Lors du concile de Tours présidé par Alexandre III en 1163, *Materials*, p. 35.

congé royal, rejoint à Reims le grand concile convoqué et présidé par
le pape Eugène III (mars 1148) (21).

Elevé en Angleterre au sein d'une famille normande, on conçoit
que la personnalité de Thomas Becket présente des aspects divers. On
reconnaît cependant chez lui un ensemble de qualités normandes, dont
certaines, peut-être, sont plus spécifiquement caractéristiques des Rouennais : la lucidité, la rapidité de décision, la sûreté de jugement, l'art de
temporiser (d'aucuns disent la défiance) ; l'aptitude à la controverse
(d'aucuns disent à la chicane) ; l'esprit juridique ; le don d'organiser ;
un tempérament de chef ; un goût inné de grandeur et de perfection
que la contradiction devait affermir dans une fierté un peu hautaine.
On peut saisir dans son comportement l'empreinte du tempérament
ancestral. Mais cette empreinte n'a porté tous ses fruits qu'au terme
d'une longue mâturation sous l'impact des événements, à la lumière des
traditions du Bec et de Canterbury, à l'exemple de ses prédécesseurs,
Anselme et Thibaut du Bec.

*
**

Le drame du 29 décembre 1170, qui fit de Thomas un martyr et
un saint, suscita une vaste floraison d'écrits hagiographiques : vies, passions et miracles. Ainsi qu'il arrive pour tout homme qui marque son
temps, la légende mêle sa fantaisie à la trame de l'histoire. Auréole ou
halo, il faut que des prodiges aient signalé d'avance la haute destinée
de l'enfant à naître, et sa famille ne saurait être qu'illustre tant par son
rang élevé que par ses vertus exemplaires ! Il en alla ainsi pour saint
Thomas : même les plus fidèles de ses biographes ont dû faire quelques
concessions à la loi du genre. Guillaume Fitz-Stephen, remarquable de
précision, d'exactitude et, au surplus, témoin de la vie et de la mort de
l'archevêque (22), introduit le lecteur dans la *Vie* du saint par le récit
d'un prodige qui aurait préludé à la naissance de l'enfant prédestiné.
La mère de Thomas aurait vu en songe qu'elle portait en son sein toute
l'église métropolitaine de Canterbury ; puis qu'elle mettait au monde et
prenait dans ses bras un archevêque de Canterbury ; enfin, imaginant
l'enfant découvert dans son berceau par une négligence de la nourrice,
elle aurait requis celle-ci d'apporter une couverture. La couverture, de
pourpre et de brocart, déployée sur le berceau couvrit bientôt la chambre,
la maison, la place publique, la cité de Londres, le royaume d'Angleterre,

(21) Jean de Salisbury, *Historia pontificalis*, c.2, éd. M. Chibnall (1956),
p. 6-8 « Medieval Texts » ; *Materials*, t. VI, p. 58.
(22) Cf. Foreville, *Eglise et Royauté*, p. XXIX-XXXI.

débordant même au-delà des mers (23). C'est sous cette forme imagée que l'auteur s'est plu à symboliser et la valeur universelle des mérites du nouveau martyr, et leur valeur exemplaire dans l'Eglise et le royaume d'Angleterre.

Plus tard, au début du XIIIe siècle, la vogue de l'orientalisme suscitée, en Angleterre comme sur le continent, par les aventures d'outre-mer, notamment la croisade où s'était illustré Richard Cœur de Lion, fut à l'origine d'une légende de chevalerie : Thomas serait le fils d'une princesse sarrasine convertie par son amour pour le beau chevalier londonien, Gilbert Becket, quelque temps captif des geôles sarrasines, qu'elle aurait rejoint et épousé en la cité de Londres. C'est le *quadrilogue*, compilation tardive rééditant par fragments juxtaposés divers extraits de quelques-unes des *Vitae sancti Thomae*, remanié et augmenté au XIIIe siècle d'une légende insolite (24). Il n'y a, bien sûr, rien à retenir de cet épisode qui s'apparente aux romans de chevalerie. La réalité est plus prosaïque. Les biographes, en dépit de leur laconisme sur l'enfance de Thomas, attestent la naissance londonienne et l'appartenance de ses parents à la bourgeoisie de la Cité. Deux d'entre eux seulement, Guillaume Fitz-Stephen déjà nommé et l'Anonyme de Lambeth, également bien informé, font allusion aux origines normandes de sa famille.

Voici les termes précis de l'Anonyme : « Parmi les municipes, villages et cités d'Angleterre, Londres est tenue pour la principale et la plus étendue. C'est vers elle lorsqu'elle fut tombée au pouvoir des Normands, qu'émigrèrent de nombreux habitants de Caen et de Rouen, localités les plus nobles de Normandie. Ils choisirent de résider dans cette cité parce qu'elle était plus propre au commerce et mieux fournie que celles qu'ils avaient coutume de fréquenter. Au nombre de ces émigrants, se trouvait un certain Gilbert surnommé *Becchet*, originaire de Rouen, honorablement connu par sa famille, son activité, ses ressources et sa fortune. Il était d'honorable extraction bien qu'issu de la bourgeoisie. Cet homme apportait tous ses soins à l'exercice du négoce ; il gérait sa propre maison honorablement eu égard à son genre de vie ; au milieu de ses concitoyens, il menait une vie exempte de reproche et il s'était acquis le renom d'un homme de bien. Sa femme avait nom Roesa ; elle était originaire de Caen et, comme lui, elle appartenait à la bourgeoisie ; elle était bien faite de sa personne mais plus digne d'éloge encore par son comportement : elle administrait bien la maison

---

(23) Fitz-Stephen, *Materials*, t. III, p. 13-14 ; Grim, *ibid*, t. II, p. 357-358 ; *Vita* attribuée à Roger de Pontigny, *ibid*, t. IV, p. 3-4.
(24) *Patrol. latine*, CXC, 346-349.

[de son mari] et, dans la crainte de Dieu, elle lui était fidèlement soumise » (25).

Roger de Pontigny, tout en affirmant l'origine bourgeoise des parents de saint Thomas, s'efforce d'en rehausser l'éclat : « Thomas est né dans la cité de Londres de parents éminents selon le statut de la bourgeoisie. Son père avait nom Gilbert et sa mère était appelée Mathilde. Bien qu'elle brillât, par l'excellence de sa naissance, au-dessus de la condition bourgeoise, elle était plus respectable et admirable encore par l'honnêteté de ses mœurs, par sa piété et sa dévotion assidues et par ses aumônes » (26). Le témoignage de Roger de Pontigny doit être retenu quant au prénom de Mathilde, attribué à l'épouse de Gilbert Becket : il est mieux attesté que celui de Roesa ; il se peut que l'Anonyme ait confondu avec le prénom de l'une des trois sœurs de saint Thomas.

Jean de Salisbury, très bien informé, dont la *Vita* était rédigée avant le printemps de l'année 1176, entend peut-être rehausser les mérites de l'archevêque en minimisant la condition de ses auteurs lorsqu'il écrit : « Thomas, natif de Londres, illustre enfant de parents modestes... » (27).

Enfin, Guillaume Fitz-Stephen, qui écrivait vers le même temps (1173-1175), précise autant que l'Anonyme la situation des Becket dans la cité de Londres à l'époque de la naissance du futur archevêque : « Thomas est né de légitime mariage et de parents honorables. Gilbert, son père, qui géra quelque temps la charge de sheriff de Londres, et Mathilde, sa mère, citoyens de Londres, appartenaient à la classe moyen-

---

(25) « Inter Angliae municipia, vicos et civitates, Londonia melior et major habetur. Ad hanc, postquam facta est subditione Normannorum, quamplures indigenarum Rothomagi et Cadomi, quae nobiliora Normanniae loca sunt, se transtulerunt, incolae civitatis esse delegentes, eo quod mercimoniis aptior et refertior erat quae frequentare consueverant. Ex horum numero fuit Gilbertus quidam cognomento Becchet, patria Rothomagensis, inter caeteros, genere, strenuitate, facultatumque possibilitate bene nominatus. Honestam siquidem, sed ex burgensibus originem duxit, et in commerciorum exercitio vir industrius, domum propriam pro vitae genere satis honorifice rexit, inter concives suos non solum sine querela conversatus, sed etiam boni viri testimonio notus. Habuit autem uxorem nomine Roesam, natione Cadomensem, genere burgensium quoque non disparem, corporis compositione decentem, sed moribus decentiorem, domuique suae bene praepositam, et sibi sub Dei timore fideliter subditam ». (*Materials*, t. IV, p. 81). L'auteur insiste sur la condition bourgeoise des parents de saint Thomas et sur l'implication de son père dans le négoce.

(26) « Thomas igitur civitate Londoniarum parentibus secundum civilem statum eminentissimis oriundus fuit. Patri nomen erat Gilbertus, mater vero ejus Mathildis vocabatur. Quae quamvis ultra civilem conditionem generis excellentia claruisse visa sit, eam tamen multiplex morum honestas et religionis ac devotionis eleemosinarumque assiduitas multo magis venerabilem et commendabilem faciebant ». (*Materials*, t. IV, p. 3).

(27) « Thomas Londoniensis urbis indigena, parentum mediocrium proles illustris... » (*Materials*, t. II, p. 302). La même idée est reprise sous forme imagée par Guillaume de Canterbury : « Beatus igitur Thomas ex Lundoniarum civibus oriundus, quasi ex myricis cedrus excrevit ». (*Materials*, t. I, p. 3).

ne ; ils ne s'adonnaient ni à l'usure ni au vil commerce, mais vivaient honorablement de leurs revenus » (28).

L'ensemble impressionnant des témoignages émanés des biographes se trouve corroboré par l'archevêque lui-même. En ses jeunes années, puis comme chancelier de Henri II, il avait vécu « en chevalier ». Que le fils d'un négociant de la Cité s'identifiât par son mode de vie à l'ordre chevaleresque et s'élevât aux plus hautes charges du royaume, lui attira les brocarts de confrères d'une naissance plus relevée : « Il est vrai, réplique-t-il, je n'ai pas des rois pour aïeux, mais j'aime mieux être d'un caractère qui anoblit que d'un sang qui dégénère » (29). Et, à son adversaire le plus acharné, Gilbert Foliot, évêque de Londres, il adresse ces paroles sereines et prophétiques : « Lorsque, loin des ténèbres du monde, les hommes seront jugés dans la lumière de la vérité, sera-t-il moins glorieux d'être issu d'une humble condition que d'une souche noble et honorée ?... Qu'importent les arbres généalogiques (Juv., VII, 1), dit le poète païen, que doit dire un chrétien, un évêque ? » (30).

On est donc fondé à rejeter l'interprétation selon laquelle Gilbert Becket aurait appartenu, à l'instar de Thibaut du Bec, à la classe chevaleresque. Et l'on est en droit d'affirmer que Gilbert Becket, originaire de Rouen, et Mathilde sa femme, originaire de Caen, étaient de condition bourgeoise ; que Gilbert, devenu citoyen de Londres, s'était enrichi après son établissement dans la Cité, mais qu'il était déjà versé dans un négoce lucratif en Normandie, à une époque où la ville de Rouen jouait « le rôle de charnière entre l'Europe du Nord et le continent européen » (31). Depuis l'époque d'Edouard le Confesseur, la métropole normande jouissait à proximité de Londres du port de Dowgate ; elle possédait des industries renommées : salaisons, tanneries, cordonneries et surtout fabriques de draps. Mettant à profit la rivalité qui opposait entre eux les fils de Guillaume le Conquérant, les Rouennais s'organisèrent en commune (32). Il ne semble pas que le départ de Gilbert Becket pour Londres puisse remonter aux troubles que connut la cité de Rouen en 1090 sous Guillaume le Roux : Ce serait plutôt la victoire de Henri Beauclerc sur Robert Courteheuse à Tinchebrai qui, ouvrant de meilleures perspectives aux négociants rouennais habitués à fréquenter la place de Londres, sus-

---

(28) « ...Thomas natus est ex legitimo matrimonio, et honestis parentibus ; patre Gilberto qui et vicecomes aliquando Londoniae fuit ; matre Matilda ; civibus Londoniae mediastinis, neque fenerantibus, neque officiose negotiantibus, sed de redditibus suis honorifice viventibus ». (Materials, t. III, p. 14). Or, Fitz-Stephen était un familier de Thomas Becket : il atteste lui-même de sa position auprès de l'archevêque et de l'authenticité de son témoignage (Prologue, ibid, p. 1-2).

(29) Lettre à ses suffragants, Materials, t. V, p. 499.

(30) Materials, t. V, p. 515.

(31) L. Musset, Le rôle de Rouen dans la Normandie ducale (911-1204), « Connaître Rouen » s.d. (1971), p. 14.

(32) A. Giry, Etablissements, t. I, p. 24-27.

cita un nouvel exode vers la grande ville de la Tamise, considérée déjà comme la capitale virtuelle du royaume anglo-normand. Mais on ne peut écarter non plus le stimulant des calamités qui fondirent sur Rouen au début du XIIᵉ siècle : la famine de 1111, l'incendie de 1116, le débordement de la Seine et l'inondation des bas quartiers en 1119 (33).

Nantis de privilèges par Edouard le Confesseur, manifestement organisés dès l'avènement de Guillaume le Conquérant (34), dotés d'une charte de libertés par Henri 1ᵉʳ (35), les bourgeois de Londres avaient le titre de barons de la Cité (36). Gilbert Becket s'était établi près de la Halle aux Merciers, à Cheapside, à l'ombre de la cathédrale Saint-Paul. Ses affaires prospéraient. Il fut même appelé à gérer la charge de sheriff de la Cité. Sa maison était largement ouverte et son hospitalité généreuse. A son foyer grandissaient quatre enfants, dont nous ignorons l'ordre de naissance : trois filles, Marie, future abbesse de Barking ; Agnès et Rohésia (37), et un fils Thomas, qui naquit le 21 décembre, probablement en l'année 1120 (38).

Né à Londres, où son père s'était fixé avant sa naissance (entre 1106 et 1119 ?), Thomas est de souche normande. Mais si, comme l'indique le chroniqueur anonyme dit « de Lambeth », Gilbert Becket est venu de Rouen à Londres, on peut se demander quelles étaient les racines terriennes de la famile Becket sur le terroir normand. C'est ici qu'il convient de prêter attention au témoignage de Fitz-Stephen qui, lui, passe sous silence l'épisode rouennais. Le passage en question est une incidente relative à l'archevêque Thibaut, au moment où va se décider la vocation ecclésiastique de Thomas, et il y a quelque tendance à solliciter le texte, à en forcer le sens, lorsqu'on en déduit, comme on l'a fait généralement, l'identité des lieux de naissance (*Tierrici villa*) et des conditions sociales (famille de chevaliers) de Thibaut et de Gilbert Becket.

La scène peut être datée approximativement de 1145. Thomas est alors un jeune homme de vingt-cinq ans qui a reçu une éducation libérale chez les chanoines augustiniens de Merton (Surrey), dans les écoles de la Cité ensuite, et finalement à Paris parmi les « artistes » de la Montagne Sainte-Geneviève. Il a été formé aussi au maniement

(33) Fouquet, t. I, p. 87.

(34) Guillaume de Poitiers, p. 214.

(35) *Select Charters*, p. 129. Traduction en anglais dans *English Historical Documents*, éd. par. D.C. Douglas, t. II, p. 945-946.

(36) Fitz-Stephen, *Materials*, t. III, p. 4 ; Guernes, vers 168.

(37) Sur les sœurs de Thomas Becket, nous sommes renseignés par la charte de fondation de l'Hôpital Saint-Thomas d'Acre à Londres sur le site de la maison paternelle (Dugdale, t. VI, p. 646-647) ; et aussi par Gervais de Canterbury, t. I, p. 242. La correspondance nous a conservé le témoignage des démarches entreprises pendant l'exil en faveur de plusieurs de ses neveux.

(38) Sur la date de naissance de saint Thomas — 1120 plutôt que 1118 — voir notre étude : *Tradition et comput*, p. 7-20.

des armes et à la fauconnerie par un ami de son père, Richer de L'Aigle,
qu'il accompagne fréquemment à la chasse, sport favori de la noblesse
normande. Mais, des incendies répétés, des revers de fortune, la perte
de sa femme (vraisemblablement en 1140), peut-être son implication
dans les luttes civiles entre la maison de Blois et la maison d'Anjou,
ont considérablement amoindri la situation de Gilbert Becket. Pendant
trois ans, Thomas géra un emploi subalterne au greffe de l'administration municipale (39). Où est sa vocation ? Quel sera son avenir ?
C'est alors — et ici je traduis aussi fidèlement que possible le texte
de Fitz-Stephen — c'est alors que, « par l'entremise de deux frères
originaires de Boulogne, l'archidiacre Baudouin et maître Eustache,
souvent reçus à la maison de son père et familiers de l'archevêque
[de Canterbury, Thibaut, Thomas], fut signalé à son attention et introduit auprès de lui, et ce d'autant plus intimement que Gilbert sus-
nommé put s'entretenir avec le seigneur archevêque de leur extraction
et de leur lignage : à savoir que Thibaut, de souche normande et né
sur le territoire de *Tierrici villa* , d'une famille de chevaliers, était
originaire d'un lieu proche » (40) (i.e. du lieu d'origine des Becket).

On peut discuter de l'interprétation exacte de la dernière phrase
latine : les historiens, les uns à la suite des autres, ont allégué que
Gilbert Becket était un chevalier originaire de Thierceville (*sic*), comme
Thibaut du Bec (41). Or, non seulement le texte n'implique pas que Gilbert fût, lui aussi, de la classe équestre et natif de *Tierrici villa* (le sens de
la particule *ut* n'est pas parfaitement clair ici), mais le contexte s'inscrit
en faux contre cette double affirmation. Il suppose, en effet, un « voisinage » assez large, car Thomas n'aurait pas eu besoin d'autre interlocu-
teur que son père auprès de l'archevêque si, l'un et l'autre, étaient
issus du même village et *a fortiori* d'une même classe sociale, les deux
hommes étant de la même génération. Bien plus, il y a contradiction
flagrante avec l'unanimité des biographes, qui attestent l'origine bour-

---

(39) Fitz-Stephen, *Materials*, t. III, p. 14 ; Grim, *ibid.*, t. II, p. 359, 361 ;
Guernes, v. 207 et suiv., 241-242.

(40) « Subinde prodeuntibus annis et meritis [Thomas] adhaesit Theobaldo bonae
memoriae Cantuariensi archiepiscopo, per duos fratres Bolonienses, Balduinum archi-
diaconum et magistrum Eustachium, hospites plerumque patris ejus, et familiares
archiepiscopi, in ipsius notitiam introductus : et eo familiarius quod praefatus Gilbertus
cum domino archipraesule de propinquitate et genere loquebatur : ut ille ortu Normannus, et circa Tierrici villam de equestri ordine natu vicinus ». (*Materials*, t. III,
p. 15).

(41) Depuis la notice que Kate Norgate a consacrée à Thomas Becket dans le
Dictionary of National Biography. Récemment, Saltmann opte de fait pour Thierville
(Eure, arr. Pont-Audemer, c. Montfort) tout en conservant la graphie Thierceville :
« He was born near Thierceville in Normandy, about three miles north Bec Abbey »
(p. 3, 166). Knowles, qui cite Thierceville en note seulement et sans l'identifier,
semble opter implicitement pour Thierceville (Calvados, arr. Bayeux, c. Ryes)
lorsqu'il suggère que Gilbert Becket vint de Caen à Londres (*Archbishop Thomas
Becket*, p. 5 et n. 3). Dom L'Huillier n'est pas plus explicite lorsqu'il dit que
Gilbert était natif de Thierceville, sans autre précision (t. I, p. 1).

geoise de Gilbert Becket, à vouloir l'assimiler à un chevalier : il faut voir dans cette interprétation l'influence, sans doute inconsciente, de la « légende sarrasine ».

Mais, de quelle localité s'agit-il ? La plupart des historiens se sont contentés d'une simple approximation reposant d'ailleurs sur une traduction défectueuse, lorsqu'ils affirment que Gilbert Becket était né à *Thierceville* en Normandie (*sic*). La transcription *Tierrici villa* = Thierceville ou Tierceville n'est pas philologiquement satisfaisante. Tierceville procède de *Tertia villa* (42). Il y a donc lieu d'écarter Tierceville (Calvados) (43) comme Tierceville (Eure), l'une des sept villes ou coutumes de la forêt de Bleu, extension de celle de Lyon (44), ainsi que Thiergeville (Seine-Maritime) (45). Seule, la transcription Thierville (domaine de Theoderic ou Thierri) est correcte. Or, Thierville (Eure) (46) situé dans la vallée de la Risle offre toutes garanties quant au lignage de l'archevêque Thibaut, parce que les Thibaud sont effectivement originaires de la vallée de la Risle. Thierville se trouve littéralement cernée par des toponymes rappelant les Thibaud : au sud, sur le plateau, Thibouville, et dans la vallée, la Rivière-Thibouville ; au nord, le hameau de Thibouville, quart de fief à Hauteville-en-Roumois relevant de la Rivière-Thibouville (47), et, dans la vallée, Thibouville, hameau et fief sis à Manneville-sur-Risle, sergenterie relevant de la seigneurie de Montfort-sur-Risle, dont dépendaient également des terres dans le Roumois (48). *Thibou*(*t*) n'est qu'une variante dialectale de Thibaut. De plus, la promotion de Thibaut du Bec au siège primatial par l'élection du 24 décembre 1138, dans la chapelle royale de Westminster, en présence d'Etienne de Blois, se place dans un contexte politique certain, l'abandon par le roi de l'étroite coopération avec son frère, Henri, évêque de Winchester, et l'alliance avec la puissante famille des Beaumont, les jumeaux Galeran, comte de Meulan et de Worcester, et Robert comte de Leicester. C'étaient les descendants d'une brillante lignée de barons normands, seigneurs de Beaumont-le-Roger et de Brionne ; Galeran, au demeurant, était avoué et protecteur de l'abbaye du Bec (49).

Les fiefs normands des Beaumont, prenant appui sur le cours de la Risle, s'étendaient aux confins des trois anciens diocèses de Lisieux,

(42) Tiers de propriété. Formation analogue à celle que l'on trouve dans les anciens termes : tiercin, tiercelet, tiercelin.
(43) Arr. de Bayeux, c. de Ryes.
(44) Hameau de Bazincourt, arr. des Andelys, c. de Gisors.
(45) Arr. d'Yvetot, c. de Valmont.
(46) Arr. de Pont-Audemer, c. de Montfort-sur-Risle.
(47) Thibouville, Eure, arr. de Bernay, c. de Beaumont-le-Roger ; La Rivière-Thibouville, même département, arr. et c., sur la commune de Nassandres.
(48) Manneville-sur-Risle, Eure, arr. et c. de Pont-Audemer ; Hauville-en-Roumois, Eure, arr. de Pont-Audemer, c. de Routot. Cf. Boussard, p. 93.
(49) H.A. Cronne, *The Reign of Stephen. Anarchy in England* 1135-1154, Londres, 1970, p. 170.

Evreux et Rouen. Si Thierville relevait de cette métropole, l'attirance d'Evreux, aussi proche, se faisait sentir : c'est ainsi que les neveux de l'archevêque, Guillaume, Gilbert, Roger et Lechard, élevés en sa maison, avaient pour précepteur un clerc d'Evreux, Thomas : ils souscrivent tous les cinq, ès qualité, au bas d'une charte de 1150-1153 en faveur de Stoke-by-Clare, sur laquelle figure également la souscription de « Thomas, clerc de Londres » (50).

Certains auteurs, extrapolant les dires de Fitz-Stephen, tel Auguste Le Prévost (51), ont cru pouvoir affirmer que la famille de Thierville était apparentée à celle de saint Thomas. Les sources contemporaines attestent seulement l'appartenance de Thibaut à ce lignage. Comment l'éventuelle parenté entre les Thierville et le saint archevêque eût-elle été passée sous silence dans la lettre écrite au lendemain de la canonisation, et certainement avant la fin de l'année 1175, par le clergé d'Exeter au prieur de Canterbury, Odon, lettre relatant la guérison, sur l'intercession du martyr, de Guillaume de Thierville, ce jeune clerc de leur église, déjà rencontré à la curie archiépiscole, dont le narrateur nous dit précisément qu'il était neveu de l'archevêque Thibaut, de bonne mémoire, par l'un de ses frères : *adolescens quidam, Willelmus nomine, cognominatus de Terrici villa,* — Guillaume de son prénom, de Thierville de son gentilice — *nepos scilicet ex fratre bonae memoriae Theobaldi archiepiscopi... ?* (52)

Si l'on peut ainsi retracer le lignage de Thibaut de Thierville — plus connu sous le nom de Thibaut du Bec, ou de Canterbury — dans la région d'entre Risle et basse Seine, c'est dans cette même région, quelque peu élargie au nord et au sud, que Richer de L'Aigle, ami de Gilbert Becket, initiateur de son fils à l'art de la chasse, détenteur de trente-cinq fiefs de chevalier dans le Sussex, était largement possessionné : outre la forêt de L'Aigle, il tenait des biens aux environs de Rugles (la Chaise-Dieu du Theil) et de Conches (Nogent-le-Sec), et il était seigneur de Clasville au Pays de Caux (53). De tout temps, des voies de jonction unirent l'une à l'autre les rives du grand fleuve : soit la route de Pont-Audemer et Montfort-sur-Risle à Caudebec, soit encore et surtout l'antique *via strata* (voie pavée) de *Noviomagus* à *Julia bona :* de Lisieux, elle gagnait Cormeille et Pont-Audemer, puis, par la traversée du fleuve au Vieux-Port, elle atteignait Bolbec sur l'autre rive en passant par Lillebonne où elle croisait la *chaussée* qui courait de Rouen à Harfleur (54). Lillebonne, carrefour routier, devait tomber aux mains

(50) Saltman, Charte n° 235, p. 482.
(51) *Mémoires et notes... Le Prévost,* t. II, p. 253.
(52) Lettre transcrite par Guillaume de Canterbury, *Miracula,* Livre VI, *Materials,* t. I, p. 408.
(53) Boussard, p. 92 et *ibid,* n° 7,
(54) D'après une ancienne carte du *pagus Lexoviensis.* C'était la voie directe, beaucoup plus courte que celle qui passait par *Breviodurum* (Brionne). Voir Pl. I.

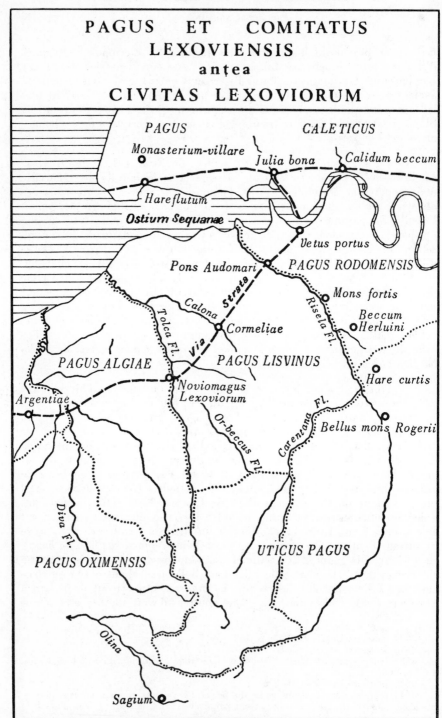

PAGUS ET COMITATUS
LEXOVIENSIS
anţea
CIVITAS LEXOVIORUM

PAGUS   CALETICUS

Monasterium-villare
Julia bona   Calidum beccum

Hareflutum
Ostium Sequanae

Vetus portus
Pons Audomari   PAGUS RODOMENSIS

Mons fortis

Calona   Strata

Beccum
Herluini
Cormeliae

Tolca Fl.   via   PAGUS LISVINUS

Risela Fl.

PAGUS ALGIAE

Hare curtis

Noviomagus
Lexoviorum

Argentiae

Or-beccus Fl.   Carentana Fl.   Bellus mons Rogerii

Diva Fl.

PAGUS OXIMENSIS   UTICUS PAGUS

Olina

Sagium

D'après d'Anville, Géographe du Roi
(Paris, Bibl. Nat. Ge 2987, Dépôt Ministère Aff. Etrangères).

des d'Harcourt, alors simples vassaux des Beaumont, et dont le château familial, situé un peu à l'écart de la vallée, entre les donjons de Brionne et de Beaumont-le-Roger, dominait le cours moyen de la Risle.

On pourrait exciper aussi — encore que l'appréciation repose sur un terrain subjectif — de certaines attaches de Thomas Becket avec l'église et la cité de Rouen, ou la banlieue immédiate de la ville. Certes, les accointances du chancelier d'Angleterre ne laissaient pas d'être fort étendues à travers la Normandie et les domaines Plantagenêt, les terres du comte de Flandre et celles du roi de France. A Rouen cependant, où il réside, semble-t-il, assez longtemps à plusieurs reprises au cours des années 1159, 1160, 1161, ses relations paraissent déceler quelque chose d'intime, que ce soit avec l'archidiacre Gilles, neveu de l'évêque Hugues d'Amiens (1130-1164), chez lequel il aimait à loger (55) ; avec le prieuré bénédictin de Saint-Gervais-hors-les-Murs (56), par-delà la Porte Cauchoise ; ou encore avec Nicolas, prieur du Mont-Saint-Jacques ou Mont-aux-Malades, la maladrerie sise plus loin, au-delà du faubourg Saint-Gervais. C'est ce même Nicolas qu'il chargea plus tard de missions particulièrement délicates auprès de l'Impératrice Mathilde, mère de Henri II, de l'archevêque Rotrou de Warwick, un Beaumont (57), successeur d'Hugues d'Amiens, ou du roi lui-même (58). Un autre personnage enfin, devait jouer un rôle à la fois discret et capital dans les négociations relatives à l'affaire Becket, avant et après le martyre : c'est Richard de Blosseville, abbé de Notre-Dame du Vœu ou du Valasse, monastère cistercien établi en 1157 après des débuts difficiles dans la vallée de la rivière de Bolbec, non loin de Lillebonne (59).

Précisément, le récit d'un autre miracle de saint Thomas — survenu soit avant la canonisation soit peu de temps après — nous transporte dans une localité voisine, le village de Gruchet, dépendant de l'abbaye du Valasse (60). Ici, une fillette de deux ans, tombée dans une mare au fond d'une caverne où rouissait du lin, est retrouvée inanimée trois jours après. On la voue au saint martyr : avec le vœu, la vie revient. A deux pas de là, sur la rivière de Bolbec, face aux ruines actuelles de

---

(55) Fitz-Stephen, *Materials*, t. III, p. 27. Henri II le chargera plus tard d'une mission auprès de la curie (*ibid*, t. VII, p. 166, 204, 233).

(56) Fitz-Stephen, *Materials*, t. III, p. 25-27.

(57) Il était fils d'Henri de Neubourg, comte de Warwick, et avait été transféré du siège d'Evreux sur celui de Rouen en 1164 (cf. Fisquet, *Rouen*, p. 94).

(58) Diverses lettres ont trait à ces négociations : *Materials*, t. V, p. 144-151, 418, 438-441 ; t. VI, p. 71, 76, 113-114, 122, 149. Elles témoignent de la haute estime en laquelle Thomas tenait le prieur du Mont-aux-Malades qu'il connaissait personnellement.

(59) *Materials*, t. IV, p. 169 ; t. 169 ; t. VII, p. 471,472, 473. Cf. également Sommenil, p. 8 et suiv., 59, 60.

(60) Guillaume de Canterbury, *Miracula*, L. II, *Materials*, t. I, p. 207. Formes anciennement attestées : Grochet (*loc. cit.*) ; Groichet (*Pouillé, Rouen*, R.H.F. XXIII, 286 G).

l'abbaye du Valasse, à l'endroit même où le Petit-Bec vient grossir le Bolbec, les cartes anciennes (61) attestent l'existence d'un hameau, le *Becquet*, dépendant de Gruchet. Le site est remarquable : au XVII° siècle — et bien avant sans doute — les deux cours d'eau étaient jalonnés de moulins. Elevage des plateaux et cultures de la vallée durent contribuer très tôt à orienter le négoce de Rouen. Drapiers et toiliers, les Rouennais n'avaient pas coutume de rompre avec la terre. On ne saurait dire cependant dans quelle mesure la fortune des Becket s'équilibrait entre les profits du négoce et les richesses terriennes.

Nous ne saurions prétendre avoir résolu le problème des origines de la famille Becket, mais nous pensons l'avoir mieux circonscrit. Au terme de ces recherches, il nous paraît probable qu'elle était issue de la région de Rouen plutôt que des environs immédiats de Thierville. La notion de voisinage au sens large est susceptible d'inclure un lieu suggéré par le gentilice *Becchet* ou *Becquet* dans sa graphie normande, soit le hameau de ce nom sur la rivière de Bolbec, soit le Becquet, ancien fief à Thuit Anger près d'Elbeuf, dans cette portion de l'actuel département de l'Eure que baigne la Seine et qui faisait jadis partie intégrante du diocèse de Rouen (62). Pour conclure, n'est-il pas permis de penser que les attaches terriennes des ancêtres de saint Thomas se situaient, de toute manière, entre le cours de la Risle et l'ensemble fluvial de la basse Seine, entre Bernay, Elbeuf, Rouen et Montivilliers, c'est-à-dire en un coin du terroir normand dont la vocation industrielle — draperie et toilerie — est attestée très tôt (63) ? Quoiqu'il en soit, lorsque, de négociant ambulant, Gilbert Becket vint se fixer en la Cité de Londres, c'est tout près de la Halle aux Merciers que ce Rouennais, d'adoption sinon de naissance, établit sa demeure. En retour, c'est apparemment en ce même coin du terroir normand que Thomas de Londres se vit décerner les plus nombreux monuments d'un culte ancien.

Laissant délibérément de côté l'iconographie, les calendriers, les livres liturgiques, nous nous sommes attaché exclusivement à déterminer les dédicaces à saint Thomas, depuis la canonisation en 1173 jusqu'au

---

(61) Notamment, la carte du diocèse de Rouen dressée sur ordre de l'archevêque Jacques-Nicolas Colbert.

(62) Le Becquet, Seine-Maritime, arr. du Havre, c. de Bolbec, comm. de Gruchet-le-Valasse ; Le Becquet (Eure, arr. de Louviers, c. d'Anfreville-la-Campagne).

(63) Cf. L. Musset, *Note relative à de nouveaux documents sur l'industrie textile normande au Moyen-Age.* Dans le « Bulletin de la Société des Antiquaires de Normandie », t. LIII (1955-56), p. 289-293.

déclin du Moyen âge. Notre enquête méthodique, poursuivie depuis plusieurs années avec l'aide amicale d'érudits normands (64), même si elle laisse subsister quelques lacunes et quelques cas douteux, nous a permis de préciser la répartition des lieux de culte voués au martyr et d'en apprécier la densité. La base territoriale de cette enquête est, comme il se doit, la province ecclésiastique de Rouen dans sa configuration d'Ancien Régime d'après les pouillés des XIIIe et XIVe siècles. Toutefois, en de nombreux cas, nous possédons des témoignages directs sur la fondation des établissements ou des édifices en cause ; ils peuvent être alors datés avec certitude : pour la plupart, ils remontent à la période comprise entre la canonisation du martyr et la translation de ses restes (1173-1220). L'aire ainsi prospectée correspond approximativement aux limites du duché de Normandie. Elle les déborde néanmoins dans la région du Vexin français, jadis partie intégrante de l'archidiocèse de Rouen.

Nous n'ignorons pas qu'un problème délicat peut se poser pour certains hospices ou certaines maladreries. D'anciennes dédicaces de chapelles ou d'anciens patronages de lieux avaient pu être conférés primitivement à l'apôtre saint Thomas parce qu'il avait touché les plaies du Seigneur. Car il y a lieu de distinguer le *patron*, c'est-à-dire le saint protecteur d'un lieu, et le *titulaire*, dénomination d'une église ou d'une chapelle consacrée ou solennellement bénite, encore que, dans bien des cas, titulaire et patron soient identiques : il en va ainsi pour les églises paroissiales qui furent dédiées à saint Thomas de Canterbury dans le diocèse de Rouen. On doit remarquer cependant que l'époque même où il fut canonisé correspond à l'accélération du mouvement en faveur des fondations d'hospices et de maladreries. Si, dans certains cas, d'ailleurs fort peu nombreux, il est possible de s'interroger sur le glissement éventuel d'une dédicace à l'apôtre saint Thomas vers le patronage du martyr éponyme, on constate le phénomène inverse, à savoir la substitution de saint Thomas apôtre à saint Thomas martyr : ainsi en alla-t-il à Vire, où, d'ailleurs, celui-ci avait succédé à saint Michel. Le cas n'est pas unique où d'anciens titulaires se sont plus ou moins effacés devant la

(64) Nous exprimons nos vifs remerciements à tous ceux qui nous ont apporté leur aide au cours de cette enquête et qui parfois ont bien voulu faire des recherches à notre intention dans les archives diocésaines, particulièrement Mme Dickson, O.S.B., du monastère Sainte-Françoise Romaine (Saint-Martin du Bec) ; Mlle S. Bertrand, conservateur de la Bibliothèque municipale de Bayeux ; Mlle Y. Lelégard, conservateur de la Bibliothèque municipale de Vire ; Mlle J. Grall, adjointe aux Archives du Calvados ; M. Lucien Musset, Directeur de l'U.E.R. d'Histoire à l'Université de Caen ; M. Jacques Fauchon, président de la société d'Archéologie d'Avranches, Mortain et Granville ; M. le chanoine Toussaint, archiviste du diocèse de Coutances ; M. l'abbé Flament , archiviste du diocèse de Sées ; M. l'abbé A. Fouré, membre de l'Académie de Rouen ; M. l'abbé M. Lelégard, président de la commission d'art sacré du diocèse de Coutances ; enfin plusieurs de nos étudiants du séminaire d'Histoire médiévale de Caen, M. l'abbé J.-F. Milon, MM. Daniel Bréard et Etienne Vallée.

vogue du nouveau martyr : ainsi, à Touques, il a pris la place de saint
Léger, et à Argentan, il a détrôné la sainte Trinité elle-même ! (65).
Ailleurs et plus fréquemment, on assiste à une association plaçant un
établissement ou une chapelle sous un double patronage. Ce fut le cas
du prieuré augustinien de Saint-Jacques du Mont-aux-Malades près de
Rouen après l'érection de son église dédiée au nouveau martyr (1174),
à telle enseigne que le prieuré lui-même devait être désigné sous le
même vocable (dès 1175 ?) par le pape Alexandre III (66). Tel fut
aussi le cas de la chapelle Saint-Thomas et Saint-Clair de Boissy-Lamberville (ancien diocèse de Lisieux), et celui de la chapelle Saint-Thomas et Saint-Nicolas de Lyons-la-Forêt (ancien diocèse de Rouen). En
revanche, à Saint-Pierre-des-Ifs (ancien diocèse de Lisieux), ce même
double patronage relève de la réunion tardive, effectuée au XVII*
siècle, de la chapelle Saint-Nicolas de l'Epinai à la léproserie Saint-
Thomas (67). Les tableaux annexés à la présente étude apportent toutes
les précisions utiles quant aux lieux où s'est implanté le culte de saint
Thomas, à leur répartition par diocèses, archidiaconés, doyennés, à leur
date d'érection (fondation ou première mention connue). Il nous suffit
donc de dresser ici un inventaire global et récapitulatif des données
statistiques qu'ils fournissent.

Dans le diocèse d'Avranches, l'enquête se solde négativement. Toutefois, à tout bien considérer, on peut penser que la stèle commémora-
tive de la réconciliation solennelle de Henri II avec l'Eglise (qui eut
lieu le 19 mai 1172, après le meurtre de l'archevêque et l'interdit *ab
ingressu ecclesiae* dont le pape Alexandre III avait frappé le roi) perpétue le souvenir d'un culte de saint Thomas dans l'ancienne cathédrale
détruite de fond en comble. Il serait surprenant que, dans cette cathédrale précisément, n'ait pas été instituée, à l'instar des autres cathédrales
normandes (sauf à Evreux, où cependant une église paroissiale lui fut
dédiée) une chapelle Saint-Thomas avec les fondations de messes que
comportait l'institution.

Le diocèse voisin de Coutances — qui devait être uni au précédent
en 1791 — offre, en revanche, 8 lieux de culte dûment attestés dont
l'un, le prieuré de La Bloutière, est tout proche de l'Avranchin. Ce sont :

---

(65) Le vocable de la Sainte-Trinité s'est perpétué dans l'appellation d'une confrérie : « en 1769, chapelains et frères condonnés remplissent les fonctions ecclésiastiques dans la chapelle Saint-Thomas, chacun à leur tour durant un mois, de manière
que celui qui serait de mois présiderait à toutes les fondations et cérémonies de la
confrérie de la Sainte-Trinité ». Les deux chapellenies de Saint-Thomas remontent au
début du XIII* siècle, peu après le rattachement de la Normandie à la France (notes
communiquées par M. l'abbé Flament, d'après l'ouvrage de Laurent).

(66) C'est ainsi qu'Alexandre III s'adresse vers 1175 au prieur et aux chanoines
« de Saint-Thomas près de Rouen » (document n° 12 publié par l'abbé P. Langlois,
p. 425).

(67) *Mémoires et notes... Le Prévost,* t. I, p. 360 ; t. II, p. 357 ; t. III, p. 190.

Coutances, La Bloutière, Saint-Lô, Montebourg, Brix, Barfleur et Cherbourg ; soit, une chapelle dans la cathédrale, un prieuré, une église et une chapelle paroissiale, deux chapelles d'églises et une chapelle de léproserie, enfin, un Hôtel-Dieu: Saint-Sauveur-le-Vicomte.

Plus petit que l'actuel, l'ancien diocèse de Bayeux, limité à l'est par celui de Lisieux (dont il intégra une partie en 1791), comportait 9 lieux dédiés à saint Thomas de Canterbury : Bayeux, Aunay, Vire, Montfiquet, Saint-Gabriel, Mesnil-Vité, Commes, Caen enfin avec deux fondations. C'étaient une chapelle dans la cathédrale et une autre attachée à l'abbaye d'Aunay, deux églises et une chapelle paroissiales (celle du Mesnil-Vité à la limite du diocèse de Coutances dont la localité ressortit aujourd'hui), deux chapelles et deux maisons hospitalières.

Aujourd'hui disparu, démantelé au profit de Bayeux et d'Evreux, le diocèse de Lisieux s'étendait entre la Dive et la Risle. Sous l'impulsion première de l'évêque Arnoul, il offrait 8 lieux au culte de saint Thomas de Canterbury : Lisieux, avec deux fondations, Touques, Boissy-Lamberville, Saint-Georges-du-Vièvre, Berville-sur-mer, Estrées, Saint-Pierre-des-Ifs. C'étaient une chapelle dans la cathédrale et la chapelle attachée à l'Hôtel-Dieu de Lisieux, une église paroissiale, une chapelle d'église, trois chapelles et une léproserie. De ces huit titres, l'un paraît moins bien attesté : il s'agit de la chapelle d'Estrées.

Le diocèse d'Evreux était alors réduit à sa plus simple expression. Celui de Lisieux lui barrait l'accès au rivage de la Manche, ceux de Rouen et de Chartres l'écartaient des rives de la Seine et celui de Sées limitait sa pénétration vers l'hinterland. Aussi n'offrait-il alors au culte de saint Thomas que 2 ou 3 sanctuaires : une église paroissiale à Evreux même, une chapelle manoriale à Faverolles-la-Campagne et, peut-être, une chapelle au hameau Saint-Thomas dépendant de Barquet, alors que, de nos jours, il a pris à l'archidiocèse de Rouen huit anciens points de culte.

Quant au diocèse de Sées, le Pouillé Savary qui en donne l'état sous l'Ancien Régime, relève 3 mentions : une chapelle en la cathédrale de Sées ; une chapelle sur le même territoire communal, au manoir de Chailloué ; enfin, l'église de l'Hôtel-Dieu d'Argentan, fondation de Henri II.

Si nous examinons maintenant l'archidiocèse de Rouen dans sa structure médiévale, nous nous trouvons en présence d'un vaste et puissant ressort qui s'étendait, du sud au nord, des limites des diocèses de Paris et Beauvais à la mer sur tout le front maritime du pays de Caux et du pays de Bray ; de l'est à l'ouest, entre la Béthune et la Risle. Saint-Thomas y était particulièrement honoré, non seulement par le culte liturgique directement inspiré de la métropole de Canterbury (68), mais encore par le grand nombre des édifices qui lui furent dédiés. C'est ainsi qu'on ne relève pas moins de 29 titres dûment attestés. Une chapelle dans la cathédrale de Rouen et la chapelle de l'Hôtel-Dieu ; six églises paroissiales : Les Authieux, Beaurepaire, Etoutteville, Gruchet-le-Valasse, Saint-Thomas-de-la-Chaussée et l'Oselière, ces deux dernières aujourd'hui disparues ; une chapelle en l'église de Thierville ; huit chapelles : Bosbénard-Crécy, Aizier, Saint-Gilles-de-la-Neuville, Vitte-fleur, Hautot-sur-mer, Criel-sur-mer, Etrepagny, Vesly ; cinq chapelles castrales : Harcourt, Pavilly, Saint-Vigor d'Imonville (château du Catillon), Gisors, Lyons-la-Forêt ; une église attachée à la léproserie du Mont-aux-Malades ; l'Hôtel-Dieu de Neufchâtel ; trois léproseries : Harcourt, Canville-les-deux-églises, Arthies ; le prieuré de Saint-Thomas-sur-Scie à Saint-Maclou de Folleville ; enfin, la cure ou personat de Vattetot-sous-Beaumont.

Au total, nous avons pu dénombrer dans les limites de l'ancienne province ecclésiastique de Rouen 60 points de culte dédiés à saint Thomas de Canterbury : 5 chapelles dans les églises cathédrales (sur 7 cathédrales), 1 chapelle attachée à une abbaye, 4 chapelles en diverses églises, 11 églises paroissiales, 2 chapelles paroissiales, 14 chapelles de statuts divers, 5 chapelles castrales, 2 chapelles manoriales, 2 chapelles d'établissements hospitaliers, 1 église d'Hôtel-Dieu, 1 église et 2 chapelles de léproseries, 3 Hôtels-Dieu, 4 léproseries, 2 prieurés, 1 cure. Toutefois, la répartition de ces points de culte ne laisse pas de suggérer quelques observations. Il s'avère que les trois diocèses intérieurs, dont deux privés de grande voie fluviale ou dépourvus de façade maritime — Avranches, Sées, Evreux — constituent, dans le complexe normand des dédicaces à saint Thomas, une zone de faible densité, voire quasi désertique. Au contraire, les diocèses baignés par la mer, les fleuves côtiers et la basse Seine — Coutances, Bayeux, Lisieux, Rouen — présentent une densité assez forte par rapport à leur étendue. Mais, ce qui est particulièrement frappant, c'est le nombre et l'importance des établissements dédiés à saint Thomas dans l'archidiocèse de Rouen. A lui seul, il possédait la moitié des points de culte, 29 sur 60. Certes, c'était alors un très vaste ressort, au sein duquel des influences complexes, mais convergentes, ont pu jouer : l'importance de Rouen dans l'empire Plantagenêt, les œuvres de pénitence auxquelles Henri II s'était engagé lors de la réconciliation d'Avranches (fondations pieuses), le fait que l'archevêque de Rouen, Rotrou de Warwick, dut avoir à cœur de réparer, sinon une attitude inamicale à l'égard de l'exilé, du moins ses atermoiements qui portaient

---

(68) D'après les quelques livres liturgiques que le Moyen âge nous a légués (la grande masse a disparu), on peut affirmer que l'office de la translation de saint Thomas (7 juillet) était à Rouen (et sans doute dans la plupart des églises séculières normandes) de même facture que dans la Province de Canterbury. Malheureusement, la plupart des manuscrits ne sont pas antérieurs au XIVe siècle.

une part de responsabilité dans l'échec des ultimes négociations dont le pape Alexandre III l'avait chargé au cours de l'année 1170 (69). Il faut également tenir compte de l'initiative déployée par certains seigneurs ecclésiastiques ou laïques, amis du saint, tels Richer de L'Aigle, Richard du Valasse, Nicolas du Mont-aux-Malades, peut-être aussi par les Beaumont et leurs vassaux dans la région que baigne la Risle et dans le Vexin.

Il n'en reste pas moins que la répartition même des dédicaces à saint Thomas à travers l'ancien diocèse de Rouen est assez remarquable. Elles présentent une zone de concentration autour de l'axe que forme la vallée du grand fleuve. Cependant, à considérer la Haute-Normandie dans son ensemble, c'est-à-dire les anciens ressorts de Rouen et d'Evreux et la partie orientale de l'ancien ressort de Lisieux, on décèle aisément une zone où le culte de saint Thomas dut présenter, dès l'origine, un réseau serré de dédicaces — églises paroissiales, chapelles castrales ou conventuelles, autels et chapelles dans les églises cathédrales ou collégiales, hôpitaux et maladreries — ou de patronages dont le souvenir s'est perpétué dans la dénomination même de certains lieux-dits. Voici comment se répartissent ces points de culte dédiés à saint Thomas.

Dans la basse vallée de la Seine et des rivières convergentes et sur la bordure méridionale du plateau crayeux : Le Catillon (Saint-Vigor d'Imonville), Gruchet-le-Valasse, Aizier, Pavilly, Rouen (2 établissements), Mont Saint-Aignan. Au nord, dans le Pays de Caux : Beaurepaire, Saint-Gilles-de-la-Neuville, l'Oselière (La Remuée), Vattetot-sous-Beaumont, Vittefleur, Pourville (Hautot-sur-Mer), Etoutteville, Saint-Thomas-de-la-Chaussée (Roumare), Canville-les-deux-églises, Saint-Thomas-sur-Scie (Saint-Maclou de Folleville), les Authieux (Les Authieux-Rathiéville). A l'est, dans le Vexin : Lyons-la-Forêt, Etrepagny, Gisors, Vesly, Arthies. Au sud, dans le Roumois et la campagne du Neubourg, c'est-à-dire sur le plateau entre Risle, Iton et basse Seine : Gédeville (Bosbénard-Crécy), Thierville, Harcourt (2 établissements), Barquet (?), Fourneaux (Faverolles-la-Campagne), ces deux derniers du ressort d'Evreux.

Les anciennes dédicaces ci-dessus localisées s'inscrivent toutes dans un quadrilatère approximativement délimité par les axes que forment, au nord, la vallée de la Béthune puis celle de l'Epte jusqu'à Gisors ; au sud, la vallée de la Risle, jadis limite entre les diocèses de Rouen et de Lisieux ; à l'ouest, la côte du pays de Caux ; à l'est enfin, une ligne passant par Gisors, Evreux et Conches. C'est dans cette dernière direction que l'aire ainsi circonscrite débordait légèrement le ressort diocésain de Rouen en mordant sur celui d'Evreux.

(69) *Eglise et Royauté*, p. 199 et suiv. ; 308 et suiv.

A ces 29 lieux de culte groupés autour du grand axe fluvial, il y a lieu d'ajouter une couronne extérieure constituée, au nord, par les localités de Criel-sur-mer, et Neufchâtel ; au sud, par celles de Berville-sur-mer près de l'embouchure de la Risle, Saint-Pierre-des-Ifs, Saint-Georges-du Vièvre et Boissy-Lamberville (relevant toutes quatre de l'ancien diocèse de Lisieux), soit au total 35 sanctuaires.

La signification de cette zone de concentration des dédicaces à saint Thomas ne saurait être mesurée hors de tout élément de comparaison entre des faits analogues dans une aire identique. Eliminant les suppressions éventuellement survenues à la Révolution, nous retiendrons dans les limites actuelles du diocèse de Rouen les seules églises paroissiales dont le titulaire demeure aujourd'hui encore saint Thomas de Canterbury. Il y en a 4 : Les Authieux(-Rathiéville), Beaurepaire, Etoutteville et Gruchet-le-Valasse. Nanti de ces 4 dédicaces, saint Thomas se trouve à égalité avec saint Léger et saint Wandrille, particulièrement honorés dans le diocèse de Rouen ; il surclasse d'un point saint Riquier et sainte Thérèse de l'Enfant Jésus, et presque saint Romain lui-même, évêque de Rouen, patron du diocèse et patron secondaire de la cathédrale, qui — outre cet insigne patronage — ne compte que 3 titres. Seul, parmi les saints honorés d'un culte local et inscrits au propre du diocèse, saint Maclou l'emporte sur saint Thomas, possédant encore aujourd'hui à son actif 7 paroisses (70).

Mais il y a plus. Si l'on examine de près la carte des dédicaces à saint Thomas, on décèle à travers leur répartition le tracé d'anciennes voies de passage, fleuves et routes : l'axe longitudinal de la basse Seine doublé par la « chaussée » de Harfleur à Rouen, en bordure de laquelle s'élevaient les villages de Saint-Thomas de l'Oselière et de Saint-Thomas de la Chaussée ; celui de la Risle, avec 9 sanctuaires s'échelonnant sur les deux rives de Berville-sur-mer à Faverolles-la-Campagne ; les axes transversaux franchissant les fleuves pour unir le pays d'Auge et le Lieuvin au pays de Caux, soit la route passant par Pont-Audemer, Montfort-sur-Risle et Caudebec, soit surtout l'antique *via strata* qui, de Lisieux, par Cormeilles et Pont-Audemer, conduisait plus directement au Vieux port, près d'Aizier, sur la Seine, puis au-delà du fleuve remontait la rivière de Bolbec et traversait Gruchet-le-Valasse (71). On en vient alors à se demander dans quelle mesure cette concentration de lieux de culte, tous de haute ancienneté, autour des axes routiers et fluviaux dans une région déterminée et bien délimitée tient seulement au rôle des voies de passage. N'est-elle pas, tout autant, le fait des liens d'amitié, voire de parenté, noués jadis par la famille Becket à travers les terroirs normands du Roumois et du pays cauchois ? Bref, on se trouve à nouveau ramené

(70) *Annuaire ecclésiastique*, 1957.
(71) Confronter les Pl. I et II.

vers la zone qui, de Harcourt et Thierville à Aizier et Gruchet-le-Valasse, avait déjà retenu notre attention dans l'évocation des origines terriennes probables de la famille Becket : nouvelle présomption en faveur d'un territoire à nouveau circonscrit. Cependant, plusieurs présomptions ne font pas une certitude. Aussi, pour rester sur le terrain proprement historique, notre conclusion ne saurait être formulée autrement que par une question : y a-t-il étroite corrélation entre l'importance des lieux de culte de saint Thomas anciennement attestés au diocèse de Rouen, plus précisément des bords de la Risle à la rivière de Bolbec, et le berceau haut-normand de la famille Becket ?

PRINCIPAUX DOCUMENTS ET TRAVAUX CITES
ET LISTE DES ABREVATIONS

Annuaire ecclésiastique, 1957 : Ordo liturgique et Annuaire ecclésiastique du diocèse de Rouen, année 1957.

Barlow : F. Barlow, The Letters of Arnulf of Lisieux, Londres, 1939. « Camden 3d series », vol. LXI.

Beaurepaire (Ch.), *Notes historiques...* : Charles de Robillard de Beaurepaire, *Notes historiques et archéologiques concernant le département de la Seine inférieure et spécialement la ville de Rouen,* Rouen, 1883.

Beaurepaire (Ch.) *Recueil des chartes... Saint-Victor-en-Caux :* Charles de Robillard de Beaurepaire, *Recueil des chartes concernant l'abbaye de Saint-Victor-en-Caux,* Rouen-Paris, 1898. « Société de l'Histoire de Normandie », Mélanges, 5e série.

Beaurepaire (E.), *Caen illustré :* Eugène de Robillard de Beaurepaire, *Caen illustré, son histoire, ses monuments,* un vol. in-fo, Caen, 1896.

Béziers : M. Béziers, *Mémoires pour servir à l'état historique et géographique du diocèse de Bayeux,* publiés par G. Le Hardy, 3 vol. Rouen-Paris, 1894-1896. « Société de l'histoire de Normandie », vol. XXXI.

Blosseville, *Dictionnaire... Eure :* Marquis de Blosseville, *Dictionnaire topographique du département de l'Eure,* Paris, 1877.

Bodin : Dom Bodin, *Histoire civile et militaire de Neufchâtel-en-Bray* publiée pour la première fois par F. Bouquet, Rouen-Paris, 1885. « Société de l'Histoire de Normandie », vol.

Bouchez et Quesnay : Bouchez et Quesnay : *Histoire de Pavilly des origines à nos jours,* Pavilly, 1900.

Bourrienne : *Antiquus Cartularius ecclesiae baiocensis (Livre Noir)* publié pour la première fois par l'abbé V. Bourrienne, 2 vol. Rouen-Paris, 1902-1903. « Société de l'Histoire de Normandie ».

Boussard : J. Boussard, *Le gouvernement d'Henri II Plantagenêt,* Paris, 1956. « Bibliothèque elzévirienne ».

Charpillon, *Dictionnaire... Eure :* Charpillon, *Dictionnaire historique de toutes les communes du département de l'Eure,* 2 vol. Les Andelys, 1879.

Chrétien de Joué : L.-J. Chrétien de Joué-du-Plain, *Essai sur l'histoire et les antiquités d'Argentan*, Falaise, 1834.

De la Rue : Abbé G. de la Rue : *Essais historiques sur la ville de Caen*, 2 vol. Caen, 1842.

Delisle, *Saint-Sauveur :* L. Delisle, *Histoire du château et des sires de Saint-Sauveur-le-Vicomte*, Paris, 1867.

Delisle et Berger : L. Delisle et E. Berger, *Recueil des actes de Henri II roi d'Angleterre et duc de Normandie concernant les provinces françaises et les affaires de France*, 4 vol. in-4°, Paris, 1909-1927, « Chartes et diplômes de l'Histoire de France ».

Dugdale : W. Dugdale, *Monasticon anglicanum*, éd. 1830 ou 1846.

Duplessis, *Dictionnaire géographique :* Description géographique et histoire de la *Haute-Normandie* attribuée à Dom Michel Toussaint Chrétien Du Plessis, 2 vol., in-4°, Paris, 1740 (t. I, Dictionnaire géographique du pays de Caux ; t. II, Dictionnaire géographique du Vexin).

Eyton : R.W. *Eyton, Court, Household and Itinerary of King Henry II*, un vol. gr. in-8°, Londres, 1878.

Fisquet, *Rouen :* M.-H. Fisquet, *La France pontificale. Métropole de Rouen.* Rouen, Paris, s.d.

Foreville, *Eglise et Royauté :* R. Foreville, *L'Eglise et la Royauté en Angleterre sous Henri II Plantagenêt*, Paris, 1943.

Foreville, *Jubilé :* R. Foreville, *Le Jubilé de saint Thomas Becket du XIIIe au XVe siècle (1220-1470). Etude et Documents*, Paris, 1958.

Foreville, *Tradition et comput :* R. Foreville, *Tradition et comput dans la chronologie de Thomas Becket.* « Bulletin philologique et historique (jusqu'à 1715) du Comité des Travaux historiques et scientifiques, 1955 (paru en 1957).

Formeville : H. de Formeville, *l'Evêché-Comté de Lisieux*, 2 vol., Lisieux, 1873.

Fouquet : H. Fouquet, *Histoire civile, politique et commerciale de Rouen*, 2 vol., Rouen, 1876.

Genest : R. Genest, *L'évêque régionnaire Germain dit le Scot (448-480)*, t. 1er (seul paru), Cherbourg, 1965.

Germain : J.-A. Germain, *Histoire d'Argentan et de ses environs...* Alençon, 1843.

Gervais de Canterbury : Gervais de Canterbury, *Gesta Regum*, éd. W. Stubbs, Londres, 1879-1880, « Rolls Series ».

Giry, *Etablissements :* Paris, 1883-1885. A. Giry, *Les Etablissements de Rouen*, 2 vol.

Glanville : L. de Glanville, *Promenade archéologique de Rouen à Fécamp et de Fécamp à Rouen*, Caen, 1853.

Guernes : Guernes de Pont-Sainte-Maxence, *Vie de saint Thomas le martyr*, éd. E. Walberg, Lund, 1922 « Acta regiae societatis humaniorum litterarum » et Paris, 1936 « Les classiques français du Moyen âge ».

Guillaume de Poitiers : Guillaume de Poitiers, *Histoire de Guillaume le Conquérant*, éd. R. Foreville, Paris, 1952. « Les classiques de l'Histoire de France au Moyen âge ».

Hardy : Abbé Hardy, *La cathédrale Saint-Pierre de Lisieux*, Paris, 1917.

Hippeau, *Dictionnaire... Calvados :* C. Hippeau, *Dictionnaire historique du département du Calvados*, Paris, 1883.

Huet : D. Huet, *Les origines de la ville de Caen revues, corrigées et augmentées*, 2e éd., Rouen 1706. Cum notis Gervasii De la Rüe olim in Alma universitate Cadomensi historiae professoris (exemplaire de la Bibliothèque municipale de Caen).

Inventaire de 1827 : Nomenclature des paroisses et communes du diocèse de *Bayeux en 1827.* Legs Jean Travers F. 1841. Papiers Jean Simon (aux Archives du Calvados).

Laffetay : J. Laffetay, *Histoire du diocèse de Bayeux*, Bayeux, 1855.

Laurent : Abbé E. Laurent, *Saint-Germain d'Argentan*, Argentan, 1859.

Langlois : P. Langlois, *Histoire du prieuré du Mont-aux-Malades-lès-Rouen*, Rouen, 1881.

Le Cacheux, *La Bloutière : Mémoire historique sur le prieuré de la Bloutière et Cartulaire de Guillaume le Gros* publié par Paul Le Cacheux, Rouen-Paris, 1925. « Société de l'Histoire de Normandie », Mélanges, 9ᵉ série, p. 118-198.

Lecanu : Abbé Lecanu, *Histoire du diocèse de Coutances et Avranches*, 2 vol, 1877-1878.

Lechaudé d'Anisy, *Extraits de chartes.*

L'Huillier, Dom A. L'Huillier. *Saint Thomas de Cantorbéry*, 2 vol. Paris-Bruxelles-Genève, 1891-1892.

Longnon, *Pouillés : Pouillés de la province de Rouen*, publiés par A. Longnon, Paris 1903. 4ᵉ « Rec. des Historiens de la France ».

Loth : J. Loth, *La cathédrale de Rouen. Son histoire, sa description*, Rouen, 1879.

Materials : Materials for the history of Thomas Becket, éd. J.C. Robertson, Londres, 1875-1879, t. I, II, III, IV (Vies et miracles) ; et J.B. Sheppard, Londres, 1881-1885, t. V, VI, VIᵉ (Lettres) « Rolls Series ».

Mémoires et notes... Le Prévost : Mémoires et notes de M. Auguste Le Prévost pour servir à l'histoire du département de l'Eure, recueillies et publiées par MM. Léopold Delisle et Louis Passy, 3 vol., Evreux, 1862-1869.

Nouveau Pouillé : Nouveau Pouillé des bénéfices du diocèse de Caen (par l'abbé Saas), Rouen, 1738.

Pépin : E. Pépin, *Gisors et la vallée de l'Epte*, Paris, 1939. « Petites monographies des grands édifices de la France ».

Périaux : Nicetas Periaux, *Histoire sommaire de la ville de Rouen jusqu'à la fin du XVIIIᵉ siècle*, Rouen, 1874.

Piel : Abbé Léopold Ferdinand Désiré Piel, *Inventaire historique des actes transcrits aux insinuations ecclésiastiques de l'ancien diocèse de Lisieux 1692-1790*, 4 vol. in-4°, Lisieux 1891-1895. Un vol. de tables par Jean de Milleville, 1936.

Pouillé, Rouen : Pouillé du diocèse de Rouen et obituaire de l'église d'Eu. « Recueil des Historiens de la France », t. XXIII.

Pouillé Savary : Pouillé de l'ancien diocèse de Sées rédigé en 1763 par Jacques Savary. Ms. aux Archives diocésaines de Sées (771 p.). Partiellement publié par les soins de la Société historique et archéologique de l'Orne, 2 vol., Alençon, 1903 et 1908.

Registre d'Eudes Rigaud : Regestum visitationum archiepiscopi Rothomagensis. Les visites pastorales d'Eudes Rigaud publiées pour la première fois par Th. Bonnin. Un vol. in-4°, Rouen, 1852.

Saltmann : A. Saltmann, *Theobald archbishop of Canterbury*, Londres, 1956.

Sauvage : H. Sauvage, *Origines et antiquités de la ville de Vire*, Rouen-Paris, 1898. « Société de l'histoire de Normandie », Mélanges, 5ᵉ série.

Select Charters : Select Charters and other illustrations of English constitutional History... ed. By William Stubbs, 13ᵉ éd. Oxford, 1921.

Simon, *Recherches :* Abbé G.-A. Simon, *Recherches historiques et archéologiques sur le séjour de saint Thomas Becket à Lisieux*, Caen, 1926.

Sommenil : F. Sommenil, *Histoire de l'abbaye du Valasse*, Evreux, 1900.

Soudet, *Pouillé :* F. Soudet, *Pouillé du diocèse de Coutances vers 1320-1325*, Rouen-Paris, 1926, « Société de l'Histoire de Normandie », Mélanges, Documents, 10ᵉ série, p. 159-190.

Statistique monumentale : A. de Caumont, *Statistique monumentale du Calvados*, 4 vol., Paris-Caen, 1846-1867. Réimpression : Mayenne, 1967.

Toustain de Billy : Toustain de Billy, *Histoire ecclésiastique du diocèse de Coutances*, 3 vol., Rouen-Paris, 1864-1886. « Société de l'Histoire de Normandie ».

Pl. II — Sanctuaires dédiés à sain

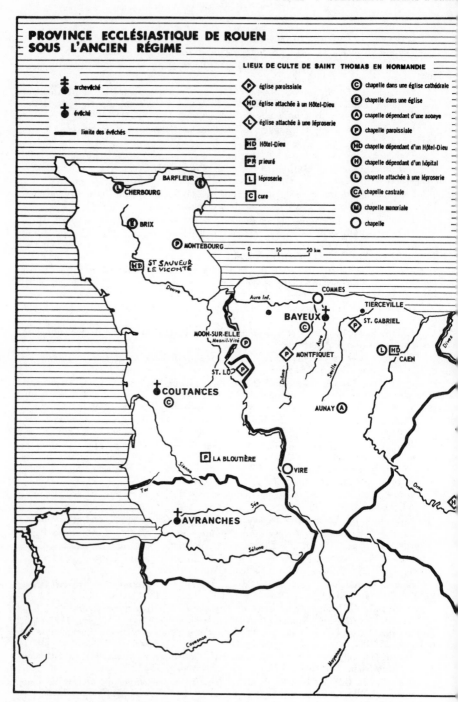

PROVINCE ECCLÉSIASTIQUE DE ROUEN SOUS L'ANCIEN RÉGIME

LIEUX DE CULTE DE SAINT THOMAS EN NORMANDIE

archevêché

évêché

limite des évêchés

église paroissiale

église attachée à un Hôtel-Dieu

église attachée à une léproserie

Hôtel-Dieu

prieuré

léproserie

cure

chapelle dans une église cathédrale

chapelle dans une église

chapelle dépendant d'une abbaye

chapelle paroissiale

chapelle dépendant d'un Hôtel-Dieu

chapelle dépendant d'un hôpital

chapelle attachée à une léproserie

chapelle castrale

chapelle manoriale

chapelle

BARFLEUR

CHERBOURG

BRIX

MONTEBOURG

ST SAUVEUR LE VICOMTE

0   10   20 km

COMMES

Aure Inf.

TIERCEVILLE

BAYEUX

ST. GABRIEL

MOON-SUR-ELLE

Mesnil-Vité

MONTFIQUET

CAEN

ST. LÔ

COUTANCES

AUNAY

LA BLOUTIÈRE

VIRE

AVRANCHES

Douve

Aure

Drôme

Seulle

Sienne

Tar

Sée

Sélune

Couesnon

Orne

Mayenne

Divers

...et en Normandie (XIIᵉ-XIVᵉ s.).

ANNEXE

TABLEAUX RÉCAPITULATIFS PAR DIOCÈSE
DES
LIEUX DE CULTE DE SAINT THOMAS EN NORMANDIE

Liste des Abréviations

———————————

Ch	=	Chapelle
Ch A	=	Chapelle dépendant d'une abbaye
Ch C	=	Chapelle dans une église cathédrale
Ch E	=	Chapelle dans une église
Ch H	=	Chapelle dépendant d'un hôpital
Ch HD	=	Chapelle dépendant d'un Hôtel-Dieu
Ch Ca	=	Chapelle castrale
Ch L	=	Chapelle attachée à une léproserie
Ch ma	=	Chapelle manoriale
Ch P	=	Chapelle paroissiale
E HD	=	Eglise attachée à un Hôtel-Dieu
E L	=	Eglise attachée à une léproserie
E P	=	Eglise paroissiale
HD	=	Hôtel-Dieu
L	=	Léproserie
Pr	=	Prieuré

N.-B. : Sur la carte (Pl. II) les mentions ont dû être simplifiées. d'où quelques légères différences de sigles avec la *légende* de cette carte.

TABLEAU I : DIOCÈSE D'AVRANCHES

Archidiaconé	Doyenné	Commune	Canton	Statut	Présentateur	Observations
						Aucune mention de dédicace à saint Thomas (1)

(1) Le fait a été signalé par Jean Séguin qui écrit : « Il est surprenant que l'Avranchin qui avait vu la pénitence de son meurtrier l'ait oublié » (*Revue de l'Avranchin*, t. XXII (1929), p. 442).

TABLEAU II (α) : DIOCÈSE DE BAYEUX

Archidiaconé	Doyenné	Commune	Canton	Statut	Présentateur	Observations
Bayeux	Chrétienté de Bayeux	Bayeux	Bayeux	Ch C	le chapitre	Chapelle au transept sud (1)
	Evrecy	Aunay	Evrecy	Ch A		Abbaye de la filiation de Savigny : chapelle Saint-Thomas fondée en 1349 par l'abbé Thomas du Manoir (2)
	Vire	Vire	Vire	Ch		Au XIIIe siècle, passée au rang de succursale de l'église Notre-Dame (3)
	Couvains	Moon-sur-Elle (Manche)	Saint-Clair	Ch P	l'évêque de Bayeux et les moines de Saint-Lô	Saint-Thomas de Mesnil-Vité sur la paroisse de Saint-Clair (4)

(1) « Cette chapelle est fondée en l'honneur de M. saint Thomas, martyr, archevêque de Cantorbie, en laquelle le chapelain est tenu dire un demi-an... » (Béziers, t. II, p. 4, d'après un « vieil-mémoire » des chapelles fondées en l'église Cathédrale Notre-Dame de Bayeux » non daté). La chapelle Saint-Thomas de Cantorbéry est citée dans les statuts du 25 juillet 1412 : elle doit « quatre messes dans une semaine et trois l'autre, avec deux le jour du saint, ce qui fait 182 messes par an, à cause d'un revenu de plus de 200 livres » (Ibid, t. II, p. 51). Voir également : Laffetay, Pièces justificatives, p. 5, ; Statistique monumentale II, 471.

(2) Béziers, t. II, p. 479.

(3) Béziers, t. II, p. 400. Laffetay, p. XXXII et Pièces justificatives, p. 14 ; Origines et Antiquités de la ville de Vire publ. par Sauvage p. 175 (il s'agit d'un ms. de 1704 attribué au P. Michel Mauduit, oratorien). Les auteurs ne concordent pas entièrement. D'après Laffetay, l'église Saint-Thomas aurait remplacé, dès la seconde moitié du XIIe siècle, la plus ancienne paroisse de la ville, Saint-Michel de la Couture ou du Champ de Foire. Le P. Mauduit fait état d'une ancienne tradition selon laquelle l'archevêque, fuyant la persécution, serait passé par Vire où il aurait fait bâtir cette église sous le vocable de l'apôtre saint Thomas. Il y a une impossibilité dans le fait matériel : l'exilé ne pouvait se rendre en Normandie sans encourir des risques graves et il était accablé de dettes. Une étude récente apporte quelque éclaircissement : la chapelle Saint-Michel de la Couture (ainsi dénommée du fait des prétentions émises par les moines de Saint-Pierre de la Couture au Mans) fut rédifiée au cours du XIIe siècle et prit, vers 1180, le titre de Saint-Thomas en l'honneur du martyr de Canterbury. Agrandie au XIIIe siècle, restaurée au XVIIIe, saccagée pendant la Révolution, puis désaffectée, elle fut remise en état et rendue au culte en 1847, mais, par oubli du véritable titulaire, sous le vocable de Saint-Thomas apôtre. Selon l'auteur, elle n'aurait jamais été que succursale, de la chapelle Saint-Blaise du Château d'abord, puis de la paroisse Notre-Dame (Georges Roger, Notes sur l'église Saint-Thomas, « Mon clocher », Bulletin paroissial de N.-D. de Vire (1960), n° 64, p. 50-54 ; n° 65, p. 69-73). C'était, d'après Arcisse de Caumont, une église de style roman, remontant au XIIe siècle, la plus ancienne de la ville (Statistique monumentale, II, 99-100). Elle est signalée « sur la place du même nom... fort longue et très étroite » dans l'Inventaire de 1827 (Statistique topographique et économique, Commune de Vire). Ruinée en 1944, on dut se résoudre à l'abattre.

(4) Longnon, Pouillé 1350, 97 C ; Lecanu, t. II, p. 397 ; Notes relevées par M. le chanoine Toussaint, archiviste diocésain, sur un Livret paroissial de Saint-Clair déposé aux Archives du diocèse de Coutances.

TABLEAU II (*b*) : DIOCÈSE DE BAYEUX

Archidiaconé	Doyenné	Commune	Canton	Statut	Présentateur	Observations
Caen	Chrétienté de Caen	Caen	Caen	HD	l'abbé de Saint-Etienne et l'abbesse de la Trinité	Saint-Thomas-le-Martyr (5).
		Caen	»	Ch L	l'abbesse de la Trinité	Saint-Thomas-des-Champs, Saint-Thomas-l'Abattu (6), l'une des 19 chapelles sans résidence du doyenné de Caen (7).
	Creully	Saint-Gabriel	Creully	EP	l'abbé de Fécamp	La paroisse, attestée dès le XIe siècle sans mention de titulaire, disposait d'une église distincte et de celle du prieuré Saint-Gabriel. La dédicace à saint Thomas remonterait au XIIIe siècle (8).
En deçà des Vés	Campigny	Commes	Ryes	Ch	l'abbé de Fécamp	Lieu de pèlerinage. La chapelle existait encore au XVIIIe siècle. Son emplacement conserve le nom de Saint-Thomas (9).
	Thorigny	Montfiquet	Balleroy	EP	le seigneur	Chapelle au début du XIIIe siècle, érigée en paroisse aux dépens de terres *nullius parrochiae* de la forêt de Cerisi (10).

(5) Le 6 avril 1210, Innocent III prend sous sa protection les frères de l'Hôpital Saint-Thomas et Saint-Antoine de la Porte Milet de Caen. Le prieur mentionné dans cette lettre, Ranulphe, est le premier prieur connu de l'établissement (Migne, P.L. CCXVI, 242 ; Potthast, 3968 ; Béziers, p. 215 et 216). Cependant, l'Hôtel-Dieu de Caen est mentionné quelques années plus tôt, entre 1184 et 1205 (sous l'épiscopat d'Henri de Beaumont, évêque de Bayeux de 1164 à 1205, et de Gautier de Coutances, archevêque de Rouen de 1184 à 1206). Il est alors sous le patronage commun de l'abbé de Saint-Etienne et de l'abbesse de la Trinité (Bourrienne, n° L, t. I, p. 64-66). Vers 1220, les frères de l'Hôtel-Dieu s'intitulent *fratres Hospitalis beati Thomae martyris Cadomensis* (*Ibid*, n° CCXX, t. I, p. 270-271). C'est par suite d'une confusion que, dans l'analyse de cet acte, l'établissement est qualifié d'Hôtel-Dieu de Saint-Thomas-l'abattu (voir la note suivante). Mention par Huet, p. 368 et par Laffetay, p. LI : l'Hôtel-Dieu de Caen « appelé anciennement Hôpital Saint-Thomas-Saint-Antoine ».

(6) Chapelle attachée à un hôpital, primitivement léproserie, au Bourg-l'Abbesse, à la limite communale d'Hérouville. Edifice roman fondé vers 1192 (Laffetay, p. XLIII, LI-LII, LXX ; Huet, p. 372). L'abbé De la Rue, dans une note manuscrite à l'ouvrage de Daniel Huet (exemplaire conservé à la Bibliothèque municipale de Caen, p. 255) prétend qu'à son avis la chapelle aurait été construite dès le XI⁰ siècle et dédiée à saint Thomas apôtre. Il est difficile de se prononcer sur l'époque de la construction de l'édifice primitif, conservé avec quelques remaniements jusqu'à la Révolution : E. de Beaurepaire (*Caen illustré*, p. 300) opte pour le XII⁰ siècle d'après la source utilisée par De la Rue, à savoir *Les Antiquités anglo-normandes* de Du Carrel. Y aurait-il eu transfert de titulaire après 1173 ? C'est fort douteux. En effet, le vocable Saint-Thomas-le-Marty-des-Champs paraît dûment attesté. Il tire son origine du site au faubourg Saint-Gilles non loin de la porte du château dite « porte des Champs », de même que la chapelle Notre-Dame-des-Champs au faubourg Saint-Julien et que Saint-Nicolas-des-Champs (voir les plus anciens plans de la ville : Plan de Caen publié par Belle-Forest tel qu'il l'avait eu de M. de Bras en MDLXXXV ; Le vrai Pourtraict de la ville de Caen en 1585, d'après Belle-Forest ; Plan de Caen par N. de Fer, reproduction en annexe à l'ouvrage de Huet ; etc....). L'appellation « des Champs » fut supplantée au XV⁰ siècle dans l'usage populaire par celle de Saint-Thomas-« l'Abattu », non par référence au martyr, mais parce que l'édifice avait été gravement endommagé par les Anglais au cours des dernières campagnes de la guerre de Cent Ans (attestations relevées par De la Rue sur les registres des Tabellions de Caen de 1455, et notées sur l'ouvrage de Huet, voir plus haut).

(7) Béziers, t. I, p. 282 (Etat et Mémoire des paroisses de l'élection de Bayeux).

(8) Hippeau, *Dictionnaire... Calvados*, p. 253 ; *Statistique monumentale*, 1, 306.

(9) Laffetay, p. LXXVI ; *Statistique monumentale*, I, 306. La chapelle n'est pas signalée sur l'*Inventaire de 1827* (statistique topographique et économique).

(10) Hippeau, *Dictionnaire... Calvados*, p. 197. Aujourd'hui, église paroissiale.

TABLEAU III (a) : DIOCÈSE DE COUTANCES

Archidiaconé	Doyenné	Commune	Canton	Statut	Présentateur	Observations
Coutances	Coutances	Coutances	Coutances	Ch C	l'évêque	Chapelle au transept nord (1). Vitrail du XIIIe siècle représentant des scènes de la vie du saint, restauré en 1919.
Val de Vire	Gavray	La Bloutière	Villedieu	Pr		D'abord chapelle d'ermitage, puis prieuré fondé par Richard de Rollos en 1189 (2).
	Saint-Lô	Saint-Lô	Saint-Lô	EP	l'abbé de Saint-Lô	Eglise consacrée par Reginald, évêque de Bath, le 28 juillet 1174 (3).

(1) Enquête de 1250, *Pouillé de 1278-1279* (R.H.F. XXIII, 542 f) ; Longnon, *Pouillé de* 1332. Appendice, p. 362. Voir le commentaire d'Edouard Herriot, *Dans la forêt normande*, Paris, 1925, p. 128

(2) Confirmation par Guillaume de Tournebu, évêque de Coutances, des donations de Richard de Rollos à l'ermitage ; charte de fondation de Richard de Rollos (1199-1200). (Le Cacheux, *La Bloutière, Cartulaire*, p. 148, 151 ; Lecanu, t. II, p. 399 ; Toustain de Billy, t. I, 283-286].

(3) *Calendar of Documents, France*, I, p. 323 ; *Gallia Christiana*, XI, *Instr.* 245 C.D. L'acte est traduit dans Toustain de Billy, t. I, p. 247. Mentions dans les Pouillés du diocèse : Soudet, *Pouillé* (1320-1325), p. 203 ; Longnon, *Pouillé de* 1337, 354, 369 B ; R.H.F. XXIII, 534 B.

TABLEAU III (b) : DIOCÈSE DE COUTANCES

Archidiaconé	Doyenné	Commune	Canton	Statut	Présentateur	Observations
Cotentin	Valognes	Montebourg	Montebourg	Ch P		Chapelle paroissiale primitivement dans l'église abbatiale. Remplacée au XIVe siècle par une église paroissiale dédiée à saint Jacques le Mineur (4).
	Les Pieux	Brix	Valognes	Ch E	l'abbé de Saint-Sauveur-le-Vicomte	En l'église Saint-Denis : confirmation par Henri II, peu après 1173, des biens de l'église Saint-Sauveur (5).
	La Hague	Cherbourg	Cherbourg	Ch L	le curé	Sur la paroisse de la Trinité : *ibi est capella S. Thome juxta quam leprosi dicte ville manent* (6).
	Saire	Barfleur	Quettehou	Ch E		Autel consacré à saint Thomas par Rotrou de Warwick, archevêque de Rouen, peu après la canonisation (7).
Barneville	St-Sauveur-le-Vicomte	St-Sauveur-le-Vicomte	St-Sauveur-le-Vicomte	HD		*Domus Sancti Thomae martyris apud Sanctum Salvatorem* (c. 1179-1200) (8).

(4) L'église édifiée par Pierre Ozenne, le 18e abbé, fut consacrée en 1329 (ou 1319 ?) par Guillaume de Thiéville, évêque de Coutances (*Gallia Christiana*, XI, 928 ; Lecanu, t. II, p. 423).

(5) Delisle, *Saint-Sauveur*, Pièces justificatives, p. 73 ; Delisle et Berger, n° 515, p. 75-76 ; Genest écrit : « Il existe à Saint-Denis de Brix une chapelle Saint-Thomas Becket » (t. 1er, p. 89-90). L'aumône appelée Saint-Thomas de Cantorbéry est attestée dans le *Livre Blanc* (Longnon, *Pouillé de 1332*, 315 G).

(6) Longnon, *Pouillé de 1332*, 317 G-318 A, B ; Lecanu, t. II, p. 302.

(7) Guillaume de Canterbury, *Miracula*, L. II, *Materials* II, p. 250.

(8) Charte de Liesse de Saint-Sauveur, confirmée par Guillaume Tournebu, évêque de Coutances. Original jadis aux Arch. de la Manche. Ed. L. Delisle, *L'Hôtellerie de Saint-Sauveur-le-Vicomte au XIIe s.*, *Ann. de la Manche*, LXI (1889), p. 3 ss.

TABLEAU IV : DIOCÈSE D'ÉVREUX

Archidiaconé	Doyenné	Commune	Canton	Statut	Présentateur	Observations
Evreux	Evreux	Evreux	Evreux	EP	le chanoine prébendé de Foville	L'église fut supprimée en 1791 (1).
Ouche	Conches	Faverolles-la Campagne	Conches	Ch ma	le seigneur de Fourneaux	Chapelle sise au pourpris du manoir de Fourneaux (2).
	»	Barquet (Eure)	Beaumont-le-Roger	Ch (?)		Hameau Saint-Thomas signalé parmi les dépendances de Barquet ; peut-être doté d'une chapelle Saint-Thomas (3).

(1) Longnon, *Pouillé de 1370*, 180 C.

(2) *Mémoires et notes... Le Prévost*, t. II, p. 77.

(3) *Dictionnaire du département de l'Eure* (Evreux, 1882) ; Charpillon, *Dictionnaire... Eure*, I, 211. On est ici dans une région où les limites entre les diocèses d'Evreux et de Lisieux étaient assez confuses. Il semble que Barquet ait pu, à certaines périodes, relever de Lisieux.

TABLEAU V (a) : DIOCÈSE DE LISIEUX

Archidiaconé	Doyenné	Commune	Canton	Statut	Présentateur	Observations
Lieuvin	Lisieux	Lisieux	Lisieux	Ch C		La dédicace remonte à l'épiscopat d'Arnoul qui entreprit la reconstruction de la cathédrale entre 1171 et 1180, date où il se retira à Saint-Victor de Paris (1).
	»	Lisieux	»	Ch HD		Fondé en 1160, l'Hôtel-Dieu de Lisieux était dénommé « la maison des pauvres de Dieu et de saint Thomas » en raison du titulaire de sa chapelle érigée entre 1173 et 1180 et dédiée au nouveau martyr par le même Arnoul, évêque de Lisieux. Elle fut rasée en 1841 (2).

(1) Longnon, *Pouillé de* 1350 (altare s. Thome martiris), 247 B ; Barlow, Introduction, p. XIV-XV ; Piel (chapelle Saint-Pierre et Saint-Thomas-le-martyr), t. II, p. 679 ; t. III, p. 849 ; t. V, p. 849 ; Hardy, p. 88 ; de Formeville, t. I, p. XXVI, DXXIII.

(2) Archives de l'Hôpital de Lisieux, *Inventaire sommaire, Calvados* : II, A 8, Série H. Suppl. vol. I, p. 128 et suiv. Résumé dans Léchaudé d'Anisy, t. II, p. 28, 29, 30. Pour les dates, Simon, *Recherches*, p. 8-9.

TABLEAU V (*b*) : DIOCÈSE DE LISIEUX

Archidiaconé	Doyenné	Commune	Canton	Statut	Présentateur	Observations
Lieuvin	Cormeilles	Saint-Georges-du-Vièvre (Eure)	Saint-Georges-du-Vièvre	Ch	—	(3)
	»	Saint-Pierre-des-Ifs (Eure)	Thiberville	L	le seigneur de l'Epinai	Au XVIIe siècle, la chapelle voisine de Saint-Nicolas de l'Epinai lui fut remise sous le double vocable de Saint-Thomas - Saint-Nicolas (4).
	Bernay	Boissy-Lamberville (Eure)		Ch E		Chapelle consacrée à saint Thomas et à saint Clair de la Quehennaie (5).

(3) *Mémoires et Notes... Le Prévost*, t. III, p. 117.

(4) *Mémoires et Notes... Le Prévost*, t. III, p. 190 ; Charpillon, *Dictionnaire... Eure*, II, 856 ; Formeville, **t. I, p. XXXIV.**

(5) *Mémoires et Notes... Le Prévost...*, t. I, p. 360 ; Piel, **t. IV, p. 800.**

TABLEAU V (c) : DIOCÈSE DE LISIEUX

Archidiaconé	Doyenné	Commune	Canton	Statut	Présentateur	Observations
Pont-Audemer	Beuvron	Touques	Trouville	EP	l'évêque	La plus ancienne des deux églises paroissiales, primitivement sous le vocable de saint Léger, aurait été dédiée à saint Thomas de Cantorbéry (6).
	Pont-Audemer	Berville-sur-mer (Eure)	Beuzeville	Ch		Saint-Thomas (7).
Auge	Touques	Estrées-en-Auge	Cambremer	Ch		Chapelle St-Thomas au hameau de La Planche (8).

(6) Longnon, *Pouillé de 1350*, 254 A, 266 D. Charte de Richard II en faveur du chapitre de Lisieux. Formeville, t. I, p. II et XIIPI ; cependant, à la p. CII du même t. Ier, la *Table des saints* attribue cette église paroissiale de Touques, ainsi que la chapelle Saint-Pierre-des-Ifs, à l'apôtre saint Thomas. Est-ce simple erreur, ou transfert de vocable de l'apôtre au martyr éponyme, le second patronage éclipsant à un moment donné le premier ? A moins que ce ne soit l'inverse comme ce fut le cas à Vire ?

(7) *Mémoires et Notes... Le Prévost*, t. I, p. 336.

(8) Formeville, t. I, p. LX.

TABLEAU VI : DIOCÈSE DE SÉES

Archidiaconé	Doyenné	Commune	Canton	Statut	Présentateur	Observations
Sées	Sées	Sées	Sées	Ch C		Première mention connue : **2 août 1338 : Guillaume Mauger achète la dîme de Radon pour fonder la chapelle** (1).
Le Houlme	Argentan	Sées	»	Ch ma	le seigneur, collation par le prieur **et le** chapitre de Sées.	Au château de Chailloué. La fondation remonterait à 1333 par Jean de Vieux-Pont, chevalier, seigneur du lieu. La chapelle fut dotée d'une partie des dîmes de la paroisse. Mention en 1655 (2).
		Argentan	Argentan	E HD		D'abord dédiée à La Trinité, ruinée pendant les troubles de 1173, l'église de l'Hôtel-Dieu fut restaurée grâce aux largesses de Henri II et consacrée en présence du roi sous le vocable de Saint-Thomas de Cantorbéry (3).

(1) Pouillé Savary, ms. p. 55 ; éd. t. I, p. 90. N'est plus l'objet d'aucun culte.

(2) Pouillé Savary, ms. p. 66 ; éd. t. I, p. 160-161. Selon Xavier Rousseau, *Le pays d'Argentan*, 1935, le château de Chailloué était défendu par quatre tours, dont trois subsisteraient ; la quatrième était occupée par la Chapelle Saint-Thomas.

(3) Peut-être au début d'octobre 1177 : à cette date, en effet, Henri II rassemble une armée à Argentan et y tient sa cour (Eyton, p. 220). *Le Pouillé Savary* (ms., p. 499) mentionne deux chapelles : *Ia et IIa sancti Thomae in Domo Dei Argentonensi*. Il s'agit de deux chapellenies qui auraient été fondées dès 1208 par Henri Clément, sieur de Metz, maréchal de France et seigneur d'Argentan, pour desservir l'église de l'Hôtel-Dieu ou église Saint-Thomas. Au XVe siècle, les deux chapelains revendiquaient le titre de « curés-chapelains en l'église Saint-Thomas de l'Hôtel-Dieu ». (Notes communiquées par M. l'abbé Flament, archiviste diocésain, d'après Laurent). Voir également Germain, p. 92, et la Pl. II de l'ouvrage de Chrétien de Joué qui reproduit un ancien plan monumental : l'Hôtel-Dieu était situé hors-les-murs de la ville, d'où on y accédait par la rue Saint-Thomas conduisant à la porte du même nom. Avant la guerre de 1939-1940, l'Hôtel-Dieu d'Argentan était encore appelé « l'Hôpital Saint-Thomas ».

TABLEAU VII (a) : ARCHIDIOCÈSE DE ROUEN

Archidiaconé	Doyenné	Commune	Canton	Statut	Présentateur	Observations
Grand Archidiaconé	Chrétienté	Rouen	Rouen	Ch C	le chapitre	Chapelle latérale fondée en 1207, dite chapelle de Saint-Romain et des Saints-Innocents (1).
		Rouen	»	Ch H		Place du Neufmarché, ancienne chapelle de l'ordre hospitalier de Saint-Antoine mentionnée au XIVe siècle (2).
		Mont-Saint-Aignan	Maromme	E L	le roi	La nouvelle église du prieuré-maladrerie de St-Jacques dit du Mont-aux-Malades, réédifiée sur un nouveau site par Henri II en 1174, fut dédiée à saint Thomas de Cantorbéry (3).

(1) « En l'autel des Saints-Innocents dit de Saint-Romain, quatre chapelles, la première de Saint-Thomas-le-Martyr », *Nouveau Pouillé*, p. 7 ; Loth, p. 72-73.

(2) Chapelle annexée à l'hôpital primitivement tenu par les frères de la Charité-Notre-Dame ou de Saint-Jean-sur-Renelle, dits les Billettes. L'établissement fut concédé aux Hospitaliers de Saint-Antoine par Charles VI en 1397 dans le but de faire édifier un hôpital dans lequel seraient recueillis et soignés « les malades affolez de la maladie de mondit seigneur saint Antoine ». La chapelle dédiée à saint Thomas aurait été bâtie vers 1500 (?) ; restaurée de fond en comble en 1747, elle disparut lors de l'agrandissement du Neufmarché (Périaux, p. 62, 159).

(3) Henri II prend sous sa protection l'église Saint-Thomas du Mont-de-Rouen, avec toutes ses possessions et les lépreux qui y résident (c. 1176). Voir également, donations et confirmations par Gilbert Foliot, évêque de Londres (c. 1172), Alexandre III (c. 1175), Guillaume l'Aiguillon (c. 1176) (Langlois, pièces justificatives, nos 13, 11, 12, 14, p. 423 à 430). Mentions : *Nouveau Pouillé*, p. 111 ; Glanville, p. 308.

TABLEAU VII (*b*) : ARCHIDIOCÈSE DE ROUEN

Archidiaconé	Doyenné	Commune	Canton	Statut	Présentateur	Observations
Grand Archidiaconé	Bourg-théroulde	Bosbénard-Crécy (Eure)	Bourg-théroulde	Ch		Chapelle sise au hameau de Gédeville (4).
	Saint-Georges	Roumare	Maromme	E P	le seigneur	Saint-Thomas-de-la-Chaussée, ainsi dénommée de sa situation près de la voie romaine allant de Harfleur à Troyes. Attestée sous l'archevêque Robert (1208-1221), puis sous Eudes Rigaud, l'église est aujourd'hui détruite et la localité n'est plus qu'un modeste hameau (5).

(4) *Mémoires et Notes... Le Prévost*, t. I, p. 371.

(5) *Pouillé du diocèse de Rouen*, R.H.F., XXIII, 252 K ; *Nouveau Pouillé*, p. 24 ; Glanville, p. 33.

TABLEAU VII (c) : ARCHIDIOCÈSE DE ROUEN

Archidiaconé	Doyenné	Commune	Canton	Statut	Présentateur	Observations
Grand Archidiaconé	Pont-Audemer	Thierville (Eure)	Montfort-sur-Risle	Ch E		Chapelle dans l'église paroissiale (6).
		Aizier (Eure)	Quillebeuf	Ch	l'abbé de Fécamp	Dans la forêt de Brotonne, la chapelle existe encore (7).
		Harcourt (Eure)	Brionne	Ch ca		Chapelle Saint-Thomas fondée par Robert II d'Harcourt en 1177. Unie plus tard au prieuré du Parc fondé en 1255 par Jean d'Harcourt pour lieu de sépulture de sa famille et confié aux chanoines réguliers du Val-des-Ecoliers (8).
		Harcourt (Eure)	»	L		Maladrerie fondée par le même Robert d'Harcourt (charte de 1179). Unie à l'hôpital d'Harcourt en 1696, ainsi que l'Hôtel-Dieu Saint-Antoine de Beaumont-le-Roger et la maladrerie de Beaumontel (9).

(6) *Mémoires et Notes... Le Prévost*, t. III, p. 253.
(7) *Mémoires et Notes... Le Prévost*, t. I, p. 56 ; *Nouveau Pouillé*, p. 124.
(8) *Mémoires et Notes... Le Prévost*, t. III, p. 264 ; Charpillon, *Dictionnaire... Eure*, t. II, p. 333 ; Blosseville, *Dictionnaire... Eure*.
(9) Cf. *supra*, n. 8.

TABLEAU VII (d) : ARCHIDIOCÈSE DE ROUEN

Archidiaconé	Doyenné	Commune	Canton	Statut	Présentateur	Observations
Grand Archidiaconé	Pavilly	Pavilly	Pavilly	Ch ea	le baron d'Esneval	Ancienne chapelle du seigneur de Pavilly, rebâtie au XVIIIᵉ siècle (10).
	Cailly	Les Authieux-(Rathiéville)	Cléres	E P	le comte de Cléres	Eglise des Authieux (11).
Grand Caux	Saint Romain	La Remuée	Saint-Romain	EP ou ChP	l'abbé de Valmont	Saint-Thomas de Loiselière ou l'Oselière, près de Saint-Romain de Colbosc (12).
	»	Saint-Vigor d'Imonville	»	Ch ea	l'abbé de Valmont, le seigneur	Chapelle St-Thomas au manoir du Catillon (13).
	»	Saint-Gilles-de-la-Neuville	»	Ch	l'abbé de Valmont	Dans la forêt de Lillebonne (14).

(10) Bouchez et Quesnay, p. 115 ; Glanville, p. 273.

(11) *Nouveau Pouillé*, p. 31 ; *Annuaire ecclésiastique*, 1957, p. 106.

(12) Longnon, *Pouillé*, 21 B et 36 N ; *Nouveau Pouillé*, p. 131.

(13) Longnon, *Pouillé*, 22 B ; *Nouveau Pouillé*, p. 60, 131.

(14) Sciatis me dedisse et presenti carta mea confirmasse... in perpetuam elemosinam ecclesias meas de proprestura foreste de Lislebona et triginta septem acras terre de eadem proprestura, scilicet ecclesiam S. Edigii cum capella S. Thome... ecclesiam S. Johannis de Nova Villa. (Delisle et Berger, n° 727, p. 347). Cette charte que les éditeurs datent 1177-1189 doit être postérieure au n° 586, p. 246, datée 1181-1183, également en faveur de l'abbaye de Valmont, où les églises érigées dans la forêt de Lillebonne ne sont pas mentionnées.

TABLEAU VII (e) : ARCHIDIOCÈSE DE ROUEN

Archidiaconé	Doyenné	Commune	Canton	Statut	Présentateur	Observations
Grand Caux	Foville	Gruchet-le-Valasse	Bolbec	EP	l'abbé du Valasse	(15).
	»	Vattetot-sous-Beaumont	Godeville	Cure	le seigneur	Personat Saint-Thomas mentionné en 1481, plus tard désigné comme seconde portion de Vattetot (16).
	Le Havre	Beaurepaire	Criquetot	EP	le seigneur	(17).
	Valmont	Vittefleur	Cany	Ch	l'abbé de Fécamp	(18).

(15) *Nouveau Pouillé*, p. 64 ; *Annuaire ecclésiastique*, 1957, p. 117.

(16) Du Plessis, *Dictionnaire géographique*, I Caux, p. 731.

(17) *Nouveau Pouillé*, p. 60 ; Du Plessis, *Ibid.*, p. 323 ; *Annuaire ecclésiastique*.

(18) *Nouveau Pouillé*, p. 124. Au XVIIIᵉ siècle, Vittefleur relevait du doyenné de Canville.

TABLEAU VII (f) : ARCHIDIOCÈSE DE ROUEN

Archidiaconé	Doyenné	Commune	Canton	Statut	Présentateur	Observations
Petit Caux	Canville	Canville-les-deux-Eglises	Doudeville	L		(19).
	»	Etoutteville	Yerville	EP	les Chartreux de Rouen	(20).
	Brachy	Hautot-sur-Mer	Offranville	Ch		St-Thomas de Cantorbéry, ancienne chapelle de Pouhierville à Hotot-sur-Dieppe (ou Hotot-sur-mer), aujourd'hui paroisse de Pourville (21).
	Basqueville	Saint-Maclou de Folleville	Tôtes	Pr	l'abbé de Saint-Victor-en-Caux	Prieuré Saint-Thomas-sur-Scie, fondé par Guillaume Pasnage en présence de Rotrou de Warwick, archevêque de Rouen. Confirmation par Rotrou en 1175, par Gautier de Pasnage après 1175, par Alexandre III en 1179. Mention en 1261 (22).

(19) Longnon, *Pouillé de 1337*, 29 E.

(20) *Nouveau Pouillé*, p. 102 ; *Annuaire ecclésiastique*, 1957, p. 114.

(21) Du Plessis, *Dictionnaire géographique*, I Caux, p. 536, 658.

(22) Beaurepaire (Ch), *Recueil des Chartes... Saint-Victor*, p. 394, 396, 405, 409 ; Longnon, *Pouillé de 1337* ; 35 C ; *Nouveau Pouillé*, p. 108, 133 ; *Reg. d'Eudes Rigaud*, 16 septembre 1261.

TABLEAU VII (g) : ARCHIDIOCÈSE DE ROUEN

Archidiaconé	Doyenné	Commune	Canton	Statut	Présentateur	Observations
Eu	Eu	Criel-sur-mer	Eu	Ch	l'abbé d'Eu	Patronage attesté au XIIIe siècle (23).
	Neufchâtel	Neufchâtel-en-Bray	Neufchâtel-en-Bray	HD		Fondation antérieure à 1188-1189 (acte de donation du bois des Périers par Geoffroi de Sai aux frères de l'Hôpital de Saint-Thomas-le-martyr de Drincourt). Au XIIIe siècle, l'Hôtel-Dieu était sous le double vocable St-Thomas-Saint-Antoine. Le prieuré fut uni au monastère des Bernardins par mandement de François de Harlay, archevêque de Rouen (27 septembre 1655) (24).

(23) *Pouillé, Rouen* (R.H.F. XXIII, 449 h.; 260 B).

(24) Bodin, pièces justificatives n°s 1, 2, 3, 5, 9 ; Fisquet, *Rouen*, p. 463.

TABLEAU VII (h) : ARCHIDIOCÈSE DE ROUEN

Archidiaconé	Doyenné	Commune	Canton	Statut	Présentateur	Observations
Vexin normand	Gisors	Gisors (Eure)	Gisors	Ch ca	le comte de Gisors	La chapelle Saint-Thomas paraît remonter à l'époque même de l'érection du donjon (1173-1184) (25).
	»	Lyons-la-Forêt (Eure)	Lyons-la-Forêt	Ch ca	le comte de Gisors	Ancienne chapelle Saint-Thomas et Saint-Nicolas fondée soit dans le château, soit dans la cohue du bourg (26).
	Gamaches	Etrepagny (Eure)	Etrepagny	Ch	le seigneur	(27).
		Vesly (Eure)	Gisors	Ch	le curé de Vesly	Ancienne chapelle dite de fondation récente à l'époque d'Eudes Rigaud (1248-1275). Unie plus tard à l'Hôtel-Dieu de Gisors (28).
Vexin français	Magny	Arthies (Val d'Oise)	Magny-en-Vexin	L		Ancienne léproserie Saint-Thomas attestée en 1263 (29).

(25) Pépin, p. 39-40.

(26) *Nouveau Pouillé*, p. 93 ; *Mémoires et Notes... Le Prévost*, t. II, p. 357.

(27) *Mémoires et Notes... Le Prévost*, t. II, p. 56.

(28) Longnon, *Pouillé de 1337*, 53 A ; *Pouillé, Rouen* (R.H.F., XXIII, 308 e) ; *Nouveau Pouillé*, p. 97.

(29) Du Plessis, *Dictionnaire géographique*, II Vexin, p. 414, d'après les archives de l'abbaye de Saint-Denis-en-France.

XI

LE CULTE DE SAINT THOMAS BECKET EN FRANCE

BILAN PROVISOIRE DES RECHERCHES

(*Pour la mise à jour en 1980, voir* Addenda, *suite aux Tableaux, pp.* 201-202)

Le colloque « Thomas Becket et la France » a donné une nouvelle impulsion aux recherches concernant et les lieux de culte placés sous le vocable du martyr de Canterbury et les marques sensibles de la vénération qu'il a suscitée (iconographie, épigraphie, reliques diverses) dans notre pays. En effet, sur notre suggestion, en prévision du colloque, une enquête a été lancée auprès des archivistes départementaux en vue de recenser les vestiges de ce culte sur le territoire de la France actuelle [1].

Toutefois, les réponses reçues se sont avéré difficiles à exploiter. Répondant à des objectifs divers, selon l'orientation locale ou seulement l'attrait du correspondant, elles portent aussi bien sur des documents d'archives, des notices bibliographiques, des objets mobiliers, des reliques, des motifs iconographiques relevant de techniques variées (sculpture, vitrail, fresque, peinture sur bois ou sur toile, émail) que sur des édifices voués au saint martyr. Parfois même, il est fait état de légendes ou de traditions orales, sans essai critique. Il y aurait donc lieu de reprendre ces données, d'établir un classement par catégories et par époques, distinguant les objets anciens et ceux d'âge moderne après examen sur place, recherche documentaire, étude critique et enquête d'exhaustivité.

Dans ces conditions, j'ai limité mon propos aux seuls sanctuaires placés sous le vocable de saint Thomas — titulature ou patronage — domaine dans lequel j'ai acquis quelque expérience, ayant réuni une documentation importante [2] et repris récemment le problème pour la Normandie [3].

Cette ancienne province ecclésiastique de Rouen mise à part (car les résultats qui la concernent peuvent être tenus pour quasi définitifs), le bilan que je présente ici fait apparaître le caractère partiel, parfois même superficiel, des réponses adressées par les services départementaux d'Archives. Il ne saurait donc être tenu pour définitif, mais il doit être considéré comme une base solide de recherches ultérieures : contrôle des données, mentions nouvellement reconnues comme relevant de saint Thomas martyr, etc.

Les résultats dont je fais état ici sont fondés sur mes propres recherches, incluant

---

1. Nous exprimons nos remerciements à M. Quincy, Directeur des services d'Archives de la Corrèze, qui a diffusé notre enquête auprès de ses collègues et regroupé les réponses. Nous avons regretté qu'il n'en ait pas présenté lui-même les résultats. Bien que les documents nous aient été transmis quelques jours à peine avant l'ouverture du colloque, nous avons tenu à faire le point sur l'état des recherches.

2. A la suite d'une communication à l'Académie des Inscriptions (1956).
3. « Les origines normandes de la famille Becket et le culte de saint Thomas en Normandie. » Mélanges P. Andrieu-Guitrancourt. *L'Année canonique* t. XVII (1973) p. 449 et suiv.

164

la province ecclésiastique de Rouen, [4] sur les contributions qu'ont bien voulu apporter, à ma suggestion, M. Henri Martin et Dom Jean Becquet, respectivement pour l'ancienne province de Tours [5] et pour le Limousin. [6] Ils s'appuient également sur l'enquête départementale et incluent quelques mentions nouvellement portées à ma connaissance [7] grâce à l'émulation suscitée par le colloque lui-même, d'où de légères différences avec les chiffres présentés dans mon exposé de Sédières.

Je donnerai d'abord les résultats bruts de l'enquête départementale d'une part, de celle menée par moi-même ou sous ma direction par des correspondants bénévoles et qualifiés, puis le nombre de sanctuaires à retenir de cette double démarche. J'indiquerai ensuite une méthode d'exploitation scientifique des résultats ainsi obtenus. Ce qui permettra enfin de projeter quelque éclairage quant à l'extension et à la répartition géographique du culte de saint Thomas martyr à travers le royaume de France.

RÉSULTATS BRUTS DES ENQUÊTES MENÉES A CE JOUR.

Nous avons reçu 62 réponses des services d'Archives sur 95 services départementaux consultés. Sur ces 62, plus de la moitié — exactement 33 — sont entièrement négatives, c'est-à-dire qu'elles n'apportent aucun renseignement, quel que soit d'ailleurs le domaine considéré. Les 29 autres réponses concernent des catégories variées d'informations. De ces 29 fiches, 18 — couvrant en fait 19 départements, Haute-Vienne et Corrèze ayant fait l'objet d'une seule réponse — tiennent plus ou moins largement compte des dédicaces à saint Thomas. Dans les 19 départements concernés, les services d'Archives ont relevé 44 dédicaces. Ce résultat n'est certes pas négligeable; il est cependant assez mince, vu l'ampleur de l'enquête.

En effet, en tenant compte des apports bénévoles qui m'ont été fournis, j'ai pour ma part prospecté à ce jour directement ou indirectement dans 31 départements, dont 15 ont aussi fait l'objet de réponses à l'enquête départementale. Pour l'ensemble de ces 31 départements, j'ai recensé 121 dédicaces dont 32 seulement sont communes aux deux listes, la mienne et celle qui découle des réponses obtenues des services d'Archives. L'inventaire départemental fournit donc 12 mentions supplémentaires, ce qui porte le nombre total à 133. Le caractère partiel et parfois superficiel des réponses est parfaitement illustré par deux exemples : pour les 5 départements normands, l'inventaire départemental, avec 4 réponses, signale 8 titres là où j'en ai recensé 59; [8] des Archives de l'Oise, nous n'avons reçu aucune réponse, cependant 3 sanctuaires y étaient placés sous le vocable de Saint-Thomas de Canterbury; même silence de la part des Archives de la Vienne, où cependant 3 mentions, pour le moins, sont attestées dans les Pouillés. Quoiqu'il en soit, il est intéressant de noter qu'à ce jour le bilan d'ensemble auquel nous sommes parvenu dépasse largement la centaine. Je reste persuadée que des recherches systématiques devraient permettre d'en dénombrer quelques autres encore.

Disons cependant que, parmi les réponses reçues des services d'Archives, certaines présentent un caractère quasi définitif. Ce sont notamment celles émanant du Finistère, du Nord, du Pas-de-Calais, du Haut-Rhin, du Rhône, de la Savoie et, bien sûr, des départements limousins, Corrèze, Creuse, Haute-Vienne : elles ont apporté des compléments à ma propre documentation, soit par le nombre de sanctuaires recensés, soit par les précisions accompagnant ce recensement.

N.B.   Les notes 4, 5, 6, 12 se réfèrent au vol. *Thomas Becket, Actes du Colloque de Sédières 1973*, Paris, Beauchesne, 1975.

4. Cf. *supra*, p. 135-152.

5. Cf. *supra*, p. 153-158.

6. Cf. *supra*, p. 159-161.

7. Pour l'ancien diocèse de Beauvais, par M. R. Dufo-

restel; pour Saint-Bénigne de Dijon, par M. A. d'Esneval.

8. Des 60 titres relevés pour la province de Rouen, l'un, Arthies, déborde la Normandie puisque sis dans le département du Val d'Oise.

Cependant, nous ne saurions mettre en œuvre ces données à l'état brut. Le cadre départemental, s'il offre une réelle commodité quant à la prospection, ne saurait — dans le cas qui nous occupe — être retenu au-delà de ce premier stade, car il ne représente en aucune manière les entités historiques au sein desquelles s'est développé le culte de saint Thomas en France. On constate, en effet, que les fondations en son honneur, à de très rares exceptions près, sont toutes d'ancienneté certaine, s'échelonnant de la fin du XIIe à la fin du XIVe siècle. Une seule réserve mérite d'être signalée : la réviviscence du culte du martyr de Canterbury au XVIIe siècle dans la région de Douai, autour du Collège ecclésiastique anglais; encore, s'agit-il là essentiellement de représentations iconographiques et de reliques. [9] En France, les fondations relevant de saint Thomas Becket se sont implantées dans le cadre des diocèses médiévaux antérieurs à la réorganisation diocésaine de Jean XXII dans le midi de la France; elles sont demeurées stables en dépit des guerres jusqu'au XIXe siècle, pour la plupart du moins : ancienneté et stabilité, en contraste avec le sort qui fut réservé à celles d'Angleterre où, après la désacralisation ordonnée par Henri VIII et l'iconoclasme de l'ère élisabéthaine, on assiste à la réhabilitation du vocable après glissement opportuniste du martyr à l'apôtre. [10]

EXPLOITATION SCIENTIFIQUE DES RÉSULTATS.

La mise en œuvre des résultats de l'enquête nous paraît relever d'une double démarche : l'identification ou détermination du statut canonique des fondations; la localisation non pas seulement dans le cadre des divisions administratives actuelles, mais encore au sein des ressorts ecclésiastiques anciens. Les données ainsi établies s'inscriront dans des tableaux, voire éventuellement sur des cartes.

1. L'identification n'est pas toujours aisée. Certes, les pouillés — dont les plus anciens remontent au milieu du XIIIe siècle — les comptes de décimes, les états de bénéfices d'Ancien Régime, peuvent rendre de grands services à cet égard. Mais ils ne présentent pas toujours les précisions souhaitées. Des obituaires, des calendriers liturgiques, des monographies anciennes, des traditions paroissiales, apportent parfois des éclaircissements utiles. Il est souhaitable de définir les fondations et d'en dégager le statut. Elles relèvent du titre, ou vocable, sous lequel le sanctuaire — église ou chapelle — a été consacré. Le titulaire est, en principe, unique et immuable. Il arrive, toutefois, qu'un second titulaire s'insinue au cours des temps, soit par confusion avec l'ancien titre (Thomas apôtre et Thomas martyr, ou vice-versa), soit par adjonction d'un saint, lié au cours de sa vie, et postérieurement à la dédicace de l'église locale, à un lieu donné où l'on décide de l'honorer. C'est ainsi que maints lieux de culte dédiés à Thomas Becket en France se rattachent à une tradition vivante, séjour ou passage du saint, célébration eucharistique ou consécration d'un sanctuaire, etc. D'autre part, lorsqu'un édifice religieux est rebâti de fond en comble — ce qui appelle une nouvelle consécration — la tradition entérinée par le droit canonique autorise le changement de titulaire : ce fut le cas de plusieurs reconstructions d'églises qui, au titre de fondations pieuses — celles de Henri II Plantagenêt notamment [11] — passèrent sous le vocable de Saint-Thomas-martyr.

Ce qui complique la recherche, c'est la confusion qui s'établit entre patron et titulaire,

9. Voir le N. B. à la suite du tableau consacré au diocèse de Cambrai (Province de Reims).
10. On consultera utilement à cet égard l'ouvrage de Frances ARNOLD-FORSTER, *Studies in Church Dedications or England's Patron Saints*, London, 1899, vol. I, p. 80.

11. Cf. R. FOREVILLE, « La place de la Chartreuse du Liget parmi les fondations pieuses de Henri II Plantagenêt ». A paraître dans les Actes du Colloque du Millénaire de la Collégiale de Loches.

le patron étant le saint protecteur d'un territoire déterminé : dans le cas présent, une paroisse, une desserte, un établissement hospitalier. Mais plusieurs patrons peuvent coexister. Alors que le titulaire est possesseur de droit de l'autel majeur consacré en son nom, le patron principal ou secondaire se voit dédier une chapelle et un autel qu'il devra partager parfois avec d'autres saints. Une chapelle attachée à une église est généralement assortie d'une chapellenie, c'est-à-dire d'une fondation relevant d'un lieu de culte précis — autel ou oratoire particulier — desservi par un ministre dans les ordres sacrés et doté d'un revenu fixe assurant au « chapelain » un minimum vital. Aussi, le terme chapelle est-il à sens multiples : desserte paroissiale, chapelle et autel dans une cathédrale ou toute autre église, oratoire privé dans un château fort ou dans un manoir. Dans toute la mesure du possible, il est souhaitable de discriminer les diverses catégories de chapelles, sans préjuger toutefois, sauf mentions précises dans les documents, de l'existence ou de la non existence d'une chapellenie.

Enfin, la distinction entre patron et titulaire n'étant presque jamais observée en France, il convient de retenir toutes les mentions relevant de saint Thomas martyr. Ainsi, dans le cas des églises ou chapelles paroissiales, des établissements hospitaliers (Hôtels-Dieu, Hospices, Léproseries), il s'agit d'une titulature de sanctuaire comportant la plupart du temps patronage du lieu. Dans le cas de chapelles instituées dans une cathédrale ou dans toute autre église, on peut considérer que saint Thomas est devenu l'un des patrons du lieu. Nous pensons, en conséquence, qu'il y a lieu de mentionner tous les lieux de culte où Thomas Becket fut honoré d'une manière ou d'une autre, en distinguant dans toute la mesure du possible leur statut, sans pour autant indiquer titulature ou patronage. Notons enfin que, sur les 133 dédicaces relevées, 5 concernent des autels dont nous ne savons s'ils étaient intégrés à une chapelle d'église ou dotés d'une chapellenie : il s'agit de Vincly et de Coupelle-la-Vieille (ancien diocèse de Thérouanne), d'Auxi-le-Château (ancien diocèse d'Amiens), de Couturelle (ancien diocèse d'Arras), de l'abbaye de Chancelade (chanoines réguliers au diocèse de Périgueux) et de l'abbaye cistercienne de Lützell dans l'ancien diocèse de Bâle.

2. La localisation doit permettre de préciser l'insertion de ces lieux de culte dans la commune, nombre de chapelles ayant été érigées en des hameaux (pour passer sous silence les communes disparues) et dans le canton actuel. Celui-ci, malgré les changements survenus au cours du XXe siècle dans les ressorts administratifs, conserve parfois une certaine correspondance · avec les doyennés d'Ancien Régime. Mais justement, puisqu'il s'agit d'une démarche d'historien, et que, passé le XIVe siècle, cesse en France la période des grandes fondations en l'honneur de Thomas Becket, il y a lieu de les réintégrer dans les anciens cadres ecclésiastiques : provinces, diocèses, archidiaconés, doyennés ou archiprêtrés. Pour le midi de la France, il s'agira des diocèses tels qu'ils existaient avant les mutations opérées par Jean XXII en Narbonnaise et en Aquitaine ; pour l'ensemble du pays, des diocèses antérieurs aux mutations plus étendues survenues depuis le XVIIe siècle, principalement en 1790, puis de nos jours (répercussion sur le plan ecclésiastique des nouvelles structures administratives de la Région parisienne). Ces regroupements ou démembrements, ces créations ou replâtrages d'anciens diocèses et, par contre-coup, des ressorts subalternes, ont altéré la carte ecclésiastique de la France, mais la publication des pouillés aide grandement à la reconstitution de sa physionomie médiévale.

Nous avons dressé pour le ressort de chaque diocèse ancien des tableaux où sont portées en clair toutes ces indications, tenant compte des lieux recensés dans l'inventaire départemental comme de ceux que nous avons dénombrés à la suite de nos propres recherches. Chaque fois qu'il a été possible, nous avons tenu à donner en note nos références, voire à exposer les termes d'un débat ou d'une incertitude. Pour les provinces autres que celle de Rouen qui a fait l'objet d'une étude particulière recensant les objets mobiliers et les représentations iconographiques,[12] nous signalons de tels objets ou représentations lorsqu'ils ont été portés à notre connaissance afin de donner une idée plus juste de l'extension du culte de saint Thomas dans une aire déterminée, mais à titre purement indicatif et sans recherche d'exhaustivité en ce domaine. Enfin, lorsque les diocèses anciens correspondent à plusieurs départements actuels, nous avons jugé opportun de préciser l'appartenance départementale de la commune en cause.

Il resterait à établir des cartes régionales — comme nous l'avons fait pour la province ecclésiastique de Rouen — comportant les limites des anciennes circonscriptions ecclésiastiques, provinces et diocèses, avec légende distinctive du statut des sanctuaires. Si, d'autre part, on disposait, à même échelle, de cartes des grands fiefs du royaume de France pour la fin du XIIe et pour le XIIIe siècles, ce serait un jeu d'enfant de les superposer à celles des provinces ecclésiastiques. On obtiendrait ainsi une figure de l'impact politico-ecclésiastique dans la propagation du culte de Thomas Becket et, au surplus, la figuration des courants économiques et culturels par les courroies de transmission que sont les fleuves ou les chaussées antiques, auxquels viennent s'ajouter des solidarités ecclésiastiques tangibles à travers les anciens ressorts et l'implantation des ordres religieux (Cisterciens, Grandmontains, Chartreux, Victorins, etc.), éventuellement enfin, des solidarités de voisinage ou de lignage.

ESSAI D'INTERPRÉTATION.[13]

Une remarque préliminaire s'impose. On ne saurait juger de l'importance numérique des fondations en l'honneur de saint Thomas Becket sans tenir compte de l'époque où elles furent érigées. Bien que le culte du martyr de Canterbury ait été dès l'origine étendu à l'Église universelle et la popularité du saint très grande auprès des humbles comme auprès des grands personnages, l'âge même des fondations implique une réelle limitation, du fait qu'en France l'organisation paroissiale était très largement établie et de longue date. Rien de comparable par conséquent avec la floraison d'églises paroissiales placées aux premiers temps de l'évangélisation sous le vocable des saints apôtres des Gaules, saint Martin, saint Denis, ou des saints du propre diocésain, ni avec la vogue que connurent un peu plus tard saint Vincent et saint Étienne. Cependant, on peut déjà dénombrer plus de 50 édifices paroissiaux certains à l'actif de saint Thomas Becket, sans compter de nombreuses chapelles manoriales ou castrales qui constituaient des paroisses privées.

Encore que la plus grande densité d'églises paroissiales puisse être relevée dans les régions bocagères ou forestières, non encore défrichées sans doute, par exemple dans les diocèses de Rouen et de Limoges, où l'on en compte respectivement 6 et 9, une constatation s'impose : sur les 127 sanctuaires que nous pouvons retenir (à l'exclusion des simples autels au nombre de 6), 60 — soit près de la moitié — relèvent de l'ancienne province ecclésiastique de Rouen (29 du seul archidiocèse) dont 13 édifices paroissiaux sur 53. Il est inutile de revenir sur les considérations évoquées dans l'étude spécialement consacrée à la Normandie : entité politique autant qu'ecclésiastique, charnière de l'Empire Plantagenêt, la Normandie fut aussi le berceau de la famille Becket, et la région d'entre Seine et Risle le lieu de solidarités multiples susceptibles d'éclairer cette remarquable floraison.

On discerne cependant d'autres zones — de moindre concentration, il est vrai — de culte de saint Thomas en France. Certes, on pourrait s'attendre à une large diffusion des

---

12. Cf. *infra*, p. 211-219 (A. LARUE, *Enquête sur le mobilier et l'iconographie de Thomas Becket en Normandie*).
13. Pour toute vue d'ensemble des diocèses et pour toutes références concernant les sanctuaires mentionnés dans la suite de l'exposé, on se reportera aux tableaux donnés en appendice.

dédicaces dans les domaines qui, aux XIIe et XIIIe siècles, relevèrent des rois d'Angleterre. En fait, ni les domaines héréditaires de la maison d'Anjou — Maine, Anjou, Touraine — ni le Poitou, ne semblent avoir honoré particulièrement le martyr. En revanche, la frange littorale de la Bretagne (essentiellement, l'ancien diocèse de Quimper) lui a voué un culte certain, et l'on doit remarquer ici un phénomène déjà rencontré en Normandie, où les diocèses disposant d'une large frange maritime (Coutances, Bayeux, Lisieux et Rouen) l'emportent à cet égard sur les diocèses de l'arrière pays (Avranches, Évreux et Sées). Au total, dans la province de Tours, on ne compte que 7 ou 8 sanctuaires sous le vocable de saint Thomas.

Dans le complexe géographique qui formait alors la Première Aquitaine, c'est-à-dire la province de Bourges, les diocèses d'Albi, Cahors, Limoges et Rodez forment un bloc de relative concentration. Or, vers le sud, la région débordait l'ancien duché d'Aquitaine. Situées aux confins de la Guyenne, Cahors, Albi, Rodez relevaient du comté de Toulouse qui avait fait l'objet des convoitises de Henri II et qu'il revendiquait du chef de sa femme, Aliénor. Lors de l'expédition qu'il avait lancée contre le comte de Saint-Gilles, détenteur du comté de Toulouse, il avait conquis la ville de Cahors et la région environnante, y avait mis garnison et en avait confié le commandement à son chancelier, Thomas de Londres. Celui-ci est signalé à Limoges au cours de l'année 1156, et à Cahors en septembre octobre 1159. [14] Un miracle relaté par Guillaume de Canterbury atteste le passage du chancelier à Meymac, [15] probablement à l'occasion de l'une ou l'autre de ces expéditions. Ajoutons, peut-être, à ce concours de circonstances, la propagande autour de Henri le Jeune († 1183, à Martel, Lot) qui annexa le martyr dans la grande rébellion contre Henri II; voire aussi, l'influence de l'ordre de Grandmont dans la diffusion du culte de saint Thomas en Limousin. Ainsi s'expliquerait la répartition des dédicaces dans la Première Aquitaine, en contraste flagrant avec la Seconde Aquitaine (province de Bordeaux), où seule est confirmée — du moins actuellement — la dédicace d'un autel en l'abbaye de Chancelade, proche de Périgueux; mais on notera aussi qu'à Périgueux furent signalés, avant la fin du XIIe siècle, plusieurs miracles attribués à saint Thomas. [16] Enfin, par sa situation géographique et les fleuves qui l'arrosent, le Périgord est étroitement lié au Limousin, et l'on ne saurait oublier le séjour et les campagnes de Richard Cœur de Lion en ces deux régions. [17] Dans l'ancien diocèse de Poitiers, plusieurs mentions relèvent du vocable Saint-Thomas. Nous n'avons retenu que les mentions attribuées explicitement au martyr de Canterbury : dans la cathédrale (avec 3 chapellenies), à Chauvigny et au château de Vernay (Airvault). Sans doute sont-elles de haute ancienneté : on peut y voir l'impulsion de l'évêque ami de Thomas, Jean Bellesmains (transféré au siège de Lyon en 1181); mais aussi celle d'un de ses pires ennemis, Ranulf de Broc, qui fonda la chapelle castrale de Vernay « en expiation de sa participation au meurtre de l'archevêque. » Ainsi, dans la Seconde Aquitaine en sa partie septentrionale (Périgord, Poitou), le culte de saint Thomas a suscité quelques dédicaces et chapellenies. La Première Aquitaine l'emporte largement avec 15 sanctuaires, dont 14 églises paroissiales — un record — l'ancien diocèse de Limoges en comptant à lui seul 9, tous de statut paroissial.

C'est autour du domaine capétien avec prolongements vers les comtés de Champagne-Chartres-Blois d'une part, vers le comté de Flandre d'autre part, que l'on décèle une certaine concentration. Outre 3 églises paroissiales dans le diocèse de Paris, à Paris même, dès 1173, la chapelle Saint-Laurent en l'abbaye de Saint-Victor — où selon une tradition

---

14. Cf. R. W. Eyton, *Court, Household and Itinerary of Henri II*, Londres, 1878, *sub annis*; Delisle et Berger, *Recueil des Actes de Henri II*..,. t. I, p. 115, 116.

15. Meymac (Corrèze, ch.-l. cant.). *Miracula S. Thomae Cantuariensis auctore Willelmo Cantuariensi, Materials*

for the History of Thomas Becket, t. I, Londres 1875, p. 446 (Rolls Series).

16. *Ibid.*, p. 261, 367, 368.

17. « Oppidum in Petragoricensi diocesi situm comite Pictavensi Ricardo bellica manu invadente... » (*Ibid.*, p. 475).

constante, l'archevêque exilé aurait célébré la messe — était connue sous le vocable de Saint-Thomas (nouvelle dédicace, ou seulement patronage ? on ne saurait le dire). Mais bientôt, la capitale du royaume vit s'élever une fondation royale : vers 1180, Robert de Dreux, frère de Louis VII, fit ériger l'église collégiale de Saint-Thomas-du-Louvre. L'un de ses fils, Philippe de Dreux, élevé au siège de Beauvais (1175-1217), dédia à saint Thomas, en sa ville épiscopale, un hospice, aujourd'hui désaffecté mais longtemps connu sous le nom d'Hôpital Saint-Thomas-des-Pauvres-Clercs, tandis que, dans le diocèse, deux autres fondations sous le même titulaire relèvent aussi de son épiscopat. Dès 1182 — avant même son achèvement — était consacrée, à Crépy-en-Valois, une grande église collégiale pour dix chanoines, cinq prêtres, trois diacres et deux sous-diacres, fondation du comte de Flandre, Philippe d'Alsace, et de son épouse Élisabeth de Vermandois. Très tôt, l'union du Valois au domaine capétien allait conférer à la collégiale Saint-Thomas de Crépy le caractère de fondation royale.

C'est aussi dans la partie française du comté de Flandre, mais dans la province ecclésiastique de Reims, que s'élevèrent divers sanctuaires en l'honneur du martyr de Canterbury, notamment dans l'ancien diocèse de Thérouanne (correspondant au Boulonnaisen des lieux où l'on sait pertinemment que l'exilé était passé (Gravelines, lors de son débarquement clandestin, le 2 novembre 1164), ou bien qu'il avait séjourné (Saint-Omer, en l'abbaye de Saint-Bertin). Ici et là, à travers les diocèses anciens d'Arras et de Cambrai des inscriptions, des représentations iconographiques, commémorent le souvenir de son passage.

Mais, la province de Reims englobait aussi un certain nombre de possessions du comte de Champagne. Le diocèse de Reims, qui avait alors à sa tête l'archevêque Guillaume-aux-Blanches-Mains, frère du comte Henri le Libéral — transféré de Sens en 1176 et successeur d'Henri de France († 1175), frère de Louis VII — ne compte pas moins de 5 églises paroissiales dédiées à saint Thomas. Rien d'étonnant, sous de tels auspices, à une large diffusion de son culte à travers la seconde Belgique, où l'on compte à son actif 18 sanctuaires, mais aussi 4 autels, signe probable d'un tissu paroissial suffisamment dense à l'époque.

Quant à la province de Sens — dont relevait le diocèse de Paris déjà évoqué — elle englobait le comté de Chartres-Blois, alors possession du comte de Champagne. C'est ce même comte, Henri Ier, qui donna l'évêché de Chartres à Jean de Salisbury (1176-1180) et l'on peut présumer que l'impact de ces deux hommes, qui l'un et l'autre bien qu'à des titres divers avaient entretenu d'étroites relations avec Thomas Becket, contribua à l'érection au diocèse de Chartres des églises de fondation ancienne placées sous son vocable.

Les diocèses de Troyes et de Meaux, bien que plus modestement, honorèrent aussi le martyr. On ne saurait s'étonner de constater l'essor du culte de saint Thomas plus particulièrement au diocèse de Sens, où l'archevêque exilé séjourna de 1166 à 1170 en l'abbaye de Sainte-Colombe, sous la protection du roi de France, de l'archevêque et du comte de Champagne : 3 églises paroissiales, une très belle statue de pierre de la fin du XIIe siècle au déambulatoire de la cathédrale Saint-Étienne et une « chapelle » du saint au Trésor de cette même cathédrale en commémorent le souvenir. Au total, dans la province de Sens, on dénombre 15 sanctuaires érigés en son honneur.

Au-delà des provinces de Rouen, Bourges, Sens et Reims, s'étendaient des régions où l'influence capétienne était encore mal assurée ou qui débordaient les limites du royaume de France. Bien qu'extrapolés et dispersés, les points de culte n'y sont pas négligeables. Nous ne reviendrons pas sur les 5 sanctuaires des anciens diocèses de Quimper et Léon auxquels il faut ajouter un hôpital à Rennes, région dont les liens avec les Plantagenêts s'amenuisèrent après la mort du comte Geoffroi (1186) sans que l'influence du roi de France y soit encore affermie. A l'est, par-delà les limites du royaume, on peut se demander sous quels auspices s'érigèrent dans l'ancien diocèse de Bâle relevant de la province de

Besançon (aujourd'hui diocèse de Strasbourg), 2 chapelles et un autel en l'honneur du martyr de Canterbury. En revanche, plus au sud, les routes menant vers les passages alpestres, Rome et l'Orient, sont jalonnées de sanctuaires qui, bien qu'en petit nombre, n'en portent pas moins un témoignage non dénué d'intérêt. Au passage du Mont-Cenis, s'élève l'église paroissiale d'Avrieux, diocèse de Maurienne, dans la province de Tarentaise. C'était la voie généralement fréquentée par les évêques et clercs anglais lorsqu'ils se rendaient à la Curie par-delà les Alpes. D'autre part, dans les années 1173 à 1180, des relations diplomatiques s'étaient nouées entre Henri II et Humbert III comte de Maurienne, d'abord en vue des fiançailles du futur Jean sans Terre avec la fille aînée du comte, [18] puis en vue de l'implantation des Chartreux en Touraine (le Liget) et en Angleterre (Witham). [19] Mais, peut-être, suffit-il à la fondation d'Avrieux de l'influence de Réginald Fitz-Jocelin, élevé au siège de Bath. Ancien adversaire de Thomas Becket, il fut un propagateur certain de son culte : ainsi le 28 juillet 1174, il consacrait, à Saint-Lô, une église paroissiale sous le vocable de Saint-Thomas. [20] C'était justement au retour d'une mission à Rome, pour obtenir du pape confirmation des élections épiscopales de 1173 et tout juste après le sacre qu'il venait lui-même de recevoir le 23 juin à Saint-Jean-de-Maurienne des mains de Richard de Douvres, le successeur de Thomas Becket sur le siège de Canterbury, assisté du saint archevêque Pierre II de Tarentaise. [21]

A la lisière du royaume de France, le long d'un axe nord-sud, plusieurs sanctuaires relevant de la Première Lyonnaise jalonnent des carrefours routiers. Outre l'église paroissiale de Louvières au diocèse de Langres, ce sont 4 chapelles notables, l'une à Dijon, une autre à Mâcon, 2 à Lyon. La fin du XIIe siècle et le début du XIIIe furent un temps de reconstruction des cathédrales sur un plan plus vaste et selon le style désormais en vogue. L'*Obituaire* de la cathédrale de Mâcon nous apprend qu'un diacre et chanoine de cette église, Maître Columbus — dont l'année du décès n'est malencontreusement pas mentionnée — y fit construire sous le portique de Saint-Vincent, 2 chapelles, l'une en l'honneur de sainte Catherine, l'autre en l'honneur de saint Thomas martyr, et les dota de quatre chapelains. On constate une démarche analogue à Laon (Seconde Belgique) où, peu après 1173, dans la cathédrale en reconstruction, une chapelle haute fut consacrée sous le vocable du martyr dans la tour dénommée dès lors « Tour de Saint-Thomas ». Enfin, au même diocèse de Langres, le castrum de Dijon eut aussi très tôt un sanctuaire dédié au martyr : dans une chapelle du déambulatoire de l'abbatiale Saint-Bénigne, un autel lui fut consacré en 1190, suite au séjour qu'y firent deux moines de Canterbury, sur le chemin de Jérusalem, lesquels avaient fait don à l'abbaye de précieuses reliques de saint Thomas.

Non moins remarquable est le culte qui, très tôt, fut voué à saint Thomas en la métropole lyonnaise. L'archevêque Guichard, moine de Cîteaux, ex abbé de Pontigny, était lié d'amitié avec l'exilé. Après sa mort survenue en 1180, c'est un autre ami du saint, Jean Bellesmains, transféré du siège de Poitiers, que le chapitre primatial se donna pour archevêque (1181-1193). Or, c'est sous ce pontificat que la colline de Fourvières fut dotée d'une chapelle, et ce premier sanctuaire fut placé sous le vocable de Saint-Thomas-martyr. Le titre de fondation est daté de 1192 ; mais l'*Orbituaire* de la cathédrale Saint-Jean nous apprend que la chapelle fut fondée par Olivier de Chavannes, diacre et doyen de l'église primatiale. A son décès (1185/1187), il la légua au chapitre et à l'archevêque, non sans l'avoir dotée richement (ornements liturgiques, maison entièrement meublée). Aujour-

18. Agrément entre Henri II et le comte de Maurienne : entrevues à Montferrand et Limoges, 1173 ; pacte renouvelé par les envoyés du comte en Angleterre (*Gesta Regis*, t. I, p. 36-41, Rolls Series ; ROGER DE HOVEDEN, t. II, p. 41-45, Rolls Series).
19. *Magna Vita S. Hugonis*, L. II, c. 1 et c. 4 : éd.

J. F. DIMOCK, p. 52-55, 66 (Rolls Series) ; éd. D. L. DOUIE et H. FARMER, Londres 1961, vol. I, p. 46-49 et p. 59. (Medieval Texts).
20. *Calendar of Documents*, France, t. I, p. 323.
21. *Gesta Regis*, t. I, p. 74, Cf. R. FOREVILLE, *Église et Royauté*, p. 383.

d'hui, la chapelle Saint-Thomas, blottie derrière l'antique sanctuaire, fait partie du complexe religieux de N.-D. de Fourvières.

Si, en effet, Louis XI fit transférer en 1476 la titulature du sanctuaire à Notre-Dame, plus d'un siècle auparavant, c'est de Fourvières qu'était issue une nouvelle extension du culte de Thomas Becket. En effet, au XIVe siècle, Guy de Francheleins, prévôt de Fourvières en l'église de Lyon, avait fait édifier en la primatiale Saint-Jean une chapelle Saint-Thomas et y avait fondé une chapellenie desservie par deux chapelains semainiers, à la nomination du prévôt de Fourvières.

Ainsi, dépassant le stade de la pure statistique, avons-nous tenté de réintégrer en leur contexte historique les fondations érigées dans les limites de la France actuelle en l'honneur de Thomas Becket. Dans bien des cas, ces fondations peuvent se rattacher à une tradition vivante remontant à son séjour en un lieu donné, à son passage (sans doute à diverses reprises) en une région donnée, voire à des attaches particulières avec le terroir haut-normand. Dans beaucoup de cas également, ces fondations sont le fait de contemporains, hauts personnages, princes, évêques, communautés religieuses, amis personnels, ayant entretenu des relations étroites avec l'exilé; mais aussi, sans aucun doute, humbles gens qu'un élan de gratitude incite à dresser un mémorial au thaumaturge dont les miracles, recueillis par Guillaume de Canterbury et Benoît de Peterborough bien avant la fin du XIIe siècle, attestent l'immense popularité tant en France qu'en Angleterre. [22] Mais si les fondations anciennes relèvent surtout d'une période allant de c. 1173 à c. 1250, on peut affirmer que sa mémoire était encore honorée de nouvelles dédicaces au XIVe siècle.

Il nous a paru qu'avec 133 dédicaces reconnues sur le territoire de la France actuelle, saint Thomas méritait bien qu'on y célébrât le VIIIe centenaire de sa canonisation.

---

22. Voir les recueils de *Miracula S. Thomae* de GUILLAUME DE CANTERBURY cité *supra*, n. 15 (*Materials*, t. I, p. 137-546) et de BENOÎT DE PETERBOROUGH (*Materials*, t. II, p. 21-458). Une étude sur ces recueils doit paraître dans le *Bulletin philologique et historique (jusqu'à 1610) du Comité des travaux historiques et scientifiques* : R. FOREVILLE, « Les Miracula S. Thomae Cantuariensis » (Congrès des Sociétés savantes, Nantes 1972).

LISTE DES ABRÉVIATIONS

BEAUCHET-FILLEAU, *Pouillé...Poitiers* : H. BEAUCHET-FILLEAU, *Pouillé du diocèse de Poitiers*, Niort-Poitiers, 1878.

COUFFON et LE BARS, *Répertoire... Quimper et Léon* : R. COUFFON et A. LE BARS, *Répertoire des églises et chapelles du diocèse de Quimper et Léon*, Saint-Brieuc, 1959.

HAIGNERÉ, *Boulonnais* : D. HAIGNERÉ, *Recueil historique du Boulonnais* annoté, documenté et illustré par A. DE ROSNY, 3 vol. Boulogne-sur-Mer, 1897-1899.

LONGNON, *Pouillé... Cahors* : *Pouillé du diocèse de Cahors* publié par A. LONGNON. *Mélanges historiques*, t. II, Paris 1887, « Documents inédits sur l'Histoire de France ».

LONGNON, *Pouillés... Reims ; Pouillés... Sens ; Pouillés... Tours* : *Pouillés de la province de Reims* (1908), *de la province de Sens* (1904), *de la province de Tours* (1903). Publiés par A. LONGNON, « Recueil des historiens de la France ».

LOUVET, *Beauvais* : P. LOUVET, *Histoire et Antiquités du pays de Beauvais*, 2 vol., Beauvais, 1631.

MARCY, *Obituaire... Beauvais* : COMTE DE MARCY, « Obituaire et livre des distributions de l'église cathédrale de Beauvais ». Dans les *Mémoires de la Société académique d'Archéologie, Sciences et Arts du département de l'Oise*, XII (1885), p. 135-194.

NADAUD, *Pouillé... Limoges* : ABBÉ NADAUD, « Pouillé historique du diocèse de Limoges. » Dans le *Bulletin de la Société archéologique du Limousin*, LIII (1903).

OMONT et BRUNEL, *Obituaires... Lyon* : *Obituaires de la province de Lyon*. Publiés par G. GUIGUE, J. LAURENT, P. GRAS, sous la direction de H. OMONT et C. BRUNEL, 2 vol. Paris, 1951 et 1965.

POULBRIÈRE, *Dictionnaire... Tulle* : J.-B. POULBRIÈRE, *Dictionnaire historique et archéologique des paroisses du diocèse de Tulle*, (réédit. 1964-1965).

PROU et PERRIN, *Pouillés... Bourges* : *Pouillés de la province de Bourges*. Publiés par J. DE FONT-RÉAUX sous la direction de M. PROU et CH.-E. PERRIN, Paris, 1941-1962, « Recueil des Historiens de la France ».

QUESVERS et STEIN, *Pouillé... Sens* : P. QUESVERS et H. STEIN, *Pouillé de l'ancien diocèse de Sens*, Meaux-Sens-Orléans, 1894.

RENET, « Saint Thomas Becket » : RENET, « Saint Thomas Becket... son culte dans le Beauvaisis ». Dans les *Mémoires de la Société académique de l'Oise*, t. XIII (1886), p. 5-168.

XI

ANNEXE

TABLEAUX RÉCAPITULATIFS PAR DIOCÈSE ANCIEN

DES

LIEUX DE CULTE DE SAINT THOMAS EN FRANCE

(Normandie exceptée, 2ᵉ LYONNAISE, voir Etude X, pp. 459–478)

Liste des Sigles

Ch	= Chapelle		Ch ma	= Chapelle manoriale
Ch A	= Chapelle dépendant d'une abbaye		Ch P	= Chapelle paroissiale
Ch C	= Chapelle dans une église cathédrale		E HD	= Église attachée à un Hôtel-Dieu
Ch E	= Chapelle dans une église		E L	= Église attachée à une léproserie
Ch H	= Chapelle dépendant d'un hôpital		E P	= Église paroissiale
Ch HD	= Chapelle dépendant d'un Hôtel-Dieu		HD	= Hôtel-Dieu
Ch Ca	= Chapelle castrale		L	= Léproserie
Ch L	= Chapelle attachée à une léproserie		Pr	= Prieuré

Outre MM. les archivistes départementaux qui ont répondu à notre appel, nous adressons nos remerciements à tous ceux qui nous ont fait parvenir des précisions : dès 1956, M. F. de Benoît, ancien curé de Rosnay l'Hôpital (Aube); M. Jean Secret, professeur au Lycée de Périgueux, M. Druy (de Grandpré, Ardennes), M. d'Alauzier (de Cahors); en 1962, M. le chanoine Maurice Carbonnel (de Rodez); plus récemment, M. André Chédeville, professeur à l'Université de Haute-Bretagne; M. Yves Chauvin, maître assistant à l'Université de Poitiers; M. Amaury d'Esneval et M. Robert Duforestel. Il va sans dire que nous sommes également redevable aux recherches de M. Henri Martin et de Dom Jean Becquet.

N. B. Le pouillé de l'ancien diocèse de Poitiers publié par Beauchet-Filleau d'après des documents antérieurs, signale 4 autres chapelles Saint-Thomas, dont certaines pourraient relever du vocable de Saint-Thomas-Martyr. Ce sont, à Poitiers même, en l'église Notre-Dame-la-Grande, la chapelle Saint-Thomas-de-l'Aumônerie et la chapelle Saint-Thomas-de-l'Échevinage; à Bressuire (archidiaconé de Thouars la chapelle Saint-Thomas-de-la-Madeleine; à Parthenay (archidiaconé de Thouars) une chapellenie Saint-Thomas en la paroisse Sainte-Croix, à la présentation de l'archiprêtre dudit lieu.

172

TABLEAU I

1re LYONNAISE. PROVINCE DE LYON

I (a): ARCHIDIOCÈSE DE LYON

Archidiaconé	Archiprêtré	Commune	Canton	Statut	Présentateur	Observations
Lyon	Lyon	Lyon	Lyon	Ch C		B. *Thome martyris capella* fondée par Guy de Francheleyns (Francheleins, Ain, cant. St-Trivier-sur-Moignans), prévôt de Fourvières en l'église de Lyon († 1342), avec chapellenie[1].
"	"	Lyon (Fourvières)	Lyon	Ch		Chapelle fondée par Olivier de Chavannes, diacre et doyen de l'église primatiale († 1185/87)[2].

1. OMONT et BRUNEL, *Obituaires... Lyon*, vol. I, 191 H-192 A. Mention d'une prébende en la chapelle Saint-Thomas martyr en 1431 *(Ibid.)*, vol. I 173 A B).

2. *Ibid.*, vol. I, 108 A C. La fondation dut être parachevée par l'archevêque Jean Bellesmains, ami de Thomas Becket, transféré de Poitiers à Lyon en 1181 après la mort d'un autre ami du saint, Guichard († 1180): en effet, la charte de fondation est de 1192, peu avant la résignation de Jean. (*Archives du Rhône*, 14 G 25). — En 1476, Louis XI fit transférer la titulature de cette chapelle à Notre Dame. Aujourd'hui, la chapelle Saint-Thomas, blottie derrière l'antique sanctuaire fait partie du complexe religieux de N.-D. de Fourvières (renseignement aimablement communiqué par M. le chanoine Maurice Carbonnel, de Rodez).

N. B. — Le prieuré bénédictin de moniales désigné sous le vocable de Saint-Thomas-en-Forez, Saint-Thomas-aux-Nonnains, ou Saint-Thomas-de-La-Garde (Loire, **cant.** de Montbrison, *olim* Saint-Jean Soleymieux, archiprêtré du Forez) fondé en 1206 par Guy comte du Forez, passe pour relever du patronage de l'apôtre (L. P. GRAS, *Obituaire de Saint-Thomas-en-Forez*, Lyon, 1873, p. 55). L'influence lyonnaise et la date même de la fondation, si proche de celle de Fourvières, nous inciteraient à penser que la dédicace primitive pouvait être au nouveau martyr. Nous avons consulté maints documents du XIIIe siècle, notamment les chartes du Forez: aucun de ceux collationnés jusqu'ici n'apporte de précision.

I (b): DIOCÈSE DE LANGRES

Archidiaconé	Doyenné	Commune	Canton	Statut	Présentateur	Observations
Bassigny	Bassigny	Louvières	Nogent-en-Bassigny (*Olim* Nogent-le-Roi)	Ch P		Annexe
Dijon	Dijon	Dijon	Dijon	Ch A		Dans la rotonde de l'abbatiale St-Bénigne où un autel fut consacré à saint Thomas en 1190 [1]

1. Suite au passage en l'abbaye de Guillaume l'Anclain et d'Aimeri, moines de Cantorbéry, porteurs de reliques du martyr, en route pour Jérusalem. *Martyrologe et obituaire de Saint-Bénigne de Dijon*, Dijon, *Bibl. Municipale, ms.* 134, fol. 61 v° Indiqué, Catal, *général des Bibliothèques publiques de France*, V (1889), p. 164; Paris, *Bibl. Nat.*, Coll. *Bourgogne*, XII, fol. 152, *Extrait de l'Histoire manuscrite du Monastère de Saint-Bénigne de Dijon composée par le R. P. D. Thomas Le Roy* envoyé au R. P. D. Jean Mabillon pour réponse. Nous devons cette mention à l'obligeance de M. A. d'Esneval.
Il n'est pas sans intérêt de noter les reliques ainsi distribuées : « de son froc, de son cilice, un linge teint de son sang, un autre teint de la liqueur qui sortait de son corps après sa mort ».

I (c): DIOCÈSE DE MÂCON

Archidiaconé	Archiprêtré	Commune	Canton	Statut	Présentateur	Observations
Mâcon	Mâcon	Mâcon	Mâcon	Ch C		*S. Thome martyris capella* fondée par Maître Columbus, diacre et chanoine de la cathédrale, sous le portique de St-Vincent, avec institution de chapellenie (fin XIIe ou début XIIIe siècle) [1].

1. OMONT et BRUNEL, *Obituaires... Lyon*, vol. II, 409 B.

TABLEAU II

3ᵉ LYONNAISE (PROVINCE DE TOURS)

II (a): ARCHIDIOCÈSE DE TOURS

Archidiaconé	Archi-prêtré	Commune	Canton	Statut	Présentateur	Observations
Outre-Vienne	Preuilly	Bossey		Ch ca		En l'hébergement de Cingé.

N. B. Plusieurs fondations pieuses de Henri II Plantagenêt au diocèse de Tours passent pour avoir été érigées en réparation du meurtre de Thomas Becket. Le fait est certain pour la Chartreuse du Liget en 1178 (comm. Chemillé-sur-Indrois, cant. Montrésor), probable pour la celle grandmontaine de Bois-Rahier (Grandmont-lès-Tours) c. 1176-1178, et fort possible pour une autre celle grandmontaine, Pommier-Aigre (Grandmont-lès-Chinon) 1178-1189. Cf. notre étude : « La place du Liget parmi les fondations pieuses de Henri II Plantagenet, » à paraître dans les Actes du Colloque du Millénaire de la collégiale de Loches tenu en 1973. On a parfois attribué mais à tort, la même destination à deux autres celles grand-montaines de la région, fondées après la mort de Henri II : Montoussan (comm. Souvigny, cant. Amboise) vers 1198 et Villiers (comm. Villeloin-Coulangé, cant. Montrésor) c. 1200.

II (b): DIOCÈSE DE LÉON

Archidiaconé	Doyenné	Commune	Canton	Statut	Présentateur	Observations
Poher	Poher	Carhaix-Plouguer	Carhaix-Plouguer	Ch		chapelle St-Thomas, aujourd'hui détruite.

N. B. A signaler dans l'église de Saint-Thégonnec dédiée à la Vierge et à saint Thégonnec, une statue ancienne de saint Thomas.

II (c): DIOCÈSE DE QUIMPER

Archidiaconé	Doyenné	Commune	Canton	Statut	Présentateur	Observations
Cornouailles	Fouesnant	Bénodet (Olim : Perguet)	Fouesnant	E P		Chapelle donnée en 1231 par Eudes de Fouesnant à l'évêque de Quimper qui en fit don à l'abbaye de Daoulas[1].
»	»	Pleuven	Fouesnant	Ch		2.
Poher	Poher	Camaret-sur-mer	Crozon	Ch		Chapelle édifiée sur le port[3].
»	Le Faou	Landerneau	Landerneau	E P		Ancien prieuré de l'abbaye de Daoulas[4].

1. Chœur du XIIIe siècle. — Depuis le Concordat, le culte paroissial a été transféré à Bénodet. Cf. COUFFON et LE BARS, *Répertoire... Quimper et Léon*, p. 34.

2. Édifice du XVIe siècle remanié au XVIIIe. Statue ancienne de saint Thomas. (*Ibid.*, p. 251).

3. Ruinée au XVIIe siècle, rédifiée au XVIIIe. Servit d'ossuaire. Toutes traces aujourd'hui disparues (*Ibid.*, p. 63).

4. Statue ancienne de saint Thomas (*Ibid.*, p. 169). On notera que, sise sur la rive gauche de l'Élorn, c'est la seule église de la ville de Landerneau qui relevait du diocèse de Quimper, cette rivière formant limite entre les diocèses de Quimper et Léon.

II (d): DIOCÈSE DE RENNES

Archidiaconé	Doyenné	Commune	Canton	Statut	Présentateur	Observations
Rennes	Rennes	Rennes	Rennes	E HD	l'abbesse de St-Georges	Prieuré-hôpital sis au fief de Vitré. *Hospitale s. Thome*[1].

1. LONGNON, *Pouillés... Tours*, Pouillé du xvᵉ siècle, 178 J. L'actuelle rue Saint-Thomas, jouxtant l'église paroissiale de Toussaints, en perpétue le souvenir.

II (e): DIOCÊSE DE SAINT-MALO

Archidiaconé	Doyenné ou Archiprêtré	Commune	Canton	Statut	Présentateur	Observations
Dinan	Poulet	Saint-Malo		Ch		Auojurd'hui, la Porte St-Thomas maintiendrait le souvenir de l'une ou l'autre de ces fondations qui relèvent vraisemblablement de saint Thomas Becket, compte tenu de l'essor tardif de l'agglomération malouine.
»	»	»		Ch. ca		

TABLEAU III

4e LYONNAISE (PROVINCE DE SENS)

III (a): ARCHIDIOCÈSE DE SENS

Archidiaconé	Doyenné	Commune	Canton	Statut	Présentateur	Observations
Grand Archidiaconé	Pont-sur-Yonne	Vallery (Yonne)	Cheroy	E P	l'abbé de St-Jean-les-Sens	St-Thomas de Cantorbéry. Prieuré-cure donné à l'abbé de St-Jean en 1186 par Guy de Noyers, archevêque de Sens[1].
»	St-Florentin	Esnon (Yonne)	Brienon-sur-Armançon	E P	l'archevêque	St-Thomas de Cantorbéry[2].
Etampes	Etampes	Villeneuve-sur-Auvers (Essonne)	Etréchy	E P	l'archevêque	St-Thomas de Cantorbéry[3].

1. QUESVERS et STEIN, Pouillé... Sens c. 1350, p. 78.
2. Ibid., p. 36.
3. Ibid., p. 270.

N. B. Au déambulatoire de la cathédrale Saint-Étienne, belle statue en pierre, fin XIIe siècle. — Au Trésor de la cathédrale, chapelle d'ornements de saint Thomas donnés par la reine Blanche à l'église de Sens (mentionnés à l'Inventaire tenu de 1446 à 1553, fol. 11, Archives départementales de l'Yonne G. 125) ; Cf. A MONTAIGLON, Antiquités et curiosités de la ville de Sens, Paris, 1881, p. 46-47.

III (b): DIOCÈSE DE CHARTRES

Archidiaconé	Doyenné	Commune	Canton	Statut	Présentateur	Observations
Pincerais	Dreux	Thimert (Eure-et-Loir)	Dreux (Olim : Château-neuf)	E		Basilica S. Thome martiris ante castrum novum sita (Château-neuf-en-Thymerais). L'église fut donnée en 1196 à l'abbaye St-Florentin de Bonneval par Gervais, seigneur de Brézolles [1].
Blois	Blois	Marche-noir (Loir-et-Cher)	E	E		St-Thomas de Belou dans une clairière de la forêt de Marche-noir. Petit édifice du XIIe siècle, désaffecté. Village médiéval disparu.

1. Paris, Bibl. Nat., ms. fr. 4809, fol. 214. Nous devons cette mention à M. André Chédeville. Voir également LONGNON Pouillés... Sens, État des procurations c. 1320, 139 H; Comptes de décimes 1351, 171 B.

III (c):DIOCÈSE DE MEAUX

Archidiaconé	Doyenné	Commune	Canton	Statut	Présentateur	Observations
Meaux	Dammar-tin-en-Goële	Claye-Souilly (Seine-et-Marne)	Claye-Souilly	E P	l'abbé de Chaage à Meaux (chan. réguliers)	Église sise au hameau de Souilly, ancien prieuré-cure [1].
»	Acy-en-Mulcien	Nanteuil le-Haudouin (Oise)	Nanteuil			Prieuré cluniste. Chapelle en l'église Notre-Dame [2].
»	»	Rosoy-en-Mulcien (Oise)	Betz	E P		Fête patronale le dimanche qui suit le 7 juillet [3].
Brie	Coulom-miers	Marolles-en-Brie (Seine-et-Marne)	La Fer-té-Gau-cher	E P		

1. Tableau du retable au maître autel (XVIIIᵉ siècle?) — Vitrail dans l'église de Claye.
2. A. CARLIER, Histoire du duché de Valois, Paris-Compiègne 1764, t. I, p. 518; RENET, Saint Thomas Becket, p. 110.
3. CARLIER, loc. cit. supra ; RENET, loc. cit. supra.
N. B. En l'église cathédrale, la fête du 29 décembre revêtait un caractère solennel : s. Thome Cantuariensis. f. In hac die habemus XX s., canonicis et hospitibus qui matutinis et misse interfuerunt. MARCY, Obituaire... Beauvais, p. 194. — Diverses reliques du martyr sont signalées : au hameu de Pontfranc (Oise, comm. et cant. Château-Landon); en l'église Saint-Médard de Lizy-sur-Ourcq (ch.-l. cant. Oise); à Jablines (Oise, cant. Claye-Souilly), une statuette en bois (0,70 m).

III (a) : DIOCÈSE DE PARIS

Archidiaconé	Archi-prêtré	Commune	Canton	Statut	Présentateur	Observations
Parisis	Paris	Paris (Louvre)		E		Église royale et collégiale de Saint-Thomas du Louvre, fondée par Robert comte de Dreux († 1188) frère de Louis VII vers 1180. Aujourd'hui détruite : emplacement, la Cour du Carrousel[1]...
»	»	Paris (Saint-Victor)		Ch		Saint-Victor : dès 1173, l'ancienne chapelle Saint-Laurent où l'archevêque avait célébré la messe, lui fut dédiée[2].
Josas	Mont-morency Luzarches	Montmagny (Val d'Oise)	Mont-morency	E P		
»	»	Villiers-le-Sec (Val d'Oise)	Luzarches	E P	l'évêque	
»	Mont-lhéry	Boissy-sous-Saint-Yon (Essonne)	Saint-Chéron (Olim Dourdan)	E P	l'évêque	

1. Confirmation des biens donnés à cette église par le comte Robert (Urbain III, 1186/1187 et Clément III, 1189 : JAFFÉ WATTENBACH, 15901 et 16429); LONGNON, Pouillés... Compte de 1352, 377 D E F, 404 C; Pouillé de 1425, 426 E-427 A. Voir aussi les « Dits des Moutiers de Paris » (c. 1270 et c. 1320). Ibid, 363, vers 39, et 367, vers 178. Philippe de Dreux, fils du comte Robert, évêque de Beauvais († 1217) lègue à l'église Saint-Thomas-du-Louvre la somme de 15 livres (LOUVET, Beauvais, t. II, p. 355).

2. Tradition accréditée de Saint-Victor de Paris (JEAN DE THOULOUSE, Annales, Paris, Bibl. Nat., mss 14368, p. 1113, et 14679, p. 653. Cf. FOURIER-BONNARD, Histoire de l'abbaye royale... de Saint-Victor de Paris, t. I, Paris (s. d.), p. 225, n. 3.

III (e): DIOCÈSE DE TROYES

Archidiaconé	Doyenné	Commune	Canton	Statut	Présentateur	Observations
Grand Archidiaconé	Troyes	La Loge-Plombin	Cha-ource	E P		

N. B. A Rosnay-l'Hôpital (Aube, cant. Brienne-le-Château, anciens archidiaconé et doyenné de Margerie) le culte de saint Thomas s'attache à la crypte de l'église paroissiale, qu'il passe pour avoir consacrée sous le vocable de Saint-Étienne La fête du 29 décembre y était célébrée à l'égal de celle de Pâques (grand'messe et procession); elle n'était jamais remise au dimanche. Nous tenons ces indications de M. F. de Benoît, ancien curé de Rosnay, de 1928 à 1955, curé doyen de Pont-sur-Seine en 1956. Documentation à consulter : L. MOREL-PAYEN, *Troyes et l'Aube*, Troyes, J.-L. Paton imprimeur éditeur, 1929, p. 189.

TABLEAU IV

2ᵉ BELGIQUE (PROVINCE DE REIMS)

IV (a): ARCHIDIOCÈSE DE REIMS

Archidiaconé	Doyenné	Commune	Canton	Statut	Présentateur	Observations
Grand Archidiaconé	Rumigny	Bay (Ardennes)	Rumigny	E P	l'abbé de Saint-Nicaise de Reims	*Fundata est in honore b. Thome martyris* [1].
»	Justine	Grand-champ (Ardennes)	Novion-Porcien	E P	celui à qui l'archevêque confère le patronage	*Fundata est in honore b. Thome martyris* [2].
»	Mouzon	Mouzon (Ardennes)	Mouzon	Ch A		Chapelle d'axe dans la tribune de l'église abbatiale reconstruite en 1195. Aujourd'hui désaffectée.
»	Épernay	Mardeuil (Marne)	Épernay	E P		
Petit Archidiaconé	Grand-pré	Grand Ham (Ardennes)	Grand-pré	E P		

	Verrières (Ardennes)	Le Chesne	E P	Située près de la Chartreuse du Mont-Dieu où Thomas Becket avait des amis. Simon, prieur du Mont-Dieu prit part aux négociations de 1169 [3].
»				
»				

1. LONGNON, *Pouillés... Reims*, Pouillé antérieur à 1312, 21 C.
2. *Ibid.*, 26 D.
3. *Materials*, VI, p. 440; FOREVILLE, *Église et Royauté*, p. 190, n. 2.

IV (b): DIOCÈSE D'AMIENS

Archidiaconé	Doyenné ou Archi-prêtré	Commune	Canton	Statut	Présentateur	Observations
Ponthieu	Labroye	Haut-Maisnil (Pas-de-Calais)	Auxi-le-Château	autel		

IV (c): DIOCÈSE D'ARRAS

Archidiaconé	Doyenné	Commune	Canton	Statut	Présentateur	Observations
Artois	Aubigny	Aubro-metz	Auxi-le-Château	E P		[1].
»	Pas-en-Artois	Couturelle	Avesnes-le-Comte	autel		

1. *Épigraphie du Pas-de-Calais, canton d'Auxy-le-château*, t. VI (1908), p. 530-535. Deux panneaux peints du XVIIe siècle. (Scènes de la vie de saint Thomas en exil, inscription.) Attribués faussement à l'église de Coupelle-la-Vieille (*Ibid.*, cant. de Fruges, t. IV (1907-1908), p. 15-16).

N. B. A Arras, en l'église Saint-Nicolas-sur-les-Fossés, on pouvait lire, avant 1914, une inscription sur marbre en caractères gothiques : Icy S. Thomas célébra la messe certainement. (*Ibid.*, t. IV, p. 129; t. VII, p. 238.) Dans le trésor de la cathédrale d'Arras se trouve un rochet de saint Thomas, provenant de l'abbaye de Dommartin où il fut conservé de 1172 à 1790 (cf. ABBÉ VAN DRIVAL, *Notice sur le rochet de saint Thomas conservé à la cathédrale d'Arras*, Paris, 1859, 10 p.). La châsse qui contenait ce rochet en l'abbaye de Dommartin est aujourd'hui dans l'église de Tortefontaine (cant. Hesdin).

IV (d): DIOCÈSE DE BEAUVAIS

Archidiaconé	Doyenné	Commune	Canton	Statut	Présentateur	Observations
Bray	Beauvais	Beauvais	Beauvais	Ch H		Hôpital Saint-Thomas des Pauvres clercs. Confirmation par Philippe de Dreux, évêque de Beauvais en 1189. Donations diverses à l'Hôpital en 1203, 1204, 1220 [1].
»	La Montagne	La Neuville-Vault	Marseille-en-Beauvaisis	E P		Saint Thomas était honoré comme patron par les habitants des trois hameaux : La Neuville, Le-Vault, Le Manoir [2].

»	Cler-mont	Cires-lès-Mello	Neuilly-en-Thelle	Ch	Chapelle du Tillet, longtemps abandonnée, aujourd'hui remise en service [3].

1. LONGNON, Pouillé... Reims, Pouillé c. 1320, 497 D. Cf. Louvet, Beauvais, t. I, p. 554-555; RENET, « Saint Thomas Becket », p. 59-62. L'établissement fut donné à l'abbaye Saint-Symphorien par Miles, évêque de Beauvais en 1383, puis uni à la prébende des enfants de chœur en 1482. La rue Saint-Thomas perpétue le souvenir de ce sanctuaire aujourd'hui détruit (R. DUFORESTEL, « La maîtrise de la cathédrale, » Dans Beauvais ville d'art, n° 5, (1973) p. 10).
2. LOUVET, Beauvais, t. I, p. 81; RENET, « Saint Thomas Becket », p. 51-52.
3. RENET, art. cit., p. 54-55.

IV (e): DIOCÈSE DE CAMBRAI

Archidiaconé	Doyenné	Commune	Canton	Statut	Présentateur	Observations
Grand Archidiaconé	Le Ca-teau	Bévillers (Nord)	Car-nières	E P	le chapitre cathédral de Cambrai	

N. B. On doit relever la permanence du culte de saint Thomas dans la région. A Lille, rue d'Angleterre, une maison conserve l'inscription « Sancto Thomae Canturbiensi Hujus aedis quondam Hospiti sit Laus, Honor et Gloria ». — Aux Archives du Nord, plusieurs documents évoquent le culte qui lui fut rendu. Entre autres, citons les Authentiques du cilice de saint Thomas (Fonds du Collège des Anglais à Douai, D 623, 1606, 2 septembre; 1 G 75/119, 1623, 7 novembre); Rente viagère de 45 £, cachet reproduisant le sceau du même collège, à l'effigie de saint Thomas, personnage debout, mitré, frappé d'une épée à l'arrière de la tête, en chape, tenant la croix épiscopale et bénissant (D 623, 1708, 9 juin).

IV (f): DIOCÈSE DE LAON

Archidiaconé	Doyenné	Commune	Canton	Statut	Présentateur	Observations
Grand Archidiaconé	Laon	Laon	Laon	Ch C		Chapelle haute au premier étage du croisillon nord, dans la tour dite « de Saint-Thomas ». Peu après 1173, sur ordonnance de l'évêque Gautier de Mortagne, lié d'amitié avec Jean de Salisbury et Thomas Becket [1].

1. *Rituale Laudunense*, Troyes, *Bibl. Municipale*, ms. 221, fol. 33. — La « Tour de Saint-Thomas » est mentionnée en 1226 (Cartulaire J. du chapitre cathédral de Troyes, Paris, *Bibl. Nat. ms. lat.* 17098, ff. 233-234. Sous le titre, « Un évêque bâtisseur : Gautier de Mortagne », S. MARTINET signale le rôle de cet évêque dans l'érection de la cathédrale et de cette tour, ainsi que ses liens avec les exilés. (*Mémoires de la Fédération des Sociétés de l'Aisne* », t. VIII (1960-1961), p. 90-91). L'article est malheureusement entaché d'inexactitudes quant aux parents de Thomas Becket, faute de recourir aux sources accréditées.

IV (g): DIOCÈSE DE SENLIS

Archidiaconé	Doyenné	Commune	Canton	Statut	Présentateur	Observations
	Crépy-en-Valois	Crépy-en-Valois	Crépy-en-Valois	E	Le chapitre de Saint-Thomas	Église collégiale Saint-Thomas avec chapellenie fondée par Philippe d'Alsace, comte de Flandre, et son épouse Elisabeth de Vermandois, pour 10 chanoines, 5 prêtres, 3 diacres et 2 sous-diacres. Dédicace de l'édifice en cours de construction en 1182 [1].

1. LONGNON, Pouillés... Reims, Compte de 1362, 454 EJ; Compte de décimes 1516, 460 B, 461 AP. A. CARLIER, Histoire du duché de Valois, t. I, Paris, 1764, p. 515-518; RENET, « Saint Thomas Becket », p. 109.

IV (*h*): DIOCÈSE DE THÉROUANNE

Archidiaconé	Doyenné	Commune	Canton	Statut	Présentateur	Observations
d'Artois	Hesdin	Guisy (Pas-de-Calais)	Hesdin	E P		1.
		Coupelle-la-Vieille (Pas-de-Calais)	Fruges	autel		2.
»	Bomy	Vincly (Pas-de-Calais)	»	autel		3.
»	Saint-Omer et Arques	Saint-Omer et Arques (Pas-de-Calais)	Saint-Omer	Ch C		Siège épiscopal érigé en 1559, après la destruction de Thérouanne. Dans l'ancienne cathédrale N.-D. la chapelle Saint-Thomas occupe la 6e travée nord dans la nef[4].

de Flandre	Bailleul	Nieppe	Bailleul	Ch ca	
de Flandre					Au château de La Motte-au-Bois de Nieppe. Aujourd'hui sous le vocable de Saint-Maxime [5].
»		Mor-becque (Nord)	Haze-broucq	E P	
»	Bour-bourg	Gravelines (Nord)	Grave-lines	E P	Église des Huttes.

1. *Épigraphie du Pas-de-Calais*, canton de Hesdin, t. IV 1908, p. 96-97. Statue en bois de saint Thomas, classée parmi les monuments historiques. On conservait dans cette église un calice et une croix pectorale du martyr. Voir aussi HAI-GNERÉ..., *Boulonnais*, t. I, p. 199.

2. *Épigraphie*..., t. IV, canton de Fruges, p. 13-15.

3. Statue du XVIIe siècle. *Épigraphie*..., IV, canton de Fruges, p. 13-15.

4. *Épigraphie*... (1892), t. V, Ville de Saint-Omer, p. 5. Au XVe siècle, fondation en la chapelle Saint-Thomas d'une chapelle Saint-Blaise (d'après le *Registrum capellanarium* de 1490, *Ibid*, note au bas de la p. 9).

5. Le 2 juillet 1737 eut lieu le transfert de reliques de saint Thomas, données par le chapitre Saint-Pierre de Lille, en la chapelle du château de La Motte-au-Bois de Nieppe. (Procès-verbal, *Fonds du chapitre de Saint-Pierre, Archives du Nord*, 16 G 553.)

N. B. En outre, il existait autrefois des reliques du martyr dans l'église de Tubersent (Pas-de-Calais, cant. Étaples), dans celle d'Outreau (Pas-de-Calais, cant. Samers) et dans celle de Tortefontaine (Pas-de-Calais, cant. Hesdin) : cf. Haigneré..., *Boulonnais*, t. I, p. 199-200.

TABLEAU V

1re AQUITAINE (PROVINCE DE BOURGES)

V (a): DIOCÈSE D'ALBI

Archidiaconé	Archi-prêtré	Commune	Canton	Statut	Présentateur	Observations
	Puycelci	Cahuzac-sur-Vère	Castel-nau-de-Mont-mirail	E P		Double patronage : Saint-Vincent et Saint-Thomas [1].
	»	Montirat	Mones-tiès-sur-Cérou	E P		Église de Lagarde-Viaur. Double patronage : N.-D. et Saint-Thomas [2].

1. Registres paroissiaux remontant à 1633. D'après ces registres, en 1691, Saint-Vincent (près du cimetière) aurait été paroisse et Saint-Thomas, annexe. Fête patronale le 29 décembre.

2. Registres paroissiaux remontant à 1649. Fête patronale également le 29 décembre. Voir aussi E. CABIÉ, « Les gorges du Viaur », dans la *Revue du Tarn*, t. VIII (1890-1891), p. 139. Noter une statue de saint Thomas au retable (1,20 m environ, XVIIIe s.).

V (b): DIOCÈSE DE CAHORS

Archidiaconé	Archi-prêtré	Commune	Canton	Statut	Présentateur	Observations
Figeac	Figeac	Figeac	Figeac	E P		Attestée dans le testament de Bernard Affre, bourgeois de Figeac en 1278-1280. *Capellanus s. Thome de Figiaco. Ecclesia S. Thome de Figiaco. S. Thomae Figiaci*[1].

1. Nous devons à M. L. d'Alauzier la mention de l'église Saint-Thomas de Figeac avant la fin du XIIIe siècle d'après le *Registre du notaire Pons André*. Elle est signalée plus tardivement dans PROU et PERRIN, *Pouillés*, Compte dé 1326, 417 A; Pouillé début XIVe siècle, 453 A; et aussi dans LONGNON, *Pouillé... Cahors*, Compte de la décime 1526, p. 54.

V (c): DIOCÈSE DE LIMOGES

Archidiaconé	Archi-prêtré	Commune	Canton	Statut	Présentateur	Observations
	Aubusson	Blessac (Creuse)	Aubusson	E P	Le prieur de St. Valéry-du-Chambon	Église N.-D. de la Borne, aujourd'hui chapelle [1].
	Com-brailles	Sous-Parsat (Creuse)	St-Sul-pice des Champs	E P	les Templiers de Chambereau	Ancien prieuré St-Sulpice-le-Donzeil [2].
	»	Puy-Malsignat (Creuse)	Chéné-railles	E P	l'évêque ?	[3].
	St-Paul-d'Eyjeaux	Champné-téry (Hte-Vienne)	St-Léonard de-Noblat	E P	Le chapitre de St-Léonard	Ancien prieuré-cure. Église Ste-Marie (1090). Substitution St-Thomas [4].
	»	Royère (Hte-Vienne)	»	E P	l'abbé de St-Martial	Ancien prieuré-cure [5]. Autel majeur consacré en 1277, renfermant des reliques de saint Thomas.

St-Junien-les-Combes	St-Junien-les-Combes (Hte-Vienne)	Bellac	E P	l'hôpital St-Gérald de Limoges	Ancien prieuré-cure de Lagudet [6].
»	Roche-chouart (Hte-Vienne)	Roche-chouart	E P	l'abbé de Grandmont	De Albis petris, Aubepierres, Pierre Blanche. Ancien prieuré de Grandmont. Autel majeur consacré en 1277 [7].
Saint-Exupéry	Neuvic d'Ussel (Corrèze)	Neuvic d'Ussel	E P	le prieur de St-Angel	Jadis église paroissiale, aujourd'hui chapelle rurale [8].
Brive	Meyssac (Corrèze)	Meyssac	Ch P	l'abbé de St-Martin de Tulle	D'abord sous le vocable de St-Thomas Apôtre, puis de St-Thomas de Cantorbéry. Après la peste de 1631, le patronage de l'église passa à St-Roch, réputé pour protéger de ce fléau [9].

1. NADAUD, *Pouillé... Limoges*, p. 457.

2. *Ibid.*, p. 295.

3. *Ibid.*, p. 262. Sur le territoire de cette commune, à Font-Rosier, il existe une fontaine Saint-Thomas de Cantorbéry.

4. *Ibid.*, p. 743.

5. *Ibid.*, p. 747.

6. Cf. *supra*. J. BECQUET, *Les sanctuaires dédiés à saint Thomas de Cantorbéry en Limousin*, p. 160, n. 7.

7. NADAUD, *Pouillé... Limoges*, p. 217.

8. *Ibid.*, p. 614.

9. *Ibid.*, p. 274. Le souvenir de l'ancien patronage s'est perpétué dans la « Fontaine Saint-Thomas » et dans le ténement dit « de Saint-Thomas », au cimetière (POULBRIÈRE, *Dictionnaire*... Tulle, t. II, p. 262).

N. B. Il faut mentionner aussi le buste-reliquaire de Chanac-les-Mines (Corrèze, cant. de Tulle).

V (d): DIOCÈSE DE RODEZ

Archidiaconé	Doyenné ou Archi-prêté	Commune	Canton	Statut	Présentateur	Observations
Grand Archidiaconé		Castelnau-de-Mandailles	Espalion	E P		
Conques		Mur-de-Barrez	Mur-de-Barrez	E P		*Sub nomine S. Thome. Prioratus est de mensa Monsalvii* [1]
Millau		Brusque	Camarès	Ch		Chapelle sylvestre dans le bois dit « de saint Thomas ».

1. PROU et PERRIN, *Pouillés... Bourges*, Pouillé de Jean Pomarède 1510, 319 A. Il s'agit d'un ancien prieuré de **Monsalvy** (Cantal). L'église actuelle, remaniée à l'époque gothique, puis après les guerres de religion, repose sur une infrastructure romane (fin XIIe s.). Nous tenons les renseignements relatifs aux trois sanctuaires du diocèse de Rodez de M. le chanoine Maurice Carbonnel.

TABLEAU VI

2ᵉ AQUITAINE (PROVINCE DE BORDEAUX)

VI (a): DIOCÈSE DE PÉRIGUEUX

Archidiaconé	Doyenné	Commune	Canton	Statut	Présentateur	Observations
	Périgueux	Chancelade	Péri-gueux	autel		Ancienne abbaye de chanoines réguliers. L'autel fut consacré en 1178 *in nomine Dei et honorem S. Crucis et S. Marci et S. Martini et S. Catharinae virginis et S. Thomae Cantuariensis.* Anciennes peintures dont dont il ne reste rien [1].

1. Nous tenons ces renseignements de M. Jean Secret qui nous les avait communiqués dès 1957.

N. B. Il existe, d'autre part, à Limeuil (cant. de Saint-Alvère), une inscription en l'honneur de saint Thomas publiée dans le *Bulletin de la Société historique et archéologique du Périgord*, t. II (1875), p. 301.

VI (b): DIOCÈSE DE POITIERS

Archidiaconé	Doyenné	Commune	Canton	Statut	Présentateur	Observations
Grand Archidiaconé	Poitiers (Doyenné)	Poitiers	Poitiers	Ch C (nos 24, 25, 26)		St-Thomas-le-Martyr, *alias* d'Anxaumont : 3 *chapellenies* desservies respectivement l'une à la chapelle de la Vierge, les 2 autres à la chapelle des apôtres [1].
Thouars	Chauvigny (Archiprêté)	Chauvigny	Chauvigny	Ch	Le chapitre de l'église paroissiale St-Pierre	Chapelle St-Thomas-le-Martyr [2].
»	Bressuire (doyenné)	Airvault	Airvault	Ch ca	l'abbé d'Airvault (*Aurea Vallis*)	Chapelle St-Thomas de Cantorbéry au château de Vernay, fondée par Brooke de Vernay en expiation de sa participation au meurtre de saint Thomas [3]. Cette fondation remonte, en conséquence, aux années qui suivirent la canonisation.

1. BEAUCHET-FILLEAU, *Pouillé... Poitiers*, p. 150.
2. *Ibid.*, p. 247.
3. *Ibid.*, p. 189. — Ce Brooke de Vernay doit être identifié avec Ranulf de *Broc*, officier royal qui fut l'un des pires adversaires de saint Thomas (il séquestra les biens de l'église de Canterbury dès la Noël 1164, fut au nombre des excommuniés par la sentence de Vézelay, 12 juin 1166 ; il passa, en conciliabule avec les meurtriers, la nuit qui précéda le meurtre et leur prêta main forte par le truchement d'une escorte armée). Cf. FOREVILLE. *Église et Royauté*, p. 168, 173, 186, 311, 317, 320.

TABLEAU VII

Séquanaise (Province de Besançon)

VII (a): DIOCÈSE DE BÂLE

Archidiaconé	Doyenné	Commune	Canton	Statut	Présentateur	Observations
	Ultra Osten-pühel	Orbey (Haut-Rhin)	Lapou-troie	Ch		En l'abbaye de Pairis, o. cist., filiale de Lützel, chapelle consacrée en 1325.
	»	Buhl (Haut-Rhin)	Gueb-willer	Ch		Chapelle située près du vivier de Murbach, consacrée en 1225.
	Sundgau	Lützell ou Lucelle (Haut-Rhin)	Ferrette	autel		En l'église abbatiale de Lützel, o. cist. [1] Abbaye exempte sise dans le doyenné du Sundgau.

1. Le maître autel, consacré en 1674 (M. Barth, *Handbuch der elsässischen Kirchen im Mittelalter*, col. 765).

TABLEAU VIII

Alpes pennines (Province de Tarentaise)

VIII (*a*):DIOCÈSE DE MAURIENNE

Archidiaconé	Doyenné	Commune	Canton	Statut	Présentateur	Observations
		Avrieux	Modane	E P		Panneaux peints du xviie siècle représentant la vie de saint Thomas, classés parmi les monuments historiques. Art populaire.

N. B. Thomas Ier, comte de Savoie de 1189 à 1233, né vers 1178/1179, est le premier de la lignée à porter ce prénom, porté après lui par son fils, Thomas II, et son petit-fils, Thomas III, comtes de Savoie et de Piémont. Il lui fut certainement donné en l'honneur du martyr de Cantorbéry.
Des reliques de saint Thomas sont signalées au xive siècle à Conflans, commune d'Albertville (Savoie); en 1477, à Cons-Sainte-Colombe (cant. de Faverges, Haute-Savoie); en 1841, à la Commanderie des Échelles (ch.-l. de cant. ,Savoie).

ADDENDA

N.B. - En 1980 le bilan des recherches fait apparaître 147 dédicaces, soit 14 titres supplémentaires se décomposant ainsi:
Ch:2 - ChA:1 - ChC:1 - ChE:3 - Chca:4 - EP:1 - HD:1 - Pr:1
(Sigles: Ad=archidiaconé;D=doyenné;Ap=archiprêtré)

ADDITIFS AUX TABLEAUX PRÉCEDÉNTS

TABLEAU I, PREMIÈRE LYONNAISE, PROVINCE DE LYON
Diocèse de Langres: Ad et D=Langres, LANGRES ChE, chapelle St-Thomas en l'église St-Thomas et St-Jude, vocable:Translation des reliques du martyr (Abbé ROUSSEL, Le diocèse de Langres.Hist. et statistique, 3 vol. Langres, 1873-1878, T.I, p.261).
Ad et D=Dijon, DIJON ChE, chapelle St-Thomas en l'église N.-D., fondée en 1458 par Jean Labarel (Ibid.p.279).
Ad=Dijon, D=Moutiers-St-Jean, MONTBARD Pr, chapelle St-Thomas fondée par Hugues duc de Bourgogne au faubourg de Montbard (Ibid. T.III, p.180-181).
Ad=Tonnerre, D=St-Vinnemer, MELIZEY Ch, chapelle St-Thomas de C. au hameau de Chamelard (Ibid. T.II, p.281).

TABLEAU II, TROISIÈME LYONNAISE, PROVINCE DE TOURS
Diocèse de St-Malo: Ad=Dinan, D=Poulet, ST-MALO HD, Hôtel-Dieu fondé en 1252 par Geoffroi, évêque de St-Malo (OGÉE, Nouveau Dictionnaire de Bretagne, T.II, col.787).

TABLEAU III, QUATRIÈME LYONNAISE, PROVINCE DE SENS
Diocèse de Paris: Ad et D=Parisis, PARIS, Notre-Dame, ChC, chapelle St-Etienne et St-Thomas de C. en la cathédrale, (Arch. Nat., Parlement de Paris X $1a$ 35, H 395v, 291v, 13v, 243v).
PARIS, Ste-Geneviève ChA, chapelle St-Thomas fondée par Etienne, abbé de Ste-Geneviève, plus tard évêque de Tournai, sous le clocher de la basilique (Abbé FÉRET, L'Abbaye Ste-G. et la Congrégation de France, Paris, 1883, T.I, p.128).
Ad=Josas, D=Chateaufort, BRUYÈRES-LE-CHATEL Chca, chapelle St-Thomas au Plessis (Le Plessis-Thibaud), LONGNON, Pouillés ... Sens, Pouillé copié c.1525, 429 F).

202

Diocèse de Chartres:Grand Ad et Ap=Chartres,CHARTRES ChE,
chapelle en l'église St-Saturnin alors hors-les-murs
(M.JUSSELIN,"L'ancienne chapelle St-Thomas de C. à
Chartres", La voix de Notre-Dame, 5 janvier 1929,p.10-13).
Diocèse de Troyes: D=Ste-Marguerite,MONTMORENCY-BEAUFORT
Chca,chapitre fondé en 1089,placé plus tard sous le vocable de
St-Thomas de C. (ROSEROT DE MELIN, Le diocèse de Troyes
des origines à nos jours (IIIe s.-1955),Troyes 1957,p.85).

TABLEAU IV,DEUXIÈME BELGIQUE,PROVINCE DE REIMS
Diocèse d'Amiens:Ad=Ponthieu,D=Gamaches,GAMACHES,Chca,
Collégiale érigée c.1207-1209: "Jehan du Ponchel chapelain de
la chapelle St-Thomas en la chapelle N.-D. au chastel de Ga-
maches" (Arch. Nat.,Parlement de Paris X1c,no 126).
Diocèse de Laon: Grand Ad,D=Laon,LAON Chca,chapelle N.-D.
et St-Thomas au Palais royal édifié par Louis VII (1179), sur
l'emplacement actuel de l'Hôtel de Ville (Arch.Nat.K25,n.13).

TABLEAU V, PREMIÈRE AQUITAINE,PROVINCE DE BOURGES
Diocèse de Limoges:Ap=Anzème,ANZÈME Ch (Innocent III,
Potth.4599, Segni 23 juin-18 septembre 1212).

TABLEAU VI,DEUXIÈME AQUITAINE,PROVINCE DE BORDEAUX
Diocèse de Périgueux:LIMEUIL EP,St-Martin et St-Thomas martyr,
Inscription dédicatoire de 1194 (Voir Etude IX,p.366-368).

CHARLES D'ORLÉANS

ET LE « VIN DE SAINT THOMAS »

> « Paix est trésor qu'on ne peut trop loier.
> Je hé guerre, point ne la doy prisier ;
> Destourbé m'a long temps, soit tort ou droit,
> De voir France que mon cœur amer doit ! »

Ainsi gémissait Charles d'Orléans « en regardant vers le païs de France » lorsque, au mois de juin 1433, il lui fut donné, « à Douvre sur la mer », d'apercevoir le rivage de la patrie qu'il avait quittée à vingt et un ans, trois semaines après la bataille d'Azincourt (25 octobre 1415), où on le releva parmi les morts.

> « Alors chargay en la nef d'Espérance
> Tous mes souhaitz, en leur priant d'aler
> Oultre la mer, sans faire demourance,
> Et à France de me recommander.
> Or nous doint Dieu bonne paix sans tarder ! » (1)

La paix et le retour dans ses foyers qu'il appelait de ses vœux et auxquels il travaillait, le poète captif ne devait pas en goûter la douceur de sitôt. Il avait été traîné de la Tour de Londres au château de Windsor, relégué à Pontefract — où jadis Thomas de Lancastre et Richard II avaient péri tragiquement — puis à Fotheringay et à Bolingbroke. Ramené à Londres à diverses reprises, il fut conduit, selon l'humeur et les déplacements de ceux auxquels sa garde était commise, ou selon les exigences de la politique, de demeure princière en demeure princière (2). De longue date, il s'était employé, comme tant d'autres — le pape, les Pères du concile de Bâle, le roi de Portugal, le duc de Bretagne — à procurer une paix générale en réconciliant le gouvernement anglais, Charles VII, et Philippe de Bourgogne. Mais les victoires

---

(1) CHARLES D'ORLÉANS, *Ballades*, LXXV. *Poésies*, édit. Pierre CHAMPION, Paris, 1923, t. I, p. 122-123, « Les classiques français du Moyen-Age ».

(2) Cf. l'Itinéraire, donné en Appendice à la *Vie de Charles d'Orléans* par Pierre CHAMPION, Paris, 1911.

françaises et le rapprochement franco-bourguignon à Arras en 1435, avaient exaspéré le nationalisme britannique : les conseillers du jeune Henri VI s'obstinaient à revendiquer pour leur maître le titre de roi de France et la souveraineté des régions au nord de la Loire. La promesse de Charles de jurer la paix d'Arras, et l'entremise bourguignonne qui lui procura les fonds ou les obligations nécessaires au règlement de sa rançon, la perspicacité et l'habileté diplomatique de la duchesse de Bourgogne, Isabelle de Portugal, qui dirigea les conférences de paix à Calais et à Gravelines avec le duc de Somerset et l'archevêque d'York, permirent la reprise des relations commerciales entre l'Angleterre et la Flandre, d'importance vitale pour la prospérité de celle-ci, et l'élargissement du prisonnier. Après vingt-cinq années de prison anglaise, tantôt stricte avec mise au secret, tantôt dorée, encore qu'il vécût d'emprunts et de prêts sur gages, libre enfin, il vogua vers la France et débarqua à Calais, accompagné des ambassadeurs anglais, le 5 novembre 1440 (3). Quelques semaines plus tard, le 26 novembre, deux fois veuf déjà — d'Isabelle de France, reine d'Angleterre, et de Bonne d'Armagnac — le duc d'Orléans épousait, en l'Abbatiale Saint-Bertin à Saint-Omer, Marie de Clèves, nièce de Philippe le Bon, dont la dot, constituée par le duc de Bourgogne, avait été engagée pour garantir l'acompte de sa rançon. Les chroniqueurs énumèrent avec complaisance la brillante compagnie de dames et damoiselles, seigneurs et chevaliers, tant anglais et français que bourguignons, qui assistaient à la cérémonie. « Et quand est aux rois d'armes, heraulx et poursievans, trompettes, menestrelx..., ajoute Monstrelet, il y en avoit largement. Et estoient lesdiz officiers d'armes vestus de leurs cottes d'armes, où estoient les blasons des seigneurs à cuy ils estoient. Entre lesquels y estoit le roy d'armes de la Jartière d'Angleterre... Et y eut grand foison de lances rompues (4). » Les réjouissances se prolongèrent jusqu'à la fin du mois par les fêtes de la Toison d'Or, — l'ordre institué par Philippe le Bon — et, le 1er décembre, au cours du chapitre de l'ordre, Charles d'Orléans fut élu parmi les confrères et revêtu par le duc de Bourgogne du grand collier, tandis qu'il conférait à celui-ci le camail orné de sa propre « devise », le porc-épic (5).

---

(3) ENGUERRAN DE MONSTRELET, *Chronique*, édit. DOUËT D'AACQ, t. V, p. 433 et suiv., « Société de l'Histoire de France ».

(4) *Ibid.*, p. 440-441. Sur les ordres laïcs de chevalerie institués en Angleterre et en France au XIVᵉ siècle, cf. Y. RENOUARD, *L'Ordre de la Jarretière et l'Ordre de l'Etoile*, dans *Le Moyen âge*, 1949, p. 281-300.

(5) MONSTRELET, t. V, p. 443-444. Sur l'ordre de la Toison d'Or, les rois d'armes, hérauts et poursuivants, cf. OLIVIER DE LA MARCHE, *Mémoires*, t. IV, p. 67 et

Telle est l'atmosphère chevaleresque dans laquelle le poète courtois reprend contact avec le royaume de France, à une époque où l'idéal entretenu dans les cours demeure en profond contraste avec la guerre et son cortège de misères morales et matérielles. Charles s'était engagé à obtenir à bref délai la paix entre les royaumes ennemis dont les couronnes s'étaient à maintes reprises alliées par la politique des mariages princiers. Il prit son rôle à cœur parce qu'il avait souffert, plus que quiconque sans doute, des divisions et des haines, parce que la guerre — civile ou étrangère — lui avait ravi ses affections, ses espérances et sa jeunesse, parce qu'elle n'avait épargné ni ses domaines ni les siens; qu'il laissait Outre-Manche son jeune frère, Jean comte d'Angoulême, captif depuis 1412 ; parce qu'il n'avait ni le tempérament d'un guerrier ni l'âme d'un héros, qu'il était un méditatif et un dilettante, philosophe à ses heures, et qu'enfin il ne lui déplaisait pas, ayant su gagner l'amitié de William Pole comte de Suffolk (6) et la confiance du roi Henri VI, de jouer les arbitres de la paix auprès de Charles VII et des princes français. Pour faire pression sur le roi de France, Charles d'Orléans comptait sur les ducs de Bourgogne et de Bretagne : Jean V, également promu confrère de la Toison d'Or au chapitre de Saint-Bertin, entretenait des relations amicales avec le duc d'York, lieutenant général de Henri VI en France, malgré la reprise des hostilités. Au début de l'année 1442, une coalition féodale prenait corps autour du duc d'Orléans, renouvelant la récente Praguerie, pour imposer à Charles VII la paix anglaise. Mais le roi vainquit son cousin par les bienfaits et les honneurs.

L'idée de paix n'en était pas moins en marche. Charles d'Orléans redouble d'efforts. Il est presque constamment en déplacements, conférant tantôt avec les Bretons ou les Bourguignons, tantôt avec les rois de France et de Sicile. Celui-ci, le « bon roi René », longtemps prisonnier de Philippe le Bon, libéré en 1436, avait su, lui aussi, charmer ses heures de détention par la peinture, par la poésie courtoise — son *Livre du Cuer d'Amour espris* est dans la tradition allégorique du *Roman de la Rose* — ou l'idéal chevaleresque qu'il voulut fixer dans son *Traité des*

suiv. « Société de l'Histoire de France ». Le même chroniqueur, qui fut maître de l'Hôtel des ducs de Bourgogne, a consigné les statuts et coutumes de l'Ordre, dans son *Espitre pour tenir et célébrer la noble feste du Thoison d'Or, Ibid.,* p. 158 et suiv. Il y distingue ordre et devise.

(6) C'est lui qui, en mai 1429, avait dû lever le siège d'Orléans devant l'intervention victorieuse de Jeanne d'Arc. Prisonnier des Français, ainsi que son frère John, il avait été l'obligé de Dunois, bâtard d'Orléans. Il ne l'oublia point lorsque le sort fit de lui le gardien de Charles en son château de Wingfield.

tournois. Or, le 25 mai 1443, Charles VII reçut à Poitiers les ouvertures que lui firent conjointement le nonce du pape et le duc d'Orléans. Le 29 octobre, le roi de France écrivait à Henri VI une lettre qui laissait entrevoir la possibilité d'une trêve et le mariage éventuel du roi d'Angleterre avec Marguerite d'Anjou, fille du roi de Sicile (7). Au mois de février 1444, tandis que Henri VI conférait les pleins pouvoirs à Thomas Hoo et William Pole, comte de Suffolk, en vue de négocier les préliminaires de paix et le mariage français, Charles d'Orléans en réglait les derniers détails au cours d'une entrevue avec le roi René. Et lorsque, le 17 avril, les ambassadeurs anglais présentent, à Montils-lez-Tours, leurs lettres de créance au roi de France, c'est le duc d'Orléans qui les introduit auprès des princes français. Bientôt arrivent à la cour le duc de Bourgogne, la reine de Sicile et sa fille Marguerite. Au milieu des fêtes, joutes et tournois, on continue de négocier : le comté du Maine est restitué aux Angevins ; la jeune princesse est fiancée au roi d'Angleterre représenté par le comte de Suffolk ; Charles d'Orléans préside aux conférences générales de paix, que seules les revendications anglaises sur la Normandie et la Guyenne « en toute souveraineté » font échouer. Cependant — avec l'assentiment du roi de France — il promulgue, le 28 mai 1444, une suspension d'armes valable jusqu'à Pâques 1446 (qui devait être renouvelée ensuite jusqu'en 1449), et obtient la libération de son frère Jean d'Angoulême, ainsi que la reprise des échanges commerciaux entre les deux royaumes.

C'est dans cette double perspective — trêve et rétablissement des relations commerciales d'une part, esprit courtois et divertissements chevaleresques d'autre part — que se place la requête du prieur de Christchurch et la médiation du duc d'Orléans auprès de Charles VII en vue d'obtenir la restitution au profit de l'église de Canterbury du « vin de saint Thomas », objet d'un échange de correspondance (8) entre « haut et puissant prince », Monseigneur le duc d'Orléans et son « très cher et grand ami » John Salisbury, prieur du chapitre régulier de l'église primatiale de 1438 à 1446. Nous ne referons pas ici l'histoire du « vin de saint Thomas » (9) qui s'inscrit dans la série, plusieurs fois séculaire, des documents conservés aux Archives capitulaires de Canter-

---

(7) *Literae Cantuarienses*, édit. J. Brigstocke SHEPPARD, t. III, p. 176-182.
(8) Ci-dessous, p. 29. Nous adressons nos remerciements à M. W. G. URRY, conservateur des archives du Dean and Chapter de Canterbury, dont l'obligeance nous a permis d'obtenir la reproduction photographique de ces documents.
(9) Elle a été esquissée par l'éditeur des *Literæ Cantuarienses* en Introduction, t. I, p. LXXVI-LXXXIII ; et t. III, p. XIX-XXIV.

bury. Rappelons seulement qu'il s'agit d'une concession du roi de France Louis VII, lorsque, au mois d'août 1179, il se rendit en pèlerinage sur la tombe de l'archevêque martyr, qu'il avait naguère accueilli sur ses terres afin d'attirer la protection divine sur son fils Philippe Auguste. Le roi avait octroyé alors au prieur et au couvent cent muids de vin, mesure de Paris, à prendre chaque année dans le vignoble royal de Triel ou, à défaut, dans celui de Poissy. Renouvelée par Philippe Auguste (1189), saint Louis (1235, 1264), Philippe le Bel (1286), Charles IV (1322) (10), la donation subit le contre-coup des hostilités entre les deux royaumes, de sorte qu'à la fin du XIIIᵉ et surtout au XIVᵉ siècle, les prieurs, s'ils n'en tirèrent qu'un bénéfice médiocre, durent cependant veiller à ne pas laisser prescrire leurs droits. D'où leurs efforts, à chaque suspension d'armes comme à chaque avènement, pour obtenir livraison de l'arriéré et surtout renouvellement du privilège. Certes, les faits de guerre, la tactique de la terre brûlée pratiquée par Du Guesclin, l'interruption dans les soins requis par la viticulture, durent provoquer une détérioration très sensible des vignobles au nord de la Loire. C'est l'une des raisons, jointe à l'insécurité des communications terrestres — l'autre étant l'importation aisée des vins du Bordelais par voie de mer aussi longtemps que les Plantagenêts restèrent maîtres de la Guyenne — de la préférence pour la vente sur place du « vin de saint Thomas » durant le XIVᵉ siècle (11), encore que Charles IV ait concédé la franchise de tous droits de péage sur ses terres pour le vin et les denrées de consommation importées par le couvent pour son usage propre. Cependant, de 1367 — date d'une intervention auprès de Charles V (12), à la veille de la reprise des hostilités entre la France et l'Angleterre — à 1478 — date de la charte de Louis XI confirmant et améliorant le don de ses prédécesseurs — l'absence de documents pourrait laisser croire à l'incurie des hommes et à l'abandon des droits en raison des circonstances hostiles. Il n'en est rien cependant. Certes, au début du XVᵉ siècle, les fluctuations de la situation politique en France durent créer

(10) Canterbury, Archives du Dean and Chapter, *Cartæ Antiquæ*, F. 90, 92, 94, 99, 101, 149 ; *Reg. A*, fᵒ 339 et suiv. ; *Reg. E*, fᵒ 1 et suiv.

(11) L'éditeur des *Literæ Cantuarienses* (t. I, p. LXXXI) allègue la mauvaise qualité du crû — une piquette. Il y a lieu, sur ce point, de renvoyer aux savants travaux de M. R. DION concernant le vignoble normand de Vernon et le vignoble de Paris, dont les « environs offrent à la vigne — sous un climat qui est l'un des moins défavorables qu'elle puisse rencontrer au nord-ouest du monde viticole — les pentes bien abritées et les commodités de la navigation fluviale ». (*Grands traits d'une géographie viticole de la France*, Deuxième partie, p. 25. Extrait des « Publications de la Société de Géographie de Lille », 1948-1949).

(12) *Literæ Cantuarienses*, t. I, p. LXXVIII-LXXIX.

une grande instabilité dans la livraison des cent muids de vin de Triel — ou de Poissy — au procureur du couvent de Canterbury. Peut-être, au temps où Henri V fit reconnaître ses prétentions à la couronne de France, grâce à la victoire de ses armes et au traité de Troyes (1420), doit-on interpréter dans le sens d'un succès en cette matière, entre autres, une lettre de remerciements (13) adressée par le prieur John Wodnysbergh à l'archevêque de Canterbury, Henry Chichele, qui séjournait alors sur le continent pour les affaires du roi (1418-1420), car Poissy était tombé aux mains des Bourguignons en septembre 1417, et l'administration lancastrienne finit par s'étendre jusqu'à la prévôté de Saint-Germain et Poissy.

En revanche, lorsque Charles VII eut recouvré Paris et Saint-Germain-en-Laye (1436), puis reconquis Pontoise (juin-septembre 1441), le couvent de Canterbury dut s'efforcer de faire entériner ses droits par le vainqueur. Au reste, il ne pouvait trouver meilleur avocat que Charles d'Orléans qui se posait en médiateur entre les partis, et qui, au temps de sa récente captivité, avait dû nouer des liens d'amitié avec le prieur. Il est certain que le duc d'Orléans fit à plusieurs reprises de courtes visites à Canterbury : dans la suite de Henri V, entre les 17 et 20 novembre 1415 ; plus tard, les 17 et 18 mars 1427. En 1433, 1435, 1439 et 1440, il dut y séjourner plus longuement lorsque les négociations avec la France le ramenaient vers Douvres et Calais (14). Sans doute, est-ce alors que le prieur reçut le titre de chapelain ducal. De son côté, Charles, que ses malheurs et sa longue captivité avaient incliné à la dévotion, sut honorer les saints anglais, comme en témoignent les livres de prières qu'il rapporta en France (15) : on y trouve des oraisons à saint Edouard, à saint Thomas de Lancastre et à saint Thomas martyr, ainsi que la prière des pèlerins de Canterbury. Poète, il n'ignorait pas les *Canterbury Tales* de Geoffroy Chaucer, dont son frère Jean possédait un manuscrit annoté de sa main (16).

C'est de son château de Brie-Comte-Robert, deux mois après la publication des trêves, le 31 juillet 1444 — non 1445 ainsi qu'il est indiqué en marge du Registre de Christchurch où fut transcrit l'échange de correspondance entre le prieur et le duc — que Charles assura le couvent de ses bons offices auprès du roi (17),

(13) *Ibid.*, t. III, p. 138-140, à la suite d'une lettre de procuration à Jean Langdon *ad petenda vina nostra in regno Franciae.*
(14) P. CHAMPION, *ouvr. cité*, Itinéraire.
(15) *Bibl. Nationale* mss. lat. 1201 et 1196. P. CHAMPION, *La librairie de Charles d'Orléans* (Paris, 1910), p. XXX-XXXI.
(16) *Bibl. Nationale*, ms. anglais 39. *Ibid.*, p. 119.
(17) Ci-dessous, p. 29-30.

par l'intermédiaire de l'Anglais James Masse (ou Mace). Le 13 septembre suivant, de Coucy, il devait expédier ce dernier à Rouen auprès des envoyés de Henri VI, Robert et Thomas Hoo (18). Il faut donc admettre que Masse fit le voyage d'outre-mer et atteignit Canterbury au mois d'août 1444. A son retour de Rouen, il fut entretenu en l'Hôtel des Tournelles, à Paris, aux frais du duc d'Orléans qui lui fit régler ses dépenses, celles de son valet et de ses chevaux (19). Lorsque le prieur de Christchurch répondit au duc d'Orléans, le 11 janvier 1445 (20), il y avait quatre mois que James Masse était retourné en France. Mais le roi d'armes de l'ordre de la Jarretière, qui fut alors chargé de remettre au duc d'importants documents — les copies vidimées ou scellées du sceau royal des privilèges des rois de France concernant le « vin de saint Thomas » — était également *persona grata* auprès du prince. Il l'avait accompagné dans son retour de captivité et avait assisté à son mariage avec Marie de Clèves en novembre 1440, représentant alors les intérêts de Henri VI dans les négociations de paix et dans les engagements financiers concernant la rançon du captif libéré.

De Blois d'où, le 2 mars 1445, il adresse sa seconde missive au prieur et charge Jarretière (21) de la remettre au destinataire, Charles d'Orléans se dirige sur Paris où il séjourne du 7 au 17 mars. Avec le roi de France, il assiste, en avril, à Nancy, au mariage par procuration de Marguerite d'Anjou avec le jeune roi d'Angleterre, une fois encore représenté par Suffolk. Il est de retour à Paris le 22 avril et, après un voyage à Soissons, on l'y trouve encore le 22 mai (22). C'est durant ce séjour à Paris et à Nancy qu'il dut entretenir Charles VII du « vin de saint Thomas » et lui présenter les documents, authentifiés par le sceau de Henri VI, en faveur du renouvellement du privilège octroyé par ses prédécesseurs à l'église de Canterbury.

Nous ne connaissons pas le résultat de la négociation du duc d'Orléans en faveur de ses amis d'Outre-Manche. A supposer que la concession ait été confirmée par Charles VII — ce qui paraît douteux — les hostilités qui reprirent entre les deux royaumes à la fin de l'année 1449 eussent suffi à en interrompre à nouveau la jouissance paisible. La reconquête du Bordelais par la couronne

---

(18) P. CHAMPION, *Vie de Charles d'Orléans*, p. 348.

(19) « Et commanda mondit seigneur le duc que ledit Mace fût tenu bien aise ». *Ibid.*, p. 349.

(20) Ci-dessous, p. 30-31.

(21) Ci-dessous, p. 32. On désignait alors couramment les rois d'armes par le nom de l'ordre : Toison d'Or, Porc-Espy, Garter (Jarretière).

(22) P. CHAMPION, *ibid.*, Itinéraire.

de France rendait cependant désirable de valoriser le privilège royal. Il était donné au prieur Guillaume Sellyng de renouer les négociations après la paix de Picquigny (1475), et d'obtenir de Louis XI la substitution du vin de Touraine — en quantité égale — à celui de Triel, la livraison de l'arriéré pour l'année 1477 (transporté aux frais du roi de France jusqu'à Rouen et, de là, dirigé par mer vers le port de Sandwich dans le Kent), enfin, une charte en bonne et due forme datée du mois d'avril 1478 (23). Le couvent sut se montrer doublement reconnaissant : Louis XI fut admis à la fraternité du chapitre, avec pleine participation aux prières, jeûnes, messes et aumônes (24), et il dut recevoir, ainsi qu'il en avait exprimé le désir, « any tokyn of seynt Thomas... made as he myghth wer hit on hys hatt in worsshyppyng of Seynt Thomas (25) ».

CORRESPONDANCE ÉCHANGÉE ENTRE CHARLES D'ORLÉANS ET LE PRIEUR JOHN SALISBURY

N° 1

F° 165 v°
Le Duc.

Le Duc d'Orléans et de Valois, Conte de Blois et de Beaumont, Seigneur Dast et de Coucy (26).

Graciosa littera Domini Ducis Aureliensis pro vinis in Regno Francie.

Reverend pere en Dieu trescher et grant ami.

Vous savez que a mon departement de par dela me chargastes parler a monseigneur le Roy touchant le vin que dictes a vous estre ja pieca ottroye et donne par les predecesseurs de monditseigneur. Si veuillez savoir que de ceste matiere jai parle a monditseigneur le Roy. Et sur ce ma

---

(23) Memorandum extrait du *Reg. S*, f° 294 v°. *Literae Cantuarienses*, t. III, p. 292-293.

(24) Minute d'une lettre du Prieur Sellyng à Louis XI (1477), éditée par J. Brigstocke Sheppard dans les *Christchuch Letters*, « Camden Society », New series XIX, p. 33-34.

(25) *Ibid.*, p. 37-38.

(26) *Reg. S.*, f° 165 v°. Editée d'après le *Reg. N.*, avec des variantes, dans les *Literae Cantuarienses*, t. III, p. 189. Beaumont-sur-Oise, Seine-et-Oise, arr. Pontoise, c. L'Isle Adam ; Coucy-le-Château, Aisne, arr. Laon, ch. 1. c. Quant au comté d'Asti, partie intégrante de la dot de Valentine Visconti lorsqu'elle épousa Louis d'Orléans en 1389, il était tombé sous la domination de François Sforza et, malgré les efforts de Charles d'Orléans, il ne lui fut point restitué.

fait response : que en lui monstrant ou exhibant les lettres a vous ottroyeez a cause du dit vin, il est prest del faire toute raison. Pour quoy est besoing denvoier par deça le *vidimus* de vos dites lettres fait par main de notaire pour sur ce informer plusaplain monditseigneur. Et de surplus, je feray pour vous a mon pouoier envers lui tout ce que possible me ser[a] tellement que vous en devrez estre content. Et nest ja besoing que y envoiez persone pour la poursuite, pour moy mesmes le poursuivray a mes despens come James Masse, porteur de cestes, vous dira plus aplain.

Reverend pere en Dieu, nostre Seigneur vous ait en sa saincte garde.

Escript en mon Chastel de Bray Conte Robert (27) le derrenier de Juliet.

CHARLES.

Supscriptio littere.

A Reverend pere en Dieu trescher et grant ami.

Le prieur de Labbaye [*sic*] de Cristchirche de Canterbury.

N° 2

Supscriptio littere responsalis ad suprascriptam litteram. A haut et puissant prince mon tres redoubte Seigneur

Mon Seigneur le Duc Dorleans, etc. (28).

Haut et puissant prince et montres redoubte Seigneur.

Je me recommande a vous tant humblement comme je puis. Et vous plaise savoir comment a tres grant consolation de moy et de mez freres moignes de ceste eglise, voz humbles et devotz chapellains et serviteurs, jay receu voz gracieuses lettres par lesquelles ay entendu quel vous a pleu estre recors pardela de parler au Roy pour les vins

Anno Domini millesimo CCCCᵐˢXLVˡᵒ

31 juillet 1444

Littera responsalis ad litteram suprascriptam.

(27) Seine-et-Marne, arr. Melun, ch. l. c.
(28) *Reg. S.*, f° 165 v°-166.

Anno Domini
millesimo
CCCCXLV^to

que nous ont este ou temps passe ottroies par feu princes de noble memoire les Roys de France ses predecesseurs et que le Roy de sa bonne et devote inclination est dispose que en lui monstrant et exhibant que les dites vins nous ont este ainsi donez et ottroiez par ses predecesseurs comme dit est, de nous faire tout raison. Lequel entendons estre quil lui plaira de sa bonne grace nous remettre en la possession diceulx vins et nous confermer iceulx dons et ottroiz de quelles vostres gracieusze lettre et de la bonne souvenance quil vous a pleu avoir de ceste matier moy et mesdits freres vous remercions tant humblement que nous pouons et principalement rendons graces à Nostre Seigneur de la bonne disposition et devote affection que par vos dictes lettres apprenons estre en la personne du Roy envers nous et nostre eglise et le[s] corps saintz qui sont en icelle. Suppliant tres humblement quil vous plaise perseverer de en ce, et en toutes autres choses estre vostre bonne Seigneur[ie] comme nostre tres grant et singulier confidence y est.

F° 166.

Et pour ce, hault et puissant prince et mon tres redoubte Seigneur, que vosdictes lettres me faites savoir quil est besoing denvoier pardela le *vidimus* de noz lettres pour surce donner au Roy information de nostre droit, javoie entention de le vous envoier par vostre serviteur James Masse. Mais pource que dicellui Masse il est ja grant temps que j'en ay riens ouy, et peust estre quil sen est retourne en France par aultre chemyn et que cependant s'en va pardela Jarratier Roy Darmes porteur de cestes, je vous envoie par lui nonmye seulement le *vidimus* desdites lettres mais le double dicelles lettres soubz seal royal et avec ce le transcript de plusieurs aultrez lettres faisantes pour nostre droit, comme a vostre Seigneurie il pourra plainement apparoire.

Si vous supplie et trestous mes freres dessusdits vous supplient tant humblement quil peuent quil vous plaise avoir nostre fait pour recommande et tant faire que puissions estre restituez et remiz en la possession dez vins qui nous ont este ottroiez comme dit est et que en puissions joier et user comme noz predecesseurs ausqueulx iceulx ottroiez ont este faitez ont joy et use en leur temps. Et prierons tousjours pour le Roy et pour vous comme grandement tenuz y sons [sic]. Et que en oultre, il vous plaise adjouster plaine foy et creance audit Jarretier surce quil vous dira de par moy en ceste matier. Priant le benoit filz de Dieu quil vous ait en sa sainct garde et doint tres bonne vie et longe.

Escript a Canterbury le XI jour de janvier.

11 janvier 1445   Subscripsit.

Vostre tres humble serviteurs et chapelayns le prieur de Cristcherche de Canterbury.

N° 3

Alia littera directa priori defuncto tunc per dictum ducem Aureliensem de eodem negotio (29).

Dux Aureliensis,

Venerabilis et honorande pater. Vestras recepimus litteras continentes quatinus vellem instare erga dominum regem pro continuacione solutionum vini regia devotione debita ecclesie vestre. Vestris votis faventes quantum datum est in hac re laboravimus, sicuti per Jarratier regem armiferum ex parte nostra plenius vobis dabitur instrui. Verum quia Parisius nunc tendimus, quo validius super hoc negotio operari dante Deo valebimus, quicquid egerimus sollicite nuntiare curabimus, vobis favorabiliter proficere et vestra et ecclesie vestre commoda procurare. Bene valete.

2 mars 1445   Scriptum Blesis secunda martii.

Carolus. Venerabili et honorando viro priori Cantuariensi amico meo specialissimo.

BERTHELM (30).

---

(29) *Ibid.*, f° 166. Le prieur, John Salisbury mourut le 19 janvier 1446. Il est clair que les lettres en cause ici ont été transcrites sur le Registre après cette date.

(30) Berthault de Villebresme, alors secrétaire ducal. Plus tard, il fut chargé de missions à Asti et devint prévôt de Blois.

PERSPECTIVES THÉOLOGIQUES

XIII

TRADITION ET COMPUT

DANS

LA CHRONOLOGIE DE THOMAS BECKET

La carrière de Thomas Becket, chancelier d'Angleterre, archevêque de Canterbury, exilé en France et mort martyr dans sa propre cathédrale, le 29 décembre 1170, est trop bien connue pour qu'il soit nécessaire d'insister. La chronologie des événements marquants dans sa vie s'inscrit dans le cadre de l'histoire politique de l'Angleterre angevine. Chartes, « records », bulles pontificales, constituent des témoignages authentiques et précis. Les chroniques du règne de Henri II Plantagenêt, ou celles du règne de Louis VII, et les biographies anciennes du saint concordent le plus souvent entre elles et avec les sources diplomatiques, ou n'offrent pas, à cet égard, de difficultés majeures qu'une saine critique historique ne puisse dirimer.

C'est un point de détail, offrant un intérêt de simple curiosité, que je voudrais évoquer, mon attention ayant été attirée sur le fait par certain passage d'un traité, de caractère à la fois historique et théologique, sur le Jubilé de Thomas Becket [1]. Il s'agit de déterminer à quelle date naquit le futur martyr. On sait combien les dates de naissance restent problématiques pour la plupart des personnages de l'époque médiévale, l'appréciation des âges reposant alors bien souvent sur une estimation aussi arbitraire qu'approximative. De toutes les dates importantes de la carrière de Thomas Becket, c'est la seule, me semble-t-il, qui jusqu'ici soit demeurée en suspens, encore que l'écart ne puisse dépasser neuf ans, 1115-1126. Les historiens ont généralement opté pour une tradition représentée par deux d'entre les biographes : Benoît de Peterborough et Herbert de Bosham. Je

---

[1] Œuvre anonyme et sans titre, mais d'un réel intérêt, dont je prépare la publication prochaine.
Texte édité in R. FOREVILLE, *Le Jubilé de saint Thomas Becket du XIIIe au XVe siècle*, Paris, 1958, p. 101-160.

m'étais ralliée à cette vue [1] et, à la suite de Dom L'Huillier [2], j'avais proposé l'année 1118 comme date probable de la naissance de Thomas Becket. Le *Traité sur le Jubilé*, encore qu'il ne remonte pas au-delà de la fin du premier quart du XVe siècle (1420-1425), permet de reprendre la question sur de nouvelles bases. Il m'a paru, en effet, qu'il représentait une tradition indépendante et fort ancienne, la tradition propre à l'église de Canterbury, dont on peut retrouver les sources autorisées, d'une part dans l'entourage de l'archevêque Étienne Langton à l'époque de la translation des reliques du martyr (1220), de l'autre dans le prieuré de l'église primatiale au cours des toutes premières années qui suivirent le meurtre de 1170.

Examinons d'abord la thèse commune et ses garants. Nul n'a jamais contesté que Thomas Becket vint au monde le 21 décembre, en la fête de l'apôtre saint Thomas. La *Vita* anonyme, qu'on a coutume de désigner du nom de Roger de Pontigny, enregistre, vers 1176-1177, une tradition unanime, pleinement conforme à la pratique chrétienne de l'époque : *Die festo beati Thomae apostoli puer natus est, eodemque die post vesperas baptizatus, Thomae nomen accepit* [3]. Guernes de Pont-Sainte-Maxence ne s'exprimait pas autrement lorsqu'il parachevait, dès 1174, son « roman » dont la grande valeur historique a été reconnue grâce aux travaux d'Emmanuel Walberg :

> « Li sainz martyrs dunt vus l'estorie oï avez,
> La nuit de saint Thomas, devant Noël, fu nez,
> Quant un chantout les vespres; après vespres, levez;
> Et après saint Thomas fu Thomas apelez [4]. »

Le 21 décembre, soit. Mais de quelle année? Herbert de Bosham, compagnon d'exil de Thomas Becket et par lui chargé de missions importantes, nous dit, à deux reprises, que le chancelier de Henri II fut promu archevêque à l'âge d'environ quarante-quatre ans. Et Benoît de Peterborough, prieur de Christchurch de 1175 à 1177, dans sa *Passion* du saint, affirme que l'archevêque fut martyrisé le 29 décembre 1170, dans sa cinquante-troisième année, *vitae vero ipsius anno quinquagesimo tertio* [5]. De ces deux mentions concordantes, on déduit aisément que Thomas Becket, âgé de quarante-quatre ans

---

[1] Cf. R. FOREVILLE, *L'Église et la Royauté en Angleterre sous Henri II Plantagenêt*, Paris, 1943, p. 107.

[2] *Saint Thomas de Cantorbéry*, Paris, 1891, t. I, p. 6.

[3] *Vita Sancti Thomae, Materials for the history of Thomas Becket* (Rolls series), t. IV, p. 4.

[4] *La vie de saint Thomas le martyr*, éditée par Emmanuel WALBERG, Lund, 1922 (*Acta reg. soc. human. litt. Lund,* V) et Paris, 1936, (Les classiques français du Moyen-Age), vers 5856-5859.

[5] *Passio sancti Thomae, Materials,* t. II, p. 19.

en mai 1162, et de cinquante-deux ans révolus à la fin décembre 1170, naquit le 21 décembre 1118 [1]. La simplicité du calcul, non moins que l'accord des seuls biographes qui se soient risqués à supputer l'âge de leur héros, masquent un double écueil.

En effet, le prolixe Herbert de Bosham, qui prit la plume pour narrer la vie du martyr en 1186 seulement, n'a pas toujours conservé une parfaite fraîcheur de mémoire, ni pris le soin de s'informer à bon escient ou de contrôler l'exactitude de ses souvenirs. Dans la phrase même où il avance l'âge de quarante-quatre ans pour la promotion à l'épiscopat (en 1162) — et remarquons qu'il s'agit là d'un nombre parfait, conforme à la symbolique médiévale — ne voilà-t-il pas qu'il se trompe de deux ans sur le temps durant lequel Thomas Becket géra la charge de chancelier du royaume : *Eligitur, inquam, jam in aula annis quinque cancellariae functus officio, aetatis vero annum vitae circiter agens quadragesimum quartum* [2]. En fait, il n'est pas difficile d'établir, à l'aide des nombreuses chartes de Henri II portant l'attestation *Thoma* (ou *T.*) *cancellario,* que la charge de chancelier lui fut confiée au plus tard au début du mois de janvier 1155 [3], probablement au cours du mois de décembre 1154, c'est-à-dire, sinon dès l'avènement du nouveau roi, du moins immédiatement après son sacre (19 décembre) par Thibaud de Canterbury, protecteur de celui que l'on appelait alors Thomas de Londres, en sorte qu'il tint la fonction près de sept ans et demi, et non cinq ans comme le prétend Herbert de Bosham. Comment, dès lors, faire fond sans réticence sur l'âge imputé au chancelier lors de son élection au siège primatial, par celui-ci, encore qu'il répète plus loin la même assertion? [4]

Mais, dira-t-on, Herbert est corroboré par Benoît de Peterborough. Voire. Nous connaissons quelques fragments de la *Passion* écrite par le prieur de Christchurch vers 1174. Malheureusement, ces fragments nous sont parvenus par une compilation tardive, le *Quadrilogue* [5], œuvre d'Élie, moine d'Evesham, composée en 1198-1199 avec des

---

[1] Quelques auteurs (cf. par exemple R. SPEAIGHT, *Thomas Becket,* Londres-New York-Toronto, s.d. [1948], p. 29), interprétant cinquante-trois ans au sens strict, ont opté pour 1117.

[2] *Vita sancti Thomae, Materials,* t. III, p. 185.

[3] J'en ai relevé plusieurs dans les archives anglaises. Mais les premières pages du répertoire déjà ancien de R.W. EYTON, *Court, Household and Itinerary of Henry II,* Londres, 1878, en signalent une dizaine datées de Silverston, de Notrhampton, de Peterborough, de Lincoln, et remontant avec de grandes probabilités au mois de janvier 1155. Elles ne sont pas moins nombreuses dans les mois suivants.

[4] *Materials,* t. III, p. 189.

[5] *Materials,* t. IV, p. 269 et suiv. L'extrait de Benoît de Peterborough en cause ici est repris p. 407-408.

10

morceaux découpés dans les écrits de quatre et même cinq biographes, parmi lesquels Herbert de Bosham tient une place fort honorable. Les fragments de Benoît de Peterborough sont transcrits *in fine*, puisqu'il s'agit essentiellement du récit du martyre. Dans ces conditions, il n'est pas impossible que la notation chronologique concernant l'âge auquel était parvenu Thomas Becket à sa mort — dans sa cinquante-troisième année — ait été harmonisée après coup avec les indications données par Herbert de Bosham, reprises par Élie d'Evesham et dont nous savons, maintenant, qu'elles n'apportent pas toutes garanties de véracité.

Parallèlement à ce témoignage qui remonte à la fin du XIIᵉ siècle, mais qui semble bien n'avoir d'autre fondement que la mémoire d'Herbert de Bosham ou sa faculté d'interprétation, ni d'autre garant que le compilateur du *Quadrilogue*, un courant a traversé les siècles avec une remarquable constance : il repose à la fois sur le comput et sur la tradition ininterrompue de l'église de Canterbury. Essayons d'en suivre les méandres afin d'en retrouver la source.

Une bulle du pape Pie II [1], datée du 17 octobre 1458, accorde une indulgence de sept ans et sept quarantaines aux fidèles qui visiteront l'église de l'Hôpital Saint-Thomas le martyr d'Acre, à Londres, soit un *mardi*, de la Quinquagésime à l'octave de Pâques, soit un des quatre jours précédant immédiatement la solennité de Pâques, soit en l'octave de la passion ou en l'octave de la translation de saint Thomas : parce que, dit la bulle, l'église de cette Maison-Dieu a été érigée sur le lieu où saint Thomas naquit un *mardi*, parce que c'est un *mardi* qu'exilé il se mit en route pour Rome [*sic*] [2]; c'est un *mardi* qu'il

---

[1] « Pius etc... Universis Christi fidelibus presentes litteras inspecturis, etc... Ante thronum divine majestatis... Cum itaque sicut accepimus Domus sive Hospitale sancti Thome martiris de Aconia in civitate Londoni[ensi] in Anglia ordinis cruciferorum sub regula sancti Augustini degentium pro eo quod idem sanctus Thomas loco quo nunc dicte Domus sive Hospitalis ecclesia structa est, [die martis] sui ortus prima novit auspicia, dieque martis religatus ad almam urbem Romanam arripuit iter, a sede apostolicaque reversus ad propria martis die regionis littora applicuit, et etiam martis die apud Pontiniacum Senonen[sis] dioc[esis] dominus sibi apparuit inquiens : *In sanguine tuo glorificabitur ecclesia mea,* ac die martis sederunt principes adversus eum, dieque martis martyrium passus fuit et martis dies fuit sue translationis... Nos igitur... de omnipotentis Dei misericordia ac beatorum Petri et Pauli apostolorum ejus auctoritate confisi, omnibus vere penitentibus et confessis qui ecclesiam predictam singulis diebus martis a quinquagesima usque ad octavas Pasce et singulis quatuor diebus immediate precedentibus Pasca, necnon singulis diebus infra octavas festivitatum passionis et translationis dicti martiris, devote visitantibus... septem annos et totidem quadragenas de injunctis eis penitentiis misericorditer relaxamus penitentibus perpetuis futuris temporibus duraturis » (*Reg. Vat.* 498, fᵒ 69v-70v).

[2] En 1164, le pape Alexandre III était lui-même exilé : il résidait à Sens, et c'est là qu'eurent lieu les audiences accordées à l'archevêque.

débarqua en Angleterre à son retour d'exil, c'est un *mardi* que le
Seigneur lui apparut à Pontigny, c'est un *mardi* que les grands
siégèrent contre lui, c'est un *mardi* qu'il subit le martyre, c'est un
mardi, enfin, qu'eut lieu la translation de ses restes. Si la liste des
mardis mémorables dans la vie de Thomas Becket se présente ici sans
égard pour l'ordre chronologique, il n'en reste pas moins que — mise
à part la vision de Pontigny (dont la réalité échappe à l'investigation
historique, mais dont la date éventuelle oscille entre deux termes
certains : novembre 1164-novembre 1166) et laissée provisoirement en
suspens la date de la naissance, objet de la présente mise au point —
les allégations contrôlables s'avèrent parfaitement exactes. C'est, en
effet, le *mardi 13 octobre 1164* que le primat d'Angleterre, mis en
jugement devant ses pairs à Northampton, s'échappa sous l'habit
d'emprunt d'un frère de Sempringham. Six ans plus tard, il débar-
quait à Sandwich le *mardi 1er décembre 1170* [1], pour subir le martyre
dans la cathédrale de Canterbury, le *mardi 29 décembre*. Quant à
l'élévation des reliques du saint, c'est de propos délibéré qu'Étienne
Langton en fixa la solennité au *mardi 7 juillet 1220*, afin, dit-il, que
« le jour qui avait procuré au saint sa passion lui procurât aussi sa
gloire » [2].

Cette même tradition des mardis mémorables transparaît dans le
traité qui célèbre le Jubilé de 1420. Ce traité a pour auteur un moine
de Christchurch qui ne nous a pas révélé son nom, mais qui écrivit
peu après le cinquième Jubilé, certainement avant 1425, peut-être
même dès 1421. Nous connaissons son œuvre par un manuscrit
unique remontant au xvie siècle [3]. Il affectionne les notations chronologiques et il manie le comput avec dextérité, précision, exactitude.
C'est ainsi qu'il relève ce fait que seuls le premier Jubilé dans le passé
(1220), et le quatorzième dans l'avenir (1870) — selon le calendrier
julien bien entendu — ramènent la solennité de la translation (c'est-
à-dire le 7 juillet) un mardi [4].

Mais qu'en est-il de l'année de la naissance de Thomas Becket? S'il
vit le jour un mardi 21 décembre, nous avons le choix entre trois dates
possibles : les années communes 1115 et 1126 (lettre dominicale C) et
l'année bissextile 1120 (lettres dominicales DC). Comment discriminer entre elles? Si 1126 paraît une date trop tardive pour harmo-

---

[1] Sur ces dates et pour l'interprétation des biographes, cf. Dom L'HUILLIER,
op. cit., t. I, p. 323, 351; t. II, p. 329, *ibid.,* n. 1.

[2] « Provisum namque fuerat ab his, qui martyrem transtulerunt, ut feria tertia
transferretur, quia feria tertia passus fuit, ut talis dies ejus gloriae deserviret, qualis
ejus passioni ministerium suum impendit » (*Patrol. Lat.,* CXC, 421).

[3] P.R.O., E. 36/196. Sur papier, paginé.

[4] P. 43.

12

niser toutes les données de la carrière de l'archevêque, en revanche il est d'autant plus difficile de décider judicieusement entre 1115 et 1120 que l'on oscille autour de la date 1118 fort acceptable comme norme moyenne sinon comme donnée proprement historique. Or, le *Traité sur le Jubilé* de 1420 a l'avantage de nous proposer une solution qui, bien qu'elle puisse relever, elle aussi, de l'allégorie numérale chère au moyen âge, n'en est pas moins partie intégrante de la tradition des mardis mémorables : « de la naissance à la passion et de la passion à la translation, nous dit l'auteur, ce n'est pas sans raison profonde que s'écoulèrent cinquante années » [1]. Ainsi, en 1420, on admettait à Canterbury que Thomas Becket subit le martyre à l'âge de cinquante ans révolus, autrement dit, qu'il naquit le mardi 21 décembre 1120. Reste à voir dans quelle mesure cette tradition des mardis mémorables, encore vivante en plein xve siècle dans l'église de Canterbury, s'appuie sur des témoignages recevables, suffisamment proches des événements pour en avoir consigné fidèlement la mémoire.

L'office de la Translation de Thomas Becket qui se célébrait le 7 juillet en Angleterre, a enregistré la tradition. Malheureusement, l'iconoclasme de la Réforme anglicane et les avatars des archives à travers les siècles n'ont laissé subsister, pour toute la province de Canterbury (dix-sept diocèses suffragants au moyen âge), qu'un nombre infime d'exemplaires des livres d'office. Tous ne sont pas des livres de chœur — c'est dire que certains comportent des leçons abrégées — et nul d'entre eux, dans sa présentation manuscrite, ne remonte au-delà du xive siècle, si ce n'est même du début du xve. Le plus ancien et le plus instructif, l'exemplaire unique de l'église de Canterbury — conservé aux Archives du « Dean and Chapter » (*Additional manuscript* 6) — a subi de tels dommages dans un incendie (il est connu sous l'appellation : « The burnt Breviary »), qu'il n'en subsiste que des fragments de pages calcinées. L'office de saint Thomas Becket — Déposition et Translation — n'a pu être reconstitué que dans ses répons. Le Dr Phillips, qui en a fait une transcription manuscrite et qui l'a étudié de près [2], pense qu'il n'y avait pas de substantielles différences avec celui que l'on célébrait, sous sa forme monastique, dans les églises suffragantes de Winchester et de

---

[1] « ...considerans (il s'agit d'Honorius III) in misterio libri Levitici annum jubileum qui est annus remissionis, quia ejusdem martiris nativitate ad passionem et a passione ad translacionem, quinquaginta non absque grandi consideratione anni profluxerunt. » (p. 41).

[2] Je dois à l'obligeance de mon ami W.G. Urry, conservateur des archives de la cathédrale de Canterbury, d'avoir pu feuilleter le « burnt Breviary », consulter la transcription et connaître l'avis autorisé du Dr Phillips. Qu'il en soit vivement remercié.

Salisbury. Ce dernier a été publié, d'après le Grand Bréviaire de 1531 [1], lequel représente des éditions plus anciennes. On peut également se référer au Bréviaire de Hereford, publié d'après l'édition de Rouen de 1505 [2], voire au Petit Bréviaire de Worcester, manuscrit du xve siècle, dont les variantes avec le précédent sont relevées en notes. De l'étude comparative des nocturnes de ces livres d'office, il résulte qu'ils ont tous enregistré la tradition des mardis mémorables : en conséquence, que celle-ci était fixée à Salisbury, à Hereford et à Worcester au xve siècle, et *a fortiori* à Canterbury dès le xive siècle, pour autant que le « burnt Breviary » s'avère étroitement apparenté aux bréviaires des églises suffragantes. J'irai plus loin : la comparaison des leçons de l'office de la Translation, dans la forme où elles nous sont parvenues, manifeste l'exploitation de thèmes dont la source remonte à l'époque même de la translation. Ces thèmes, d'origine scripturaire — le Jubilé de l'Ancienne Loi et les grâces spirituelles qu'il préfigure [3], les pierres dressées sur l'ordre de Josué [4], symboles des martyrs de la nouvelle alliance, le soleil qui s'élève et la lune qui demeure stable [5] — sont ceux-là mêmes qu'Étienne Langton, qui avait voulu, préparé et effectué l'élévation des reliques de son prédécesseur en 1220, développa longuement dans le sermon qu'il prononça à cette occasion [6], peut-être en langue vulgaire, mais, en tout cas,

---

[1] *Breviarium ad usum insignis ecclesiae Sarum,* 3 vol., Cambridge, 1789-1886, édit., F. PROCTER et Ch. WORDSWORTH, d'après la grande édition de Ch. CHEVALLON et Fr. REGNAULT (Paris, 1531).

[2] *The Hereford Breviary...* with collation of manuscripts by W. Howard FRERE et Langton E.G. BROWN, 2 vol., Londres, 1904-1911 (Henry Bradshaw Society, vol. 26, 40).

[3] *Lévitique,* chap. XXV et XXVII.

[4] *Livre de Josué,* chap. IV, *passim.*
« Qui transfert lapides affligetur in eis » (*Ecclésiaste,* X, 9). « Bibentes inebriabuntur, quasi vino, et replebuntur ut phiallae et quasi cornua altaris, et salvabit eos Dominus Deus eorum in die illa, ut gregem populi sui, quia lapides sancti elevabuntur super terram » (*Zach. IX,* 15-16).

[5] « Elevatus est sol et luna stetit in ordine suo » (*Habacuc,* III, 11, *Version des Septante;* SAINT GRÉGOIRE LE GRAND, *Homélie* 29, n. 10, *Patrol. lat.* LXXVI, 1218.

[6] Comparer :

Le sermon d'Étienne Langton pour la translation (*Patrol. lat.,* CXC, 407-424) :

Les leçons de l'office de la translation selon le *Breviarum ad usum... ecclesie Sarum,* édit. F. PROCTER et Ch. WORDSWORTH, 7 juillet (également sur les bréviaires de Hereford et de Worcester) :

....

« Translationis beati Thomae memoriam annuae devotionis studio recolentes ante mentis oculos statuamus,

« Attendamus quo anno a passione sua, quo die, quorum temporibus, et qualiter gloriosi martyris Thomae cor-

14

rédigé en latin peu après, afin qu'il passât à la postérité. Je crois qu'Étienne Langton est responsable, même s'il n'en fut pas l'auteur direct, de l'office de la Translation de Thomas Becket, office qui dut être élaboré dans son entourage immédiat au prieuré de Christchurch. Les églises suffragantes — plusieurs également desservies par des moines bénédictins — s'inspirèrent de l'office établi à Canterbury dès qu'elles eurent adopté la fête, et ce fut très tôt, pour la solennité de 1221. En effet, quatorze ou quinze suffragants sur dix-sept prirent part, à Canterbury, autour de leur archevêque, aux cérémonies du 7 juillet 1220; or, c'est avec leur approbation et celle du légat Pan-

quod *debellatoribus* Ecclesiae primitivae dicitur per prophetam (407)... Bellatores... primitivos... imitemur (409).

....

« In Sacra Scriptura per *lapides* plerumque sancti martyres designantur... *Lapis* ergo pergrandis in sanctuario Domini erigitur, cum alicujus martyris magni reliquiae in ecclesia sublimiter exaltantur.

« Cum igitur hodie recolamus qualiter *lapis* grandis in sanctuario sit erectus, id est Thomas martyr gloriosus de tumulo elevatus, ad hunc *lapidem* cordis dirigamus intellectum (411)...

....

« *Lapidum* nomine martyres figurari sequentia declarabunt. *Lapides* ergo transferunt, qui translationi martyrum obsequia suae devotionis impendunt. Qui scilicet eorum reliquias de locis humilibus elevant, ut sublimius et solemnius cum debita veneratione reponant. Nos igitur *lapidem* pretiosum transtulimus cum translationi martyris obsequium quale potuimus exhibere curavimus (419)...

....

« Quod *lapidum* nomine sancti martyres designentur, qui solidi fuerunt in constantia, fortes in justitia, duri contra tormenta (420)...

....

« Sunt ergo *lapides* sancti... martyres Jesu Christi. Super *terram* ergo sancti *lapides elevantur*, cum reliquiae martyrum de tumulis *transferuntur*. Notandum autem, quod non tantum super *terram* ejus sancti *lapides ele-*

pus inclusum a loco humili translatum sit in sublime. »

(*Lectio II.*)

« ... Beatus igitur Thomas die Martis ab utero matris : quasi *ad Martem* in lucem processit. *Die martis*, etc. *Die* etiam *Martis* dilectissimi : septem quae jam diximus, non sine praesagio provenerunt, ut qui *diebus Martis pugnam senserat et conflictum diebus Martis devictis hostibus* gloriosum reportaret triumphum. De istis septem intelligi potest, quod dicit Dominus per Prophetam, super *lapidem* unum : septem oculi sunt. »

(*Lectio V*).

« Beatus martyr est *lapis* ille quem reprobaverunt aedificantes : qui et factus est in caput anguli, etc. »

(*Lectio VI.*)

The Hereford Breviary, édit. W.H. FRERE et Langton E.G. BROWN, 7 juillet (variante du Petit Bréviaire) :

« ... disposuit celestis altitudo consilii, ad majorem *ecclesie* sue gloriam, electum *lapidem* suum *transferre* de loco suo, et *elevare* per altitudinem

dulphe que la fête fut instituée [1], et, dès l'origine, dotée d'une octave dans le propre de l'Église d'Angleterre.

Que l'office de la Translation ait été composé sous l'inspiration d'Étienne Langton, on peut encore l'induire du fait qu'il reproduit des

vandi dicuntur... sed in *Ecclesia*... Ex hoc salutem Dei populo provenientem sermo propheticus... ostendit. Speremus igitur et nos quod martyris nostri translatio, quam solemniter celebramus, nobis in praesenti veniam peccatorum et salutem perpetuam nobis apud Dominum obtinebit percipiendam post hujus vitae decursum.

«... Provisum namque fuerat, ab his qui martyrem transtulerunt, ut *feria tertia* transferretur, quia *feria tertia* passus fuit... Sed in Christo testamur praeter humanam providentiam accidisse, Dei gratia taliter procurante, quod *anno quinquagesimo* passionis ipsius, venerabile corpus ejus gloriam translationis accepit. Quid autem nobis per istum insinuatur eventum? Quinquagenarii nobis virtus indicat, quam *remissionis numerum* esse constat, quod nullus sacrae paginae lector ignorat. Ex hoc igitur quod *anno quinquagesimo transferri* voluit, spem certam nobis tribuit, quod nisi per nos steterit, *remissionis* nobis gratiam obtinebit (421)...

....

« Fuit autem ut *sol,* qui sanguinis suis radiis sanctam Ecclesiam illustravit.

« Elevationem igitur hujus *solis* solemniter veneramur, cum translationem hujus martyris sinceris mentibus celebramus. Quod igitur scriptum est servorum hujus congregatio diligenter attendat : *Elevatus est sol, et luna stetit in ordine suo.* Luna lumen trahens a *sole* est haec congregatio, quae ab exemplo martyris vivendi forman assumit (424)... etc. »

terre latitantem, gloriosius exaltare. »
(*Lectio* III.)

Breviarum Sarum, 7 juillet :

« *Anno* igitur *quinquagesimo* a passione sua : translatio beatissimi martyris Thomae est adimpleta. Pensemus, dilectissimi, mysteria *anni quinquagesimi. Annus quinquagesimus* annus jubilaeus est. Jubilaeus autem *remissionis annus* est vel remissivus interpretatur. Sicut enim in Lege, anno jubilaeo fiebant *remissiones :* sic et in anno jubilaeo translationis ipsius martyris onera poenitentium *remittuntur.* »
(*Lectio* III.)

« Dicamus ergo cum Propheta : *Elevatus est sol : et luna stetit in ordine suo.* »

(*Lectio* IV.)

[1] « Pandulf avant nomé de la seinte eglise de Rome legat, et Estevene erseveske de Caunterbire, oue les autres eveskes ces suffragans tus venuz hors pris troys, des queus l'un mort estoyt, et les deus par maladie furent escuses ». (*Polistorie,* fᵒ 201ᵛ; cité par J.A. Mason, *What became of the bones of St. Thomas?* Cambridge, 1920, p. 73). En fait, si l'évêque de Norwich, Jean de Gray, était mort en 1214, Innocent III lui avait substitué, par provision papale à ce qu'il semble, le

passages entiers d'une bulle authentique que le pape Honorius III adressa à l'archevêque de Canterbury le 26 janvier 1219 pour l'autoriser à procéder à l'élévation des reliques de Thomas Becket, et d'une lettre encyclique du 24 janvier 1219 annonçant la future translation [1].

légat Pandulphe, sous-diacre de l'Église romaine, qui devait être consacré en 1222 seulement; de sorte que « l'élu de Norwich » était présent. L'évêque de Londres et celui de Coventry étaient peut-être les deux absents pour cause de maladie : le premier, Guillaume de Sainte-Mère-Église, devait résigner en janvier 1221; quant au second, Guillaume de Cornhill, il devait être frappé de paralysie au cours d'une ordination, en septembre 1221 (cf. les *Annales de Waverley,* Rolls series, p. 294-295; et WALTER DE COVENTRY, Rolls series, p. 248).

L'institution de la fête de la Translation lors des solennités de 1220 est attestée par Walter de Coventry en ces termes : « Idem vero Stephanus archiepiscopus per consilium domini Pandulphi legati et archiepiscoporum et episcoporum, caeterorumque praelatorum ecclesiae, qui huic celebritati intererant, constituit ut dies translationis beati Thomae martyris perpetuo tanquam dies dominicus per Angliam festive celebretur » (p. 246). L'auteur laisse entendre qu'on agit alors aussi bien pour la province d'York. Il ne semble pas que Walter Gray, archevêque d'York, ait été présent, les chroniques contemporaines mentionnent seulement trois archevêques, Canterbury, Reims et un archevêque de Hongrie, Colocza ou Esztergom (Gran)? (*Ibid.,* p. 245). Cependant, la présence du légat et les bulles pontificales obtenues par Étienne Langton pouvaient autoriser une décision valable pour toute l'Église d'Angleterre.

Ajoutons enfin que la comparaison des leçons du Bréviaire de Salisbury avec les extraits des leçons du Bréviaire de Canterbury cités dans le *Traité sur le Jubilé* de 1420 fait ressortir une parenté si étroite qu'on doit conclure que l'office de Canterbury fut le prototype de celui de Salisbury.

[1] *Honorius III à Étienne Langton :*

Breviarum Sarum

« *Rex celestis* dominus Angelorum Regnum *Angliae* altius nostris temporibus honoravit, et *speciali* quadam praerogativa decoris gentem anglicam *insignivit, dum* mundo posito in maligno, et malitia hominum excrescente, *virum* sibi exinde *sine macula preelegit,* qui non solum in tempore iracundie reconciliatio factus est ut sacerdos, verum etiam ad celeste convivium invitatus, illum soporare meruit quem liberat dominus calicem passionis, et quia inventus est dignus Deo, coronavit eum Dominus gloria et honore, coronam quidem ipsius capiti superponens de lapide pretioso, *ut sic unus ex Anglicis inter angelos* super opera manuum domini *constitutus* pro peccatis populorum omnium fieret *intercessor.* »

« ... exultet in Domino gens *Anglorum* universa quam *rex coelestis specialiter* prae ceteris *insignivit, dum* ex ea virum *sine macula praeelegit.*

ut sit unus ex Anglicis inter Angelos constitutus qui *intercessor* sit pro salute *populorum.* »

Reg. Vat. 10, fº 55 vº.
Reg. Hon. III, nº 1840.
(Latran, 26 janvier 1219.)

(*Lectio* VI. Texte repris avec de légères variantes à la *lectio* IX.)

Le poète de cour, Henri d'Avranches — qui était peut-être, à l'époque, l'un des précepteurs du jeune roi Henri III [1], qui, en tout cas, assista à côté du prince à toutes les cérémonies et réjouissances de la fête, le 7 juillet 1220 — dans un poème écrit peu après sur le sujet [2], a, lui aussi, consigné à la fois certaines figures employées par Honorius III, certains thèmes communs à la bulle pontificale et à l'office de la Translation, et la tradition, abrégée il est vrai, des mardis mémorables [3],

Honorius III
à tous les fidèles d'Angleterre

The Hereford Breviary

« Et quidem si *omni tempore* puro corde benedicere ac honorare Dominum debeatis, isto tamen precipue vos oportet *vestes* induere nuptiales...

....

« Nos igitur... universitatem vestram monendam duximus et hortendam... monentes quatinus... vestras conscientias cunctis perversitatibus expietis, et sic vos in bonis studeatis operibus exercere, ut cum dies ipsius sollempnitatis advenerit, in occursum vestri sanctissimi martyris et patroni, ipsum possitis honorificentia debita taliter venerari, quod doceatis alios per exemplum, etc. »

« Cum enim *omni tempore* vestimenta nostra munda apparere debeant,

eo tamen tempore quo vel ad sanctum accedere, vel sanctum tangere debemus, oportet esse mundiora, etc. »

Reg. Vat. 10, f° 55 v°.
Reg. Hon. III, n° 1830.
(Latran, 24 janvier 1219.)

(*Lectio* V.)

[1] Cf. J.C. RUSSELL et J.P. HIERONIMUS, *The shorter Latin Poems of Master Henry of Avranches relating to England,* Cambridge (Mass.), 1935, (The Mediaeval Academy of America, *Studies and Documents,* n° 1), p. 19.

[2] *Ibid.,* p. 68. Le poème *De Translatione beati Thome Martyris* est publié *in extenso,* p. 71-78. Voir également, p. 69-71, le poème précédent, *De vita et passione beati Thome Cantuariensis archiepiscopi,* qui constitue une sorte d'introduction à la Translation.

[3] « Ecce *remissivi* lux optima tem-
          [*poris, annus*
ecce preoptatus... »
(*De Vita et passione,* vers 34-35.)

« Cujus devotis precibus bullata per
          [*orbem*
schedula fert Thome tempusque diem-
          [*que levatus,*
et pape veniam. Sexburge crastina festi
lux est, *per lucem Martis, quia Martis*
          [*erat lux*

« *Annus* quinquagesimus *annus* jubilaeus est. *Jubilaeus* autem remissionis *annus* est vel *remissivus* interpretatur, etc. »
(*Sarum Breviarum, Lectio* III.)
« Beatus igitur Thomas die *Martis* : ab utero matris : quasi ad Martem *in lucem* processit... Die etiam *Martis :* martyrii palmam adeptus est. Die etiam *Martis :* gloriose translatus est. »
(*Sarum Breviarum, Lectio* V.)

18

preuve supplémentaire que l'office tel qu'il nous est parvenu dans sa forme des XIVᵉ-XVᵉ siècles remonte à un schéma fixé à Canterbury dès 1220, lequel procède de l'archevêque Étienne Langton, primat d'Angleterre, cardinal de la Sainte Église romaine, et du pape Honorius III.

Mais, dira-t-on, la « légende » des mardis mémorables — au sens liturgique du terme — a pu, du XIIIᵉ au XIVᵉ siècle, voire au XVᵉ, subir des remaniements et des additions, car les nocturnes de l'office sont plus explicites à cet égard qu'Étienne Langton dans son sermon de 1220 et qu'Henri d'Avranches dans son poème contemporain de la translation. Il ne fait pas de doute, d'autre part, que, dès les premières années du XIIIᵉ siècle, des éléments nouveaux, purement imaginaires, s'étaient agrégés à l'histoire de saint Thomas : à la suite de la troisième croisade, une légende sarrasine, véritable roman de chevalerie, fit de Gilbert Becket, le père du martyr, un héros de Terre Sainte et l'époux d'une princesse musulmane convertie à la foi chrétienne. Le *Quadrilogue* accueillit ce roman, et, sous cette forme nouvelle, fut présenté à Étienne Langton par Henri Longchamp, abbé de Croyland, à l'occasion justement de la solennité de 1220. Il est d'autant plus remarquable, à notre sens, que l'office de la Translation n'ait pas été contaminé par ces éléments douteux, que la littérature homilétique ne s'est jamais privée d'y faire appel, comme le montrent les recueils de sermons que l'on commence à publier, celui par exemple de Thomas Brinton, évêque de Rochester à la fin du XIVᵉ siècle [1]. Preuve subsidiaire que l'office du 7 juillet fut fixé très tôt (à Canter-

---

occubuit quando celebri discrimine
                                        [Thomas
ecclesie Christi benedicti passus ad
                                        [aram.

. . . .

« *Cancia cantatrix, nunc cantatissima,*
                                        [*Sancti*
dicior hiis tribus est in Thome facta
                                        [*levatu.*

. . . .

« *Istius ut fieret Jubileus* nocior annus
invidiam faciens series *jubilea* dierum
divino nutu... »
(*De Translatione*, vers 59-64; 252-253; 267-269.)

« *Cantet* igitur novum domino canticum felix *Cantuariensis* ecclesia... quin immo civitas ipsa tota Deo potest et debet in exultationis voce non immerito *jubilare*... quodam quasi felici presagio suum videret esse sortita vocabulum ex eventu, ac si dicatur expresse *Cantuaria, cantus are.* »
(*Honorius III à Étienne Langton.* Dans les mêmes termes, *A tous les fidèles d'Angleterre.* Bulles des 24 et 26 janvier 1219.)

[1] M.A. DEVLIN, *The sermons of Thomas Brinton, bishop of Rochester* (1373-1389), Londres, 1954, 2 vol. (Camden third series, vol. LXXXV et LXXXVI). Voir les sermons 4 (t. I, p. 3), et 91 (t. II, p. 413).

bury dès 1220), et qu'il ne subit pas d'altération. La tradition des mardis mémorables, quant à elle, loin de s'être formée par étapes successives, remonte dans son ensemble plus haut que 1220. Elle était constituée au lendemain du meurtre de 1170 : elle émane directement de l'église de Canterbury, c'est-à-dire des clercs de Thomas Becket, ses amis, ses intimes, ses compagnons d'exil, d'une part; et, d'autre part, des moines de Christchurch formant le chapitre de l'église primatiale. Dès 1174 en effet, alors qu'il mettait la dernière main à son poème sur la *Vie de saint Thomas,* Guernes de Pont-Sainte-Maxence l'exprimait ainsi :

> Par un marsdi fu nez li sainz huem dunt vus di;
> Pur veir de Norhamtun par marsdi s'en fuï,
> E si passa la mer par un jur de marsdi,
> E repassa d'essil par tel jur altresi,
> Par marsdi ensement le martyre suffri [1].

Les études pertinentes de l'éditeur de Guernes, Emmanuel Walberg [2], ont mis l'accent sur le soin que l'auteur prit à remettre son « roman » sur le métier après s'être directement informé au prieuré de Christchurch où il séjourna quelque temps afin de recueillir, à leur

---

[1] Vers 5871-5875. Sur un seul point — le jour où Thomas Becket fit la traversée en direction du rivage français — l'accord des biographes peut être pris en défaut. Deux traditions se manifestent : celle de Guernes, un *mardi,* reprise par Roger de Pontigny (*Materials,* t. IV, p. 78-79) et celle de Fitzstephen : « en la commémoraison des défunts » (*Materials,* t. III, p. 70). Or, en 1164, le 2 novembre tomba un lundi. Cependant, Fitzstephen, préoccupé de marquer la concomitance avec la traversée des envoyés du roi à la Curie, ce même jour, ne précise pas l'heure, tandis que Guernes avait noté au vers 2082 :

« Entre Gravnige et Merc tart al seir ariva ».

Herbert de Bosham, auquel l'exilé narra le fait le lendemain à Clairmarais, mais dont les souvenirs sont estompés et la chronologie fallacieuse, se fait l'écho de cette double tradition qu'il concilie au prix d'une erreur manifeste :

« *Die vero Animarum qui fuit tertia feria... nocte parum ante diem... intravit mare, et circa vesperam applicuit* in quodam maris littore quod a vulgo dicitur Oge in Bolonia » (*Materials,* t. III, p. 324-325).

Roger de Pontigny a esquissé une solution quand il écrit : « *...navigium nocte conscendit,* et prospera divino nutu fretus navigatione, *cum adhuc magna noctis pars restaret,* in partibus Flandriae, non quidem in portu aliquo sed in sabulo, *propter cautelam, applicuit* » (*Materials,* t. IV, p. 55). On pourrait penser que le fugitif, qui avait gagné Sandwich par étapes nocturnes, quitta le littoral anglais au soir du lundi 2 novembre et aborda sur la côte du Boulonnais le *mardi* 3 novembre, bien avant le lever du jour.

[2] Elles ont été réunies dans un recueil intitulé : *La tradition hagiographique de saint Thomas Becket avant la fin du* XIIe *siècle,* Paris, 1929. Voir notamment celles qui ont trait à Guernes, et dont certaines sont reprises de l'Introduction à la grande édition de Guernes (Lund, 1922).

source même, les détails concernant la vie et la passion de Thomas Becket. Il a utilisé, avant qu'elle ne fût parachevée, l'œuvre latine de Guillaume, moine de Canterbury, entreprise vers le 1er juin 1172, dont nous ne possédons plus que quelques fragments. Surtout, il a connu et interrogé les témoins immédiats de la vie, de l'exil et de la mort du martyr, et, l'un des premiers, avec Edward Grim, Guillaume de Canterbury, Jean de Salisbury et Guillaume Fitzstephen [1], il a consigné leurs dires, puisant aux sources vivantes de la tradition de Canterbury au lendemain de la passion, les fixant parfois avant ses émules, sans chercher au même degré qu'eux à retenir les présages ou les miracles susceptibles de grandir l'auréole du saint et d'accroître la gloire de l'église primatiale. Il ordonne les faits dans un récit simple et pénétrant parce que proche de la vie, imprégné de traits de caractères et indépendant de jugement à l'égard des acteurs du drame.

Ainsi, plutôt que l'assertion tardive d'Herbert de Bosham, il semble qu'on puisse retenir la tradition de l'église de Canterbury, fermement établie dès les années 1172-1174, tradition selon laquelle Thomas Becket naquit un mardi 21 décembre. Il semble également que cette tradition implique le 21 décembre de l'année 1120. Sur ce dernier point cependant, je n'ai recueilli qu'un témoignage unique remontant seulement au xve siècle et susceptible d'une interprétation large, voire conforme à la symbolique médiévale. Remarquons toutefois que ce témoignage représente, lui aussi, l'antique tradition de l'église primatiale, et que, pris dans son contexte — la perspective jubilaire de l'Ancien Testament, figure spirituelle du Jubilé de Thomas Becket — il implique, d'un côté comme de l'autre, une période fixe et déterminée de cinquante ans, non une cinquantaine d'années. Il paraît difficile d'écarter purement et simplement une tradition respectable par son ancienneté, et, au surplus, établie sur un comput exact, à moins de rejeter l'autorité du *Traité sur le Jubilé* de 1420. Qu'on veuille bien m'accorder crédit sur ce point jusqu'à la publication, prochaine je l'espère, du texte en question.

Il est temps de mettre le point final : il y a, me semble-t-il, quelques présomptions permettant de penser que Thomas Becket fut assassiné, le 29 décembre 1170, à l'âge de cinquante ans révolus, ce qui reporte la date de naissance du martyr au mardi 21 décembre 1120.

---

[1] Sur la date des biographies de Thomas Becket et les rapports des biographes entre eux, cf. notre mise au point, *op. cit.*, p. XXIX-XXXII, et spécialement le Tableau récapitulatif de leur filiation, p. XXX.

ADDENDUM

Acquis en 1975 par la British Library (Additional
MSS 59616),le Coutumier des observances liturgiques en l'honneur de saint Thomas en la cathédrale de Canterbury est signé des gardiens de la
châsse, John Vyel et Edmund Kyngiston (f°1r).
Daté de 1428,il est contemporain du Traité sur le
cinquième Jubilé. Il atteste la tradition des mardis mémorables, en mémoire desquels, chaque
mardi de l'année, une messe solennelle était célébrée à l'autel de la châsse. Le passage relatif à
la date de naissance du martyr apporte la confirmation de notre prise de position en faveur de l'
année 1120. Igitur sanctus Thomas in die martis
videlicet sancti Thome apostoli...natus fuit in illa
famosa civitateque (sic)Lundoniensi anno Verbi
incarnati millesimo centesimo vicesimo (f° 3r).

XIV

L'IDÉE DE JUBILÉ
CHEZ LES THÉOLOGIENS ET LES CANONISTES
(XIIe-XIIIe s.)
AVANT L'INSTITUTION DU JUBILÉ ROMAIN (1300) *

Lorsque, par la Bulle *Antiquorum habet fida relatio* ([1]), Boniface VIII promulgua le premier Jubilé romain dûment attesté, il se référait à une tradition immémoriale de large rémission et indulgence attachée à la Basilique St-Pierre en chaque année séculaire. Il posait aussi les bases d'une véritable institution en affirmant le droit pontifical dans sa plénitude et son universalité de juridiction, en fixant les modalités précises d'obtention de l'indulgence plénière, en établissant enfin la périodicité : en chaque année séculaire à venir. La diffusion quasi universelle, la fréquence renouvelée et la permanence du Jubilé romain à travers les vicissitudes de l'histoire (Grand schisme d'Occident et Guerre de Cent ans, crise de la Réforme et Guerres de Religion, chute du pouvoir temporel de la papauté et conflits mondiaux, etc...) son actualité aussi, puisque cinq Jubilés romains furent célébrés au xxe s., dont les derniers en 1950 et 1954, tout cela suffirait amplement à justifier une étude des origines du Jubilé de 1300 dans le cadre des problèmes institutionnels d'actualité.

Mais une réflexion historique sur ces origines nous paraît s'imposer d'autant plus qu'elles demeurent fort obscures. Si nous connaissons assez bien les circonstances qui accompagnèrent la célébration du Jubilé, si des études particulières en ont élucidé

(*) Ce travail a fait l'objet d'une Communication au XIe Congrès International des Sciences Historiques, Stockholm, août 1960. Cfr *Résumés des Communications*, p. 124-126.

(1) *Extrav. Comm.* V, 9, 1. Cfr également A. MERCATI, *La lettera dello scrittore pontificio Silvestro sul Giubileo del 1300*, dans *Cronistoria dell' anno santo MCMXXV*, Rome, 1928, p. 1197.

402

divers aspects, le problème des origines n'a guère été abordé ; du moins à notre connaissance. La découverte de documents inédits sur le Jubilé de S. Thomas Becket et la publication récente d'un travail sur ce même Jubilé nous ont permis de poser sous un jour nouveau le problème des origines et de projeter sur cette question un éclairage d'ensemble ([1]). Il nous a paru, en effet, que l'idée du Jubilé chrétien (rémission très large) et même son caractère institutionnel, ont précédé de quatre-vingts ans le geste de Boniface VIII : en l'année 1220, l'archevêque de Canterbury, Étienne Langton, fut l'initiateur du plus ancien Jubilé-rémission historiquement attesté. Nous avons montré comment l'indulgence de croisade d'une part, la spiritualité monastique d'autre part, ont popularisé à partir du milieu du XIIe s. la notion de Jubilé appliqué au salut personnel, en même temps qu'elles l'associaient à l'idée de pénitence (contrition, satisfaction), à celle de joie spirituelle, ainsi qu'à l'usage liturgique du *Jubilus* (chant mélodique, vocalise). Nous discernions également le courant de l'École — parfois interdépendant du courant mystique comme chez les Victorins — et nous soupçonnions qu'il avait joué un rôle capital ([2]).

Le courant de l'École méritait à lui seul une étude plus poussée. Jusqu'ici, nous n'avons pas rencontré le concept de Jubilé entièrement élaboré avant le sermon d'Étienne Langton sur la Translation de S. Thomas Becket en 1220 ([3]). Pour Langton, le Jubilé chrétien instaure en un sens éminemment spirituel le Jubilé de l'Ancienne Loi. Il y avait donc lieu de rechercher le cheminement de la notion de Jubilé spirituel — contenu plus ou moins explicitement dans la tradition hébraïque — et porté par le courant de l'École au Cloître Notre-Dame vers le tournant des XIIe-XIIIe s. (c. 1180-1220). Une telle étude suppose le recours à des œuvres innombrables, pour la plupart encore ensevelies dans les manuscrits, littérature essentiellement didactique qu'il s'agisse d'exégèse biblique, de Traités des sacrements, de Manuels des confesseurs ou de Sermons. Car la notion de Jubilé chrétien, si elle s'est développée dans un climat déjà scolastique, ne saurait être envisagée en dehors de l'évolution de la doctrine et de la pratique péniten-

---

(1) R. FOREVILLE, *Le Jubilé de saint Thomas Becket du XIIIe au XVe s. (1220-1470)*. Paris, 1959.

(2) *Ibid.*, p. 29 sv.

(3) *P.L.*, t. CXC, col. 407-424.

tielles auxquelles la rattachent les concepts de satisfaction, de rémission et de juridiction au for interne, ou pouvoir des clés. Il s'agit, en fait, d'une élaboration progressive, où l'exégèse, la doctrine sacramentaire et la pratique de la pénitence privée ont eu chacune leur part, souvent d'ailleurs mises en œuvre par les mêmes hommes — les docteurs enseignant à Paris — dans une réelle unité de conception.

I. — Élaboration du sens anagogique : le Jubilé spirituel.

Il n'est pas dans notre propos de revenir ici sur l'étymologie du terme *Jubilé*, emprunté à l'Ancien Testament [1] et relatif à un usage du peuple juif. A l'origine de son emploi dans la mystique chrétienne, il ne revêtait pas une signification aussi précise que celle qui devait être définie par la suite en fonction de la première année sainte ou Jubilé de 1300. Dans les *Étymologies*, Isidore de Séville [2] le présente comme l'équivalent d'un temps de rémission, et ce sens, conforme à l'usage judaïque, devait être repris par les auteurs chrétiens et les prédicateurs de croisade. Cependant, l'élaboration du concept spirituel de Jubilé, s'il doit beaucoup à la tradition biblique, s'est faite assez tardivement et seulement dans un climat de renouveau des études bibliques au contact renouvelé de la tradition hébraïque.

C'est au cours du xiie s. en effet que les commentateurs de l'Écriture Sainte sont entrés en contact direct avec les témoins de la tradition judaïque et qu'ils ont intégré une partie du matériel de l'exégèse hébraïque dans leurs gloses. Dès les années 1170, le « maître des Histoires », Pierre Comestor, introduisait dans son *Historia Scholastica* des précisions qu'il tenait des écoles rabbiniques, telle la glose de *Gen.* XIV qui fait remonter l'origine du Jubilé de l'Ancienne Loi à la victoire d'Abraham sur les quatre rois, suivie de la libération des captifs : *De hac victoria tradunt Jubilaeum initium habuisse pro hac remissione captivorum* [3].

Toutefois, une connaissance au moins sommaire de l'hébreu s'avérait indispensable à l'utilisation de ce matériel. Le mouve-

(1) *Lev.*, XXV et XXVII ; *Num.*, XXVI, 4.
(2) V, 37 (*P. L.*, t. LXXXII, c. 222).
(3) C. XLVII, *De ortu Jubilaei*, éd. Bénévent, 1619, p. 54.

404

ment qui, au xIIIᵉ s., devait aboutir à la diffusion dans certains
milieux savants (notamment à Oxford autour du chancelier Robert Grosseteste) du Psautier hébraïque avec traduction latine in-
terlinéaire, plonge ses racines dans l'érudition biblique du xIIᵉ,
que des travaux récents, tels ceux de B. Smalley (¹) ou ceux de
R. J. Loewe (²), ont mis en lumière. Il y a lieu d'insister ici sur
deux hébraïsants, Maurice, prieur augustinien de Kirkham, et
Herbert de Bosham. L'un et l'autre étudièrent l'hébreu dans leurs
jeunes années, s'intéressèrent à l'étrange erreur des « Salomites »,
épiloguèrent sur le vocabulaire et la syntaxe de la langue hébraïque
et purent se vanter d'être les émules de S. Jérôme : le premier,
pour avoir transcrit de sa main quarante psaumes en hébreu (³) ;
le second, pour avoir glosé le psautier d'après l'*hebraica veritas*
dans la version hiéronymienne (⁴). Si l'on considère que Maurice
de Kirkham affirme avoir pris modèle sur l'exemplaire de Gérard,
jadis archevêque d'York, qui fut transféré du siège de Hereford
en 1101 et mourut en 1108, c'est à l'aube du xIIᵉ s., voire au déclin
du xIᵉ, que remontent les premiers efforts de pénétration de la langue
et de la tradition hébraïques. Or, nous savons par ailleurs qu'entre
1090 et 1095, il y avait des conversations et des débats à Londres
entre Gilbert Crespin, abbé de Westminster, et un ou plusieurs
docteurs juifs (⁵), ce qui laisse supposer quelques références à la
tradition rabbinique.

(1) *The Study of the Bible in the Middle Ages*, Oxford, 1952 ; *Hebrew Scholarship among Christians in XIIIth Century England, as illustrated by some
Hebrew Psalters*, Londres, 1939.

(2) *The Mediaeval Christian Hebraists of England*, dans *Transactions of the
Jewish Historical Society of England*, 1953, t. XVII, p. 225 et sv. ; *The
Mediaeval Christian Hebraists of England. The « superscriptio Lincolniensis »*,
dans *Hebrew Union College Annual*, 1957, t. XXVIII, p. 205-252 ; *The Jewish
Midrashim, and Patristic and Scholastic Exegesis of the Bible*, dans *Studia
Patristica*, t. I, Oxford, 1957, p. 504 sv.

(3) « Quia vero Ebraice lingue et litteris adiscendis ego emulatus Jeronimum
quondam adolescentulus sub tribus annis studium impendi et de psalterio
Ebraico juxta exemplaria domini Gerardi quondam Eboracensis archiepiscopi
XL psalmos manu mea scripsi » (ms. *Oxford Bodl. Hatton 92*, f⁰ 10).

(4) B. SMALLEY, *A Commentary on the Hebraica by Herbert of Bosham*, dans
Recherches de Théologie ancienne et médiévale, 1951, t. XVIII, p. 29-65 ; R. J.
LOEWE, *Herbert of Bosham Commentary on Jerome's Hebrew Psalter*, dans
Biblica, 1953, t. XXXIV, p. 45 sv.

(5) Cfr R. W. SOUTHERN, *Saint Anselm and Gilbert Crespin, abbot of West-*

Il y a plus. A l'école des rabbins, les exégètes et théologiens du xiie s. ont retrouvé le courant de la prédication historico-morale, du *midrasch* s'appuyant sur l'Écriture, qui avait fortement imprégné les premières générations chrétiennes. Ce courant, qui remonte à l'Exil babylonien et au prophète Ézéchiel, avait mis l'accent sur le sens de la responsabilité, la nécessité de la pénitence, la recherche de la rectitude et de la pureté, accusant encore le sens du péché dont la religion d'Israël a toujours été imprégnée (¹). Issus de cette tendance midraschique, certains apocryphes juifs avaient dégagé la signification spirituelle du Jubilé. Ainsi, dans le *Livre des Jubilés*, dont nous ne possédons aujourd'hui qu'un fragment, il est dit que « les jubilés se succèdent jusqu'à ce qu'Israël soit lavé de toute faute, de toute infidélité, de toute erreur, et peuple la terre entière en toute sécurité : Satan sera anéanti, et tout mal aura disparu, et la terre sera purifiée à jamais » (L, 5) (²). On ne saurait exagérer l'importance attachée par l'auteur du *Livre des Jubilés* à la doctrine du péché et à la « circoncision du cœur » (³). Un autre écrit, le *IVe Livre des Maccabées*, véritable panégyrique des martyrs juifs, dont le récit s'apparente de près à celui du pseudépigraphe (*Macc.* II, 7), insiste à maintes reprises sur l'idée de combat spirituel, et nous introduit au cœur de la doctrine du péché et du rachat. Les souffrances des justes expient pour la communauté tout entière ; elles lui valent le pardon du péché et la faveur divine : « Leur vie a servi pour ainsi dire de rançon pour le péché de notre peuple. Par le sang de ces hommes pieux, par l'expiation de leur mort, la Providence divine a sauvé Israël... » (XVII, 22) (⁴). Enfin, la littérature rabbinique de l'époque post-chrétienne, très

---

minster, et les traités édités par le même et par C. C. I. WEBB, dans *Mediaeval and Renaissance Studies*, 1954, t. III.

(1) H. DE LUBAC, *Exégèse médiévale. Les quatre sens de l'Écriture*, Paris, s. d. [1959], t. I, p. 314.

(2) D'après la traduction anglaise, dans R. H. CHARLES, *The Apocrypha and Pseudepigrapha of the Old Testament* ..., Oxford, 1913, t. II, p. 81. On trouvera une liste des manuscrits et traductions anciennes, ainsi que des éditions et traductions modernes du *Livre des Jubilés* dans l'ouvrage de M. TESTUZ, *Les idées religieuses du Livre des Jubilés*, Paris, 1960, p. 12, 15-16.

(3) Cfr F. MARTIN, *Le Livre des Jubilés*, dans *Revue Biblique*, 1911, t. XX, p. 521 ; M. TESTUZ, *op. cit.*, p. 186.

(4) Traduction A. DUPONT-SOMMER, Paris, 1939 (*Bibliothèque de l'École pratique des Hautes Études, Sect. Sc. hist. et phil.*, fasc. 274), p. 151.

directement influencée par le *Livre des Jubilés* (¹), ne se lasse pas de rappeler le sens du péché et la nécessité de la pénitence. Le Jubilé de l'Ancienne Loi est ordonné à l'âme plus qu'au corps : c'est un temps de pénitence dans lequel on entre par l'office du Jour des Expiations où était donnée une absolution générale. Le *Talmud* ajoute qu'en l'année du Jubilé était concédée une indulgence plénissime. Et le pénitent est exhorté — en conformité avec *Exode* (xxiii, 17) et *Deut.* (xvi, 16) — à quitter sa demeure et à entreprendre une *peregrinatio* ayant valeur expiatoire (²).

D'autre part, dès ses origines lointaines, le concept de Jubilé porte en lui une idée de libération, de paix, de joie, qui, très tôt, a favorisé la collusion de deux termes voisins : *Jubileus* et *Jubilus*. Ici encore c'est la tradition de la Synagogue qui, dans un domaine différent, a influencé la spiritualité chrétienne. Le *Jubilus*, dans sa forme hébraïque et même chrétienne primitive, est une vocalise sans parole jointe à l'Alleluia (³). A l'imitation de la liturgie du sabbat, elle s'est introduite dans la liturgie de la messe pour accompagner le psaume que l'on chantait entre les lectures.

Cette acception — en même temps que l'assimilation *Jubilus-Jubileus* — est assumée par les auteurs dès avant la fin du xiie s. Ainsi, dans un manuscrit parfaitement daté des *Derivationes* d'Huguccio de Pise († 1210), qu'un scribe du nom de Jacques acheva de copier le 10 novembre 1284 (⁴), on peut lire à l'article *Jubilus-Jubilare* la définition suivante : *Cantare, gaudere quadam voce confusa, prae gaudio exultare et letari* ; sans transition aucune, le

(1) Voir sur ce point l'étude d'A. EPSTEIN, *Le Livre des Jubilés. Philon et le Midrasch Tadsché*, dans *Revue des Études Juives*. 1890, t. XXI, p. 80-97 ; 1891, t. XXII, p. 1-25.

(2) Nombreuses citations de la littérature rabbinique ancienne dans DE VOISIN, *Liber de Jubileo*, Paris, 1656. Voir également un résumé sommaire de l'évolution du sens du péché et de la pénitence chez les Juifs dans P. GALTIER, *Aux origines du sacrement de pénitence* (*Analecta Gregoriana*, LIV, *Series Facultatis Theologiae*, A. 6), Rome, 1951 p. 12 et suiv. On peut renvoyer aussi à la traduction en français du *Talmud de Jérusalem* par Moïse SCHWAB (Paris, 1960) : voir le *Traité Yoma*, c. VIII au t. III, p. 254-258.

(3) D'après S. Augustin *Enarr. in Psalmos*, *Ps.* XXXII (*P. L.*, t. XXXVI, c. 283) ; *Ps.* XC (*P. L.*, t. XXXVII, c. 1272). Cfr A. GASTOUÉ, art. *Jubilus* dans le *Dictionnaire d'Archéologie et de Liturgie chrétienne*, t. VII-2, col. 2770. Cfr aussi S. CORBIN, *L'Église à la conquête de sa musique*, Paris, s. d. [1960], (*Pour la Musique*), p. 112 sv.

(4) Ms. *Vat. Regin. lat. 1627*. Cfr le colophon f° 251ᵛ.

texte enchaîne : *et hebraice jubileus est annus requisitionis gaudii et leticie et remissionis* (¹). De son côté, Richard de St-Victor, glosant sur le sens mystique du Jubilé, qui revient après un intervalle de sept fois sept années (*Lev.* xxv, 8), voit en la quarante-neuvième année le stade où l'âme atteint le repos parfait dans la possession de la grâce, tandis qu'en la cinquantième année qui est dite jubilaire (*jubileus annus*), l'âme exulte d'une grande joie, les désirs charnels ne l'assaillent plus, les exercices spirituels lui sont devenus habituels et la réjouissent : elle est ravie dans la louange parfaite (²). C'est la même résonance qui ressort du *Speculum caritatis* où Ælred de Rievaulx assimile le parfait sabbat à l'amour contemplatif et l'année jubilaire à la plénitude du repos dans l'union mystique (³).

On connaît la carrière du *Jubilus* dans la spiritualité cistercienne et son introduction dans la mystique de croisade (⁴), mais on n'a prêté attention jusqu'ici ni à l'intérêt que le *Jubilus* hébraïque suscitait en lui-même, au tournant des xiiᵉ-xiiiᵉ s., ni à son interprétation connexe de la notion de Jubilé. Or, c'est en relation avec le culte de S. Thomas Becket que cette interprétation se manifeste. Nous en avons deux attestations. L'une, qui ne saurait être postérieure aux années 1185-1187, émane justement d'Herbert de Bosham, ami et biographe du martyr. L'autre, en relation directe avec l'institution du premier Jubilé de S. Thomas, se trouve dans un document officiel du pape Honorius III, document qui n'en porte pas moins une note personnelle (peut-être inspirée au pontife par Étienne Langton ?).

Dans une homélie pour le *dies natalis* de S. Thomas, suite à son *Liber Melorum* (⁵), Herbert nous donne une description du *Jubilus*

(1) *Ibid.*, f° 108ᵛ.
(2) *Super Leviticum* XXV. Cité par Godefroi TILMAN, *Allegoriae simul et Tropologiae in locos utriusque Testamenti selectiores judicio collectae ... e monimentis unius et triginta Authorum*, Paris, 1574, f. 103ᵛ.
(3) III, 6 (*P.L.*, t. CXCV, col. 582, 583).
(4) Cfr H. GRUNDMANN, *Jubel*, dans *Festschrift für Jost Trier*, Meisenheim, 1954, p. 477-511 ; A. WILMART, *Le « Jubilus » dit de saint Bernard*, Rome, 1944, Introduction à l'édition ; R. FOREVILLE, *op. cit.*, p. 32-33.
(5) *P. L.*, t. CXC, c. 1293-1413. L'homélie occupe les colonnes 1403-1413. Elle reprend le même thème que le *Liber* et semble contemporaine. La date du *Liber Melorum* se déduit des notations de l'auteur : composé en Angleterre sous le pontificat de Baudouin de Canterbury, et avant l'élévation à la tiare

chez les Juifs — nouvelle preuve de ses relations avec les milieux de la Synagogue : *Et ita juxta morem hunc Hebraeorum cantica a magistro ordinata sunt et composita ut primo a cantico moeroris, a voce humili inchoent, et ita sensim ad altiora procedant, ad cantica videlicet exultationis et laudis et demum in summo vox altissima et acutissima jubilus.* Et l'homéliste nous montre en Thomas ce chantre (*dux noster et praecentor*) qui, préposé au chœur mystique, a commencé par vocaliser sur des notes plaintives et, à travers les modes variés de la mélodie exprimant la tristesse, peu à peu s'est élevé jusqu'au chant de louange auquel il nous convie au jour de son triomphe, pour parvenir enfin dans le royaume, au chant suave et délectable de la jubilation [1].

Plus tard, lorsque, en janvier 1219, Honorius III autorisa le cardinal Langton à procéder à l'élévation des restes mortels de S. Thomas, c'est encore le chant de jubilation qu'il évoque, et, profitant d'une consonance sémantique fortuite, il assimile Canterbury, *Cantuaria*, à l' « autel du chant » (*cantus*), cette vocalise d'exultation dont la Cité, désormais, doit résonner dans la jubilation : *... quin immo civitas ipsa tota Deo potest et debet in exultationis voce non immerito jubilare ... quasi felici presagio suum videtur esse sortita vocabulum ex eventu ac si dicatur expresse Cantuaria cantus are* [2].

Il serait étonnant qu'Étienne Langton ne fût pas, lui aussi, entré en contact avec les milieux hébraïsants : nous n'en avons rencontré jusqu'ici aucune preuve directe, mais sa réputation d'exégète, glossateur de toute la Bible [3] (dont un *Psautier* aujourd'hui perdu) à une époque où l'on se pique déjà d'érudition philologique, milite en faveur d'une telle hypothèse. Quoi qu'il en soit, sa contribution à la notion de Jubilé spirituel devait être décisive. D'abord, parce que c'est à lui que revient l'assimilation de la Translation de S. Thomas à un Jubilé. Sur ce point, tous les témoignages concordent [4], depuis les Annales contemporaines jusqu'aux textes

---

d'Albert de Mora (Grégoire VIII), c.-à-d. entre janvier 1185 et le 21 octobre 1187.

(1) *Ibid.*, c. 1411.

(2) Pressuti, *Reg. Hon. III*, 1840 ; R. Foreville, *op. cit.*, P. J. n° 1, p. 163-164 (26 janvier 1219).

(3) Cfr notre article *Étienne Langton*, à paraître dans le *Dictionnaire de Spiritualité*.

(4) Nous les avons analysés dans *Le Jubilé de saint Thomas Becket*, p. 11.

directement inspirés par Langton (tel l'Office de la Translation fixé avant la fête liturgique du 7 juillet 1221) ou écrits par lui (tel le Sermon sur la Translation qu'il prononça au jour même de la solennité, le 7 juillet 1220).

Dans ce sermon, le cardinal Langton s'exprime ainsi :

« ... in Christo testamur praeter humanam providentiam accidisse, Dei gratia taliter procurante, quod anno quinquagesimo passionis ipsius [i. e. Thomas], venerabile corpus ejus gloriam translationis accepit. Quid autem nobis per istum insinuatur eventum? Quinquagenarii nobis virtus indicat, quam remissionis numerum esse constat, quod nullus sacrae paginae lector ignorat. Ex hoc igitur quod anno quinquagesimo transferri voluit, spem certam nobis tribuit, quod nisi per nos steterit, remissionis nobis gratiam obtinebit... » (1).

Et on lit dans l'Office de la Translation, au Ier nocturne : *Sicut enim in Lege, anno jubilaeo fiebant remissiones : sic et in anno jubilaeo translationis ipsius martyris onera poenitentium remittuntur* (2).

Mais, avec Langton, le stade purement exégétique est dépassé, c'est le contenu même du Jubilé chrétien qui se trouve défini. On passe sur le plan proprement théologique. Et, dans ce domaine, l'apport de Langton et de ses émules n'est pas moins décisif.

II. — Élaboration théologique : le Jubilé-rémission.

Bien que le contenu théologique de l'idée de Jubilé — comme celui de l'indulgence — ne relève pas directement de la doctrine sacramentaire, il implique une juridiction spirituelle de miséricorde ou d'équité, exerçant le pouvoir des clés dans un domaine qui, pour être extra-sacramentel, n'en est pas moins connexe et complémentaire de la pénitence conçue comme sacrement. Il repose sur le concept de rémission dont relève le sacrement de pénitence autant que sur celui de mérite surérogatoire. Il n'est donc pas surprenant que l'idée de Jubilé-rémission ait pris son essor tardivement, et seulement à la suite d'une élaboration théologique parti-

(1) *P. L.*, t. CXC, c. 421.
(2) Bréviaire de Salisbury, lectio III (R. FOREVILLE, *op. cit.*, p. 93).

culièrement intense dans l'ordre de la doctrine sacramentaire, c'est-à-dire au tournant des xiie-xiiie s.

Nous préciserons d'abord l'objet et la méthode de recherche. C'est dans les premières Sommes théologiques et dans les Sentences qu'il faut chercher l'élaboration progressive de la notion de rémission, essentielle à l'idée du Jubilé chrétien, les théologiens ayant pris le pas sur les canonistes depuis l'introduction de la dialectique dans la matière pénitentielle, c'est-à-dire dès le début du xiie s. On ne saurait s'attendre cependant à trouver dans les œuvres proprement théologiques de ce siècle une référence quelconque au terme de Jubilé, pas même (à de très rares exceptions près) à celui d'indulgence. Les auteurs se préoccupent de définir la contrition, la rémission, la satisfaction intra et extra-sacramentelles et de préciser leurs modes d'opération. S'ils font allusion à l'indulgence, c'est sous la forme d'absolution générale ou de rémission générale. L'indulgence n'acquerra vraiment droit de cité et domicile fixe (à la D. XX du Livre IV des Sentences) qu'au xiiie s. Dès la fin du xiie s. cependant, commencent à prendre forme de véritables Traités *De poenitentia* qui constituent une section des Sommes ou des Sentences, et apparaissent des considérations relatives à la juridiction considérée soit *in foro poenitentiali*, soit en général autour du pouvoir des clés.

A la suite d'une enquête étendue à travers de telles rubriques dans les textes publiés, et de sondages dans ceux qui dorment encore en d'innombrables manuscrits, nous avons acquis la conviction que l'élaboration théologique de l'idée de Jubilé-rémission était achevée dès les premières années du xiiie s. dans l'École parisienne. Pour préciser davantage, disons : entre le moment où Étienne Langton cesse son enseignement (c. 1206) et le moment où, après l'exil et le séjour à Rome lors du IVe concile du Latran, il réintègre définitivement le siège de Canterbury (1218), d'ores et déjà pourvu de toutes assurances concernant la prochaine translation des restes de son prédécesseur.

Nous ne passerons pas en revue toutes les œuvres consultées, un nombre considérable, d'ailleurs, n'ayant apporté aucun bilan positif. Ce qui importe, c'est de marquer les étapes essentielles dans l'essor de la doctrine pénitentielle qui devait conduire Langton à proclamer — en accord avec le pape Honorius III — la grâce de rémission en l'année jubilaire de S. Thomas, cinquante ans après le martyre. Parmi les précurseurs, nous retiendrons Robert Pullus ;

parmi les maîtres probables de Langton (¹), Pierre Comestor et Pierre le Chantre ; nous essaierons de dégager enfin l'apport personnel de l'archevêque de Canterbury, et ce qui manque encore pour parfaire la doctrine.

Le premier à concevoir un exposé quasi systématique de la pénitence (si l'on excepte le *Libellus de celanda confessione* de Lanfranc) (²) est l'Anglais Robert Pullus (Le Poule, Pulleyn). Il affirme, dans ses *Sentences* (³), que l'absolution — signe sacramentel du pardon divin — comporte en soi efficacité quant à la remise de la peine éternelle due au péché, mais que le pécheur demeure lié par la peine temporelle jusqu'à l'accomplissement de la *satisfactio condigna*. Toutefois, dit-il, nul ne peut connaître avec certitude s'il a réellement accompli la *satisfactio condigna* ; il peut arriver que l'œuvre satisfactoire prescrite par le confesseur soit insuffisante, de sorte que Dieu requière une satisfaction complémentaire, soit ici-bas par la souffrance, soit au purgatoire par la peine (L. VI-VII). Enfin, dans son *De contemptu mundi* (⁴), il laisse entendre que les œuvres satisfactoires entreprises spontanément sont plus louables et méritoires que celles accomplies sur l'ordre du confesseur, parce qu'elles émanent de l'amour plus que de la crainte. On saisit comment, par le biais des œuvres surérogatoires comme par la disjonction entre la satisfaction prescrite et le montant de la dette du pécheur, Robert Pullus ouvre la voie à l'idée d'une rémission gracieuse de la peine, marquant ainsi une étape utile dans l'orientation de la théologie pénitentielle.

Si l'apport de Pierre Lombard semble négligeable pour notre propos, celui de Pierre Comestor dans les *Sententiae de Sacramen-*

---

(1) Les uns considèrent Langton comme disciple de Pierre le Chantre (Powicke, *Stephen Langton*, Oxford, 1928 ; *Biographical note on recent Work upon Stephen Langton*, dans *Engl. Hist. Rev.*, 1929, t. XLIV, p. 87-93 ; J. Veal, *The Sacramental Theology of Stephen Langton...*, Rome, 1955, p. 53 sv) ; les autres le considèrent comme disciple de Pierre Comestor (G. Lacombe, *The Questiones of Cardinal Stephen Langton*, dans *New Scholasticism*, 1929, t. III, p. 15 ; O. Lottin, *Un nouveau manuscrit fragmentaire de la Somme d'Etienne Langton*, dans *Rech. de Théol. anc. et méd.*, 1929, t. I, p. 497 ; 504).

(2) *P. L.*, t. CL, c. 625-632.

(3) Éd. H. Mathoud, Paris, 1655. Cfr aussi F. Courtney, *Cardinal Robert Pullen (Analecta Gregoriana, LXIV)*, Rome, 1954, p. 232 sv.

(4) Éd. M. Bateson, Cambridge, 1898, p. 216.

412

tis ([1]) et celui de Pierre le Chantre dans la *Summa de Sacramentis et animae consiliis* ([2]) sont au contraire décisifs. Le premier s'efforce de distinguer entre la satisfaction ou pénitence intérieure — c'est-à-dire la componction — et la satisfaction extérieure, à savoir l'acte de la confession et l'œuvre satisfactoire (p. 66*) ; partant de la définition alors admise du sacrement — *sacramentum sacrum signum* — il recherche la réalité signifiée dans les différentes opérations constitutives du sacrement de pénitence (p. 72*). Le second, plus original, donne un grand développement au Traité de la pénitence, lui rattachant la discussion de questions telles que le mérite (par. 79-89, 95) ; les suffrages de l'Église (par. 99, 109, 111) ; le danger des rémissions générales (par. 110, App. I, par. 7), l'accomplissement de la pénitence extérieure étant nécessaire aussi bien *ad cautelam* qu'à la satisfaction proprement dite (par. 87). Il met l'accent sur l'importance de la contrition dans son intensité émanant de la ferveur de la charité (par. 86, 88, 104 ; App. I, par. 2-4). Il affirme que, dans la rémission extra-sacramentelle, l'autorité de l'Église est efficace dans la mesure même où la componction du cœur procède de la ferveur de la charité (App. I, par. 7, *in fine*). Il y a enfin, inclus dans son traité de la pénitence, l'esquisse d'un traité des vertus et des vices (par. 117-129).

Sur la voie ainsi tracée, Étienne Langton aboutira à donner une définition précise du sacrement dans son essence : *Similitudo cum re principali*, ressemblance avec la grâce principale conférée. Si cette définition ne devait pas l'emporter sur la formule traditionnelle, du moins lui permit-elle de saisir et d'exprimer, mieux que ses devanciers, la réalité même du sacrement de pénitence : *Exterior contritio signum est interioris et sacramentum ; interior sacramentum est remissionis peccati et ... habet similitudinem cum re sua ... Est ergo similitudo exterioris contritionis ad interiorem, et interioris ad remissionem peccati ... Exterior contritio non semper efficit quod figurat, scilicet remissionem peccati* (*Qu. 96*). Pour l'ensemble de sa doctrine pénitentielle, Langton se rattache étroitement à Pierre le Chantre. Notamment, sa conception de la rémission extra-sacra-

---

(1) Éd. R. M. MARTIN (*Spicilegium Sacrum Lovaniense* 17), Louvain, 1937, Appendice, p. 58*-105*.

(2) Éd. J.-A. DUGAUQUIER, 2e partie (*Analecta Mediaevalia Namurcensia*), Louvain-Lille, 1957.

mentelle telle qu'elle se dégage de ses *Quaestiones theologicae* (¹) et
de ses sermons est conforme à celle de son devancier ; comme lui,
il insiste sur la pénitence intérieure et l'intensité de la charité.

On mesure l'effort de recherche et de détermination fourni par
les maîtres parisiens, en particulier par Étienne Langton, en vue
de préciser les éléments constitutifs du sacrement de pénitence — si
difficile à faire entrer dans une définition générale des sacrements
parce que ni sa matière ni sa forme ne se laissent appréhender aisément. Au terme de ce long travail d'élaboration, non seulement
ces éléments sont désormais acquis, mais diverses questions se
trouvent du même coup élucidées : sinon celle de la réviviscence
des péchés et de la réitération de leur remise, du moins la valeur
de la contrition seule, le rôle de la confession en tant qu'acte pénitentiel et satisfactoire, la nécessité de la satisfaction, la remise
de la peine éternelle par la contrition, les cas où la peine éternelle
est commuée en peine temporelle, ceux où toute peine peut se
trouver remise ; l'effet du péché mortel (*reatus*) et celui du péché
véniel (obscurcissement de la charité) ; la détermination des clés
(science du discernement et pouvoir, c'est-à-dire juridiction).

Certes, il s'en faut encore que la notion de rémission extra-sacramentelle soit entièrement circonscrite. Mais, le terrain est déblayé
et la voie ouverte à la doctrine classique selon laquelle l'indulgence
découle de la disposition du trésor infini des mérites par la *plenitudo potestatis* pontificale. Les contemporains et les émules d'É-
tienne Langton ont senti le hiatus et ils n'ont pas osé s'engager
à fond dans le domaine de la disposition et de la réversibilité des
mérites. Robert de Courçon, par exemple, dans son traité *De poenitentia* (²) dont le but est surtout pratique, parlant des absolutions
générales ou indulgences, affirme qu'elles tirent leur efficacité des
suffrages de l'Église, mais il demeure dans une prudente réserve
quant à leurs effets : elles *peuvent* obtenir la diminution de la peine,
l'impétration de la grâce, l'effacement des péchés véniels. Cepen-

(1) Mss *Paris, B.N. lat. 14556* et *16385* ; *Cambridge, St. John's College, 57* ;
Vat. lat. 4297 ; *Chartres, 430.* Sur la tradition manuscrite, cfr G. LACOMBE,
The Questions of Cardinal Stephen Langton, dans *New Scholasticism,* 1949,
t. III, p. 113 sv. — Pour les autres œuvres de Langton, voir la bibliographie
dans notre article cité *supra,* p. 408, n. 3.

(2) Éd. V. L. KENNEDY, *Robert Courson on Penance,* dans *Mediaeval Studies,*
VII (1945), p. 294-336.

414

dant, au regard de la rémission (de la peine), il se range à l'opinion
de Pierre le Chantre, à savoir que nul, fût-il un ange, à moins
d'une révélation spéciale, n'en saurait préciser l'étendue : celle-ci
dépend de la ferveur de, l'impétrant, de celle des suffrages et de
leur nombre. Une rémission plénière — entendons, dans le sens
restreint où son effet serait égal à la durée indiquée dans la publication de l'indulgence — est chose qui *peut* arriver. En tout
état de cause, ce que Dieu mesure, ce n'est pas tant l'œuvre satisfactoire que la ferveur de la volonté : *cum Deus non pensat factum
sed affectum* (c. XIII). Et Pierre de Poitiers qui, dans son *Liber
poenitentialis* (¹), consacre un long développement à l'usage des
indulgences, enseigne, lui aussi, que l'œuvre satisfactoire, par
exemple l'aumône pour la fabrique d'une église, n'a d'efficacité
qu'en raison de la volonté droite, ce qui requiert du riche un don
plus large que l'obole du pauvre, sinon son désir d'obtenir le pardon n'est pas sincère.

Il est non moins remarquable que Robert de Courçon recommande à l'évêque, lorsqu'il promulgue une rémission générale,
de le faire avec la plus grande circonspection quant à l'effet de
l'indulgence. De telles rémissions ont été instituées pour inciter
à rejeter et expier le péché mortel, à titre supplétif et en vue de
l'affermissement dans la grâce : *et ideo quasi ad cautelam et robur*
(c. XIII). Étienne Langton, célébrant le premier Jubilé de S. Thomas, pourtant affirmatif quant à l'ampleur des mérites du martyr
et à la grâce de rémission qui en découle — espérance certaine de
pardon des péchés et de salut éternel — ne souffle mot de l'effet
direct, et prend soin de réserver les dispositions prochaines : pourvu que nous ne fassions pas obstacle à la grâce (²).

C'est que la recherche théologique dans le domaine sacramentel
est alors ordonnée à des fins pratiques : elle vise le ministère, spécialement celui que le prêtre exerce au tribunal de la pénitence,
dans la confession auriculaire, préconisée comme nécessaire, de

---

(1) Troisième Section des *Sentences*, éd. MATHOUD (Paris, 1655) reprise dans
la *Patrologie latine*, t. CCXI, c. 789-1280. Nouvelle éd. en cours dans les
Publications in Mediaeval Studies (University of N. D., Indiana), Première
Section par Ph. S. MOORE et M. DULONG (vol. VII, 1943) ; Deuxième Section
par les mêmes et J. N. GARVIN (vol. XI, 1950). Voir également Ph. S. MOORE,
*The Works of Peter of Poitiers master of Theology and Chancellor of Paris (1193-
1205)* (même collection, vol. I, 1936).

(2) Cfr *supra*, p. 409, en fin de citation.

plus en plus répandue dans l'usage et, finalement, rendue obligatoire dans l'Église universelle par le IVe concile du Latran (c. 21). Autrement dit, le souci dominant est d'ordre pastoral. Et la notion de Jubilé a sa place dans la pastorale d'ensemble orientée vers le salut personnel, préoccupation majeure de l'épiscopat à l'aube du XIIIe siècle.

III. — Le Jubilé chrétien dans la pastorale d'ensemble à l'aube du XIIIe siècle

Nous avons déjà souligné le caractère essentiellement pratique qui se dégage de certains traités de la pénitence, entre autres ceux de Pierre le Chantre et de Robert de Courçon : avec eux, des problèmes d'ordre canonique pénètrent les exposés dogmatiques et, de l'examen de nombreux cas de conscience, se dégage une sorte de casuistique. Par un choc en retour, les canonistes feront bientôt de larges emprunts aux théologiens, tandis que l'assimilation de la pénitence à un tribunal et du confesseur à un juge favorisera la « juridisation » du sacrement.

En fait, il s'agit d'administrer la morale dans ses applications particulières aux cas d'espèce et aux individus, en cherchant davantage la guérison de l'âme pécheresse que la sanction du péché. A l'heure où la pénitence privée l'emporte définitivement sur les tarifs pénitentiels (désormais relégués au traitement des *irregularitates* encourues dans certaines fautes graves) ; où la pénitence extérieure est déclarée « arbitraire » c'est-à-dire à la discrétion du confesseur ; où, déduisant la conclusion logique de l'accord des théologiens quant à la nécessité de la confession, le IVe concile du Latran en proclame l'obligation et la réglemente (c. 10, 21), le souci majeur des pasteurs réside, d'une part dans la formation des prêtres au ministère des âmes et au discernement, d'autre part dans l'éducation des fidèles au sens du péché. Pour y parer, divers moyens sont mis en œuvre dans une action réfléchie et concertée : c'est par exemple la floraison des statuts synodaux dès les toutes premières années du XIIIe s. ; c'est la multiplication des Sommes ou Manuels à l'usage de ceux qui doivent exercer le ministère du confessionnal, au point qu'on a pu parler d'un véritable genre littéraire, celui des traités de « jurisprudence divine » (1) ;

(1) A. TEETAERT, *Quelques « Summae de paenitentia » anonymes de la Bi-*

416

c'est aussi le renouvellement du genre homilétique ; la fréquence accrue des Sermons et leur orientation morale, tendance que la prédication franciscaine devait encore développer dans la suite.

Les statuts synodaux et les *Summae confessorum* commencent à être mieux connus. Ce n'est pas le lieu d'y revenir, si ce n'est pour souligner l'importance de l'effort entrepris à l'époque dans certains milieux qui, justement, touchent de près à la personne d'Étienne Langton. D'une étude approfondie des plus anciens Manuels des confesseurs, due à P. Michaud-Quantin (¹), on peut déduire que le mouvement a commencé très tôt en pays anglo-normand (avec le Pénitentiel de Barthélémy d'Exeter (²)) pour s'intensifier à partir de 1200 : or, sur six manuels retenus par l'auteur, trois émanent de clercs anglo-normands, celui de Roger de St-Pair, archidiacre et pénitencier de Rouen, composé à l'intention, et probablement à la demande de l'archevêque Gautier de Coutances († 1207), transféré en 1184 du siège de Lincoln ; celui de Robert de Flamborough (³), pénitencier de St-Victor, rédigé vraisemblablement entre 1210 et 1215, à la demande de Richard Poore, alors doyen de Salisbury, son frère Herbert étant évêque du lieu ; et celui de Thomas de Chobham (⁴), vice-doyen du même chapitre un peu plus tard, sous l'épiscopat du même Richard Poore qui avait succédé à son frère en 1217. Richard Poore, disciple et ami d'Étienne Langton, est bien connu par son action réformatrice, la publication de statuts synodaux, et sa participation active aux côtés de l'archevêque à la Translation de S. Thomas. Ces traités insistent,

---

bliothèque *Nationale de Paris*, dans *Miscellanea G. Mercati*, t. II, Cité du Vatican, 1946, p. 315.

(1) *A propos des premières Summae Confessorum. Théologie et Droit canonique*, dans *Rech. de Science religieuse* 1959, t. XXVI, p. 264-306. Nous exprimons ici notre gratitude à M. l'abbé Michaud-Quantin qui, avant la publication de cet article, nous avait généreusement signalé ses principales sources manuscrites. Il est clair que le mouvement né au xii⁰ siècle sous l'impulsion de la hiérarchie ne doit rien, du moins à ses origines, à l'action des ordres mendiants, comme l'insinue un raccourci suggestif mais trop peu nuancé de J. Le Goff, *Temps de l'Église et temps du marchand* (dans *Annales, E.S.C.*, 1960, t. XV, p. 429).

(2) Éd. A. Morey, Cambridge, 1937.

(3) *Liber Poenitentialis*, mss *Paris, Bibl. Arsenal*, 386 et 526 ; éd. partielle J. F. Schulte, Giessen, 1868.

(4) *Liber Poenitentialis*, dit « du pape Innocent », éd. incunable, Cologne et Louvain (Hain 13153 et 13154).

certes, sur le caractère arbitraire de la pénitence, mais aussi sur l'importance de la pénitence intérieure ou l'intensité de la contrition : Roger de St-Pair, par exemple, met notablement en valeur une citation de S. Jérôme, passée presque inaperçue dans le contexte des anciens Pénitentiels, voire dans celui du Décret de Gratien (*Poen.* I, 86) : *apud Christum plus valet mensura doloris quam tempora.* Quant à Robert de Flamborough et Thomas de Chobham, mettant leur science de théologiens à la disposition du ministère, ils n'hésitent pas à faire une large place à un exposé des péchés capitaux dans leurs formes diverses, véritable guide de l'examen de conscience ([1]).

Non moins important fut, on s'en doute, l'effort pratique tenté à Paris sous l'épiscopat d'Eudes de Sully († 1208) ([2]) et celui de son successeur Pierre de Nemours († 1219). Alain de Lille, auteur, lui aussi, d'un *Liber poenitentialis* ([3]), y avait enseigné à la fin du XIIe s. ; Thomas de Chobham y enseignait certainement en 1213-1214 et peut-être encore vers 1225 ; Robert de Courçon y rédigeait sa *Summa* avant 1207 ; et Pierre de Roissy, qui exerça un temps le ministère dans l'entourage de Foulque, curé de Neuilly, s'inspirait aussi bien du Pénitentiel de Robert de Flamborough que de la Somme de Robert de Courçon, dans son traité des Sacrements ([4]), également orienté vers les problèmes d'ordre pastoral.

L'influence du courant réformateur parisien sur les réformateurs d'Outre-Manche, et notamment sur Étienne Langton, leur chef

---

(1) P. MICHAUD-QUANTIN, *art. cit.*, p. 280, 295-296.

(2) Cfr V. L. KENNEDY, *The moment of Consecration and Elevation of the Host*, et *The date of the Parisian decree on the elevation of the Host*, dans *Mediaeval Studies*, 1944, t. VI, p. 121-150, et 1946, t. VIII, p. 87-96 ; L. GUIZARD, *Recherches sur le texte des statuts synodaux d'Eudes de Sully, évêque de Paris* (1196-1208), dans *Bulletin d'information de l'Institut de Rech. et d'Hist. des Textes*, 1956, t. V, p. 53-69.

(3) Nous n'avons malheureusement pas été en mesure de consulter la recension longue (ms. *Trèves, Stadtbibl. 1240/64* ; *Bamberg, can. 21* ; *Lilienfeld 144*), qui seule comporte un développement sur les indulgences.

(4) *Manuale de Mysteriis Ecclesiae*, ms. *Paris, B.N., Nouv. acqu. lat. 232, De Poen.* fos 108v-120r. Cfr V. L. KENNEDY, *The Handbook of Master Peter Chancellor of Chartres*, dans *Mediaeval Studies*, 1943, t. V, p. 1 sv. ; S. KUTTNER, *Pierre de Roissy and Robert of Flamborough*, dans *Traditio*, 1944, t. II, p. 493-499.

de file, a été excellemment mis en lumière par C. R. Cheney (¹). Non seulement Langton a connu les promoteurs du mouvement au temps où il enseignait à Paris, mais comme docteur en théologie, il contribua à sa formation, et plus tard, banni d'Angleterre par Jean sans Terre, il séjourna en France et revint à Paris. Il eut l'occasion de rencontrer son ancien collègue et compatriote Robert de Courçon, devenu légat d'Innocent III, et de lui faire part de ses propres préoccupations pastorales à l'heure où celui-ci promulguait dans les conciles qu'il présida à Paris et à Rouen une longue série de canons réformateurs (²), traduction en acte de l'enseignement des théologiens et des canonistes. Or, le premier soin de Langton, dès son retour en Angleterre (16 juillet 1213) et avant même la levée de l'interdit (2 juillet 1214), fut de promulguer des statuts pour son propre diocèse, statuts directement inspirés de ceux de Robert de Courçon, et axés sur la pastorale des sacrements, si l'on en juge d'après les fragments qui nous sont parvenus (³).

On voudrait mieux connaître l'enseignement pastoral de Langton. Malheureusement, son œuvre homilétique, considérable (plus de cinq cents sermons), demeure inédite et jusqu'ici n'a pas été étudiée. Il est significatif toutefois, que les rares lettres et sermons actuellement accessibles aient la même résonance que ses *Commentaires* et ses *Questions* dont un très grand nombre abordent directement le problème du péché, de la satisfaction, de la rémission. On y décèle aisément un double mouvement, correspondant à celui de la conscience qui, éclairée par la lumière d'en haut, perçoit le péché ; il prend en considération à la fois la justice et la miséricorde divines, le péché et la contrition, la satisfaction et la rémission de la peine. Cette tension est recherche d'équilibre vers le haut : appel à la componction et à la pénitence, à la charité parfaite qui efface la peine en même temps que la faute parce qu'elle suscite

---

(1) *The Earliest English Diocesan Statutes*, dans *Engl. Hist. Rev.*, 1960, t. LXXV, p. 1-29.

(2) *Ibid.*, p. 14-15. Sur les conciles réformateurs de Paris et Rouen, préparatoires au concile du Latran, et le rôle du légat pontifical, cfr M. et Ch. Dickson, *Le cardinal Robert de Courson. Sa vie*, dans *Archives d'Histoire doctrinale et littéraire du Moyen âge*, 1934, t. IX, p. 85 sv.

(3) C. R. Cheney, *art. cit.*, a établi la parenté entre les statuts réformateurs parisiens et ceux qui furent publiés en Angleterre. On lui doit la restitution à Langton de la Collection *Concilium incerti loci* (Mansi, t. XXII, c. 723),

une contrition correspondante : *Tanta fuit caritas in Magdalena et non solum culpam delevit sed etiam penam, que sane intelligendum est quoniam pena nunquam dimittatur sine aliqua satisfactione, excepto baptismo. Ideo intelligimus eam tantam habuisse contritionem que pene responderet* (¹).

A l'enseignement des *Quaestiones*, font écho les lettres et les sermons. Ainsi, lorsque la persécution éclate, il incite les fidèles à méditer sur la justice et la miséricorde de Dieu en faisant retour sur leurs péchés : demandez-vous si ce vénérable royaume d'Angleterre a satisfait en proportion du péché encouru dans le martyre infligé à S. Thomas (²). A son retour, il prêche solennellement devant la Cour, expliquant les conditions morales indispensables à la levée de l'interdit et, une fois encore, il incite les fidèles à faire de dignes fruits de pénitence afin de recouvrer la grâce : *sic ergo quilibet peniteat ut refloreat* (³).

Si l'on replace le sermon sur la Translation de S. Thomas dans le contexte de cette pastorale d'ensemble, inspirée par le sens de Dieu et du péché, par la valeur rédemptrice de la pénitence intérieure, c'est-à-dire d'une contrition parfaite informée par la charité, par le désir d'éducation morale de la conscience chrétienne : alors, l'indiction du Jubilé en 1220 est l'aboutissement normal de cette voie de pénitence en vue d'obtenir le pardon des péchés et le salut éternel. Nulle séparation entre la spiritualité du docteur *in sacra pagina*, la doctrine du maître parisien, l'exhortation du pasteur.

Les préoccupations de Langton sont aussi celles de la hiérarchie : celles qu'expriment les statuts synodaux et les Manuels des confesseurs, celles que prescrit le IVe concile du Latran. Et ce n'est pas coïncidence fortuite si le premier Jubilé chrétien dûment attesté fut promulgué à l'heure même où la doctrine pénitentielle de l'Église trouvait son achèvement dans la Somme de Paul de Hongrie, vraisemblablement présentée au chapitre général dominicain de 1220 (⁴), et surtout dans la *Summa de casibus poenitentiae* de

(1) Ms. *Paris, Bibl. Nat., lat. 14526*, fᵒ 160. D'après G. LACOMBE, *art. cit.* p. 128.

(2) *Acta Stephani Langton*, éd. K. MAJOR, p. 3.

(3) G. LACOMBE, *An unpublished document on the Great Interdict (1207-1213)*, dans *The Catholic Historical Review*, 1930, t. XV (n. s. IX), p. 419.

(4) *Summa de Poenitentia*, dans *Bibliotheca Casinensis*, t. IV, Mont-Cassin, 1880, p. 191-215 ; P. MICHAUD-QUANTIN, *art. cit.*, p. 299.

S. Raymond de Peñafort, premier traité de théologie morale,
« ouvrage capital dans l'histoire de la discipline et des institutions
pénitentielles de l'Église » dont la première édition remonte également à 1220 (¹). Que, dans cette promulgation, le souci pastoral
l'emporte sur toute autre considération — si ce n'est l'information
doctrinale — c'est ce qui ressort de toute l'attitude d'Étienne
Langton. C'est aussi l'enseignement du pape Honorius III qui
exhorte les fidèles à aller « au-devant de leur saint martyr et patron dans la paix et la concorde, conservant le lien de la charité,
la conscience lavée de tous péchés et ornée de bonnes œuvres » (²).
On ne saurait mieux marquer que la rémission extra-sacramentelle
ne saurait être dissociée du sacrement de pénitence puisqu'elle
suppose le pardon des péchés et l'état de grâce. Dès l'origine en
1220, l'indulgence du Jubilé de S. Thomas fut assimilée à l'indulgence de croisade qui, seule auparavant, avait été parfois qualifiée
de Jubilé par les prédicateurs, tel S. Bernard : *annus iste placabilis
Domino et vere jubilaeus* (³). A la fois générale et plénière, sans
toutefois recevoir une parfaite explicitation, l'indulgence de croisade
avait été définie par le pape Grégoire VIII : « une relaxation de
tous les péchés dont il a été fait confession droite » (*rectam confessionem*) (⁴), ou encore par Pierre de Blois : « une pénitence accom-
plie et une satisfaction suffisante des péchés commis » (⁵).

C'est donc au confluent de l'exégèse biblique, de la théologie
spéculative et de la théologie morale orientée vers la pratique de
la pénitence privée, qu'il faut placer l'élaboration du concept de
Jubilé-rémission tel qu'il apparaît chez Étienne Langton. Est-ce
à dire que le Jubilé ait reçu, dès 1220, le caractère pleinement in-

---

(1) Éd. Rome, 1603. Cfr S. Kuttner, *Zur Entstehungsgeschichte der « Summa
de casibus poenitentiae » des hl. Raymond von Penyafort*, dans *Zeitschrift der
Savigny-Stiftung, Kan. Abt.*, 1953, t. XXXIX, p. 419-434 ; P. Michaud-
Quantin, *art. cit.*, p. 300.

(2) Pressuti, *Reg. Hon. III*, 1830 ; R. Foreville, *Le Jubilé de saint Thomas
Becket*, P. J. n° 2, p. 164.

(3) *Ep.* 362, (*P. L.*, t. CLXXXII, c. 566). Et le texte continue : « Suscipe
crucis signum et omnium pariter de quibus corde contrito confessionem feceris,
indulgentiam obtinebis » (*Ibid.*, c. 567).

(4) Bulle d'indiction de la croisade, 29 octobre 1187 (*P. L.*, t. CCII, c. 1542).

(5) *De Hierosolymitana Peregrinatione acceleranda*, 1188 (*P. L.*, t. CCVII,
c. 1061).

stitutionnel qu'il revêtira par la promulgation solennelle de Boniface VIII en 1300 ?

Oui et non à la fois. Nul doute qu'Étienne Langton ait posé un acte institutionnel : la périodicité des Jubilés de S. Thomas est attestée de façon certaine à partir de 1320 jusqu'en 1470 (¹) ; le but recherché, la signification et, dans une certaine mesure, les modalités (pèlerinage à la châsse de S. Thomas) sont définis dans le geste de 1220 et l'homélie qui en développe le sens. Toutefois, la notion même de Jubilé, liée à celle d'indulgence, devait recevoir dans le cours du xiiie s., un nouvel enrichissement doctrinal et d'indispensables précisions juridiques. Comme pour l'indulgence elle-même, la pratique précéda la théorie. Si Étienne Langton a entrevu l'effet transcendant de la pénitence intérieure, c'est-à-dire la remise totale des peines du purgatoire sous l'effet de la contrition parfaite dans le cas de Marie-Madeleine, nous n'avons pas la preuve directe qu'il ait conçu le Jubilé sous un éclairage analogue ; et, s'il met l'accent sur les mérites du saint martyr, c'est plutôt comme suffrage et intercession que comme suppléance (²). La doctrine du trésor de l'Église constitué par le sang du Christ et des martyrs ne sera formulée qu'un peu plus tard, probablement d'abord par Hugues de St-Cher, (c. 1230, (³), tandis qu'un transfert

(1) *Ibid.*, p. 12-19.

(2) « Espérons donc... que l'élévation des reliques de notre martyr ... nous obtiendra de Dieu, pour le présent, le pardon de nos péchés, et le salut éternel au terme de cette vie ». (*Sermon sur la Translation, P. L.*, t. CXC, c. 421). L'expression *veniam peccatorum* est l'équivalent, sous la plume des canonistes, de remise de la peine due au péché (cfr Innocent III et Latran IV, MANSI, t. XXII, c. 1067). Même position de la part du pape Honorius III : « ... ut sic unus ex Anglicis inter Angelos super opera manuum Domini constitutus pro peccatis populorum omnium fieret intercessor ». (PRESSUTI, *Reg. Hon. II*, 1840 ; R. FOREVILLE, *op. cit.*, P. J. n° 1). Toutefois, l'idée de Jubilé-rémission apparaît dans sa plénitude dans une bulle de croisade du 23 janvier 1217, adressée au clergé et aux fidèles de Lombardie : « Tempus acceptabile instat et dies salutis advenit, ut hii qui aere peccatorum se diabolo vendiderunt, tanquam in novi jubilaei jubilo amissam recuperant libertatem, et per nove redemptionis remedium animas redimant fraude diabolica captivatas ». (*Epistolae saec. XIII e regestis pontificum selectae*, I, 9). Depuis S. Bernard, l'idée de Jubilé mêlée à celle de *Jubilus* s'attachait traditionnellement à l'indulgence de croisade (*Epistolae*, 362, 458 ; *P. L.*, t. CLXXXII, c. 566-567, 653).

(3) Cfr H. CHIRAT, *Les origines et la nature de l'indulgence d'après une pu-*

allait s'opérer du plan de la supplication au plan juridique par l'utilisation en ce domaine du pouvoir de juridiction, notamment de la *plenitudo potestatis* papale, et, finalement, de la réserve pontificale dans l'administration du salut. Il appartenait aux grands docteurs du xiii⁸ s., Albert le Grand, S. Thomas d'Aquin, S .Bonaventure et leurs émules, de préciser encore l'idée de rémission extra-sacramentelle (¹), ses conditions de validité et ses effets. Ainsi, selon le docteur angélique : *Indulgentie tantum valent quantum predicantur dummodo ex parte dantis sit auctoritas, ex parte recipientis caritas, et ex parte cause pietas* (D. XX, Q. I, art. 3, qu. 3, 2). Dès lors, une nouvelle carrière allait s'ouvrir pour l'idée de Jubilé : elle allait recouvrir la notion d'indulgence plénière promulguée de manière solennelle et universelle en vertu de la *plenitudo potestatis.*

On doit retenir toutefois que le geste de Boniface VIII en 1300 a été précédé par une longue élaboration pastorale et doctrinale, particulièrement intense à l'aube du xiii⁸ s. Nous n'avons garde d'oublier qu'il a été inspiré aussi par un véritable mouvement d'opinion religieuse porté par la mémoire des Anciens. Dans ce mouvement, on décèlerait peut-être, non le souvenir de la célébration d'un jubilé institutionnel en 1200, mais la mémoire collective du Jubilé de S. Thomas, sur lequel Étienne Langton prêcha également à Rome en 1220 devant la Cour pontificale (²), et celle des manifestations populaires de joie ou de pénitence qui, sous l'influence du millénarisme joachimite et des « spirituels », eurent lieu dans certaines cités italiennes, par exemple « l'année de l'Alleluia » (c. 1230-1233), ou les processions de « Disciplinati » (1260-1261) (³). Mais c'est là un tout autre problème sur lequel

blication récente, dans *Revue des Sciences Religieuses*, 1954, t. XXVIII, p. 50. D'après B. Poschmann, *Der Ablass im Licht der Bussgeschichte,* dans *Theophaneia,* Bonn, 1948.

(1) Cfr R. Foreville, *op. cit.,* p. 27.

(2) Gautier de Coventry, A. D. 1220, t. II, p. 246 (R. S.) ; R. Foreville, *op. cit.,* p. 38.

(3) Salimbene, *Chron.* A. D. 1230 (*M.G.H.* SS., t. XXXII, p. 70) ; *Monachus Patavinus, Chron.* A. D. 1260 (Muratori, *Rer. Ital. Scriptores,* t. VIII, p. 712-713). Le mouvement de 1260 présente les caractères d'un Jubilé de pénitence ; mais il n'a été institué par aucune autorité constituée. Sur les mouvements populaires en Italie au xiii⁸ s., et leur relation avec les milieux

des chercheurs sont à l'œuvre. Peut-être est-il bon d'attirer leur attention sur les profondes racines doctrinales et pastorales sous-jacentes à la notion populaire de Jubilé.

Rennes.

joachimites et spirituels, cfr L. TONDELLI, *Da Gioachino a Dante. Nuovi Studi. Consenti e contrasti*, Turin, s. d. [1944], p. 7-31. Dans un important travail (*Il Libro delle Figure dell' abate Gioachino da Fiore*, 2e éd. Turin, s. d. [1953]), le même auteur a décelé, à l'origine de ces mouvements populaires, l'interprétation par ses disciples posthumes des figures de la *Concordia* dessinées par l'abbé de Flore lui-même (p. 193-209) ; l'attrait de Rome — la Jérusalem spirituelle — désignée comme centre de l'éclosion attendue du troisième âge (p. 211) ; enfin, l'influence de la mystique franciscaine, selon la conception de S. Bonaventure dans son *Lignum Vitae*, jusque dans l'entourage immédiat de Boniface VIII à la veille de l'année séculaire 1300.

XV

LE JUBILÉ DE SAINT THOMAS BECKET
ET LA QUESTION DES INDULGENCES EN ANGLETERRE
AU DÉBUT DU XVè SIÈCLE, D'APRÈS UN TRAITÉ INÉDIT

En fixant au 7 juillet 1220 — cinquante ans après sa passion — la translation des restes de saint Thomas Becket, en développant le thème scripturaire de Jubilé et en dégageant, dans les sermons qu'il prononça à cette occasion à Canterbury puis à Rome, l'idée de rémission spirituelle que le Joachimisme millénariste et l'indulgence de croisade contribuaient alors à vulgariser, Étienne Langton institua le premier Jubilé de son prédécesseur sur le siège de Canterbury. Il fut à l'origine de la tradition selon laquelle Honorius III aurait concédé une indulgence inouïe jusqu'alors pour des solennités de ce genre, octroyant une rémission quasi illimitée. Lorsque la papauté eut institué la rémission plénière du Jubilé romain (1300), puis doté celui-ci d'une périodicité cinquantenaire (1350), l'église de Canterbury revendiqua l'indulgence plénière pour le Jubilé de saint Thomas qui revenait tous les cinquante ans depuis 1220. Deux campagnes de recherches dans les archives ecclésiastiques d'Angleterre et dans celles du Vatican (été et automne 1954 et 1955) nous ont permis de réunir un ensemble de documents concernant la célébration de ce Jubilé du xiiie au xve siècle. Au centre de cette documentation, un *Traité* inédit relate le cinquième Jubilé, celui de 1420, et pose le problème de l'indulgence plénière face, d'une part, au pouvoir des clés revendiqué par la papauté, de l'autre, à l'hérésie wyclifite et à ses séquelles, le lollardisme.

Le *Traité* nous a été transmis par un manuscrit unique sur papier provenant du prieuré de Christchurch, et conservé au *Public Record Office* sous la cote E. 36/196. Le filigrane — une main sommée d'une étoile à cinq branches — suggère une époque tardive. L'écriture — une cursive fortement personnalisée bien qu'archaïsante — et certaines graphies particulières décèlent une main anglaise que nous croyons avoir identifiée dans un Registre conservé aux Archives du Dean and Chapter à Canterbury comme celle du chancelier capitulaire Thomas Goldston. Le manuscrit du *Traité* ne serait pas antérieur à l'apparition de la main de Goldston sur ce Registre (c. 1514). Il semble en relation avec la préoccupation du prieur Goldwell de célébrer dignement le Jubilé de 1520 et pourrait, en conséquence, être de peu postérieur à l'élection de ce prieur (c. 29 septembre 1517).

Il faut écarter l'idée qu'on pourrait être en présence d'un autographe et que la rédaction du *Traité* aurait été commandée par le souci d'appuyer sur un précédent la supplique postulant l'indulgence plénière auprès du pape Léon x en 1520. Non seulement le choix du cinquième Jubilé n'eût pas été judicieux, mais la critique interne permet d'affirmer que le *Traité* fut composé au lendemain du concile de Constance et de l'extinction du Grand Schisme, dans l'euphorie des victoires remportées par Henri v et du traité de Troyes (21 mai 1420). Le *terminus a quo* est fourni par le retour du Lancastre en Angleterre (1er février 1421); le *terminus ante quem* paraît être la naissance de Henri vi (6 décembre 1421). Il y a plus. Les sources du *Traité* révèlent des *auctoritates* classiques tirées des usuels de la bibliothèque de Christchurch telle que la décrivent les catalogues des xive et xve siècles après les legs des prieurs Henri d'Eastry et Thomas Chillenden, tandis que l'argumentation décèle l'influence des études académiques au temps où florissait le collège de Canterbury à Oxford. Vers 1520, on enregistre au contraire un appauvrissement de la bibliothèque monastique et un fléchissement du patrimoine intellectuel du prieuré. Enfin, la question de l'indulgence jubilaire telle qu'elle est développée dans le *Traité* se réfère à une situation précise : la position des Lollards sous le pontificat d'Henri Chichele. Un siècle plus tard, elle ne se présentait plus de la même façon et il ne semble pas qu'elle ait affecté l'Angleterre.

L'auteur est un moine de Christchurch, gradué d'Oxford, profès en 1389 ou 1390, témoin oculaire du Jubilé de 1420, ami de Jean Langdon et possédant une connaissance précise de la théologie de l'indulgence, de ses conditions canoniques et de sa pratique : il semble qu'on puisse suggérer le nom de Richard Godmersham, docteur en Décret, gardien de Canterbury College de 1403 à 1410, et, dès lors, pénitencier de l'église primatiale.

Avec le cinquième Jubilé de saint Thomas, nous avons la première attestation certaine de la promulgation d'une indulgence plénière au bénéfice des pèlerins se rendant *ad limina sancti Thome* en la fête de la Translation et les jours suivants. Toutefois, le mode de concession de cette indulgence reste sujet à caution : en l'absence de bulle de Martin v la confirmant, le prieur de Christchurch organisa une consultation de théologiens sur l'ampleur de l'indulgence octroyée jadis par Honorius iii. Leur verdict autorisa la prédication d'une indulgence plénière. L'auteur du *Traité* reprend à son compte l'argumentation des théologiens et la renforce de considérants juridiques. Il n'y aurait pas lieu d'insister sur l'indulgence plénière de 1420 si elle n'était intervenue à un moment crucial. Ce qui fait l'intérêt du *Traité*, c'est qu'il place la question de l'indulgence plénière à la fois sur le plan théologique et sur le plan juridique dans les circonstances particulières à l'Angleterre au lendemain de la crise wyclifite et du Grand Schisme. Il permet d'entrevoir le problème qui se posait alors.

Proclamer du haut de la chaire primatiale de Canterbury l'indulgence plénière, comme le fit le prédicateur du Jubilé, ce n'était pas seulement répondre au vœu des pèlerins, c'était également confondre les sectateurs du lollardisme et détruire dans les âmes simples les séquelles du wyclifisme. Mais, le faire en marge de l'autorité romaine, c'était risquer d'encourir les censures ecclésiastiques pour avoir outrepassé les pouvoirs des prélats en la matière ; c'était aussi pactiser apparemment avec l'opinion des hérétiques, lesquels combattaient le pouvoir des clés à l'égal du culte des saints et des indulgences. A ce dilemme, les théologiens consultés — et à leur suite l'auteur du *Traité* — échappèrent en affirmant et le caractère de rémission plénière de l'indulgence jubilaire et l'autorité de Rome à l'appui : la concession d'Honorius iii toujours valide ainsi que l'accord du pape régnant, Martin v, par le recours à un *oraculum vive vocis*.

16

L'intention polémique de l'auteur est évidente : il vise, d'un côté, à établir la validité de l'indulgence plénière du Jubilé de saint Thomas ; de l'autre, à justifier la notion même d'indulgence plénière contre les attaques que les Lollards dirigeaient alors envers la prière adressée aux saints, la doctrine du mérite, *a fortiori* celle de mérite surérogatoire et de trésor spirituel, source de la communion des saints, et le pouvoir des clés. L'opuscule conclut sur trois importants développements. Le premier traite de la juridiction apostolique, de laquelle relève la miséricorde — source de la rémission de la peine due au péché — aussi bien que la justice. Le second expose les quatre trésors de l'Église : mérites du Christ, de la Vierge, des martyrs, des confesseurs — sources de l'indulgence. Le troisième insiste sur la plénitude du pouvoir dévolu au vicaire de J.-C. à l'égard de la rémission du péché mortel et, en vertu de l'adage : « Qui peut le plus, peut le moins » de la rémission de la peine temporelle. On le voit, l'auteur du *Traité* se range parmi les théologiens orthodoxes. Sa doctrine des indulgences procède de la doctrine classique issue de la *Summa* de saint Raymond de Peñafort. Il reste à en apprécier l'actualité.

Si vers 1420, les hérétiques avaient perdu leurs appuis politiques, et s'ils n'avaient plus guère d'attaches avec les milieux académiques d'Oxford, leurs écrits clandestins continuaient à circuler, de nombreux prêtres de campagne leur étaient affiliés et, sous leur pression, le culte des saints était parfois délaissé. Le Registre de l'archevêque Chichele montre que la Convocation de Canterbury — c'est-à-dire le concile provincial — dut alors évoquer un assez grand nombre de suspects qui, mal instruits des problèmes théologiques, n'en discutaient pas moins des questions dogmatiques. L'attitude des Lollards dans la matière qui nous occupe procédait généralement de la position initialement adoptée par Wyclif et par Purvey. Wyclif avait dénié à la créature humaine tout mérite au plein sens du terme, repoussé les indulgences dans le doute de la volonté de Dieu sur le salut des âmes, refusé enfin l'attribution du pouvoir des clés au successeur de l'Apôtre Pierre. Purvey s'était élevé contre les indulgences, la confession, les pèlerinages, le culte des images. Un opuscule anonyme qui circulait vers 1415 — *The Lantern of light* — et la prédication de Guillaume Taylor attaquaient directement le suffrage des saints.

En face des hérétiques, l'activité des docteurs orthodoxes ne s'était pas ralentie depuis la fin du XIVᵉ siècle. On doit citer le dominicain Roger Dymmock, auteur du *Liber contra XII errores et hereses Lollardorum*, riposte à la *Remonstrance against Romish corruptions* de Purvey, et surtout l'œuvre considérable du carme Thomas Netter of Walden, inquisiteur en Angleterre dès 1410, qui écrivit à la demande de Martin V le *Doctrinale antiquitatum Fidei catholicae contra Wiclevistas et Hussitas.* On ne saurait attribuer au *Traité sur le Jubilé* une place comparable à celle des écrits de Dymmock ou de Netter. Son objet est limité à la question des indulgences dans ses rapports avec la communion des saints et avec le pouvoir des clés. Cependant, on ne saurait faire abstraction de son actualité. Il est contemporain des œuvres de Thomas Netter, lequel argumenta en 1423 dans le procès de lollardisme intenté en récidive à Guillaume Taylor devant la Convocation de Canterbury, à côté de Jean Langdon, moine de Christchurch, docteur en théologie, uni par des liens d'amitié à l'auteur du *Traité.* Or, le principal chef d'accusation retenu contre Taylor est son refus d'admettre la prière adressée aux saints, voire au Christ en tant qu'il est homme. C'est dire qu'il s'agit d'une matière connexe de celle des indulgences. Enfin, le couvent de Christchurch, qui constituait le chapitre de l'archidiocèse, était directement impliqué dans les questions doctrinales, le prieur étant vicaire *in spiritualibus* de l'archevêque fréquemment retenu hors de son diocèse.

Dans ces conditions, la célébration, en 1420, du cinquième Jubilé de saint Thomas, la prédication, à cette occasion, d'une indulgence plénière qui attira une affluence extraordinaire de pèlerins, puis la rédaction du *Traité sur le Jubilé,* apparaissent bien comme une prise de position orthodoxe en face des Lollards, détracteurs du culte des saints et contempteurs du pouvoir des clés. Elles montrent qu'en ce début du XVe siècle, le culte des saints suscitait encore en Angleterre — en dépit des abus auxquels il prêtait le flanc et des attaques dont il était l'objet — une grande ferveur populaire ; que les indulgences — un moment mises en question par Wyclif et les adeptes du lollardisme — continuaient d'y être grandement prisées et recherchées ; que le culte de saint Thomas, dont le Jubilé était assimilé depuis la seconde moitié du XIVe siècle à une indulgence plénière, n'avait encore rien perdu de sa vogue, bien qu'on ait dû, en 1420, suppléer par une argumentation à la fois théologique et canonique à la carence de toute concession ou confirmation de cette indulgence par bulle du pape régnant, Martin V.

A PROPOS D'UN *ORACULUM VIVE VOCIS* DE MARTIN V EN 1420

En 1951, le P. Colomban Bock [1], de l'ordre de Cîteaux, attirait l'attention des historiens du droit canonique sur une forme particulière d'expression du magistère pontifical, l'*oraculum vive vocis*, dont il publiait un exemple concernant l'ordre cistercien, la concession par Sixte IV, en 1475, du privilège de l'indulgence plénière *in articulo mortis* à tout membre de l'ordre, et de l'indulgence plénière du jubilé à tout membre de l'ordre participant au chapitre général. Ce double privilège était accordé à Dom Hymbert Martin de Losne, abbé de Cîteaux, en présence de Philippe Calandrini évêque de Porto et cardinal protecteur de l'ordre, des abbés de Clairvaux, Poblet, Altenberg et Tulley. Il fut porté à la connaissance des maisons cisterciennes par une lettre de Dom Hymbert Martin, datée de Rome, le 19 juillet 1475 [2]. Le Père Bock, se référant à la *Prompta Bibliotheca* de Lucius Ferraris, précise le caractère de l'institution et la jurisprudence à laquelle les *oracula vive vocis* ont donné lieu : distinction entre oracles authentiques et oracles non authentiques, d'égale autorité au for interne mais non au for externe, où seuls les premiers — confirmés par un cardinal ou un officier de la Curie romaine et faisant l'objet d'un écrit — pouvaient servir de preuve [3].

La pratique des concessions de grâces et privilèges par simple déclaration orale est sans doute fort ancienne comme le montrent certaines dispositions de l'ancien droit [4], encore que l'expression

---

1. *Les Cisterciens et le Jubilé de 1475*. Dans la *Cistercienserchronik*, 58. Jahrgang (1951), p. 80-88.
2. *Ibid.*, p. 81-83, d'après un *vidimus* de Dom Queinsart (1776).
3. *Ibid.*, p. 84, n. 5.
4. *Décret*, C. XXV, Q. II, c. 7. Voir aussi Suarez, *De Legibus*, L. VIII, c. 2.

en cause n'y figure pas. Il n'est pas sans intérêt, croyons-nous, de rechercher l'origine de celle-ci : l'apparition dans les documents de la pratique et dans les textes législatifs d'une expression consacrée pour la désigner est le signe incontestable qu'une institution est devenue régulière et générale. Or, les exemples cités par Lucius Ferraris à l'article *oraculum vive vocis* relèvent des XVIIe et XVIIIe siècles et montrent que les papes de cette époque [5] ont cherché à restreindre l'ampleur et la portée des concessions ainsi faites, alors qu'au début du XVIe siècle Jules II et Léon X [6] auraient seulement fixé la jurisprudence de l'institution. La lettre de Dom Hymbert Martin de Losne, en 1475, pourrait donc apparaître comme l'un des premiers documents l'enregistrant, et le pontificat de Sixte IV comme décisif à l'égard de ce mode de concession de grâces. Or, il n'en est rien : non seulement Sixte IV est entré dans la voie tracée par son prédécesseur immédiat, Paul II, mais encore l'*oraculum vive vocis* était pratiqué un demi-siècle plus tôt pour le moins, car la jurisprudence en était déjà connue des « usagers », si l'on peut dire, dès l'époque du concile de Constance, comme nous nous proposons de le montrer.

Une constitution de Paul II, *Etsi dominici gregis*, du 28 mars 1466, renouvelée le 3 mars 1468, interdit à tout confesseur d'absoudre les cas réservés en vertu des concessions faites tant par écrit qu'oralement, sans une licence spéciale du souverain pontife :

...considerans quod plerumque contingit suam sanctitatem hujusmodi facultates et confessionalia tam praesentibus quam absentibus *etiam*

---

5. Grégoire XV révoque tous les indults et privilèges concédés *vivae vocis oraculo* par tous ses prédécesseurs, à l'exception de ceux concédés à la demande des rois ou signés de la main d'un cardinal, aussi bien au for interne qu'au for externe (1622). Urbain VIII révoque toutes les grâces concédées *vivae vocis oraculo*, y compris celles obtenues sur instance de l'empereur ou des rois et celles signées par un cardinal (20 décembre 1631). En 1635, le même pape exclut de la révocation les oracles certifiés par les officiers et ministres apostoliques dans l'exercice de leurs fonctions propres (11 avril). En 1732, Clément XII révoque toutes les concessions faites par ses prédécesseurs, *vivae vocis oraculo* ou par leurs propres rescrits, ou signées de la main d'un cardinal ou d'un officier du Saint-Siège (12 février). *Prompta Bibliotheca canonica, juridico-moralis theologico* (Bologne, 1746), t. V, p. 509-520.

6. *Ibid.*, p. 509, 515.

oraculo vivae vocis concedere (ne praetextu concessionis hujusmodi vel poenitentes vel confessores in supra scriptis casibus fallantur et fallant), statuit et decrevit, suae intentionis fuisse et esse, per quascunque concessiones et facultates, per suam sanctitatem tam scripto quam verbo factas et in posterum faciendas, nemini licere irritetos dictis casibus [reservatis] absolvere sine speciali suae sanctitatis licentia, quin immo concessiones et indulta praedicta quoad casus exceptos hujusmodi nulli penitus suffragari [7].

Plus directement en rapport avec le privilège cistercien de 1475, une bulle du même Paul II excepte formellement les cas réservés des grâces concédées ou à concéder à l'avenir, *vive vocis oraculo*. Cette constitution, *Intenta salutis operibus* [8], nous paraît d'autant plus remarquable qu'elle est en étroite connexion avec le jubilé de 1475, et qu'elle vise aussi bien les concessions futures. En effet, datée du 13 avril 1470, elle précède immédiatement, dans le Registre de Paul II, la constitution *Ineffabilis Providentia summi Patris* [9], du 18 avril de la même année, par laquelle ce pape institue la périodicité de vingt-cinq ans pour les années saintes et, en conséquence, le jubilé de 1475 qu'il était réservé à Sixte IV de célébrer. Paul II déclare hors de son propos, de sa volonté et de sa disposition les indulgences, lettres de confession et pouvoirs sur les cas réservés concédés à d'autres « quam peritis et circumspectis viris *vive vocis oraculo* » et il ajoute :

...Nos errori et abusioni hujusmodi occurrere et ambiguitatem quamlibet in premissis forsan exortam amputare volentes, per premissas autem quascunque alias remissiones, indulgentias speciales vel confessionales gratias per nos hactenus *vive vocis oraculo* concessas vel in posterum concedendas, reservatos casus predictos nullatenus concessisse vel concedere, sed illos semper excepisse nostre mentis esse harum serie declaramus. Nulli ergo... Si quis autem... Datum Romae apud Sanctum Petrum anno MCCCCLXX°, decimo octavo Kalendas Maii, pontificatus nostri anno sexto [10].

En concédant à l'abbé de Cîteaux, *vive vocis oraculo*, le privilège de 1475, Sixte IV ne se départissait pas de la ligne de conduite de son prédécesseur, lequel avait excepté de la bulle de

7. *Extravagantes Comm.*, L. V, T. IX, c. 3.
8. *Reg. Vat.*, 540, f° 89.
9. *Ibid.*, f° 89ᵛ-93.
10. *Ibid.*, f° 89.

32

révocation les grâces accordées aux « peritis et circumspectis viris ». Cependant, le jubilé de 1475 dut être l'occasion d'une telle floraison de privilèges spirituels, notamment d'indulgences, en faveur de personnes ecclésiastiques, religieuses, séculières, de chapitres, collèges, confréries [11], que Sixte IV dut intervenir dès 1478 afin d'en limiter les effets : il interdit aux confesseurs de les commuer, de crainte d'un avilissement du pouvoir des clés [12]. Ainsi, dès la fin du XVe siècle, les pontifes romains étaient entrés dans la voie des restrictions quant à l'application des grâces *vive vocis oraculo* dont pouvaient se prévaloir un nombre croissant de personnes ou de communautés, à mesure que les indulgences jubilaires devenaient plus recherchées et plus fréquentes. De telles restrictions indiquent sans conteste que l'institution avait dû atteindre depuis longtemps son plein développement : il faut donc en rechercher l'origine à une époque plus reculée.

Le souci de maintenir ou de restaurer la plénitude du pouvoir de lier et de délier entre les mains du souverain pontificat transparaît clairement dans les actes de Martin V au lendemain du concile de Constance. Déjà, la commission pour la réforme de l'Église s'était élevée à la fois contre la prolifération des indulgences et certains modes de concession contraires aux règles de la chancellerie apostolique, spécialement contre les indulgences émanant de la Curie par le truchement des cardinaux [13], référence implicite aux *oracula vive vocis* ainsi confirmés. Peu après son avènement, Martin V prohiba l'expédition de lettres de concession d'indulgences, soit *ad manus adjutrices*, soit *a pena et a culpa*, sous le sceau des cardinaux ou autres personnages de la Curie [14]. Une bulle du 19 mars 1423 — l'année d'un jubilé romain promulgué en vertu d'un décret d'Urbain VI établissant la

---

11. « Ob multitudinem facultatum per nos vel auctoritate nostra concessarum, *tam verbo quam in scriptis, confectis exinde literis vel non*, praelatis et personis ecclesiasticis, etiam religiosis et saecularibus utriusque sexus, capitulis, collegiis, confratriis, et universitatibus, tam in genere quam in specie etc... », *Extravagantes comm.* (L. V, T. IX, c. 5).

12. « ... ne exinde clavium auctoritas deducatur in contemptum », (*ut supra, loc. cit.*).

13. *Advisamenta*, dans H. FINKE, *Acta Concilii Constanciensis*, II, 634.

14. E. OTTENTHAL, *Regulae cancellariae apostolicae*, Martin V, c. 41, p. 196.

périodicité de trente-trois ans, Boniface IX ayant célébré un jubilé en 1390, en pleine période de schisme — ne laisse planer aucun doute quant à la vigueur de la réaction pontificale en la matière après les vicissitudes du Grand Schisme et les empiètements du concile général. Adressée à Jacques évêque de Trieste et à Maître Simon de Teramo, qu'il dirige sur l'Angleterre en qualité de commissaires pontificaux, elle stigmatise en termes véhéments les initiatives des prélats dans ce domaine réservé :

> ...Ad hoc potissimum Christus omnipotens suum constituit vicarium super ecclesiam militantem [?] [15] ut esset capud [sic] ecclesie a quo fideles dirigerentur in viam salutis eterne, et sibi soli concessit plenitudinem potestatis ut solveret et ligaret ; ex quo non ambigitur minores et eidem potestati subjectos qui exercitium tanti officii in aliqua parte ipsius temeritate usurpare presumpserint voluntati et ordinationi divine contrarios gravi esse castigatione cohaerendos [16].

La suite, publiée par Raynaldus [17], donne pouvoir aux deux commissaires, l'évêque de Trieste et Simon de Teramo collecteur de la Chambre Apostolique, d'enquêter sur la présomption inouïe et l'audace sacrilège de l'archevêque de Canterbury Henri Chichele, du prieur de Christchurch (Jean de Woodnesbergh) et du chapitre, qui ont osé instituer un jubilé et une rémission générale des péchés pour l'année 1420, selon des circonstances de temps et de lieux et des modalités conformes à celles établies par les pontifes romains ses prédécesseurs. Il n'est pas de notre propos d'examiner ici le bien-fondé des accusations en cour de Rome sur la foi desquelles Martin V agit à l'encontre de Chichele et de l'église de Canterbury qui avaient célébré solennellement, au cours du mois de juillet 1420, le cinquième jubilé de Thomas Becket. Il ne semble pas que les registres du chapitre de Canterbury aient conservé mémoire de cette enquête [18]. En revanche, nous avons retrouvé l'écho de la controverse dans un

---

15. On lit sur le registre : super terra [sic] militantis [sic].

16. *Reg. Vat.* 354, fo 184v.

17. *Annales*, A. D. 1423.

18. Mr William Urry, Keeper of the Archives to the Dean and Chapter, a bien voulu nous certifier qu'il ne croyait pas que les noms des deux enquêteurs, Jacques évêque de Trieste et Maître Simon de Teramo, apparaissent dans les documents conservés à la cathédrale de Canterbury.

34

Traité [19], de caractère historique et théologique, écrit par un moine de Christchurch au lendemain du cinquième jubilé, sans que nous puissions décider, sur examen des preuves intrinsèques, s'il s'agit d'une garantie en prévision d'un recours éventuel, ou d'une défense en riposte aux accusations de la Curie pontificale. Quoi qu'il en soit, ce traité, dont la date ne saurait excéder 1424 et paraît plutôt se situer vers 1421, apporte la preuve qu'à l'époque du Grand Schisme et du concile de Constance, les concessions *oraculo vive vocis* étaient déjà usitées et que la jurisprudence était, en la matière, très voisine déjà de celle qui est attestée pour les pontificats de Jules II et Léon X.

En effet, désireux de célébrer avec la solennité qui convient le jubilé de Thomas Becket, revenant tous les cinquante ans depuis la translation des reliques du martyr le 7 juillet 1220, et d'informer la foule des pèlerins des indulgences jubilaires, mais ayant perdu après la dernière célébration, en 1370, la bulle authentique concédant ou confirmant ces indulgences, le prieur de Christchurch et le chapitre de l'église primatiale envoyèrent leurs procureurs à Constance auprès du concile et sollicitèrent du pape, après l'élection de Martin V, un nouveau privilège confirmant les indulgences concédées par Honorius III [20]. Ils n'eurent pas gain de cause : du moins, le nouveau pontife — peut-être insuffisamment informé et, en tous cas, aux prises avec d'autres difficultés — ne délivra-t-il pas de nouvelle bulle. Toutefois, si nous en croyons l'auteur du Traité sur le Jubilé de 1420, Martin V aurait, par un *oraculum vive vocis*, confirmé les faveurs spirituelles accordées par ses prédécesseurs à l'église de Canterbury. C'est ainsi que s'exprima, en présence des dignitaires du chapitre, un des quatre docteurs en théologie consultés par le prieur sur la question, à la veille de la fête de la Translation. Voici sa réponse :

Insuper, unus de premissis IV[or] magistri sic requisitis ut premittitur, sub hiis verbis vel hiis consimilibus in lingua materna mox intulit dicens :

---

19. Londres, P. R. O. E. 36/196. Actuellement sous presse, ainsi qu'une étude d'ensemble à laquelle nous nous permettons de renvoyer pour les suites de l'affaire en question ici : R. FOREVILLE, *Le Jubilé de saint Thomas Becket du XIIIe au XVe siècle. Étude et documents.*

20. P. R. O. E. 36/196, p. 35-36, 38.

35

Reverendi domini et patres, tempus non multum elabitur quo personaliter fueram in Curia Romana et in presencia sanctissimi in Christo patris divina providentia domini Martini quinti, cui ista materia ex procuratoris istius ecclesie instancia fuerat munstrata. Qui deliberacione habita post varios tractatus de et super materia antedicta respondit placito vultu benivola atque mente : « Miramur non modicum quod dilecti filii ecclesie Cantuariensis vel quicumque alii cujuscumque gradus seu status hesitant, musitant sive dubitant de ista indulgencia ubi dubium non emergit, quam recolende memorie Honorius III^{us} predecessor noster olim tam pio benignoque favore noscitur concessisse. Nichilominus ob reverenciam Dei et ampliorem devocionem quam gerimus in martire sancto Thoma, volumus et apostolica auctoritate discernimus quod ista indulgencia et omnes alie indulgencie sacrosancte Cantuariensis ecclesie, per predecessores nostros concesse quomodolibet sive indulte, firmiter permaneant et imposterum in omni suo vigore et effectu irrevocabiliter perseverent ». Et hec summus pontifex *oraculo vive vocis* [21].

Il est regrettable que l'auteur du Traité n'ait pas confié à la postérité le nom du personnage qui rapporta cet « oracle » de Martin V. Qu'on pense ce qu'on voudra de ce silence, il n'en reste pas moins que nous avons là une attestation de la pratique des « oracles » pour l'année 1420, c'est-à-dire pour le début du pontificat de Martin V. Et non seulement de la pratique, mais de la jurisprudence. Remarquons, en effet, tout d'abord, que l'oracle est prononcé en présence de témoins qualifiés : celui qui rapporte les dires du pontife et les procureurs de l'église de Canterbury ; ces derniers nous sont parfaitement connus par le Registre de l'archevêque Chichele et par celui du chapitre [22] : il s'agit de Thomas Polton, protonotaire apostolique et doyen de l'église cathédrale d'York, de Jean Fyton, chanoine de Salisbury, et de Jean Langdon, docteur en théologie. Le pape allait, peu après, promouvoir Polton et Langdon à l'ordre épiscopal [23]. Remarquons en outre que l'« oracle » en question n'ayant pas fait l'objet d'un

21. *Ibid.*, p. 47-48.

22. Nous avons une copie de la lettre de commission de Jean Langdon dans un Registre de Christchurch, *Reg.* S. f° 77. Elle est reproduite dans le Traité sur le jubilé de 1420, p. 36-38.

23. Thomas Polton reçut le 15 juillet 1420 provision papale pour le siège de Hereford (*Reg. Lat.* 209, f° 117ᵛ). Il fut transféré à Chichester en 1421, à Worcester en 1426. Quant à Jean Langdon, il fut recommandé par Henri V pour le siège de Lisieux dès 1419, mais c'est en 1421 seulement (17 novembre) qu'il obtint par provision papale celui de Rochester (*Reg. Lat.* 210, f° 248).

36

document écrit, il ne peut être qualifié d'« oracle authentique »
et n'a de valeur qu'au for interne [24]. L'auteur du Traité ne l'entend pas autrement, encore qu'il ne le dise pas en propres termes,
lorsqu'il met l'accent sur la prudence avec laquelle agirent, en
cette affaire, l'archevêque de Canterbury et le prieur de Christchurch :

> Iterum, prudens lector — poursuit-il — hic volo te scire quod nonnulli
> nobis spiritu levitatis fidenter adherentes excitabant dominum Cantua-
> riensem, dominum priorem et conventum variis instanciis in presenti
> anno, ut suas litteras patentes transmitterent per regnum, populum
> certiorantes de et presenti anno jubileo ut eo avidius plebs christicola
> confluere quo tempore debito previsuque congruo foret specialiter premu-
> nita. Super quo deliberacione cum maturiori consilio prehabita, conclusum
> est et inter eosdem finaliter determinatum pocius abstinendo silere ab
> hujusmodi missione litterarum quam sub aliqua forma eas emittere, cum
> illa bulla autentica de anno jubileo de quo superius dixi sit perdita ab
> ecclesia totaliter et ablata, etc... [25].

Conformément à cette sage décision, le jubilé de 1420 fut
annoncé, à Canterbury et à Londres [26] — dans le reste de l'Angleterre et ailleurs aussi sans doute — sous des formes qui
n'engageaient pas directement la responsabilité des autorités
ecclésiastiques locales, et il fut célébré solennellement en la
cathédrale de Canterbury, où l'indulgence jubilaire fut prêchée
à la foule et les exercices jubilaires accomplis par lès pèlerins
accourus de toutes parts en grand nombre [27]. Cependant, un certain flottement semble subsister dans l'emploi de l'expression,
flottement qui dénote peut-être que l'institution était alors en
voie de fixation : ainsi, l'auteur du Traité en cause ne la réserve
pas absolument à l'« oracle » pontifical, mais désigne par là
aussi bien un témoignage, une tradition des anciens du couvent :

> Iterum nulli sit ambiguum quod nonnulli patrum nostrorum per XXX
> annos elapsos qui superstites fuerant, in quarto anno jubileo rite contin-
> gente anno Domini millesimo CCCLXX° die dominica, nos reddiderunt
> certiores *oraculo vive vocis* quod, inter cetera munimenta ecclesie, una

24. Cf. *Prompta Bibliotheca*, t. V, p. 508.
25. P. 51-52.
26. Cf. les libelles affichés à la porte de la cathédrale de Canterbury et de la
cathédrale Saint-Paul à Londres, reproduits dans le Traité, p. 40-45.
27. *Ibid.*, p. 48-50.

bulla autentica fuit plumbo consignata de plena indulgencia sive remissione in anno jubileo martiris memorati, que quidem bulla ex incuria et neglegencia per emulos ecclesie in eodem quarto Jubileo superius notato perdita fuit totaliter et ablata [28].

On notera enfin que l'emploi de la formule en question est attesté, vers la même époque, par de nombreux documents émanant de la Chambre Apostolique. Cet emploi généralisé ne paraît nullement spécialisé : il n'est pas réservé aux seules concessions d'indulgences, il est étendu notamment aux attestations de sauf-conduits délivrés sur ordre oral du pape [29].

Nous n'avons pas rencontré jusqu'ici l'expression *oraculum vive vocis* dans les relations ou dans les documents antérieurs au pontificat de Martin V et au concile de Constance qu'il nous a été donné de consulter, à une exception près cependant : l'exemple fameux de l'indulgence de Collemaggio, concédée par le pape Célestin V, *vive vocis oraculo*, le 29 août 1294, confirmée par la bulle *Inter sanctorum* (29 septembre), mais révoquée par Boniface VIII dès 1295 avec l'ensemble des actes de son prédécesseur, puis nommément par la Bulle *Ad audienciam nostram* (23 juillet 1296) [30]. Il va sans dire que nous n'avons pas fait, à cet égard, d'enquête spéciale et méthodique. Aussi, souhaitons-nous que

28. *Ibid.*, p. 35.

29. Par exemple celui-ci : « Universis etc... Benedictus etc... salutem etc... Universitati etc... De mandato sanctissimi in Christo patris et domini nostri Martini divina providentia pape quinti *super hoc nobis facto oraculo vive vocis*, presentium tenore damus et concedimus plenam securitatem atque tutum et liberum salvum conductum nobili viro Antonio domini Guidonis de Capiona etc... Datum Rome apud Sanctos Apostolos, sub anno Domini millesimo quadringentesimo vicesimo quinto, indictione tertia, die vicesimatertia mensis maii, pontificatus etc... anno octavo ». (Archives du Vatican, *Diversa Cameralia*, 9, fᵒ 85).

30. Les bulles d'institution et de révocation de l'indulgence de Collemaggio sont reproduites dans P. SABATIER, *Fratris Francisci Bartholi de Assisi Tractatus de indulgentia S. Mariae de Portiuncula* (Paris, 1900), p. CLXXXII et suiv. « Collection d'études et de documents sur l'histoire religieuse et littéraire du Moyen-Age ». — Il n'y a pas lieu de citer ici l'indulgence de la Portioncule, qu'une tradition, attestée seulement depuis le dernier quart du XIIIᵉ siècle (c'est-à-dire à une époque à peu près contemporaine de celle de Collemaggio), attribue à une concession orale d'Honorius III à saint François d'Assise en 1216. On peut y voir cependant l'antériorité éventuelle de la pratique sur l'institution próprement dite et sur sa désignation précise.

38

d'autres puissent apporter sur ce point les lumières d'une compétence supérieure à la nôtre et le fruit d'une expérience plus
vaste. Notre conclusion sera donc toute provisoire, visant seulement à poser quelques pierres d'attente.

La pratique des définitions par simple parole sortie de la bouche du souverain pontife remonte sans doute aussi haut que
l'histoire même de l'Église qui s'est développée d'abord dans le
milieu judéo-chrétien où la tradition orale était particulièrement
forte. A Rome même, le terme « oracle », loin d'être lié à une déclaration verbale, désignait au contraire un rescrit du prince [31]. Il a
conservé ce sens dans les lois et diplômes des royaumes barbares
d'Occident, notamment chez les Wisigots et chez les Francs [32]. Il
n'y a pas lieu de penser qu'il ait revêtu une acception différente
dans la pratique de l'Église romaine primitive, encore que le
langage ecclésiastique l'ait très tôt dégagé de ses affinités païen-
nes, de son emploi légal, et de son sens particulier, pour désigner
— avec saint Ambroise [33] notamment — tout signe ou toute
parole d'origine divine. Ce n'est pas avant la fin du XIIIe siècle,
à ce qu'il semble, que le mot commence à devenir synonyme de
déclaration orale ; encore, fait-il une apparition timide en qualité
de simple adjectif dans l'entourage des premiers Valois [34]. Vers
la même époque, la chancellerie pontificale s'en tient encore le
plus souvent à l'opposition classique : *verbo seu scripto*, dont une
décrétale de Clément V [35] fournit un exemple à l'année 1311, justement en matière de juridiction gracieuse. Qu'en adoptant et
en généralisant le substantif *oraculum*, elle ait cru nécessaire
d'ajouter, avec sa précision habituelle, la qualification *vive vocis*,

31. Arcadius et Honorius in Appendice *Cod. Theod.*, c. 2 (ex. cité par Du
Cange, *Glossarium mediae et infimae latinitatis*, à l'article *Oraculum*).

32. *Ibid.*

33. *Oracula Christi* (Ep. 42, 5) ; *oraculum caeleste* (Ep. 7, 10) ; *oraculum Spiritus
Sancti* (Ep. 20, 20).

34. Du Cange, *Glossarium...* à l'article *Oraculus* (exemples pour les règnes
de Philippe VI et de Jean II).

35. « Nos etenim... universa privilegia, gratias, indulgentias, *verbo seu scripto*
sub quacunque forma vel expressione seu conceptione verborum a nobis vel
praedecessoribus nostris Romanis Pontificibus cuicunque ordinum praedicto-
rum [i. e. mendicantium] concessa, nec non consuetudines, conventiones, statuta
et pacta, in quantum sunt praemissis vel alicui praemissorum contraria, ea
penitus revocamus, vacuamus, cassamus et irritamus... » (*Clem.*, L. III, T. VII,
c. 2).

montre bien que « l'oracle », sous sa forme légale originelle, était une réponse écrite, un rescrit.

Jusqu'à nouvelle information, il apparaît donc que l'*oraculum vive vocis* aurait pris, dans la pratique de l'Église romaine, une forme institutionnelle au début du XVᵉ siècle, pendant la période conciliaire, en matière de juridiction gracieuse : concession de lettres de confession et d'indulgences. Probablement, parce que de tels privilèges spirituels furent distribués, avec une largesse inouïe jusque là, par Boniface IX d'abord, par les papes des deux — voire des trois — obédiences ensuite, pendant le Grand Schisme. La bulle que Martin V adressa, en 1423, à l'archevêque de Canterbury, au prieur et au chapitre de Christchurch, est un signe entre autres d'une politique pontificale de réaction et de restriction. Cependant, avant la fin du siècle, la pratique de l'*oraculum vive vocis* en matière d'indulgences était déjà si largement répandue que Paul II, à la veille de promulguer un nouveau jubilé, dut intervenir afin d'en limiter les effets.

Rennes.

ADDENDUM

L'appel que nous lancions en 1956 (cf.supra 37-38) a été entendu.Grâce aux fiches que nous ont adressées les regrettés Etienne Delaruelle,Professeur à l'Institut Catholique de Toulouse,et Georges Thessier Secrétaire perpétuel de l'Académie des Inscriptions et Belles-Lettres,nous avons pu reprendre la question.C'est l'objet d'une nouvelle étude :Oracles pontificaux au temps du Grand Schisme d'Occident. Oraculum vive vocis.Ore suo proprio. Dans L' Année canonique, vol.XXIV (1980).

INDEX

Les graphies ont été harmonisées : ainsi a-t-on
retenu Baudouin (non Baldwin), Edouard (non
Edward), Geoffroi (non Geoffroy), Henri (non
Henry), Thibaut (non Thibaud ou Theobald).

A de rares exceptions près, les noms des pèlerins
et des miraculés ne sont pas répertoriés dans l'
Index, mais seulement leur répartition par régions.
La désignation des maladies est à chercher dans les
Tableaux de l'étude VII.

Pour l'identification et la localisation des toponymes, on se reportera aux pages et aux notes des
articles cités, aux cartes des études VII, IX et X,
ainsi qu'aux Tableaux des dédicaces par diocèses
répartis selon les provinces ecclésiastiques
(études X et XI).

Achard de Saint-Victor,
    évêque d'Avranches: I 153,
    164, 165, 171, 174
Adrien IV, pape: I 164; V 23
Aelred de Rievaulx: I 157
    -Speculum caritatis: XIV
    407
Alain de Lille, Liber
    poenitentialis: XIV 417
Alain de Tewkesbury, prieur
    de Christchurch: V 226;
    IX 356, 363
Albert le Grand: XIV 422
Alexandre III, pape: I 153,
    162, 170, 172, 173; II 267
    269, 272, 273; III 441;
    IV 3, 4; V 236; VI 21, 22
    24, 25, 28; VIII 181 ;
    IX 347, 348; X 450
Anastase IV, pape: V 237
Anselme, abbé du Bec, puis
    archevêque de Canterbury:
    I 158; IV 2; X 437, 438
Antiquitates Britannicae
    Ecclesiae: v. Parker
Antiquorum habet fida rela-
    tio: XIII 401
aqua sancti Thomae, aqua
    sacra, aqua sanctificata,
    aqua salutaris, sacra
    liquor: VII 457, 466; IX
    348, 352-354, 358, 369

Archives capitulaires, v.
    Canterbury
    -départementales: XI 164-
    165, 166
    -du Vatican: XV 14
Avranches, concordat: I 173;
    II 267
    -réconciliation de Henri
    II: I 173; VI 25; IX 348,
    369
Azincourt, bataille d':
    VI 31

Barthélemy, évêque d'Exeter:
    I 167, 173
    -Pénitentiel: XIV 416
Battle, abbaye de: II 268;
    III 192; X 435-436
Baudouin de Boulogne, archi-
    diacre de Norwich: V 235,
    236, X 443
Baudouin de Ford, archevê-
    que de Canterbury: II 280;
    VII 28
Beaumont, famille de: X 444-
    445, 453
Bec-Hellouin, abbaye du: I
    155, 156; X 437-438
    -abbé, v. Anselme, Thibaut
    -prieur, v. Lanfranc
Benoît de Peterborough:
    VII 443-445 passim, 447,

450, 453, 465; IX 347-348, 357, 362, 368; XI 171; XIII 7, 8, 9

Bernard de Clairvaux, saint: VI 29; IX 354; XIV 420

Besançon, province ecclésiastique: XI 169-170, 199

Bolbec: X 447-448, 455

Bonaventure, saint: VI 32, XIV 422

Boniface VIII, pape: III 436, 446; VI 22, 29; XIV 401, 402, 420-422 passim; XVI 37

Boniface IX: XVI 33, 39

Boniface de Savoie, archevêque de Canterbury: III 435, 436, 441, 443-447

Bordeaux, province ecclésiastique: XI 197-198, 202
-archevêque de: v. Hélie

Bourges, assemblée, moines de Saint-Outrille: VIII 180; IX 353-354
-province ecclésiastique: XI 183-185, 202

Bury-Saint-Edmunds, abbaye de: I 155; II 268

Calixte II pape: II 271

Canterbury, Christchurch:
-archives capitulaires: XII 26-27; XIII 12
-cathédrale: IX 355-357
-chapitre: I 163; III 436, 437, 439, 449; V 226; VI 28; VII 443, 453; VIII 181; XII 26; XIII 19; XVI 33, 34
-Coutumier: XIII 21 Add.
-martyrium: VI 30; IX 356
-métropole: I 160; VIII 22
-pèlerinage, pèlerins: VI 21, 25-26, 30, 31; VII 445; 455; XII 27; XIV 421; XV 15
-province ecclésiastique: I 166, 172
-archevêque de, v. Anselme, Beaudouin de Ford, Boniface de Savoie, Chichele, Edmond Rich, Etienne Langton, Gautier Reynolds, Guillaume de Corbeil, Hubert Walter, Kilwardby, Lanfranc, Parker, Pecham, Richard de Douvres, Thibaut du Bec, Thomas Becket, Warham, Winchelsea
-archidiacre, v. Simon

Langton
-prieurs, v. Alain de Tewkesbury, Benoît de Peterborough, Chillenden, Eastry, Geoffroi, Goldwell, Herlewin, Odon, Salisbury, Sellyng, Sittingbourne, Woodnesbergh

Canterbury, Saint-Augustin, abbaye: II 268, 271, 272, 274, 275, 277; VI 29; IX 357
-abbé de: II 276, 279 ; v. Clarembaud, Roger, Sylvestre
-Gesta abbatum, v. Thorn William

Canterbury Tales, v. Chaucer

Catherine d'Alexandrie, sainte: IX 353, 356, 367, 368; XI 170
-pèlerinage à Fierbois et à Rouen: IX 368

Célestin III, pape: II 269, 270, 273, 276, 277; IX 366; XVI 37

Célestin IV: III 445

Chancelade, abbaye de: IX 353, 365, 367; XI 168

Charles IV, roi de France: XII 26

Charles V: XII 26

Charles VII: XII 22, 24, 25, 28-32 passim

Charles d'Orléans, poète: VI 31; XII 22-28, 29, 30, 32

Chartres, cathédrale, abbaye de Saint-Père: VIII 182-185 passim

Chaucer, Geoffroy: IX 369
-Canterbury Tales: VI 29, 30; XII 27

Chichele, Henry, archevêque de Canterbury: XII 27; XV 16; XVI 33, 35, 36

Chillenden, Thomas, prieur de Christchurch: XV 14

Clarembaud, abbé intrus de Saint-Augustin, Canterbury: II 272, 273; IX 357

Clarendon, assemblée de: I 167, 168, 171, 172, 173; IV 2; X 437
-assise de: VI 23
-Constitutions de: IV 3; V 225; VI 22-23, 37

Clément III, pape: II 269, 270, 271, 276, 277

Clément V: III 446; XVI 38

Clément VI: VI 29
conciles ou synodes
  -Bâle: XII 22
  -Constance: VI 30
  -Latran I: I 162
  -Latran IV: III 436-437,
  442; XIV 410, 415, 419
  -Paris: XIV 418
  -Pise: VI 30
  -Reims: IV 1
  -Rouen: XIV 418
  -Trente: VI 34
  -Westminster: I 160
  -Winchester: I 160
Cotton, Sir Robert: IX 363
Crowland (Croyland), abbaye
  de: IX 363, 364; XIII 18

De contemptu mundi : v.
  Robert Pullus
Décret: v. Gratien, Yves de
  Chartres
De Ecclesia: v. Wyclif
Derivationes: v. Huguccio
Doctrinale antiquitatum
  Fidei catholicae: v.
  Netter
Douvres, convention de: I
  173
  -conférence: III 439
droit épiscopal: II 269;
  pontifical: II 277
Dymmock, Roger, Liber contra
  XII errores...: XV 16-17

Eastry, Henri d', prieur de
  Christchurch: XV 14
Edmond Rich, archevêque de
  Canterbury: III 435, 436,
  440-444 passim
Edouard le Confesseur: I 153
  X 441, 442; XII 27
Edouard Ier: VI 30
Edouard Grim, biographe:
  XIII 20
Elias d'Evesham, Quadrilogue
  IX 362; X 439; XIII 9-10,
  18
Eliot,Thomas Stearns, poète,
  Murder in the Cathedral:
  I 169; VI 34-35, 36
Elisabeth I, reine d'Angle-
  terre: VI 33
Entheticus: v. Jean de
  Salisbury
Episcopat (XIIe s.) en An-
  gleterre: I 165-168
  -en Normandie: I 164-165
Erasme Didier: VI 31
Etienne de Blois, roi d'
  Angleterre: I 154, 164,
  166, 168, 170, 172;

IV 1, 3; V 236; X 436,
  437,444
Etienne Langton, archevêque
  de Canterbury, cardinal:
  III 436-437; VI 28-29;
  IX 356, 363; XIII 8,11,13-
  15, 18; XIV 402, 407-414
  417, 418, 420-422; XV 13
  -Questiones theologicae:
  XIV 413, 418, 419
  -Sermons: XIV 419
Eudes de Sully, évêque de
  Paris: XIV 417
Eugène III, pape: V 234, 237;
  VIII 179
Eustache de Boulogne: V 235;
  X 443
Evesham, abbaye de, abbé:
  II 268, 277

fama sanctitatis: VII 447;
  IX 348, 352, 369
Frédéric Ier empereur: I 168,
  170
Frédéric II: III 442, 444

Gautier de Coutances, arche-
  vêque de Rouen: XIV 416
Gautier Reynolds, archevêque
  de Canterbury: III 447
Geoffroi d'Auxerre, abbé de
  Clairvaux: IX 354
Geoffroi, prieur de Christ-
  church: IX 358
Geoffroi Plantagenêt, arche-
  vêque d'York : II 271
Gérard, archevêque d'York:
  XIV 404
Gesta abbatum sancti Augus-
  tini, v. Thorn
Gilbert Becket, père de
  saint Thomas: IV 1; V 27;
  X 434, 439-443, 448; XIII
  18
Gilbert Crespin, abbé de
  Westminster: XIV 404
Gilbert Foliot, abbé de
  Gloucester: I 166,
  -évêque de Hereford: I
  166, 167
  -évêque de Londres: I 172;
  V 226; VII 451; X 441
Gilbert de Sempringham: I 157
Gilles du Perche, archidia-
  cre de Rouen, neveu d'
  Hugues d'Amiens: I 164,
  X 447
Glastonbury, abbaye de:
  I 155
Godmersham, Richard, péniten-
  cier: XV 15
Goldwell, Thomas, prieur de

Christchurch: XV 14
Grand Schisme: VI 31; XIV
401; XV 14, 15; XVI 33,
34
Gratien, Décret: I 154, 170;
IV 2; VI 23, 34, 37
Grégoire VII, pape: VI 22
Grégoire VIII: XIV 420
Grégoire IX: III 438, 440,
442, 445
Grégoire XI: III 446
Gruchet-le-Valasse: X 447-
448, 455
Guarin, ex abbé de Pontigny,
archevêque de Bourges:
IX 354
Guermes de Pont-Sainte-Maxen-
ce, biographe: XIII 8, 19
Guillaume le Conquérant, roi
d'Angleterre: I 159; II
68, 274; VI 22, 23; IX 358;
X 441, 442
Guillaume II le Roux: I 161;
VI 33
Guillaume d'Aumale, miraculé:
VII 466, 468
Guillaume aux Blanches mains,
archevêque de Sens: VIII
181: IX 348, 354; puis de
Reims: XI 169
Guillaume de Blois, évêque
de Worcester,
Statuts synodaux: IX 360
Guillaume de Canterbury, bio-
graphe; VI 37; VII 443-445
passim, 447, 458, 460, 461,
463, 465, 466, 468; IX 347-
348, 368; XI 171; XIII 20
Guillaume de Corbeil, arche-
vêque de Canterbury: II
272; V 228
Guillaume Durand, évêque de
Mende,
Rationale: IX 367
Guillaume Fitz-Stephen, bio-
graphe: X 435-437, 438,
441-445; XIII 20
Guillaume le Lion, roi d'
Ecosse: VI 25, 27
Guillaume de Thierville,
neveu de Thibaut du Bec:
X 445

Hébrard de Villars, diacre:
IX 367, 369
Hélie, archevêque de Bor-
deaux: IX 366
Hélie de Talairand, comte
de Périgord: IX 366
Henri Ier, roi d'Angleterre;
I 158, 161, 166, 169, 170-
173; II 274; VI 33; X 442

Henri II Plantagenêt: I 154,
162, 164, 167 passim; II
267, 274, 275, 278, 279;
IV 1, 3; V 226, 231, 234,
236; VI 23, 25, 33, 34, 36,
38; VII 444, 445; IX 347,
348, 356, 363, 365, 366;
X 434, 437, 441, 447; XI
165, 168, 169; XIII 7, 8,
9
Henri le Jeune, couronnement:
I 172; IV 3; XI 168
Henri III: III 438, 439, 444;
VI 30
Henri IV de Lancastre: VI 31
Henri V, roi de France et
d'Angleterre: VI 31; XII
27; XV 14
Henri VI: VI 31; XII 23-25,
28
Henri VIII: I 171, 173; VI
31, 32, 34; IX 360
Henri d'Avranches, poète:
XIII 17-18
Henri de Blois, évêque de
Winchester: I 166, 168,
170, 172; X 444
Henri le Libéral, comte de
Champagne: XI 169
Henri Longchamp, abbé de
Crowland: XIII 18
Herbert de Bosham, biogra-
phe: V 235; VI 21, 35;
XIII 7, 9, 10, 20
-hébraïsant: XIV 404,
407-408
-Liber Melorum: XIV 407-
408
Herbert Poore, doyen puis
évêque de Salisbury: XIV
416
Herlewin, prieur de Christ-
church: VIII 181, 185;
IX 354
Hilaire, évêque de Chisches-
ter: I 167; V 227
Historia Pontificalis v.
Jean de Salisbury
Historia Scholastica: v.
Pierre Comestor
Honorius III, pape: VI 29,
30; XIII 16-18; XIV 407,
408, 410, 420; XV 13, 15;
XVI 34, 35
Hubert Walter, archevêque
de Canterbury: IX 356,
360
Huguccio de Pise, Deriva-
tiones: XIV 406
Hugues d'Amiens, archevêque
de Rouen: I 164; X 447;
neveu de, v. Gilles

Hugues de Pérac, miraculé:
IX 365, 368

indulgence: XIV 409, 410
-a pena et a culpa: XVI 32
-ad instar: VI 32
-ad manus adjutrices: XVI
32
-de Collemaggio : XVI 37
-plénière: VI 32; XIV 420-
421; XV 14-17 passim
Innocent II, pape: II 268;
V 237; IX 357
Innocent III: I 173; II 436,
440, 446; VI 28; VII 443;
XIV 418
-Lothaire de Segni: VI 25
Innocent IV: III 442, 445-
447
interdit ab ingressu ecclesiae: I 173

Jarretière, Jartiere, Jarra-
tier, Jarretier, roi d'
armes: XII 23, 28, 31, 32
Jean XXII, pape; III 446;
V 238; X 164
Jean Bellesmains, évêque de
Poitiers : VIII 180, 184;
IX 355, 368; XI 168, 169
-archevêque de Lyon: XI
168
Jean Colet: VI 31
Jean King, miraculé: VII 465
Jean le Scot, noble d'Auvergne, miraculé: VII 465;
IX 353, 368
Jean de Salisbury: IV 1; V
215, 234, 236; VII 465;
IX 354; X 440; XIII 20
-évêque de Chartres: VIII
179-185; IX 354
-Entheticus, Historia Pontificalis, Metalogicus:
VIII 179
-Policratus: IV 1; VIII
179
Jean sans Terre, roi d'An-
gleterre: I 173; III 439;
XI 170; XIV 418
jubilé de l'ancienne Loi:
XIII 13, 20; XIV 403, 406;
XV 13
-chrétien: XIV 409, 419,
423
-rémission: XIV 409, 420
-romain: VI 28, 29; XIV
401
-spirituel: XIV 402, 403,
408
-de saint-Thomas, v.
Thomas Becket, Traité
-Livre des Jubilés: XIV 405

jubileus: VI 29; XIV 406,
407, 420
jubilus: VI 29; XIV 402,
406, 407-408
Julia Bona: v. Lillebonne
Jules II, pape: XVI 30, 34
juridiction sede vacante:
III 447-449
jus beati Petri: II 272
jus et proprietas ecclesiae
Romanae: II 279
jus et tutelam... beati
Petri: II 279
justice canonique de l'
église mère: II 271

Kilwardby, Robert, archevêque
de Canterbury: III 435,
443, 447

Lambeth, Anonyme de, biogra-
phe: X 430, 440
Lanfranc, prieur du Bec, puis
archevêque de Canterbury:
I 155, 158, 159; II 268;
VI 22, 23, 34; X 437
-Libellus de celanda con-
fessione: XIV 411
Léon X, pape: VI 32; XVI 30
Libellus de celanda confes-
sione: v. Lanfranc
Liber contra XII errores...:
v. Dymmock
Liber Melorum, v. Herbert
de Bosham
Liber poenitentialis: v.
Alain de Lille, Pierre de
Poitiers, Robert de Flam-
borough, Thomas de Chobham
liberté des monastères: II
273, 278, 279, 280
Lillebonne: X 445-447
Limeuil, Saint-Martin: IX
365, 366-369
Lollards: VI 32; XV 15-17
Londres: X 438-442 passim;
XII 22; XVI 36
-Aldgate, prieuré Sainte-
Trinité: V 228, 229
-Cheapside: IV 1; X 442
-Cité de: VI 27
-Hôpital Saint-Thomas: VI
27; XIII 10
-Saint-Paul, chapitre: I
161-162
-synode: I 160
-évêque de: v. Gilbert
Foliot
-Thomas de, v. Thomas
Becket
Lothaire de Segni, v. Inno-
cent III

Louis VII, roi de France:
IV 3; V 236; VI 25; IX 348
353; XI 168; XIII 7
Louis IX, saint: XII 26
Louis XI: XI 171; XII 26, 29
Lucius II, pape: V 237
Lucius III: II 267, 269, 273
276
Lyon, province ecclésiasti-
que: XI 170-171, 173-174,
201
-Fourvières: XI 170-171
-archevêques de: v. Jean
Bellesmains, Guichard

Malmesbury, abbaye de: I 155;
Marguerite d'Anjou, fille du
roi de Sicile, reine d'An-
gleterre: VI 31; XII 25,
28
Martin, saint; IX 353, 366,
367
-pèlerinage à Tours: IX
367-368
Martin V, pape: VI 30; XV 15,
17; XVI 32-39 passim
Masse, James: XII 28, 30, 31
Mathieu Paris, Grandes
Chroniques: III 435, 438,
443, 446
Mathilde (Roesa), mère de
saint Thomas: X 439-441
Maurice, prieur de Kirkham:
XIV 404
Maurice de Sully, évêque de
Paris: VIII 179
Merton, prieuré augustinien:
I 158; IV 1
-chanoines de: X 442; v.
Robert
Metalogicus: v. Jean de
Salisbury
Meyssac, église: IX 365-366
Milon, évêque de Thérouanne:
V 236
miraculés: VII 446-455; VIII
181-183; IX 351-355, 365-
366
-originaires d'Angleterre:
VII 444, 446, 448, 455
-du royaume de France: VII
447-449
-d'Auvergne: IX 352-354
-du Maine, de l'Anjou, de
la Touraine: IX 351
-de Normandie: IX 351
-du Périgord: IX 352, 353,
355, 365-366
-du Poitou: IX 351-352,
355
-v. Guillaume d'Aumale,
Hugues de Pérac, Jean le

Scot, Jean King, Pierre,
tailleur de pierres
monasterium nullo mediante:
II 272
More, Thomas, saint: VI 32
Murder in the Cathedral: v.
Eliot, T.S.

Néel, évêque d'Ely: I 166-
167; V 229, 230, 237, 238
Nemo bis in idipsum: VI 37
Netter of Walden, Doctrinale
antiquitatum Fidei catho-
licae...: XV 16-17
Nicolas, prieur du Mont-aux-
Malades; X 447, 453
Northampton, assemblée de:
I 170, 172; IV 2; X 436,
437; XIII 11, 19
-assise de: VI 23

Odon, prieur de Christchurch:
VII 465; VIII 180; IX 354,
355; X 445
opus lemoviticum: IX 360,
363
oraculum vive vocis: XV 15;
XVI 29-39
Otton, cardinal, légat pontifical: III 441

Pandulphe, légat: XIII 14-15
Paris: XI 168-169; XII 27,
28
-Montagne Sainte-Geneviève:
X 442
-concile: XIV 418
-évêques de: Eudes de
Sully, Maurice de Sully,
Pierre Lombard, Pierre de
Nemours
Parker, Matthew, archevêque
de Canterbury, Antiquita-
tes Britannicae Ecclesiae:
VI 32
Paul II, pape: XVI 30, 31,
39
Paul de Hongrie, Somme: XIV
419
Pecham, Jean, archevêque de
Canterbury: III 435, 443,
447
Pénitentiel, v. Barthélemy
d'Exeter
Peterborough, abbaye de: IX
362
Philippe II Auguste, roi de
France: VI 25; IX 366; XII
26
Philippe IV le Bel: XII 26
Philippe d'Alsace, comte de
Flandre: XI 169

7

Philippe le Bon, duc de
  Bourgogne: XII 22, 23, 24
Philippe de Dreux, évêque
  de Beauvais: XI 169
Pie II, pape: XIII 10
Pierre de Blois: XIV 420
Pierre de la Celle, abbé de
  Saint-Rémi de Reims: VIII
  179, 180
Pierre le Chantre, Summa de
  sacramentis: XIV 412, 414,
  415
Pierre Comestor, Historia
  Scholastica: XIV 403, 411
  -Sententiae de sacramentis:
  XIV 411-412
Pierre Lombard, évêque de
  Paris, Somme: XIV 411
Pierre Mimet, évêque de
  Périgueux; IX 352, 366,
  368
Pierre de Nemours, évêque de
  Paris: XIV 417
Pierre de Poitiers, Liber
  poenitentialis: XIV 414;
  Summa confessorum: XIV 416
Pierre, tailleur de pierres,
  miraculé: VIII 181, 183
Policraticus, v. Jean de
  Salisbury
Pons, abbé de Clairvaux, puis
  évêque de Clermont: VII
  465; VIII 180; IX 352-354,
  368
Pontigny, abbaye de: I 156,
  XIII 11
Purvey, Remonstrance against
  the Romish corruptions:
  XV 16

Quadrilogue: v. Elias d'Eves-
  ham
Questiones theologicae: v.
  Etienne Langton

Rationale, v. Guillaume
  Durand
Raymond de Peñafort, saint,
  Summa de casibus poeniten-
  tiae: XIV 419-420; X 16
Redolet Anglia: VI 28
Reginald, évêque de Bath: VI
  27; IX 358
Règle augustinienne: I 157
  -de saint Benoît: I 156
  -de Chrodegand: I 157
  -Concodia regularum: I 156
  -Institutio apostolica:
  I 158
Reims, concile: IV 1
  -province ecclésiastique:
  XI 169, 184-191, 202

-archevêque de, v. Guillau-
  me aux Blanches Mains
Remonstrance against the
  Romish corruptions, v.
  Purvey
René, roi de Sicile: XII 24,
  25
Richard I Coeur de Lion, roi
  d'Angleterre: II 274, 279;
  VI 27; IX 356, 358, 360,
  366; X 439, XI 168
Richard de Blosseville, abbé
  du Valasse (Notre-Dame du
  Voeu): X 447, 453
Richard de Douvres, archevê-
  que de Canterbury: II 272,
  280; VIII 181, 185 Add.;
  IX 353 354
Richard Poore, doyen, puis
  évêque de Salisbury: XI
  356; XIV 416
Richard de Saint-Victor: VI
  29
Richer de L'Aigle: X 443,
  445, 453
Robert de Courçon, Summa de
  poenitentia: XIV 413-415,
  417, 418
Robert de Dreux, frère de
  Louis VII: XV 169
Robert de Flamborough, péni-
  tencier de Saint-Victor:
  XIV 416, 417
Robert Grosseteste, évêque
  de Lincoln: III 448
  -chancelier d'Oxford; XIV
  404
Robert, chanoine de Merton;
  V 235
Robert Pullus, De contemptu
  mundi, Sentences: XIV 410
Roesa, v. Mathilde
Roger de Pontigny, biographe:
  X 440, 442; XIII 8
Roger de Pont-1'Evêque, ar-
  chevêque d'York: I 166,
  172, 173; VI 25
Roger, abbé de Saint-Augus-
  tin, Canterbury: II 273;
  IX 357
Roger de Saint-Pair, archi-
  diacre et pénitencier de
  Rouen: XIV 416
Rotrou de Warwick, évêque
  d'Evreux, puis archevêque
  de Rouen: I 164, 171, 172;
  X 447
Rouen: IX 358, 368; X 439,
  441-442, 447-449
  -Saint-Gervais-hors-les-
  murs: X 447
  -concile: XIV 418

-province ecclésiastique:
X 449, 452, 471-478; XI
163, 167
-archevêque de, v. Hugues
d'Amiens, Gautier de Cou-
tances, Rotrou de Warwick
-archidiacre: v. Roger de
Saint-Pair
Rufin, évêque de Florence,
Summa: VI 37

Saint-Albans, abbaye de:
I 155; II 268, 435
-abbé de: III 444
Saint-Bertin, abbaye de, à
Saint-Omer: V 231, 232,
235, 236; XI 169; XII 23,
24
Saint-Outrille: v. Bourges
Saint-Satur: chanoines de:
IX 354
Sainte-Colombe, abbaye de:
v. Sens
Salisbury, John, prieur de
Christchurch: XII 28-31
salvo ordine nostro: I 168
Sellyng, Guillaume, prieur
de Christchurch: XII 29
Sempringham, ordre de: II
270; XIII 11; v. Gilbert
Sens; V 236; VI 26-27
-province ecclésiastique:
XI 169, 179-183, 201
-Sainte-Colombe: XI 169
Sententiae de sacramentis :
v. Pierre Comestor
Simon Langton, archidiacre
de Canterbury: III 439,
444, 448
Sittingbourne, Jean, prieur
de Christchurch:III 439
Sixte IV, pape; XVI 30-32
specialis filia: II 276, 278
Speculum caritatis: v.
Aelred de Rievaulx
Summa de casibus poeniten-
tiae: v. Raymond de
Peñafort
Summa confessorum: v. Pierre
de Poitiers, Thomas de
Chobham
Summa de poenitentia : v.
Robert de Courçon
Summa de sacramentis: v.
Pierre le Chantre
Sylvestre, abbé de Saint-
Augustin, Canterbury:
II 272

Tarentaise, province ecclésiastique: XI 170, 199
Tertia villa, v. Thierce-
ville

Thibaut, abbé du Bec, puis
archevêque de Canterbury:
I 166, 167, 170, 172; IV 1;
V 225, 228, 231, 235, 236,
238 Add.; VIII 179; X 435-
437, 438, 441-445; XIII 9
-neveux de: X 445; v.
Guillaume de Thierville
Thibaut, comte de Chartres
et Blois: VIII 181, 185;
IX 353
Thierceville, Thiergeville,
Tierceville: X 444
Thierry d'Alsace, comte de
Flandre: V 235, 236
Thierville: X 443-444, 448
Tierrici villa, v. Thierville
Thomas, saint, apôtre: X
449; XI 165; XIII 8
Thomas Ier, comte de Savoie:
III 435
Thomas d'Aquin, saint; VI 32,
XIV 422
Thomas Becket, saint, archevêque de Canterbury: I 153,
163, 169-174; IV 1-4; VI
21-38
-Thomas de Londres; I 167,
168; IV 1; X 432, 433;
XI 168; XIII 9
-saint Thomas martyr; II
275; III 441; IV 4; VIII
181-185 passim; IX 432,
433; XII 25-29 passim
-canonisation: IX 347
-caractère: X 434-438, 441
-chancelier; IV 2; XI 168;
XIII 7, 8, 9
-(grande) charte: III 441
-(grande) châsse: VI 30,
IX 3; XIV 421
-colloque: XI 163
-couronne: VI 30; IX 355,
357, 358
-culte; IX 347-369; X 434;
XI 163, 165, 167-169; XV
17
-dédicaces; IX 353, 365-
368; X 448-455, 459-478;
XI 168, 169, 171, 173-
204
-eau: v. aqua sancti
Thomae
-famille: X 434-439, 448
-fête du 29 décembre: VI
22; du 7 juillet: XIII
15; XIV 409
-iconographie: VI 26-27;
X 434-435; XI 163
-jubilé: VI 28-31; XIII
7, 11, 20; XIV 402, 407-

409, 414, 420-422; VI 14-17; XVI 33, 34, 36; v.
Traité
-Légende: VI 27; X 438-439; XIII 18
-lettres: V 225-238; X 436-437
-miracles: VII 443, 468; VIII 179-185; IX 348-353, 368, 369; X 447-448; XI 171
-office liturgique: XIII 12-17; XIV 409
-pèlerinage, v. Canterbury
-reliques: VIII 184; X 353, 355-360, 365; XI 163; XIII 12
-reliquaires ou châsses: IX 355, 358-359, 361-365
-sang: VIII 183, 184; IX 354, 358-359
-translation VI 28, 29, 32, 35; X 443; XIII 8, 10; XVI 402, 408, 416, 419; XV 13, 15, XVI 34
-Vitae: V 226; X 438-443
-biographes, v. Edouard Grim, Guernes de Pont-Sainte-Maxence, Guillaume de Canterbury, Guillaume Fitz-Stephen, Lambeth (Anonyme de), Roger de Pontigny
Thomas de Chobham, Liber poenitentialis: XVI 416, 417
Thorn, William Gesta abbatum S. Augustini: IX 357
Thurstan, archevêque d'York: I 158, 161
Tours, province ecclésiastique XI 168, 175-178, 201
Traité sur le cinquième Jubilé: VI 29-30; XIII 8, 12, 20; XV 14-17; XVI 34-37

Trente, concile: VI 34
Troyes, traité de: XII 27

Urbain III, pape: II 269, 276
Urbain V: VI 29
Urbain VI: XVI 32

Valasse, abbaye du (Notre-Dame du Voeu): X 447-448
-abbé du, v. Richard de Blosseville
Verbum abbreviatum: v. Pierre le Chantre
via media: VI 32
vita apostolica: I 159

Walden, abbaye de: II 269
Walter de Gaunt, abbé de Waltham: II 276, 277
Waltham, abbaye de: II 271-275-277
Warham, Guillaume, archevêque de Canterbury: VI 31
Welbeck, abbaye de: II 269
Westminster, abbaye de: I 156; II 268, 277
-abbé de: II 278; v. Gilbert Crespin
-assemblée: IV 2
-concile: I 160
Winchelsea, Robert, archevêque de Canterbury: III 436, 443
Winchester, concile; I 160
Woodnesbergh, Jean, prieur de Christchurch: XVI 33
Wyclif, De Ecclesia: VI 32; XV 16, 17

Yves de Chartres, Décret: VI 23
York, archevêques: v. Gérard, Geoffroy Plantagenêt, Roger de Pont-l'Eveque, Thurstan

DATE D